ANDRÉ BRINK

Le Mur de la peste

TRADUIT DE L'ANGLAIS
PAR JEAN GUILOINEAU

STOCK

Titre original :

THE WALL OF THE PLAGUE

LE MUR DE LA PESTE

André Brink est né en Afrique du Sud en 1935. Depuis 1961, il est professeur de littérature contemporaine et d'études théâtrales à la Rhodes University de Grahamstown, près du Cap.
Après avoir vécu quelques années à Paris où il a fait des études à la Sorbonne, André Brink est rentré en Afrique du Sud. Avec ses premiers romans, il est devenu un des chefs de file des Sestigers *(Hommes des années 60) qui se sont attaqués aux tabous de la société afrikaner. Mais à partir de 1968, son engagement contre l'apartheid est devenu plus net.*
En 1973, il a publié Au plus noir de la nuit *qui a été le premier roman en langue afrikaans à être interdit en Afrique du Sud. C'est à la suite de cette interdiction qu'André Brink a décidé de traduire systématiquement ses livres en anglais.*
Quatrième roman d'André Brink, Une saison blanche et sèche, *également interdit lors de sa parution en Afrique du Sud, a obtenu le Prix Médicis étranger 1980.*
André Brink a également publié : Un instant dans le vent, Rumeurs de pluie, Un turbulent silence, L'Ambassadeur, *ainsi qu'un essai :* Sur un banc du Luxembourg.
André Brink est marié, il a trois garçons et une fille.

Andréa Malgas est une jeune métisse sud-africaine qui vit en exil à Paris. Paul, son amant, sud-africain blanc, scénariste, vit lui aussi en exil. Il lui demande de l'épouser. Et Andréa comprend brusquement que si elle dit oui, elle ne pourra plus jamais retourner dans son pays. Avant de prendre une décision, elle s'en va seule en Provence repérer des lieux de tournage pour le film que prépare Paul : *Le Mur de la peste* qui se situe lors de la grande peste de Marseille et celles du Moyen Age qui ravagèrent tout le sud de la France.
Mais Andréa va quitter l'itinéraire minutieusement étudié par Paul et entamer une errance de cinq jours à travers la Provence, et aussi à travers son passé : l'enfance au Cap, l'image truculente et tragique d'un père magnifique, la pauvreté, les limitations horribles que lui impose la société à cause de la couleur de sa peau; puis l'amour qui renverse toutes les barrières mais qui, après les plus grandes humiliations, l'oblige à fuir, car ce premier amant était blanc.
A Avignon, Andréa est rejointe par Mandla, militant syndicaliste noir, traqué par la police d'Afrique du Sud. Commence alors le temps de la découverte de deux êtres qui ont choisi des chemins

(Suite au verso.)

radicalement différents — la fuite, la révolte — devant la peste qui ravage leur pays et leur être : l'apartheid.
Ce nouveau roman d'André Brink est une interrogation grave et profonde devant le problème de l'engagement : celui de l'écrivain comme celui du simple citoyen. Mais *Le Mur de la peste* est aussi, à travers un hommage vibrant à la France, un admirable roman d'amour, dominé par le personnage d'Andréa : une femme libre, une femme déchirée dans sa chair et sa conscience, une femme de lumière et de passion.

Paru dans Le Livre de Poche :

AU PLUS NOIR DE LA NUIT.
UNE SAISON BLANCHE ET SÈCHE.
UN TURBULENT SILENCE.
UN INSTANT DANS LE VENT.
RUMEURS DE PLUIE.
L'AMBASSADEUR.
ÉTATS D'URGENCE.

Pour Nanna
parce que tu es là-bas

« Je dis seulement qu'il y a sur cette terre des fléaux et des victimes, et qu'il faut, autant qu'il est possible, refuser d'être avec le fléau. »

Albert CAMUS, *La Peste.*

« La Peste... est la révélation, la mise en avant, la poussée vers l'extérieur d'un fond de cruauté latente par lequel se localisent sur un individu ou sur un peuple toutes les possibilités perverses de l'esprit. »

Antonin ARTAUD, *Le Théâtre et son double.*

« A cause de toutes ces choses... une grande variété de peurs et d'hallucinations prirent naissance dans l'esprit de ceux qui étaient encore vivants, et presque tous prirent une décision cruelle, celle d'éviter et de fuir les malades et leurs possessions, car chacun pensait ainsi rester en bonne santé. »

BOCCACE, *Le Décaméron.*

« Où irez-vous, et que ferez-vous? Je partirais bien avec vous si je savais où aller. Mais... c'est ici que nous sommes nés, et c'est ici que nous mourrons. »

Daniel DEFOE, *Journal de l'année de la peste.*

« Mais, en dernière analyse, le trait le plus caractéristique de la Peste noire n'est pas que quelques-uns y échappèrent mais bien que chacun y fut impliqué dans une certaine mesure et que chacun paya le prix de cette implication. »

Philip ZIEGLER, *La Peste noire.*

PREMIÈRE PARTIE

... on en mourait dans cinq jours.

Guy de CHAULIAC,
médecin personnel du pape Clément VI,
Avignon à l'époque de la Peste noire, 1348.

PREMIER JOUR

Parce que j'étais là-bas; j'avais été là-bas. (Tant de voyages dans un seul trajet.) Parce que j'avais connu auparavant la qualité de cette lumière qui de nouveau m'a frappée quand, après des jours d'errance sans but, j'ai traversé le Rhône dans la petite Renault blanche que Paul m'avait donnée, et que je me suis retrouvée devant les murailles brunes d'Avignon. Ce n'est pas que mes premiers séjours m'avaient conditionnée ni même préparée à cela. Après la première expérience, on n'arrive jamais à connaître vraiment un nouvel endroit de l'intérieur. De là, l'inquiétude, le ressentiment (même atténué par l'habitude), le sentiment de ne jamais arriver vraiment, de ne jamais se libérer. En transit; en quête; peut-être en fuite. Boetie : « Qu'est-ce qui va pas? Ecoute, ma vieille, si t'as des démangeaisons au cul, tire-toi où tu veux. » La Provence était l'endroit le plus éloigné où je pouvais espérer aller pour fuir le District six. Mais j'ai gardé la démangeaison. Et ce que je suis toujours incapable de dire, c'est cela : était-ce à cause de ma couleur, cette peau brune et douce que Brian et plus tard Paul aimaient tellement? Ou parce que j'étais une femme? Ou à cause de quelque chose en moi, quelque chose qui faisait que j'étais Andrea Malgas?

De retour dans les mêmes paysages, encore et encore. Comme l'amour, avait dit Paul en plaisantant, cette nuit dans les vieux murs de pierre de l'auberge : « Certains croient que tous les amours de leur vie ne sont que des répétitions et des variations du premier. Tu ne l'as pas encore remarqué, tu es trop jeune. »

En avril, j'aurai trente ans.

« Qu'essaies-tu de me dire?

– Tu es l'exception qui m'a aidé à prendre un nouveau départ. »

C'est alors que, de façon inattendue, ses yeux verts allumés de malice, il a ajouté : « Tu sais, de nos jours l'argent ne vaut plus rien, on peut très bien se marier par amour. Que dirais-tu de m'épouser? »

C'était aussi en Provence, en juillet, au cœur d'un été brûlant et improbable. Les paysages mêmes vers lesquels je revenais maintenant, mais cette fois dans une fin d'automne plus calme.

Cependant, en traversant le Rhône cet après-midi-là, je ne me doutais pas que je n'avais plus que cinq jours à ma disposition. En fait, je m'étais attendue à me débarrasser de tout souci du temps, à le voir se perdre dans ces plaines du Sud. (Mon Dieu : cet autre Sud lointain!) Et je m'étais réjouie d'être entièrement seule. C'était l'objet de ma brève escapade : comment aurais-je pu savoir que Mandla me suivrait aussi vite?

Qu'est-ce qui détermine un tel voyage? Une coïncidence, une simple coïncidence? Mais ce qui sur le moment semble une coïncidence peut apparaître différent plus tard; tout s'enchaîne. S'ils n'étaient pas tombés sur Brian et sur moi cette nuit-là; s'il ne m'avait pas emmenée en Provence pour que je puisse me « débrouiller » quand tout serait fini (fini?); si je n'avais pas appelé Frank au secours à Paris; si Frank n'avait pas invité Paul ce soir-là; si nous n'avions pas passé le week-end sur les bords de la Loire, quatre ans plus tard; si nous n'étions pas descendus en Provence cet été-là pour faire un repérage pour son film sur la

Peste noire; si je n'avais pas dû disputer ces cinq jours à Mandla...

Des si totalement inutiles; pourquoi aurais-je dû sentir le besoin de répondre? Est-ce qu'on peut concevoir sa vie entière comme une réponse à une question (et posée par qui)?

C'était Paul qui disait : la vie va de l'avant; la compréhension recule. Je pensais que c'était parce qu'il pensait en homme. Maintenant, je n'en suis pas si sûre. Tout ce qui arrive à un moment donné est peut-être resté endormi dans le sang pendant des années. On peut considérer sa bonne santé comme allant de soi. Jusqu'à ce qu'un soir, tout à fait par hasard, en sortant du bain, on jette un coup d'œil dans un miroir, et on s'arrête pour se regarder, étonné et curieux, nu, et on découvre le furoncle dans l'aine.

(As-tu pu penser cela? Je n'ai pas d'autre choix que de présumer. Deviner, imaginer, conjecturer, inventer offre au moins un réconfort, c'est peut-être un acte de foi; pas de certitude. Je ne peux qu'essayer. Je le dois. Pardonne-moi par avance. Tu disais : « Pour l'amour de Dieu, ne fais pas de moi une simple histoire. »)

Quand j'ai quitté mon petit appartement mansardé, rue Bonaparte – il y a combien de temps? ce devait être une semaine ou deux avant ces cinq jours en Provence; j'ai vraiment perdu la notion du temps – je n'avais absolument pas l'intention de m'écarter de l'itinéraire que Paul avait si soigneusement préparé pour moi. Il avait passé la nuit avec moi, bien sûr; il s'était réveillé très tôt, alors que j'étais encore engourdie de sommeil et je m'étais totalement abandonnée tandis qu'il me faisait l'amour : un homme d'expérience, qui avait beaucoup voyagé, qui avait connu beaucoup de femmes, et qui maintenant pouvait prendre son temps, qui n'était pas astreint par l'arrogante brièveté d'une érection, qui était sûr de son pouvoir et de sa puissance – et cependant, le sanglot qui marquait son approche révélait la touchante vulnérabilité d'un garçon que les corps peuvent toujours surprendre. Il tira les couvertures sur moi et me laissa dans le lit tandis qu'il préparait le petit déjeuner. Entre mes cuisses, l'humidité poisseuse et chaude qui s'écoulait, la tristesse qui accompagne une perte : l'angoisse que je ressens si souvent en ce moment, le désir violent que tout ne se termine pas comme ça, mais que cela devienne un enfant. « Bien sûr, je veux que tu aies un enfant, Andrea. Mais nous devons d'abord nous marier. Un enfant a besoin de sécurité. – Tu es sûr qu'un enfant ne te sera pas une gêne, Paul? Tes gosses sont déjà mariés. – Je veux ton enfant, Andrea. C'est pour cela que je t'ai posé la question. » J'ai mis un doigt sur sa bouche : « Ne recommence pas. Laisse-moi aller en Provence pour prendre ma décision. Je te répondrai quand je rentrerai. »

Je pense que Paul lui-même ne pouvait pas imaginer l'urgence avec laquelle j'avais laissé l'idée prendre possession de moi. Autrefois, au Cap, quand j'étais jeune fille, j'avais toujours pensé que j'aurais des enfants un jour, beaucoup. Maintenant, soudain, j'approchais de la trentaine et ce n'était plus sûr. Il fallait que je me décide, si je voulais des enfants. Une décision consciente. Sinon, toujours aussi consciemment, il faudrait que je me résigne à la perspective d'un vide sans fin, dont l'idée même m'était une menace et une offense.

Du lit, je pouvais le voir s'agiter dans la petite cuisine. La vulnérabilité de son derrière blanc et étroit. Son dos encore un peu bronzé mais qui s'éclaircissait déjà. Une touche de gris dans ses cheveux ébouriffés. Mais un corps encore jeune. Je connaissais à la fois sa violence et sa tendresse. Tout en m'efforçant de contenir ma tristesse à la pensée de mon départ, je me suis couvert le visage avec le bras pour me concentrer sur la chaleur sourde qui s'écoulait de moi. *(Quand te reverrai-je? A quand un moment comme celui-ci?)*

« Le pain n'est pas trop dur? Tu veux que j'aille chercher des croissants?

– Non, reviens avec moi.

– N'essaie pas de me séduire à nouveau. Il est l'heure que tu te lèves. Tu as une longue route. »

Tandis que je me préparais – que je me douchais, que je m'habillais, que je prenais mon temps pour me maquiller – je pouvais sentir son impatience qui grandissait. Ce genre de « niaiseries » irritait autant Brian. Cette hâte des hommes à se préparer, à entrer dans la journée d'un pas décidé : tant de kilomètres pour arriver à destination, tant d'heures, le temps était essentiel. C'était le moindre de mes soucis. Je sais que j'ai tendance à exagérer, mais j'ai besoin de commencer sans me presser : je me promène dans mon peignoir rouge sombre (celui que Paul préfère), j'envisage des possibilités, j'essaie des vêtements, je choisis une robe et j'y renonce, je cherche quelque chose dont je me souviens soudain, je range un tiroir, je fouille dans mon sac à main, je m'assois avec mon maquillage mais je l'abandonne aussitôt pour réfléchir, ou pour regarder dans le vide, ou tenter de retrouver des rêves déjà à moitié oubliés, en essayant de réorganiser tout ce qui semblait en désordre dans la nuit. Sans cela, je n'ai aucune prise sur moi-même et je sais que la journée ne cessera de me menacer.

« Andrea, je ne veux pas te bousculer, mais vraiment...

– Avignon n'est pas si loin.

– Sept cents kilomètres. Je veux que tu arrives avant la nuit. »

J'ai haussé les épaules.

« Tu veux que je ferme ta valise?

– Oui. Non, attends, je veux encore mettre mes chaussures. »

C'était notre dernier matin ensemble; il ne voulait

pas le gâcher en manifestant ouvertement son irritation, mais je voyais bien que cela lui était difficile et, avec peut-être un peu de provocation, j'ai fait traîner les choses. Il était plus de onze heures quand je suis partie; il agitait le bras dans le rétroviseur. Tout serait-il tiré au clair et décidé quand je le reverrais, dans deux ou trois semaines?

Même quand, de façon impulsive, j'ai pris la direction d'Orléans plutôt que de m'engager dans la circulation plus dense de l'autoroute du Sud, je n'ai pas pensé que j'abandonnais le programme de Paul. J'avais toujours l'intention d'aller en Provence. Pas seulement parce que Paul et le metteur en scène voulaient que je visite des lieux pour le film (Avignon, évidemment; et Apt; et les montagnes du Vaucluse), mais parce que moi-même, je ressentais le besoin de partir, de retourner là-bas. D'être de nouveau là où nous avions passé ces semaines d'été; et où j'étais allée avec Brian, huit ans plus tôt. De nouveau : à cause de ce que Paul m'avait demandé (négligemment, en plaisantant, la bouche à demi ouverte près de mon sein; la pointe qui se durcit contre ses lèvres à cause d'un brusque frisson) et qui avait ramené à la vie tout ce qui dormait depuis tant d'années, paisiblement, complètement dépassé.

Au pire, ai-je pensé, ce serait un petit détour. Dans son intérêt et dans le mien. Remonter la vallée de la Loire plutôt que de suivre l'autoroute : un retour vers les paysages du fleuve, des vignobles, des châteaux où il m'avait emmenée pendant le premier week-end où nous étions ensemble. Un petit geste de dévotion (pour la façon dont il m'avait réveillée ce matin, pour son attention profonde et douce, qui l'avait conduit jusqu'à me réserver personnellement une chambre d'hôtel à Avignon), en préparation d'une décision qui avait peut-être déjà été prise et qui ne nécessitait plus que l'affirmation de la première découverte d'un « nous ». Si j'étais sensible, si je devais obéir à la fois à ma raison et à mon cœur, que pouvais-je lui offrir d'autre qu'un *oui*? Nous avions déjà partagé tant de choses dans le travail et le loisir; nos corps s'étaient accordés l'un à l'autre; il y avait une sécurité infinie à être ensemble; et il y avait une perspective d'avenir, un enfant. Evidemment, je reviendrais vers lui pour lui dire oui; évidemment. Mais d'abord, j'avais besoin de cette petite retraite.

En fait, je n'ai jamais atteint la Loire; pas même Orléans. Là où il y a un embranchement après Orly – Orléans à gauche, Chartres à droite – j'ai quitté la route la plus connue. Cette fois, c'était une décision consciente. Je n'arriverais pas à Avignon ce soir. Mais cela avait-il vraiment de l'importance? – maintenant, j'étais maîtresse de mon temps; le programme de Paul n'avait été qu'un moyen pour me rendre les choses plus faciles. N'avait-il pas dit : « Quand tu seras là-bas, va où tu veux. Ouvre l'œil. Tout ce qui te semblera susceptible de convenir au film sera le bienvenu. Je te laisse seul juge. »

Seulement, Chartres n'avait rien à voir avec le film. C'est pour cela que j'étais attirée. A cause du nom, quelque chose s'était formé dans mon esprit que j'avais été incapable de saisir auparavant, exactement comme trois ans plus tôt, quand j'avais appris la mort de maman. La Loire aurait été un point de départ plus évident et plus facile. Chartres était plus précaire, non pas un commencement mais quelque chose qui menait vers des débuts qu'il aurait peut-être mieux valu ne pas déranger. Trois ans plus tôt, c'était Paul qui avait insisté pour que je parte pendant quelques jours; et à l'agence de voyages, sans réfléchir, je m'étais décidée pour Chartres. (Une brochure sur la cathédrale, les photos des vitraux.) J'y étais allée en autocar, dans un groupe très disparate, mais une fois là-bas j'étais restée toute seule, à la consternation du responsable du voyage.

Je pense y avoir passé trois jours, dans un petit hôtel

bon marché, pas loin de la cathédrale, dans la partie basse de la ville. Des punaises et des cafards la nuit. Des promenades dans les rues sales à n'importe quelle heure. Une pluie incessante. La détresse de mon désir absurde et sans issue d'être chez moi : c'était la première fois depuis Londres que je connaissais un tel désespoir. J'ai passé presque tout mon temps à sangloter dans l'obscurité protectrice de la grande cathédrale, à peine consciente du flot ininterrompu de touristes qui passaient en traînant les pieds. Dehors, une pauvre lumière, pas du tout de soleil, mais qui suffisait à embraser les vitraux. C'était de ce bleu et de ce rouge, du bleu surtout, que j'avais besoin maintenant, un besoin aussi réel que celui du corps quand il réclame des fruits frais, des vitamines, la chasteté ou l'amour. A l'instant même où j'ai tourné à droite à l'embranchement, en mettant Orléans hors d'atteinte, le désir de me retrouver dans la cathédrale est monté en moi comme une faim. A une distance incroyable, au-delà des champs moissonnés, ocre et bruns, j'ai été hypnotisée par les deux flèches dépareillées, troublantes dans leur manque de symétrie, importunes, inévitables. Soudain des mots sont remontés de ma plus tendre enfance : *Venez vous qui peinez et êtes accablés.* Et je n'avais même pas remarqué que je peinais ou que j'étais accablée! Je me sentais si contente, si satisfaite, si bien adaptée, heureuse même, à l'abri dans un emploi stable qui m'obligeait à me dépasser, avec l'amour d'un homme en qui j'avais implicitement confiance, et l'espoir que je mettais dans l'avenir.

La hauteur disproportionnée de la cathédrale construite sur le flanc d'une colline couverte de maisons serrées les unes contre les autres. Même après le dégagement facilement reconnaissable des temps modernes, on imaginait sans peine à quoi cela avait ressemblé au Moyen Age, un amoncellement invraisemblable de constructions qui avaient simplement poussé ensemble comme des incrustations et des conglomérats de coquillages sur des rochers. Et au-dessus de tout ça, élancée et légère malgré sa masse, la cathédrale, les bras tendus vers les cieux gris. Comme il était difficile de croire que cette grandeur, cette majesté avait été créée par les mêmes gens qui s'entassaient en dessous dans des maisons qui ressemblaient à des terriers de lapins! On pouvait les imaginer se presser pour chercher refuge dans la cathédrale en temps de guerre ou de peste; on les voyait traverser en courant leurs taudis miséreux pour aller s'abriter entre ces hauts murs de toute menace venant de l'extérieur. Leur Dieu n'était pas une abstraction, sa malédiction était aussi réelle que sa bénédiction. Dans cet immense bâtiment, ils étaient protégés des soldats, des flèches, des tromblons, de la maladie, de tous les fléaux. *Venez tous.*

Aujourd'hui, j'étais de retour. J'ai retrouvé mon chemin dans les froides rues pavées, ayant délibérément laissé ma voiture assez loin afin de m'imprégner de la ville avant d'atteindre la cathédrale. Je me méfiais peut-être de m'exposer trop brusquement à la douleur que j'avais ressentie avant : même si au plus profond de moi quelque chose le voulait vraiment. De petits groupes de gens dans les rues obscures que j'empruntais. Des bonnes sœurs en noir. Des petites filles avec des bas rouge vif. Une citrouille orange et insolite, coupée en deux sur un étal au marché. Des vitrines pleines de livres, de nourriture, de vins, de vêtements. A un tournant, je me suis arrêtée en haut d'un escalier pour regarder derrière moi : une perspective sur des collines éloignées et brumeuses. Une bruine froide et grise s'était mise à tomber. Puis je suis arrivée à la cathédrale. L'architecture de ma douleur lointaine. Des murs qui s'effritaient, avec des taches noires et des traînées d'humidité. Au-dessus des portails, des saints à demi ruinés et sans expression regardaient dans le vide au-dessus des démons et des rois tapis à leurs pieds.

Je suis entrée. J'avais sauté le déjeuner et j'avais faim; mais cette autre faim était plus exigeante. Seul le feu des couleurs des grands vitraux, je le savais dans mes entrailles, pourrait l'apaiser. Les bancs étaient immobiles, des rangées rassurantes dans l'obscurité. J'ai choisi une place contre un mur, loin des groupes de visiteurs qui passaient de temps en temps, en laissant un espace désert entre eux et moi. Le transept s'éloignait devant moi comme une avenue qui disparaît dans le crépuscule. Là-bas, près de l'autel, un buisson de cierges brûlait, parfaitement tranquille, sans un seul vacillement. Je ne faisais aucun effort pour contrôler mes pensées et cela aurait été impossible maintenant. En fait, je ne « pensais » pas vraiment, je m'abandonnais simplement à tout ce qui bougeait en moi. Je sais qu'à un moment je me suis sentie tout à fait déplacée dans cette cathédrale. Une métisse du Cap, se cachant à Chartres. Des choses énormes et profondes avaient dû se passer pour me conduire ici. Andrea Malgas, près de trente ans. Pour la première fois depuis la mort de maman j'avais – non, non, pas le « mal du pays », mais j'avais conscience de quelque chose de perdu, de délaissé, d'abandonné, d'irrémédiable. L'église de la rue Buitekant, juste en face du poste de police place Caledon. Le long chemin pour descendre la colline, le dimanche matin; grand-mère ne manquait jamais rien. La balustrade en fer de la galerie et l'emplacement du chœur. Les lourdes poutres sombres au-dessus. Les lis blancs devant la chaire. La ferveur de ceux qui chantaient en pleurant presque, et le trémolo strident de grand-mère qui dominait les autres. *Que la grâce de Notre-Seigneur Jésus-Christ, l'amour de Dieu, et la communion du Saint-Esprit soient avec vous. Amen.* Les bras écartés du prêtre, les pompons de sa robe qui se balançaient, auraient suffi à convaincre le mécréant le plus dur qu'il avait réellement le pouvoir de promettre la grâce, l'amour et la communion. *Jusqu'à la prochaine fois.*

Je restais assise avec mes cheveux en tire-bouchon, l'honneur, l'amour et la peine de maman; je balançais les jambes, chaussures noires, chaussettes blanches tricotées, jusqu'à ce qu'un de mes pieds heurte le banc de devant et maman m'arrêtait d'un coup de coude dans les côtes. Toute la famille sur un rang. Grand-mère et grand-père, lui tout ratatiné, faisant penser à une souris et économisant avec soin ses derniers souffles de vie; grand-mère, énorme et impressionnante, douce comme un gros paquet de linge pour la lessive, surveillant avec l'œil dur d'une mouette tout ce qui bougeait autour d'elle. Ses deux sœurs, des vieilles filles, tante Joey et tante Myriam, toujours ensemble, en train de surprendre le moindre signe indiquant la fin, chez grand-mère ou chez elles. Maman qui portait un petit chapeau qui ne lui couvrait pas beaucoup la tête, parce qu'elle était coiffeuse et qu'elle ressentait le besoin de faire de la réclame pour son travail (et avec raison, car elle avait de très beaux cheveux, longs et noirs, seulement un peu ondulés, comme les miens). Mon frère Arie, à condition qu'on lui ait donné son dimanche à l'hôtel de Hermanus où il travaillait comme serveur : il avait les cheveux partagés au milieu comme une bible ouverte et brillants de Brylcream qu'on sentait à dix mètres. Ma sœur Maggie, de deux ans mon aînée bien plus convenable et collet monté que moi, toujours boutonnée jusqu'au menton afin de prévenir la tentation; elle achetait ses vêtements avec réduction chez Garlicks où elle travaillait. Et moi. Et de l'autre côté, sauf s'il était déjà parti, parce qu'il ne pouvait pas rester dans une église, il y avait Boetie, l'air renfrogné et les mains pendant dans ses manches trop courtes. Parfois, mon frère Sonny était aussi avec nous, en congé d'Oudtshoorn où il était instituteur, mais cela n'arrivait pas souvent et seulement quand notre père n'était pas là, parce que

Sonny avait été un enfant naturel et il avait intérêt à se tenir à distance. Papa? Non, jamais. Pas d'église. A chaque fois qu'il revenait de sur la mer, et ces occasions étaient rares, éloignées les unes des autres et tout à fait imprévisibles, il empêchait maman d'aller à l'église.

C'est tout cela que j'ai trouvé à Chartres, cet après-midi-là. Après la première illusion de satisfaction créée par les vitraux embrasés dans l'obscurité, sont venues ces images brutales d'une église plus petite et plus claire, de gens que j'avais déjà chassés de mon esprit, de choses dont je m'étais détachée depuis des années. Et à ma plus grande consternation je me suis sentie tellement enfermée dans la cathédrale que j'ai dû partir. Je ne pouvais pas me l'expliquer. J'étais libérée de ces souvenirs depuis longtemps. Brian m'avait emmenée pour de bon; la mort de maman avait confirmé la rupture.

Pour de bon. C'était peut-être ça. Parce que ça n'avait jamais été réellement, inévitablement, « pour de bon », même si j'avais pu le penser. (Sauf que pendant huit ans, avec un petit intervalle quand maman était morte, je n'avais jamais voulu y repenser.)

La première fois, j'avais considéré mon départ comme une véritable issue. J'étais repartie de zéro, tout d'abord à Londres, ensuite en France. Je gagnais assez d'argent. J'avais les hommes dont j'avais besoin ou que je pouvais supporter (et d'autres aussi quelquefois; mais on apprend vite soit à s'en débarrasser, soit à s'en accommoder). Puis il y a eu Paul. Et je suppose qu'il était inévitable que, tôt ou tard, il me demande ce qu'il m'avait demandé à l'auberge d'Eygalières cet été. Rien d'inattendu. Un choix logique – oui; non – qui pouvait effectivement déterminer notre avenir mais qui ne mettait pas trop profondément à l'épreuve. Sauf en ce qui concernait la seule chose que j'avais dû porter en moi sans le savoir depuis qu'il m'avait posé la question, un fardeau lourd comme un enfant, ce que j'avais finalement découvert à Chartres cet après-midi : si nous étions mariés, ma vie serait décidée pour toujours. Alors, je devrais rester ici; je ne pourrais jamais rentrer.

Je n'avais jamais *voulu* rentrer, pas pendant une seule heure au cours de toutes les années que j'avais passées ici : même pas quand j'avais souffert, même pas quand les choses étaient difficiles ou horribles ou misérables, même quand j'avais pleuré à en crever. Ne jamais retourner là-bas. L'Afrique du Sud était devenue le nom d'une mauvaise conscience, un mauvais souvenir, une menace qui surgissait dans mon sommeil; ce n'était plus une réalité. Je l'avais laissée derrière moi. Elle appartenait désormais au passé. Mais, maintenant, le désir de Paul de m'épouser avait soudain donné le poids de la finalité à ce qui était venu tout seul. Si je disais oui, nous pouvions être heureux ensemble. Pourtant, une chose serait exclue une fois pour toutes : la possibilité du choix. Si nous nous mariions, nous ne pourrions plus rentrer, que nous le voulions ou non. Ni lui ni moi. Lui, le Blanc, moi la métisse. Et soudain de découvrir que ce que vous n'aviez de toute façon jamais voulu faire n'était plus possible changeait quelque chose de capital. C'était différent maintenant. Totalement différent. En vérité, je n'avais jamais ressenti la moindre envie de rentrer; j'avais pris l'habitude de fuir ceux qui en arrivaient, parce que je ne voulais pas qu'on me rappelle des choses dont je m'étais séparée. Cependant, sans même y avoir pensé, le retour était toujours resté une possibilité – *si je voulais*. Que j'épouse Paul, et je ne pourrais plus jamais choisir. Je me sentais assez sûre de moi. Mais lui? Et si, un jour, il ressentait le besoin de rentrer? Il devenait curieusement si fier de ses racines huguenotes : un jour, il pouvait aussi bien avoir envie de retrouver ses autres racines. Il pourrait rentrer seul, bien sûr; moi aussi. Mais nous ne le pourrions pas ensemble. D'accord, il serait même possible que nous rentrions tous les deux ensemble – mais seulement avec une autorisation spéciale, un permis, avec le consentement officiel, un document qui nous désignerait comme des exceptions à la règle, des proscrits, des déviants dans leur société, comme des paraplégiques ou des monstres à cinq pattes ou à deux têtes. Et cela nous enfermerait de façon efficace. Cela deviendrait la substance de notre lien : la substance de ce qui, un jour, pourrait commencer à nous contraindre. Le reproche silencieux qui se forme dans le regard de l'autre, sans même oser dire ouvertement : « Regarde ce que j'ai abandonné pour toi. » Ce ne serait même pas nécessaire d'en arriver là : il suffirait que l'un de nous en soupçonne l'autre, commence à chercher des signes révélateurs : pas aujourd'hui ni demain, sûrement pas, mais dans un an, dans cinq ans, dans vingt ans, quand on vieillit et qu'on commence à ne plus se sentir à sa place, et qu'on se languit des « siens », quels qu'ils soient. Serais-je capable d'affronter cela? Cette lente érosion, cette sape d'une relation qui était devenue sa principale défense contre la vie, ce reproche ou ce soupçon insupportable?

A Paris j'étais tout à fait sûre comme cet après-midi-là à Chartres, et pendant la nuit que j'y avais passée (car j'avais dû y rester; il était beaucoup trop tard pour reprendre l'autoroute), d'avoir besoin de Paul et de vouloir le garder; de vouloir passer le reste de ma vie avec lui. Mais en serais-je aussi certaine dans un an? Avais-je assez confiance?

C'est pourquoi il fallait que j'aille en Provence. C'est ce qui m'avait d'abord donné l'idée de m'y rendre, bien que je ne l'eusse jamais considéré sous cet angle. Et, maintenant que je savais, je me sentais soudain intimidée, je répugnais à atteindre toute destination définitive, effrayée par la finalité d'un choix qui exigerait peut-être trop de moi.

Aussi, à partir du lendemain matin, j'ai abandonné

l'idée de tout itinéraire organisé. Ne me demandez pas de vous retracer mes errances sur une carte. Je ne sais pas où je suis allée. Je n'ai pas ouvert le Michelin. Il est resté enfermé dans la boîte à gants avec l'adresse de l'hôtel d'Avignon, alors que je m'immergeais dans l'immense arrière-pays français comme si c'eût été une mer. Une plongée mentale : c'est la seule description à laquelle je puisse penser pour mon expérience de ces jours de voyage sans nombre, sans caractéristiques, sans but.

A de très rares occasions, Brian l'emmène à Onrust pour lui apprendre à plonger dans les bassins à flot qui se remplissent avec la marée. Il est consciencieux et prudent; elle plonge avec insouciance. Elle a toujours eu cette passion pour la mer, le domaine de son père. (« Je suis une Malgas. Nous sommes des oiseaux de mer. » La fierté de son père : que leur nom de famille signifie : « fou de Bassan ».) Brian est moins téméraire, il n'est pas seulement intimidé par la traîtrise de la marée, mais aussi par la crainte continuelle qu'on les voie ensemble. Non pas qu'elle en soit à l'abri. Avec quelle facilité un mot lancé négligemment par un passant un peu curieux peut mettre fin à tout. Le mouvement de peur qui traverse vos rêves la nuit, qui vous fait vous agiter dans les vagues du sommeil et vous dresser brusquement avec un hoquet de terreur, même en plein jour. *(Mon Dieu, Andrea, il est blanc !)* Aussi, avant toute chose, ils vérifient avec soin, afin d'être sûrs qu'il n'y a pas de pêcheurs ou de promeneurs en vue. Après avoir garé la voiture parmi les buissons, ils traversent en courant la petite étendue de plage à découvert jusqu'à l'abri des rochers. Puis les bassins, des trous longs et profonds entre les récifs. Des lunettes et un masque sous-marin. Au début, ils crachent et ils toussent, et sont effrayés par le sifflement de leur respiration; jusqu'à ce qu'ils soient habitués. Plonger, c'est comme s'immerger dans un rêve. Elle a souvent des rêves de vol. Elle passe des nuits entières à voler, au-delà de tout ce qui la menace pendant la journée. Et plonger renouvelle la sensation : glisser doucement au-dessus des crêtes des montagnes, des paysages sans fin qui s'ouvrent en dessous, des vallées, des barrières et des profondeurs inexplorées, tandis que l'on se déplace dans un univers régi par des lois différentes du sien. Des bancs de poissons passent rapidement, des couleurs magnifiques, le mouvement des anémones de mer, des versants entiers de rochers, recouverts d'étranges végétations. Et l'on continue au-dessus et, parmi tout cela, on glisse, accepté par les crabes et les poissons, les moules, les langoustes qui se donnent à peine le mal de s'enfuir ou de s'écarter. Les joies silencieuses d'une sorte d'existence entièrement nouvelle.

Quand on ressort, inévitablement, on trébuche sur les rochers et les cailloux. Soudain, on ne se sent plus à l'aise dans ce qui a toujours été son « propre » univers. Pendant longtemps, on gardera derrière les yeux l'empreinte d'autres réalités, d'autres rêves. Les pieds seront maladroits pour trouver leur chemin, les bruits seront différents, plus durs, plus menaçants. On se sent entraîné par une sombre envie de retomber dans ce monde sous-marin si brièvement aperçu, si profondément vécu. Et pourtant, en même temps, on sait qu'un retour permanent est impossible. On ne pourra jamais y *vivre.* Même s'il est magique, on ne sera jamais qu'un visiteur, un spectateur, un intrus dans l'autre monde. On reste conditionné par les exigences des poumons, le besoin d'air. On n'y sera jamais qu'un étranger, on n'y « appartiendra » jamais. Une immersion brève et magnifique – puis le triste retour de ce côté-là, à l'endroit d'où l'on vient. Même si l'on sait qu'on n'y appartiendra jamais non plus.

Traverser l'arrière-pays en France donnait aussi un sentiment de monde sous-marin, à cause du temps : parfois, c'est vrai, le soleil arrivait à percer; mais, la plupart du temps, il faisait frais et le ciel était couvert, avec une petite bruine et une douce grisaille qui faisait disparaître les contours et qui brouillait les objets isolés. Les lignes liquides et la masse des collines, les immenses forêts obscures embrasées par les couleurs d'automne, les ondulations, les versants des montagnes qui disparaissaient. Je me tenais à l'écart des grandes routes. Dès l'instant où j'ai quitté les artères encombrées, j'ai abandonné le monde ordinaire de l'organisation et des prévisions, du temps et des distances qu'on calcule, de l'ordre, des plans. Autour, les paysages illimités s'ouvraient, verts et denses, humides, familiers, accommodants. Des villes, des villages, des hameaux. Les toits d'ardoises noires et sévères d'Auvergne, des maisons comme des nonnes, le dos tourné à la lumière. Progressivement elles deviennent plus blanches et rouges au fur et à mesure qu'on descend vers le sud. Des villages dans le repli des collines; des châteaux et des ruines sur les crêtes. D'anciens murs maintenant effondrés et exposés au vent et à la pluie; de petits lézards vifs dans les fissures. De temps en temps, quand la faim me faisait me souvenir de mon corps, je cherchais un endroit sur le bord de la route pour manger. Des intérieurs sombres, des nappes à carreaux rouges et blancs et des gouttes de pluie qui coulaient sur les vitres; une douce chaleur, des familles avec d'énormes chiens paresseux, qui partageaient avec moi des plats faits d'après des recettes transmises depuis des siècles de mère en fille; des pichets de grès remplis de vin local; de petites tasses remplies à ras bord de café fort et brûlant. Parfois, une rapide conversation avec le patron bien rond (tablier blanc, des veines rouges sur le nez, des yeux de poisson) ou avec sa femme (les cheveux teints en roux, avec la racine noire, des yeux sombres et sensuels, des mouvements sans heurts comme un animal marin, les pieds chaussés de pantoufles) : « Et d'où venez-vous, mademoiselle? » (Un rapide coup d'œil à ma bague pour confirmation.) « D'Afrique du Sud » – toujours avec un peu de répugnance, et sans savoir quelle sera la réaction. « De si loin? Mais comment faites-vous pour parler si couramment notre langue? – Oh! Ça fait huit ans que je vis en France. – Votre pays doit vous manquer de ce temps-là, non? Il y a toujours du soleil chez vous, n'est-ce pas? »

Et je repartais, dans cet univers sous-marin et vert, avec ses crêtes, ses végétations noires, et son humidité réconfortante et protectrice.

Pendant des heures, je pouvais me couper de l'immense paysage embrumé en m'immergeant dans une autre sorte d'eau : la musique. Toutes les cassettes que Paul m'avait envoyées. Vivaldi. Chopin. Et, par-dessus tout, Mozart. Il était fou de Mozart, comme Brian. Ils m'avaient aussi convertie. Mais je ne pouvais pas écouter Mozart tout le temps! J'avais chapardé mes propres bandes, celles qui faisaient monter Paul aux murs. Et alors? C'était *ma* musique. Folk, country, rock, reggae. Bob Marley. Peter Tosh. The Police. Leonard Cohen. Jethro Tull. Linda Ronstadt. Tout ce que Paul était prêt à me concéder avec son côté adorable et démodé, c'était Françoise Hardy, Joan Baez, peut-être Jacques Brel. Avec lui, je suis séparé de la musique que j'ai dans le sang. Pendant ce voyage, j'étais libre de m'abandonner à elle – avec des concessions sporadiques à son Mozart bien-aimé – alors que je parcourais les collines et les forêts de Dordogne et d'Auvergne, de régions sans nom, loin de la grande route.

De petits hôtels pour la nuit : pas toujours faciles à trouver, parce que la plupart avaient déjà fermé après la saison. Ils n'attendaient plus de visiteurs aussi tard en octobre. Le poids des nuits humides. Des lampes de chevet qui répandaient leur lumière sourde sur des meubles massifs et sur les motifs sombres du papier qui recouvrait les murs. Le dos appuyé contre un grand oreiller carré (même après huit ans, je ne m'étais pas encore habituée aux longues saucisses françaises), je prenais des notes dans le petit cahier vert que j'avais acheté à Chartres – de petites scènes étranges, des réflexions, des souvenirs, des remarques – et j'essayais ainsi de garder prise sur les jours qui s'enfuyaient. Sinon, je m'asseyais consciencieusement et je lisais ce que Paul m'avait confié. L'avant-dernier texte du script de son film. Des livres, des pamphlets et des photographies sur la Peste noire et sur d'autres pestes qui plus tard s'étaient abattues sur la Provence. Des lectures macabres, en fait. Cependant, au cours des années, cela avait fini par faire partie intégrante de notre relation. Il était déjà obsédé par cette histoire la première fois que je l'avais rencontré, alors que je vivais encore dans l'appartement de Frank à Paris.

« Pourquoi cet homme veut-il me voir?

– Ce n'est pas lui qui a demandé, Andrea. Je n'arrête pas de te dire que je l'ai invité spécialement.

– Pourquoi?

– Il est sud-africain.

– Frank, tu sais pourtant bien que je me moque de rencontrer des Sud-Africains.

– Ce n'est pas non plus une raison pour les éviter comme la peste. Que cherches-tu à prouver? Et à qui?

– Il y a plus de gens qu'il n'en faut à la soirée pour que je pense à autre chose.

– Mais je lui ai promis de te le présenter.

– Parce que je ne veux pas coucher avec toi tu penses que tu peux me mettre aux enchères pour tes amis?

– Sois un peu raisonnable, Andrea. » Frank désespéré, lève la main, mais il soupçonne que la résistance ne me rendra que plus entêtée. « Ces deux dernières années, je t'ai présentée à toutes sortes de gens. Certains sont devenus de très bons amis, non? » (Avec une petite pensée amère pour Stéphane l'architecte ou pour Henri, du ministère de l'Intérieur?) « Après tout, Paul Joubert c'est un nom. Je suis sûr que tu en as entendu parler. Même si tu as quelque chose contre les Sud-Africains. Il vit ici depuis si longtemps qu'il n'est plus contagieux. »

Ils sont interrompus par un étranger dans l'entrée de la minuscule cuisine.

« Quand on parle du loup..., dit Frank. Voici : Paul... Andrea... »

Il semble vouloir se sauver.

Andrea fait soudain un grand sourire. « A ma droite – à ma gauche, dit-il. Alors, où sont les gants de boxe? »

L'étranger l'observe en silence. Il doit se rendre compte de sa méfiance, le dos raide, les yeux très sombres, très écartés et très légèrement bridés.

« Vous ressemblez à une gitane », dit-il enfin.

Maintenant, c'est elle qui le jauge : pull-over à col roulé, costume en velours, des Hush Puppies usées et une pipe au coin de la bouche.

« Vous n'avez pas l'air très impressionnant, remarque-t-elle. Je pensais que vous étiez une célébrité. Ou est-ce seulement pour la galerie?

– Si tu voulais coucher avec elle, n'y pense plus, dit Frank, voyant là une occasion de se venger. Elle a déjà décidé qu'elle était contre. » Il se tourne vers elle et lui fait une grimace : « Et il vaut mieux que je te prévienne, ma chérie, Paul est avec quelqu'un. Comme ça, vous êtes en sûreté tous les deux. » Puis en sortant, il ajoute : « De toute façon, ne passez pas la nuit à comparer vos impressions sur le pays perdu. »

C'est pourtant exactement ce qui arrivera malgré

eux, après que Paul, déconcerté par les remarques de Frank, lui eut proposé en bafouillant de boire un verre. (Andrea : « Vous auriez pu trouver quelque chose de plus original. Mais d'accord, j'ai envie d'un verre de vin rouge. ») Ils restent debout, le verre à la main, devant la fenêtre – rideaux tirés; les deux battants de la fenêtre ouverts sur les bruits nocturnes de la rue Mouffetard – elle est un peu en retrait. Sur le côté, appuyées contre un mur, des toiles de Frank, la plupart le dos vers la pièce; l'odeur de la peinture et de l'huile de lin.

« Cette ville a une odeur à elle, dit Paul en se penchant à l'extérieur. Vous avez remarqué?

– C'est simplement l'odeur du marché, répond-elle. Les choux, les carottes, les oignons, les moules et le poisson de ce matin.

– Ce n'est pas de ça que je parle. Je peux sentir les pierres. Pas vous? Aucune autre ville n'a cette odeur particulière : des pierres polies par le contact des hommes, depuis des siècles. Les pieds, la respiration, la salive, le pipi. Des pierres usées comme de vieux vêtements. Venez sentir.

– Alors, vous êtes comme ça, dit-elle. Vous aimez tout ce qui est vieux, simplement parce que c'est vieux. »

(Peut-être aimerait-il répondre : « Je vous aime aussi »? Mais il vaut mieux qu'il pense à autre chose.)

« Notre Afrique du Sud ne sentait jamais comme ça, insiste-t-il.

– Votre Afrique du Sud, lui rappelle-t-elle, n'a jamais été la mienne. »

Il ignore la provocation délibérée.

« C'est un de mes souvenirs les plus vifs, dit-il. Je n'ai pas souvent de nostalgie, mais c'est une des choses que je n'oublierai jamais. Ecrire devant une fenêtre ouverte la nuit. Les énormes papillons de nuit, les insectes qui volent. Les grillons à l'extérieur. Et cette odeur : dedans, il y a le parfum de l'herbe, l'herbe verte écrasée et aussi celui des tiges desséchées. Si le vent se lève, il vous apporte une odeur aussi tangible que de la poussière qui vous pique le nez. Mais *ce n'est pas* de la poussière. C'est l'Afrique. On y est tellement habitué qu'on ne la remarque plus – sauf quand on s'en va. Surtout si l'on part longtemps.

– L'odeur du Cap est différente, réplique-t-elle. La mer. Les chiottes dans l'arrière-cour. Le poisson.

– Et la montagne.

– On ne sent pas la montagne.

– Oh! Si, on peut. Son poids. Sa taille. Il est impossible de s'en échapper. C'est de cette odeur-là que je parle. » Et avec quelque chose qui est à mi-chemin entre un froncement de sourcils et un sourire : « Vous ne l'avez peut-être jamais remarquée.

– Bien sûr que je l'ai sentie. »

Et elle est obligée de rire, lui aussi, à cause de ce qu'elle vient de concéder. Mais derrière son rire – ce n'est que bien plus tard qu'elle aura suffisamment confiance en lui, pour le lui confesser – il y a un souvenir d'une réalité si violente que son ventre se contracte. Comme une naissance. Quelque chose qu'elle a été capable de réprimer depuis longtemps, plus de trois ans, mais qu'elle ne peut plus refouler.

Le Cap : les petites maisons du District six, serrées les unes contre les autres. Les cours minuscules. La lessive. L'entassement des gens, toujours et partout. La corne de brume à Mouille Point la nuit, quand le vent soufflait de par là. Les hivers humides, la pluie tranquille, interminable, les versants de la montagne verdoyants et détrempés, et la couronne de pins au sommet. Le poisson au curry. Le *snoek* à l'étouffée, le ragoût à la tomate. Des patates douces à la cannelle. Les enfants égaillés dans la montagne pour ramasser des pignes. Les herbes et les épices à Parade. Les promenades à Kalk Bay le jour du nouvel an : on nageait dans le port parce que les Blancs avaient pris les plages. Les films de cow-boys au Gem à Woodstock ou au Globe en bas de Sir Lowry Street. Il ne faut pas aller à l'Avalon ou au British, c'est là que rôdent les Bouffons, les Tueurs et les Dynamite Kids. – Le merveilleux grand vent de l'été. Les réunions de prière de la Pentecôte. Sa grand-mère qui tricotait du matin au soir, d'étranges objets allongés qui, dans ses mains noueuses, prenaient des formes imprévisibles. Grand-mère, présente à chaque naissance, chaque mariage et chaque mort du quartier. Les retours bruyants de son père. Sa mère lavant ou « faisant » les cheveux. Maggie qui rentrait à la maison chaque week-end avec une nouvelle conception du péché. Boetie qui disparaissait dans les rues avec ses amis dangereux et mystérieux; sautant par la fenêtre le soir, dès que les adultes étaient au lit. – Elle est la seule à savoir, elle est ses yeux et ses oreilles, elle a la charge de faire bonne garde. – Son frère Arie qui se vante de tous les gens bizarres qu'il rencontre dans son travail à Hermanus. Les visites furtives de son frère Sonny; les billets froissés qu'on glisse dans la main de leur mère quand papa est au loin. Oh! Le Cap, Le Cap!

Un peu plus tard dans la soirée, ils s'assoient par terre, sous la fenêtre, cachés derrière un grand fauteuil confortable (en réalité un magnifique fauteuil de train datant du début de siècle, recouvert de velours vert, passé et taché, que Frank a trouvé au Kremlin-Bicêtre), comme deux enfants précoces jouant un jeu éternel. Au-dehors, la rue Mouffetard, dont ils ne s'occupent plus; les invités de la soirée, exclus.

« Tu vis vraiment à Paris depuis si longtemps? C'est ce qu'a dit Frank.

– Cela fera quatorze ans en octobre. Tu as remarqué que les gens se souviennent toujours du mois où ils sont arrivés à Paris pour la première fois?

– Je suis arrivée il y a deux ans, en février.

– Tu as l'intention de rester?

– Bien sûr. Je ne peux pas rentrer. Tu ne le savais pas? » Elle s'arrête brusquement; elle ne veut pas en dire plus; elle lui en veut pour ce qu'il a déjà réussi à tirer d'elle.

« Ma famille ne m'a jamais pardonné, dit-il comme s'il n'avait rien remarqué. De vrais Afrikaners, chacun d'eux. Il vaut mieux que je te prévienne, papa était pasteur. Sans ma tante qui n'avait peur de rien, on aurait pu me persuader de suivre ses traces. Tous les autres pensaient qu'elle était complètement folle. »

Elle ne fait rien pour l'interrompre. Comme il parle, elle n'a pas besoin de divulguer ce qu'elle préfère garder pour elle; et à sa plus grande surprise, elle découvre qu'écouter lui plaît. (*Ainsi vous êtes à l'abri, tous les deux.*) Ses paroles coulent sur elle sans effort, un courant ample et tranquille avec de temps en temps des tourbillons d'humour ou de cynisme souriant.

Son père, *dominee*[1] dans un petit village de l'intérieur aride. Griqualand Ouest. Un presbytère avec un haut toit vert et un grenier; un canal entre la maison et l'église blanche et solide. Un frère et une sœur, tous deux beaucoup plus vieux, ce qui veut dire qu'il grandit tout seul, un peu fragile et maladif, quelque chose à la poitrine, fuyant la compagnie bruyante de ceux de son âge. (Il y a cependant des jeux secrets et extraordinaires, avec la fille du sergent, Elise, dans le grenier ou le jardin, quand ils reviennent du tennis.) Un lecteur omnivore, parfois attaqué par certains professeurs parce qu'il est plus fort que les autres, mais encouragé par la confiance et la sympathie des autres. Le professeur de math dont la jeune femme volage, une citadine, s'enfuit avec le pharmacien, en laissant son bébé à son père. (« Ne tombe pas amoureux d'une femme, Paul. Il n'y en a pas une qui ait un cœur. Tu veux savoir pourquoi? Parce qu'on ne peut pas fabriquer un cœur avec une côte. ») Le professeur de

1. Pasteur. *(N.d.T.)*

langue qui l'incite à lire et qui l'encourage dans ses premières tentatives d'écriture. Maman et papa, eux, pensent qu'il n'y a rien de pire. *Montre-toi humble devant le Seigneur, mon fils, chasse ces choses coupables de ton esprit.* Les vacances familiales au Cap : papa est un Joubert, maman une Roux, tous deux descendent des huguenots et l'on doit rester en contact avec le lieu de ses origines, et ne pas se perdre dans l'intérieur poussiéreux. *Nos ancêtres ont fui pour sauver leur foi, Paul. N'oublie jamais cela. C'est tout ce que nous avons reçu.* Comme si l'intérieur était resté sauvage et que seul Le Cap conservait son caractère huguenot.

Andrea : « Ils n'ont jamais connu Le Cap. Pas comme moi. »

Et la tante vient passer des vacances avec eux. Sa marraine, tante Katrien (plus tard Catherine) qui a quitté le pays après le baptême de Paul pour s'installer en France où elle a épousé un Français, même pas un catholique, mais un athée, l'incarnation du démon. Imaginez un pareil œuf qui éclôt dans le nid des Joubert. Mon Dieu, nous T'offrons notre repentir à genoux. Paul vient d'avoir quatorze ans quand tante Katrien (pardon, Catherine) annonce sa visite. A peine capable de parler encore l'afrikaans. Veuve depuis peu, si on peut croire ce qu'elle dit. On fait tout ce qu'il est possible pour empêcher sa venue : ils feraient plutôt les six cents kilomètres pour aller au Cap passer une semaine avec elle, s'il plaît à Dieu. Mais ça ne plaît ni à Dieu ni à tante Catherine et un jour d'été étouffant elle se présente à la porte, ayant pris un taxi à l'aéroport de Kimberley, à cent kilomètres. Des valises en vrai cuir, un trousseau dernière mode (on est juste après la guerre), une coiffure à vous couper le souffle et, doux Jésus, ce parfum! Paul sort humide d'un rêve avec ce parfum dans les narines, accroché pour la vie, à la fois aux rêves et au parfum.

Les vains efforts de la famille pour cacher tante

Catherine aux sœurs de la congrégation; et, pour d'autres raisons, aux frères. Mais elle refuse. (Ce qui fait que le père de Paul accepte la première proposition de poste qui arrive après le lamentable séjour de la tante; par chance, c'était au Cap; Dieu nous viendra en aide.) Les longues promenades dans le veld poussiéreux, le jeune garçon passionné et la tante enjouée, si jeune et exubérante et – ah! – déjà veuve. (Aucun signe de deuil.) Elle lui parle de littérature. Du Louvre et de l'Orangerie. Et à la première occasion, un samedi matin, elle l'emmène à Kimberley où elle lui achète des brassées de livres. Rodin, Lautrec, Degas. Un autre rêve est devancé. Papa fait un sermon sur Ezéchiel et on doit ranimer maman avec des sels.

Pendant des semaines et des mois, pendant des années après le départ de tante Catherine, son parfum reste avec lui. Et de volumineux colis bourrés de livres ne cessent d'arriver par la poste (souvent interceptés par son père, jusqu'à ce que Paul se mette d'accord avec un ami pour utiliser une autre adresse). Une éducation entièrement différente s'instaure parallèlement à l'école. Après le bac, tante Catherine l'invite à passer les grandes vacances en France. « Il faudra d'abord me tuer », menace sa mère. Mais le billet d'avion est déjà dans la lettre; et, après des supplications éplorées, les parents cèdent. La première rencontre d'un garçon impressionnable de dix-sept ans avec l'Europe. Tante Catherine l'accompagne en voyage. Des cathédrales. Des musées. Des concerts. Elle lui met même de l'argent dans la poche avec une lettre en français et elle l'envoie en taxi dans un bordel choisi. Fiasco total; mais la longue conversation qui suit compense amplement l'échec technique. Le lendemain matin, ils descendent dans le Sud : tante Catherine a une petite villa à Villefranche-sur-Mer, et dans la Méditerranée il peut débarrasser son jeune corps vigoureux de tout sentiment de culpabilité. Sur la plage il rencontre également une petite Aphrodite, apportée par la mer, avec des seins aussi effrontés et parfaits que ceux qu'a peints Botticelli : une nuit, sur la plage de galets de Nice, ses jeunes mains habiles guident ses coups maladroits et, cette fois, il réussit. Elle a le derrière meurtri, il a les genoux écorchés. Une semaine plus tard, il rentre pour aller à l'université.

Après une licence et un diplôme de professeur, son avenir d'enseignant semble inévitable. Mais tante Catherine intervient de nouveau. « Aucune éducation n'est complète sans quelques années passées en France. – Essaie de comprendre Katrien, écrit son père, nous ne voulons pas faire preuve d'ingratitude, mais il est temps que ce garçon fasse quelque chose d'utile avec sa vie. Nous, les Joubert... – Nous, les Joubert, nous n'avons jamais eu peur de vivre pleinement la vie, répond-elle. Paul est mon filleul, et c'est mon argent, et il est temps qu'il connaisse un peu le pays d'où sont venus ses ancêtres. »

Littérature comparée à la Sorbonne. Les vacances passées sur les grandes routes ou les petits chemins de l'Europe, soit tout seul, soit avec la jeune-vieille Catherine, ou encore avec une autre compagne. Depuis le début, la Provence est son endroit préféré.

« Un jour, promet-il sans réfléchir – les jambes allongées sur le sol derrière le grand fauteuil dans le studio au-dessus de la rue Mouffetard –, un jour, il faudra que tu viennes avec moi. Je te ferai visiter.

– D'accord, je te le promets », dit-elle. Dans une nuit comme celle-là, on peut tout promettre.

Deux ans après, il doit rentrer à la maison à contrecœur, essentiellement à cause du chantage aux sentiments que fait sa mère. « Pour être honnête, il y avait aussi une raison supplémentaire, reconnaît-il. Mais c'est une autre histoire.

– Tu peux me la raconter si tu veux.

– Plus tard. Peut-être. Ça dépend.

– De quoi ? »

Il hausse les épaules. (A-t-il envie de dire : « De toi »?)

C'est donc le retour en Afrique du Sud. Maître de conférences à l'université du Cap. Mais *repos ailleurs*[1]. Il essaie de sublimer le besoin (c'est ainsi qu'il fait le diagnostic) en se mariant. Elle s'appelle Anne-Marie, reine du carnaval, alpiniste, une intrépide aventurière. Au début. Parce qu'il y a un changement attristant après le premier enfant (beaucoup trop tôt), et cela est pire avec le second. Maintenant, elle insiste sur ce qu'il « convient » de faire. Il y a les choses qu'on fait et celles qu'on ne fait pas. Quand on a jeté sa gourme, il est temps de s'installer. On a des responsabilités. Une famille. Des parents et des amis à prendre en compte. Les « siens ». Cette conviction prend racine en elle quand son premier roman est publié pour devenir un *succès de scandale*[1], en montrant les vaches sacrées au *volk*. « Il est évident que nous n'avons absolument plus rien en commun. Cela suffit. »

Pendant les quelques années de vie commune, il ressentait déjà le besoin d'être seul. Maintenant, de nouveau, il est libre : mais à quoi bon? La vie a un goût insipide. A trente ans on n'en a plus vingt : c'est aussi simple que ça. Trente ans – et qu'a-t-il réalisé, vers quoi se dirige-t-il? Même l'écriture a perdu son attrait. Le premier livre avait des résonances politiques, et le résultat c'est que toute sorte de gens ont commencé à s'intéresser à lui pour des raisons qui n'avaient rien à voir avec la littérature. Des invitations pour prendre la parole dans des réunions, pour ouvrir des congrès, pour écrire des préfaces, pour signer des pétitions contre l'apartheid, pour soutenir des accusés. « Etre écrivain, dans un endroit pareil, explique-t-il mécontent à Andrea, cela veut dire qu'on est entraîné dans tant d'autres choses qu'à la fin on n'a plus le

1. En français dans le texte. *(N.d.T.)*

temps de se consacrer à la seule chose qu'on a envie de faire, écrire.

– Tu préférerais t'enfermer dans une petite forteresse de jolis mots? dit-elle pour provoquer sa rancœur.

– Bien sûr que non. Mais on doit avoir une certaine forme d'énergie pour continuer ainsi et je ne l'avais pas. Bon Dieu, pourquoi ne peut-on pas s'asseoir pour écrire quelque chose simplement parce qu'on en a envie, parce qu'on a un besoin personnel qu'on doit empoigner? Je ne veux pas qu'on m'oblige à jouer un rôle. Je ne suis pas un réformateur social ou un révolutionnaire, je ne veux être qu'écrivain.

– Qui essaies-tu de convaincre? lui demande-t-elle calmement avec ironie. Je ne te reproche rien. »

Il continue avec la même rage : « Ça s'est vraiment mal passé quand, après le divorce, j'ai essayé de me remettre à écrire. Tu sais, en tentant de donner un sens au fouillis dans lequel je me retrouvais. Les journaux faisaient beaucoup de bruit à propos d'un groupe de jeunes gens, des étudiants ou quelque chose comme ça, qui s'étaient fait arrêter pour sabotage. Des fils de famille. On parlait beaucoup d'emprisonnement à vie, on évoquait même une condamnation à mort. Ça s'est terminé différemment, mais à ce moment-là les choses semblaient très mal parties pour eux. Et la presse de langue anglaise a commencé à rapporter des histoires sur la façon dont la police de sécurité les avait torturés pour leur arracher des aveux. Une jeune fille, elle n'avait que dix-huit ou dix-neuf ans, s'est présentée devant le tribunal le bras en écharpe. Ses compagnons... mais ce n'est pas la question. Ce que j'essaie de te dire? C'est que soudain, j'ai été frappé par l'idée que la nuit où ils avaient essayé d'exprimer leur résistance désespérée en commettant des sabotages, la nuit où ils s'étaient fait prendre, j'étais assis à mon bureau et je cherchais l'image juste pour exprimer l'état d'esprit d'un jeune homme qui vient d'avoir sa première relation sexuelle. Et le jour où les flics avaient cassé le bras de la jeune fille, ce même jour, je t'assure, j'avais passé plusieurs heures à me demander si les deux parties d'une phrase devaient être laissées ensemble ou si elles devaient être séparées par une parenthèse. Tu vois ce que je veux dire? C'était ce qui comptait pour moi – pendant que d'autres étaient torturés et risquaient leur vie. Et dans quel but? Même pas pour eux – ils étaient blancs, riches, privilégiés – mais pour d'autres! Tout d'un coup, continuer à écrire de jolies petites histoires m'a semblé obscène. D'un autre côté, j'avais trop peu de sens pratique, j'étais un trop piètre politique pour " m'engager ". J'ai déchiré mon manuscrit, page par page, et j'ai tout jeté.

– Je suppose que c'était aussi une façon de choisir, remarque-t-elle, les yeux dans l'ombre.

– Mais même cela n'a pas été le pire. Le pire, je crois, à été la rancœur que j'ai ressentie par la suite. Je pensais : d'accord, c'est une sorte de chose à laquelle il faut s'attendre. Cela arrive. Les gens s'entre-détruisent, ils s'oppriment, ils souffrent, ou ils meurent de faim ou d'ignorance. Je ne le nie pas. Mais, pour l'amour de Dieu, est-ce que cela signifie que je n'ai pas le droit de continuer à écrire sur ce qui est important pour *moi?* Que puis-je faire pour extirper le mal ou changer le monde? Un agréable combat. Ce que je peux faire, c'est écrire un livre qui plaira à un certain nombre de gens. Mais maintenant, je n'ose plus parce que ma conscience m'assassine. Et tout ce que j'en tire, c'est une sacrée frustration.

– Tu es un imbécile, dit Andrea.

– Tu ne crois pas si bien dire. En fait j'ai l'impression qu'un pays comme l'Afrique du Sud n'a pas de place pour des gens qui veulent simplement vivre, avec un peu d'indulgence pour leurs petits péchés, faire un bon repas de temps en temps, avoir du plaisir grâce à de la musique, de la peinture ou un bon livre.

Vous êtes obligé de marcher droit dans le brasier. Sinon, les seuls choix qui vous restent, c'est de devenir fou ou de mourir.

– Ça ressemble aux seuls choix qu'une vierge s'imagine avoir, dit-elle absolument pas émue. Ensuite, elle découvre qu'elle peut aussi se faire baiser.

– Je ne me suis jamais vu en vierge.

– On ne s'en rend compte qu'après.

– Manifestement, tu connais tout sur la question. »

Elle ne répond pas, elle est assise et elle le regarde dans les yeux sans ciller.

« J'aimerais en savoir plus sur toi », dit-il tout à coup, comme répondant à un besoin qui la surprend, comme si c'était pour lui un impératif.

« Je ne suis pas importante, dit-elle rapidement. N'essaie pas d'éviter le dénouement. Je veux savoir comment tu t'es sorti de ton joli petit fouillis moral. » Et elle ajoute avec un sourire : « Si tu t'en es sorti.

– Bien sûr. » Il a l'air mécontent de son refus. Mais elle sait que c'est mieux ainsi, plus sûr, plus facile. Après une pause, il reprend : « Tu vois, j'avais découvert depuis longtemps que la seule personne sur qui je pouvais compter en cas de besoin, c'était tante Catherine. Elle n'a pas fait défaut. Au moment où je pensais que je ne trouverais jamais d'issue, elle est tranquillement et généreusement morte dans son sommeil. Elle me laissait tout ce qu'elle possédait. L'appartement de Paris – tu viendras bientôt, c'est boulevard Malesherbes –, la villa de Villefranche et tout ce dont elle avait hérité de son mari. Et voilà ! Je vis ici depuis treize ans et je ne l'ai jamais regretté. A la seule pensée de retourner dans ce petit monde paroissial situé au bout de l'univers... » Il lève les mains comme pour se protéger (de beaux doigts, longs, qu'elle remarque immédiatement, en se demandant si lui aussi en est conscient).

« Pourquoi devrais-tu y retourner? Tu mènes une vie agréable. Tu es célèbre, tout.

– Célèbre? Ouais... »

Non, absolument pas. Mais avec assez de succès pour être satisfait. (Des compatriotes qui voyagent en Europe viennent le voir régulièrement : il n'y a rien de tel que les gens qui sont sur place. Je suis sûr qu'il va nous promener. Vous savez, tous ces endroits un peu bizarres que les touristes ordinaires ne connaissent pas.)

Après deux ans pour s'installer, il recommence à écrire. Le premier de ses romans, écrit en anglais, connaît un joli succès. Le second, *Les Survivants,* marche encore mieux. Un jeune metteur en scène français, un des plus intéressants, François Masson, le découvre, on propose à Paul d'écrire le scénario, le film fait un triomphe à Cannes, et Paul se retrouve soudain bien installé. On vient le voir de toute l'Europe pour lui proposer de nouveaux scripts. Après *Les Survivants,* aucun film ne provoque une telle reconnaissance; en partie, pense-t-il, parce que Masson est mort tragiquement dans un accident de voiture à peine un mois après Cannes. En même temps, l'événement augmente curieusement la réputation de Paul Joubert. « Si seulement il pouvait trouver un metteur en scène comparable à François Masson, son œuvre prendrait à nouveau sa véritable dimension. »

« C'est réconfortant d'une certaine façon, reconnaît-il en faisant tourner son verre vide entre ses doigts. Mais personne ne semble se douter que je peux perdre confiance en moi. Je n'ai jamais pu terminer un autre roman après *Les Survivants.* J'ai trouvé qu'il était plus sûr de me cacher derrière des scénarios de films.

– N'exagère pas. Il est trois heures et demie du matin, il est tout à fait normal de s'excuser à cette heure-là.

– Je ne m'excuse pas. » Il nie, mécontent. « C'est la vérité. Le succès des *Survivants* n'a pas été vraiment le mien. C'était celui de Masson. Il a rejailli sur moi à cause de sa mort et je suis devenu scénariste. » Elle voit son entêtement à sa façon de serrer les mâchoires. « Mais je te le promets : un jour, je vais leur montrer. Il y a une histoire en moi que je vais me mettre à écrire, qu'importe le temps que cela prendra. Et ce sera un roman, pas un autre film. Les films sont devenus une façon trop facile de m'en sortir. Je ne rajeunis pas.

– Tu n'as pas l'air trop décrépit.

– J'ai quarante-sept ans, Andrea.

– Il y en a qui atteignent cent ans.

– Je ne compte pas les années. Ce qui me préoccupe, c'est que, quel que soit le nombre d'années qu'on arrive à entasser, ça reste un nombre limité. Même maintenant, alors que je te parle, il nous reste deux ou trois heures de moins que quand nous avons commencé à parler. Je suis sûr que ça ne te préoccupe pas. Pas encore. Mais moi... » Il se met à bourrer sa pipe, nerveusement. « Avant de mourir, je veux savoir qu'au moins j'ai fait quelque chose qui en valait la peine. C'est ce que ce roman représente pour moi. Appelle ça une police d'assurance si tu veux, tu vois ce que je veux dire?

– C'est l'histoire de quoi?

– Ça s'appellera *La Peste noire.* Tu veux vraiment l'entendre?

– Personne ne sait où nous sommes. Ils doivent penser que nous sommes quelque part dans le noir, en train de faire l'amour. Alors pourquoi ne me raconterais-tu pas ta *Peste noire*?

– Tu connais l'histoire de la Peste noire au XIVe siècle? »

Elle hausse les épaules. Le fin tissu de son chemisier bouge légèrement. Il ne peut pas ne pas imaginer ses seins, si petits soient-ils. « Un petit peu », dit-elle.

Maintenant, il semble surtout se parler à lui-même. Intriguée, elle l'observe à travers la fumée de sa cigarette : il appuie la tête contre le velours vert et passé, une crinière de cheveux grisonnants, des rides profondes de chaque côté de la bouche, un réseau de lignes très fines autour des yeux derrière des lunettes à monture d'écaille qui à la fois reflètent le monde et l'en protègent.

« En quelques années seulement, entre le tiers et la moitié des habitants d'Europe sont morts. Peux-tu imaginer cela? Ils n'ont pas compris ce qui les avait frappés. Depuis 1345 ou 1346, ils entendaient des histoires épouvantables sur une peste incroyable qui ravageait l'Orient – mais c'était si loin et les histoires étaient si fantastiques que personne n'y prêtait vraiment attention. Puis, vers la fin de 1347, une petite flotte d'une douzaine de galères est arrivée en Sicile venant de très loin, peut-être de Crimée, et en quelques jours les habitants de Messine ont commencé à mourir par centaines. Les aines et les dessous des bras enflaient et une agonie atroce commençait : on avait des taches noires sur la peau, une violente fièvre, puis on crachait du sang. Vers le cinquième jour, le corps était noir comme la poix et la putréfaction, la mort venait comme un soulagement et une miséricorde. Quand les gens de Messine se sont rendu compte de ce qui se passait, il était déjà trop tard. Ils ont obligé les marins à remonter sur leurs galères maudites et les ont emmenés en pleine mer. A partir de là, ils ont transporté la peste partout où ils sont allés, de port en port, jusqu'à ce que toute la côte méditerranéenne soit infectée. A partir de Marseille, la peste se répandit en France à la vitesse, dit-on, d'un cheval au galop. En Allemagne, on représente la peste sous les traits d'une jeune fille traversant les airs comme une flamme bleue en tuant ses victimes en levant simplement le bras.

« En Provence, là où j'aimerais situer mon histoire quand je l'écrirai, à cette époque, toutes les routes conduisaient à Avignon, où les papes avaient résidé pendant les dernières quarante années. Et par les grandes routes et les petits chemins, accompagnant chaque marchand et chaque mendiant solitaires, chaque pèlerin allant voir le Saint-Père, chaque putain à la recherche de quelques pièces de monnaie, venait la Peste noire. Une seule mouche, infectée avec le *pasturella pestis,* était suffisante. » Il la regarda soudain en grimaçant un sourire : « Sais-tu que, jusqu'à l'époque actuelle, il n'y a que cinq ou six endroits dans le monde d'où la peste repart régulièrement – et que l'un d'eux est l'Afrique du Sud?

– Ça ne m'étonne pas », dit-elle, le visage impénétrable.

Il lève les sourcils mais ne fait aucun commentaire.

« Le pape lui-même n'a survécu que parce qu'il s'est isolé de tout le monde dans son immense palais. Je pense que l'isolement était une réaction très naturelle. Les gens y eurent recours partout en Europe, qu'ils fussent nobles, prêtres, intellectuels ou simples paysans. Dès que quelqu'un était touché, les autres s'éloignaient à tout prix, même si cela signifiait qu'on devait ignorer ses appels au secours. Dans certains endroits, on enfermait les gens chez eux et on les brûlait vifs.

– Il n'y avait vraiment aucun remède? demande-t-elle, intéressée malgré elle.

– Oh! Il y en avait d'innombrables. Mais il est difficile de dire s'ils servaient à quelque chose. Le problème, évidemment, c'était que personne n'avait la moindre idée d'où venait la peste. Qui pouvait suspecter un rat ou une mouche? Pour eux, elle était causée par des miasmes de l'air ou par des esprits du mal invisibles; c'était une épreuve envoyée par Dieu lui-même pour châtier les hommes de leurs péchés, la dernière forme du Déluge. Sinon, ils en accusaient les juifs, ou les hérétiques, ou n'importe quel étranger qui se trouvait par hasard parmi eux. Certains essayaient de trouver un refuge dans le jeûne et la prière.

D'autres, à l'opposé, le recherchaient dans les festins et la fornication, et espéraient que leurs excès frénétiques tromperaient les esprits du mal. La plupart des gens avaient des vêtements étranges; ils essayaient de se couvrir entièrement le corps, et portaient des masques avec de longs becs qui les faisaient ressembler à d'inquiétants oiseaux, avec de grands yeux ronds en cristal. Imagine comment ces lentilles épaisses devaient déformer le monde. Les becs étaient pleins de parfums, d'huiles et de substances embaumées afin de purifier l'air avant de le respirer. Comme les masques à gaz de la Première Guerre mondiale. Si vous vouliez partir en voyage, on vous conseillait de manger des pommes douces, de vous asperger d'eau de rose ou de vous enduire la peau de baumes parfumés. Les plus imaginatifs avaient recours à des mixtures que leur aurait enviées tout alchimiste. Un soupçon de serpent séché, des émeraudes réduites en poudre, des figues, de la myrrhe, du safran et Dieu sait quoi d'autre. Certains faisaient l'inverse : ils inhalaient les odeurs les plus infectes qu'ils pouvaient trouver, fermement convaincus qu'elles écarteraient la peste. Apparemment, certains restaient accroupis sur leurs latrines pendant des jours et des jours, la tête entre les genoux; et si tu regardes l'état des toilettes dans certains coins de la province française aujourd'hui, tu peux imaginer facilement à quoi elles ressemblaient au XIVe siècle.

– Et tout cela en vain?

– Bien sûr. La peste ne cessait de gagner du terrain et elle devenait même pire. Elle est allée du Midi jusqu'à Paris. Jusqu'en Angleterre. En Allemagne. Dans les pays scandinaves. Pas un seul village ne s'en est sorti indemne. Tu sais comment les villages sont proches les uns des autres. Quand on entendait parler de la peste, elle était à dix kilomètres de chez soi. On n'avait tout simplement pas le temps de s'enfuir, de creuser des fossés ni de construire des murs. On ne pouvait que s'asseoir et attendre, et trembler. " Comment est-ce que je reconnaîtrai la peste quand je la verrai? Comment est-ce que je reconnaîtrai un juif? A quoi ressemble un hérétique? ”

« Parfois, pendant mes lectures, j'avais l'impression que cela avait dû être pire que la Peste noire elle-même : pas les œufs, les pommes, les anthrax dans l'aine ou sous l'aisselle, pas le sang qu'on crache ou les spasmes d'une mort horrible – car tout cela n'affectait que le corps qui, un jour, devrait mourir – mais ce qu'elle faisait à l'esprit. La façon dont elle pervertissait et déformait le cerveau, les émotions, la dignité de quelqu'un. On soupçonnait tous les autres, même ceux qui étaient les plus proches, ceux qu'on est supposé aimer, parce que leur intimité même représente la plus grande menace. A la fin, rien n'est trop révoltant, trop dégradant, trop excessif. L'imagination elle-même se lasse. On apprend à ne plus faire attention. Une indifférence totale s'instaure. Tout ce qui est autour de soi est noir et transparent à cause de la mort. Et là juste dans l'odeur du romarin on reconnaît la peste, car tout en est infecté.

– C'est pour cela que tu as choisi d'en faire un roman plutôt qu'un film, dit Andrea. Il n'y a pas d'écran assez grand pour ce qu'on a dans l'esprit. Même le cinémascope serait trop petit. »

Il rougit. « Je t'ai ennuyée, dit-il, vexé.

– Non, mais je me demande... »

Il se détend.

« Je sais que j'ai tendance à ne plus m'arrêter quand je commence. Il y a si longtemps que je vis avec cela. La plupart de mes amis font demi-tour quand ils m'aperçoivent.

– J'aimerais en entendre plus », dit-elle calmement. Elle se penche pour écraser sa cigarette dans le lourd cendrier de céramique posé par terre. Son bras touche son genou; elle jette un coup d'œil dans sa direction mais il semble n'avoir rien remarqué.

« Tout cela, ce n'est que le décor de mon histoire,

dit-il. J'ai eu l'idée en lisant Boccace. En fait, au début je pensais faire un scénario sur *Le Décaméron*. C'était bien avant Pasolini, évidemment, et mon approche aurait été très différente. Tout ce que j'ai gardé de Boccace, c'est un groupe de gens, choisis avec beaucoup de soin, bien sûr, qui essaie de s'isoler de la peste. Je les ai situés à Avignon, dans le manège fou qui entoure la cour papale. Quand la peste éclate, ils s'enfuient au plus loin de la région, dans la montagne – je pense à quelque chose comme le Luberon, ou aux montagnes de Vaucluse, en dessous du mont Ventoux. Tu connais la région?

– Je suis allée dans le Vaucluse.

– Très bien, c'est là qu'ils s'échapperont. Peut-être que " s'échapper " n'est pas le mot qui convient. J'aimerais introduire quelque chose du joueur de flûte de Hamelin, tu sais, celui qui a entraîné tous les enfants de la ville quand les pères ont refusé de le payer pour avoir exterminé les rats et – qui sait – la peste. Donc mon petit groupe de réfugiés arrive dans la montagne où ils ont un débat très animé sur la façon de résoudre leurs problèmes. A la fin, ils décident de construire une forteresse où ils pourront se cacher du monde. Quand le travail est fini, on tue les bâtisseurs. Pas par cruauté, mais simplement comme mesure sanitaire. Vu d'aussi loin, le Moyen Age ne semble pas avoir été une époque où il restait de la place pour le sentiment, n'est-ce pas?

– Et quand tu les as enfermés bien à l'abri dans leur forteresse, ils vivent heureux pour toujours?

– Tout ce que je sais pour l'instant c'est qu'il doit y avoir eu deux phases différentes : au début, je les vois comme étant très pieux, et menant une existence presque ascétique; mais lentement, l'atmosphère change. L'un après l'autre, ils adoptent des comportements scandaleux. Comme les personnages de Boccace, ils essaient de passer le temps en racontant des histoires. Mais ils vont au-delà : à un certain moment, ils commencent à jouer ces histoires et chacun essaie de surpasser les autres en invention et en extravagance. Longtemps après que la peste est terminée, ils continuent, emportés par le mouvement de leurs propres excès.

– Et c'est ainsi que ça se termine? Ou est-ce qu'ils s'entre-tuent jusqu'à ce qu'il ne reste plus personne?

– C'est une possibilité. Mais pour le moment je laisse tout ouvert. Tout s'achève peut-être dans une sorte de Triomphe de la Mort, cela dépend de la façon dont l'histoire se développe. Si je suis d'humeur généreuse, ou si je sens que les personnages méritent quelque chose de mieux, je peux les laisser ressortir. Ecrire c'est jouer à être Dieu, après tout. Il y a donc la possibilité d'être réintégré à l'humanité, plus triste et plus sage, bien sûr. J'ai bon espoir qu'ils auront une meilleure compréhension du monde à ce moment-là.

– De toute façon, ce n'est qu'un plan général? dit-elle.

– Je sais. Mais je trouve qu'un plan, c'est important. Je ne peux pas écrire sans ça. Et, quels que soient les détails que j'inventerai par la suite, il y aura les cinq étapes suivantes : le début de la peste; la retraite dans les montagnes et le débat sur ce qui peut être fait; la phase spirituelle; la phase physique; et la fin, avec sa vue panoramique du monde ou de l'humanité, peut-être de la totalité. De toute façon, quelque chose comme ça.

– Pourquoi cinq parties?

– Je suis fasciné par les nombres, avoue-t-il, je me suis amusé avec des sommes et des signes depuis que je suis enfant. Si tu avais vu tout ce dont j'ai persuadé la fille du sergent de faire, simplement à partir de sa date de naissance. » Quand il voit qu'elle est à la fois amusée et intéressée, il ajoute : « Cinq est une figure parfaite : le pentagramme, les cinq stigmates, les quatre membres du corps et la tête, les cinq sens; les quatre points cardinaux de la boussole, plus le centre;

le mariage de la terre et du ciel, car trois est le signe du ciel et deux celui de la terre mère. En d'autres termes, cela concerne la plénitude et la totalité de la vie, santé, passion, énergie – dirigées contre la totale immobilité de la mort. La semence de la vie et le pus de la peste. C'est aussi pourquoi cela a des sous-entendus fortement érotiques.

– Et l'érotisme est une chose importante pour toi.

– Qu'est-ce qui te fait dire ça? »

Elle sourit.

« La plupart des hommes qui veulent draguer une fille finissent tôt ou tard par en arriver là, surtout après le prétexte d'une longue discussion intellectuelle. D'autant plus quand ils se rendent compte qu'il est presque quatre heures du matin.

– Quel âge as-tu, Andrea? demande-t-il à brûle-pourpoint, presque sur un ton accusateur.

– Presque un quart de siècle.

– Tu n'as pas le droit d'être aussi cynique à ton âge.

– Je ne pense pas que je le sois. J'ai simplement de bons yeux. Mon père était marin, tu sais. Il pouvait voir à travers le brouillard. Je suis sa fille. » Elle sourit. « Ne t'inquiète pas, tu ne m'as pas intimidée. »

Elle prend un air grave; elle a les genoux contre la poitrine serrés entre ses bras, et une ride profonde entre ses yeux baissés. « Il y a quelque chose de très troublant dans ton histoire, dit-elle calmement. J'aime l'idée de ces comportements scandaleux et violents avec seulement les murs de leur forteresse entre eux et la mort. Des accouplements sur des corps noirs et décolorés. " La semence de la vie et le pus de la peste. " Mais pourquoi... » Elle lève soudain les yeux et le regarde de façon désarmante. « ... Pourquoi es-tu tellement obsédé par la notion de plan, avec des abstractions et des formes, toutes ces histoires de cinq? C'est intéressant, d'accord, mais ça me laisse froide. Si tu as une histoire à raconter, pourquoi est-ce que tu ne t'y mets pas en t'occupant des personnages? Ils doivent être faits de chair et de sang, même s'ils ont vécu il y a on ne sait combien de temps. Ils doivent avoir aimé, haï, ils ont eu peur, ils se sont saoulés, ils ont dégueulé et chié et copulé comme de vraies personnes, pas comme de stupides petits nombres.

– Il faut bien que je commence quelque part, dit-il en essayant de se défendre. J'ai besoin de quelque chose sur quoi avoir prise. Un plan pour empêcher de voir tout s'effondrer. Une fois que je l'ai, je peux commencer à m'occuper des détails. Les muscles, les nerfs, les artères et les glandes. Et tu dois reconnaître qu'il y a quelque chose de fascinant dans le plan : premièrement, la lumière qui perce, l'illumination, la prise de conscience; deuxièmement, l'idée de l'écho, les réflexions, la dualité, l'homme et la femme, le bien et le mal, la vie et la mort, etc.; troisièmement, le spirituel, le domaine de la pensée, de l'esprit, des principes de base; quatrièmement, la terre, le tangible, le spatial; cinquièmement...

– Tu l'as déjà dit. »

De nouveau, ce regard pénétrant qui ne permet aucune évasion. Et la conversation se transforme en duel dans lequel chacun prend la mesure de l'autre, un acte d'évaluation, à cette heure vulnérable du petit matin, alors qu'au-dehors la première lumière effleure les toits gris et les cheminées rouges de la ville; quand toutes les défenses et les protections habituelles reculent : un regard échangé, une plongée dans l'autre, plus qu'un simple dévoilement : *Me voici. Juge-moi si tu le veux. Sois cruel s'il le faut.*

Elle n'aurait pas pu s'attendre à quelque chose d'aussi cruel que sa soudaine question, au beau milieu de ce duel, de ce combat : « Andrea Malgas, que cherches-tu à fuir? »

Pendant quelques instants, elle semble se rétracter, se tasser sur elle-même. (La contraction des muscles de l'estomac qui saluent l'entrée d'un homme en soi : la crispation brutale comme si l'on venait de vous dire une nouvelle inattendue. L'arrière-cour du District six, les taches claires de la lessive sous le grand figuier : son père qui rentre faisant du tapage rue après rue, suivi par toute une foule d'enfants alors qu'il remonte du port, comme un fantastique attrapeur de rats, les poches pleines d'argent, les bras chargés de cadeaux pénétrés de l'odeur de la saumure et du poisson. La fin de l'après-midi dans la petite pièce derrière le salon de coiffure. L'appartement de Brian, la lumière du petit matin sur les draps froissés et collants d'amour : et le coup à la porte. Le dernier voyage interminable à travers le pays immense. La carlingue étroite de l'avion. La Provence. Londres. Les matins brumeux dans Hyde Park, Paris...) Puis elle le regarde de nouveau dans les yeux : « Tu ne le sauras pas en posant des questions. » Il sait, elle sait, ce n'est pas une fuite, c'est la seule réponse possible; qui annonce, peut-être, le début d'une conversation qui doit inévitablement se poursuivre pendant des mois et des années, qui mène à une conclusion inévitable. Tout cela, qui doit encore être décidé, est dans la trame de cet instant. Ce peut être ce soir : il devrait être facile de redresser le vieux fauteuil de train et de fermer la porte à clef. (Pas la peine de tirer les rideaux, on n'est pas au Cap.) Ou ils peuvent reporter et décider d'attendre; rien ne presse, ils ont le temps, toute la vie. Elle le regarde; il la regarde. Elle étudie les pommettes dans son visage maigre, l'ombre de la barbe sur la peau, l'éclat de détermination dans ses yeux, les sourcils qui se rejoignent au-dessus du nez. Ses mains. Les longues jambes étalées. De nouveau le regard, comme des enfants qui jouent pour savoir qui baissera les yeux le premier. Je n'ai pas honte de reconnaître mon désir. Tu peux me prendre maintenant si tu le veux : seulement, tu es plus prudent que je le pensais. Tu sais très bien que je suis prête à être prise; mais on dirait que tu sais aussi que, si cela arrive, ça se terminera aussi vite. (Ou est-ce présomptueux de sa part de penser que c'est ce qu'elle pense?)

Soudain, le cri aigu d'un homme dans la rue, en bas, annonce la fin de la nuit, et brise leur regard. Le moment redevient facile, au moins en apparence.

« Pourquoi cela t'intéresse-t-il autant, demande-t-elle, d'écrire l'histoire de gens qui se racontent des histoires afin d'oublier la peste qui est dehors?

– Pour quelle autre raison raconte-t-on des histoires?

– Tu t'es déjà enfui une fois, dit-elle. (A son tour d'être cruelle : il ne l'a pas volé.) J'imagine qu'on ait vraiment vécu au Moyen Age, tu ne crois pas qu'il aurait mieux valu essayer de faire quelque chose pour les malades plutôt que d'écrire des histoires sur eux? Enterrer les corps. Brûler les vêtements contaminés. Cracher la flamme bleue de la Vierge en pleine figure et dire : " Viens, si tu l'oses! " »

Il rit d'un air paternaliste.

« Je crois que tu ne te rends pas compte à quel point la peste est dangereuse.

– Qu'est-ce qui te fait croire cela?

– Tu as l'air saine et sauve. »

Elle ne répond pas; il est plus facile d'attaquer : « Que sais-tu de la peste à part ce que tu as lu dans les livres?

– " *Touché.* " » Il reste silencieux quelques instants. « Mais pas tout à fait. Il y a au moins une petite partie de l'histoire de notre temps que j'ai vécue. C'est là que mon obsession de la peste a commencé. Quelque chose qui m'a tellement bouleversé que j'ai été incapable d'en discuter avec quelqu'un d'autre. Bien plus tard, quand j'ai lu *Le Décaméron*, j'ai compris : mon Dieu, c'est cela...

– Quoi?

– La Hongrie en 1956.

– Ne me dis pas que tu y étais.

– Non, bien sûr. C'est arrivé à la fin de mes deux années d'études à Paris. A ce moment-là, j'étais bien décidé à rester une année de plus. Et les nouvelles de l'invasion russe sont arrivées, les chars dans les rues de Budapest. Plusieurs de mes amis à la Sorbonne sont allés en Autriche pour aider les réfugiés. En fait, des étudiants du monde entier sont accourus vers Vienne. Je n'ai pris ma décision que quand ma mère a dit par hasard dans une lettre qu'un couple d'amis de l'université de Stellenbosch s'apprêtaient eux aussi à partir. Tante Catherine pensait que j'étais fou : c'était très bien de parcourir l'Europe à la recherche de la culture et de l'art, mais pour l'amour de Dieu pas du sang et de la guerre. Cependant, elle ne put rien faire pour m'arrêter. Je crois que, d'une certaine façon, elle était même un peu fière de moi. Cela confirmait peut-être ses propres impulsions romantiques. Et, pour être honnête, ma décision était avant tout romantique. La grande aventure.

– J'imagine que cela s'est passé autrement?

– Le Schloss Judenau », dit-il en se refermant en lui-même, comme si à travers elle il contemplait quelque chose de tout différent. « A une cinquantaine de kilomètres de Vienne, j'ai rencontré mes anciens camarades de l'université à Düsseldorf et, de là, nous avons voyagé ensemble.

– Ce devait être extraordinaire.

– En même temps, c'était un autre monde. Tout était blanc de neige. Moins vingt-cinq degrés. Des enfants patinaient sur des rivières gelées en chantant des airs de *Don Giovanni*. Certains étaient trop petits pour savoir lire ou écrire, mais ils avaient dû se nourrir d'opéra avec le lait de leur mère. Puis l'énorme et vieux château, dans cette immensité de blanc immaculé, entouré de douves vides. Chaque jour, les ambulances allaient jusqu'à la frontière pour rencontrer les réfugiés qui arrivaient et qui pour la plupart étaient à moitié morts de froid. Avant tout, on leur donnait du cognac. Puis nous devions leur panser les pieds. Nous avions des couvertures, des manteaux et différentes choses pour les tenir au chaud dans des abris de fortune en attendant que les ambulances retournent au château. C'est là qu'on travaillait, chacun dirigeait un groupe de volontaires hongrois. On pelletait la neige. On relevait l'identité des réfugiés. On remplissait des papiers. Mais, surtout, il y avait les vêtements envoyés des quatre coins de la terre, des montagnes de vêtements qu'il fallait trier dans les greniers des tours. La nourriture. Pendant plusieurs semaines tout alla très bien. Mais après Noël, et surtout vers la fin de janvier, ce fut l'enfer. Une tranche de pain sec et une tasse de thé noir, le matin. Une autre tranche de pain au déjeuner, avec une pomme de terre cuite à l'eau et, si vous aviez de la chance, une tranche de viande, avec du thé. Le soir, on nous donnait de la mélasse sur notre pain; et, bien sûr, toujours du thé noir. Les gens étaient à bout de nerfs. Chaque jour, il y avait des disputes et même des bagarres. Entre les réfugiés, entre les sauveteurs, entre les différents groupes et les différentes nationalités. Parfois, des collaborateurs hongrois se glissaient dans le camp, les Avos; quelquefois certains réfugiés les reconnaissaient. Ils leur faisaient payer. Ils les tuaient presque. Une fois, quelqu'un a été assassiné... » Il s'arrête et secoue la tête. « Mais c'est en dehors de la question. Je voulais seulement que tu saches à quoi ça ressemblait. Nous avions environ sept cents réfugiés en même temps, parfois moins, souvent beaucoup plus. La plupart du personnel venait de Hollande, d'Autriche et d'Allemagne : le château était tenu par la Croix-Rouge hollandaise. Et, bien sûr, il y avait les étudiants. Une vingtaine; les autres avaient été envoyés dans d'autres centres.

– Vous viviez dans le château?

– Oui, tout le monde, hommes et femmes ensemble dans une immense pièce ronde en haut d'une tour. Un froid d'enfer. Il n'y avait qu'un seul lavabo, que l'on avait isolé avec des couvertures pour avoir un peu d'intimité quand on osait affronter l'eau froide. Parfois, le matin, il fallait d'abord dégeler les tuyaux. Au début, nous étions tous un peu mal à l'aise ensemble – les Sud-Africains, un Belge, des Allemands, des Hollandais, des Autrichiens, trois Français et deux filles de quinze ou seize ans qui s'étaient sauvées de l'école à Trieste en quête d'aventure. Il y avait même une authentique princesse autrichienne, une véritable descendante de la maison des Habsbourg. Elle travaillait plus durement que n'importe qui d'autre, elle se levait plus tôt et se couchait plus tard. Progressivement, nous nous sommes connus. La nuit, il était très rare que plus de la moitié des lits soient occupés. Même les écolières de Trieste, complètement effrayées par ce qui se passait pendant la première semaine, ont perdu leurs inhibitions. Vers la fin, l'une d'elles venait régulièrement derrière l'écran de couvertures pour bavarder avec moi pendant que je me lavais; elle m'aidait même à me rincer. C'était une merveilleuse petite chose avec des seins minuscules et très ronds, venue tout droit d'une peinture médiévale. L'autre était bien plus voluptueuse. Lise et Helga.

– Je ne vois plus le rapport avec la peste! dit Andrea.

– Ce n'était pas aussi idyllique que tu peux le penser. Si l'on couchait ensemble la nuit, c'était souvent par désespoir, pour oublier l'horreur et la fatigue du travail. Sauf pour un pauvre type, un Allemand, Claus. Il n'a jamais réussi à coucher avec quelqu'un, et nuit après nuit on entendait son lit de fer qui grinçait. Quant au reste... Tu sais, certains sauveteurs traitaient les Hongrois comme des animaux. Certains hommes profitaient de la situation avec les Hongroises. Dans les salles de tri, on surprenait souvent un homme et une femme dans les tas de vêtements. La plupart des femmes n'avaient pas le choix : c'était ça ou elles restaient les mains vides. Et avec des cigarettes on faisait faire aux hommes tout ce qu'on voulait. Essaie d'imaginer cela, Andrea : après avoir traversé l'enfer, ces réfugiés avaient réussi à atteindre le château – et alors? D'accord, ils avaient réussi, ils étaient sains et saufs, mais c'était tout. Ils ne possédaient rien. Ils n'avaient rien à faire pour s'occuper, pour s'empêcher de devenir fous, ils ne pouvaient que rester assis à jouer aux cartes jusqu'à ce qu'on éteigne les lumières. Parmi eux, il y avait des scientifiques, des médecins, des avocats, des professeurs, des gens très cultivés, entassés pêle-mêle avec des paysans grossiers. Et nous par-dessus le marché. Tout le monde enfermé au même endroit, avec peu d'espoir d'en sortir. Pendant plusieurs mois, tout ce que nous avons connu de la vie, ce fut ce petit cercle dans le Schloss Judenau. C'était un soulagement quand on partait à la frontière avec une ambulance, même si cela voulait dire qu'on allait travailler jusqu'à l'épuisement.

– Vous n'aviez pas le droit de sortir?

– De temps en temps, on avait un week-end de libre. Généralement, une fois tous les quinze jours ou toutes les trois semaines, en fonction du travail. On allait à Vienne en ambulance le vendredi et on revenait le dimanche soir, en train, en troisième classe, parce qu'à ce moment on n'avait plus un *groschen* en trop. Non pas qu'on avait beaucoup d'argent au départ, environ vingt *shillings* par jour, et on n'était payé qu'à la fin du mois. La plupart dépensait tout à boire et à manger – vers la fin du séjour on buvait des quantités incroyables. Même la petite Lise. J'économisais mon argent pour aller à l'Opéra quand j'avais un week-end de libre. Tout ce que je pouvais voir. Et ce sont peut-être des mécanismes de défense qui fonctionnent encore, mais, tu sais, même aujourd'hui, si longtemps après, quand je repense à ces trois mois passés au Schloss Judenau, je me souviens surtout de musique. C'est ce qui rendait tout supportable. L'Opéra national. Les enfants qui patinaient sur la rivière gelée.

Chaque fois que j'entends *Don Giovanni*, ce sont les premières images que la musique fait naître... »

Il se tait pendant un long moment.

« Et c'est tout ce qui s'est passé? demande-t-elle.

– Comment " tout "? dit-il indigné. Ce fut une des expériences les plus troublantes de ma vie. La plus troublante.

– Ce n'est pas ce que je voulais dire. Ce que tu m'as raconté, c'est une aventure. C'est émouvant, étrange, choquant d'une certaine façon. Mais qu'est-ce que cela signifiait pour toi? C'est comme si tu étais absent de ta propre histoire. Il doit bien y avoir eu quelque chose de plus personnel. Tu y étais!

– Tout était personnel. Etre isolé dans de telles conditions avec une foule de gens auxquels vous devenez plus lié qu'avec votre propre famille. La moindre vétille peut causer une explosion. Si quelqu'un vous vole votre ration de pain, quelques *groschen*, si quelqu'un se met avant vous dans la queue pour l'ambulance, si quelqu'un fait du chantage pour qu'un membre de votre équipe rejoigne la sienne, on a envie de tuer, je t'assure. D'un autre côté, on découvre aussi ce que la charité signifie réellement. Imagine qu'il y a un opéra que tu veux absolument voir, mais tu es de service, et que quelqu'un t'offre de te remplacer. Ou si pour son anniversaire quelqu'un partage avec toi un *schnitzel*.

– Et ta petite Lise? »

Il sourit. « Tu n'as aucune raison d'être jalouse.

– Tu ne manques pas de culot. Pourquoi serais-je jalouse?

– J'ai couché avec elle quelquefois. Je pense que d'une certaine façon c'était inévitable dans un espace aussi restreint. Et je ne suis pas un ange asexué. Mais je crois que mes sentiments à son égard étaient surtout paternels.

– Ce qui ajoute l'inceste au tort causé », répond-elle d'un ton moqueur. Mais peut-être qu'à cause de ce qu'il a dit ou quelque chose qui était au-delà, elle a commencé à comprendre son obsession, même si ce n'est que provisoire – au moins une volonté qui lui permettra de la convaincre en temps voulu. Cependant, elle refuse de lui en donner trop pour l'instant, et tout ce qu'elle lui offre comme commentaire, c'est : « J'aimerais que tu penses à une fin pour ton histoire. C'est criminel de la laisser ouverte comme ça.

– Tu m'en trouveras peut-être une bonne un jour.

– Si tu m'en laisses le soin, ce ne sera peut-être pas le genre de fin que tu aimes.

– Je peux vouloir prendre le risque », dit-il à voix basse.

Puis la porte du studio s'ouvre et plusieurs personnes entrent, dont sa petite amie, l'actrice blonde, les cheveux quelque peu en désordre, une traînée de rimmel sur la joue, comme si elle avait bien profité de la nuit; ce qui l'oblige à l'attaquer dès qu'elle le voit :

« Paul! je t'ai cherché partout. Et tu es là derrière un fauteuil en train...

– ... de parler, dit-il calmement en ramassant les verres vides et le cendrier avant de se lever. Rien de plus. Tu t'attendais à quelque chose de plus excitant?

– Tu as encore trop bu, dit la blonde, la voix légèrement pâteuse en secouant sa crinière. Allez, viens, il fait presque jour. Nous devons partir. »

Il se relève paresseusement, les épaules un peu voûtées, comme un point d'interrogation au-dessus d'elle dans la lumière grise qui entre par la fenêtre ouverte. Le dos tourné à l'actrice qui trépigne, il regarde Andrea. Une dernière tentative pour peser le pour et le contre? Car, s'il le voulait, il serait encore temps de choisir. Il sait exactement ce qui est en jeu : pour la première fois depuis des années, il s'agit de beaucoup plus qu'une nuit, plus que quelques semaines ou quelques mois, pour passer le temps, bien plus qu'un moment de détente ou une passion : un défi auquel répond le sang, une conscience souterraine qui ne pourra jamais être niée ou méprisée. C'est peut-être pour cette raison – c'est plus sûr, en tout cas pour l'instant – qu'il se détourne d'Andrea et se penche vers la fille :

« Génie oblige. »

Ils sortent ensemble suivis par les autres.

Je suis restée assise derrière le grand fauteuil vert, la tête appuyée sur le velours inégal. Il y avait un vide brutal dans cette aube, la conscience violente d'un besoin qui à la fois m'énervait et me faisait peur. Je ne voulais pas le reconnaître. J'avais honte du désir qui me brûlait les entrailles.

Bien plus tard, je me suis levée et j'ai traversé la salle de séjour pour affronter le désordre. Des verres tachés de rouge à lèvres ou d'empreintes de doigts. Des bouteilles vides, dont deux sur le côté sur la table. Les restes dans les plats : des pilons et du blanc de poulet, des asperges molles, des morceaux de pâté, des peaux de saucisson. Des cendres par terre. Le tapis froissé comme la peau d'un énorme animal mort de faim. Tous les invités étaient partis. La porte de la chambre de Frank était entrouverte. J'ai jeté un coup d'œil et je l'ai vu étalé et ronflant, à moitié découvert. Ses vêtements étaient éparpillés sur le plancher, là où il les avait abandonnés.

Aujourd'hui, bien plus tard, il est difficile d'expliquer ce que j'ai ressenti, ou pourquoi j'ai été conduite à faire ce que j'ai fait. Je me suis déshabillée dans la salle de séjour, j'ai soigneusement rangé mes affaires sur le canapé qui m'avait servi de lit depuis huit mois (sauf les nuits où j'avais couché dehors), et je me suis regardée dans le grand miroir ancien que Frank avait déniché aux puces de Clignancourt. (Un moment, une action si souvent répétée dans ma vie!) Une observation précise et méticuleuse. Qu'ai-je ressenti? Désir? Joie? Mépris? Indifférence? C'était peut-être pour contempler ce que l'étranger, Paul, aurait vu s'il avait insisté; si je l'avais voulu. Je le voulais. Pour la première fois depuis que j'avais quitté l'Afrique du Sud avec Brian, je le voulais réellement. Les quelques autres n'avaient été qu'une question de coïncidence, ou des moyens pour mettre un terme; ils ne m'avaient pas touchée, pas émue; à Paris, on fait comme les Parisiens. Mais, cette nuit, quelque chose de différent s'était passé. Paul. J'étais prête à lui offrir ma vie. C'était peut-être la raison pour laquelle je ne l'avais pas invité quand ses yeux m'avaient demandé ou défiée de le débarrasser de sa pouliche. Parce que c'était cela qui était en jeu : la vie. Et j'avais eu peur. Je l'avais risquée une fois; je ne me sentais plus capable de recommencer. Quelque chose, quelqu'un devait venir me sauver, cependant personne ne le pouvait. Garder le silence, le repousser ou faire preuve de cette retenue que ma sœur Maggie avait toujours manifestée n'était pas suffisant. C'était une chose que je devais détruire avant qu'elle n'ait commencé.

Je me suis détournée du miroir avec ses trous et ses taches là où le tain avait disparu, j'ai laissé les trous et les taches comme des plaques noires sur la peau, je suis entrée dans la chambre de Frank et j'ai fermé la porte derrière moi. Je m'y suis adossée et je l'ai regardé dormir.

J'ai dit : « Frank. »

Il a grogné mais ne s'est pas réveillé.

J'ai tiré le drap de sur lui et je suis restée près du lit. Etonné, il s'est redressé sur les coudes, les cheveux dans les yeux.

« Qu'est-ce qui se passe? a-t-il marmonné. Andrea?

– Tu ferais mieux de te réveiller, ai-je dit. Tu peux m'avoir si tu le veux. »

« S'il te plaît, comprends-moi. J'ai quitté mon pays. J'ai quitté Brian. Tout ce qui me reste c'est moi-même, ce corps, et ce terrible besoin de vivre. »

Quatre ans. Ils sont installés sur une étrange balançoire. Chaque fois qu'elle est « disponible », il est avec une femme. Quand il est libre, elle a trouvé quelqu'un d'autre. C'est presque comique. Sinon que progressivement, au fur et à mesure que la violence de leur désir diminue, il apporte dans son sillage une curieuse stabilité. On n'émet aucune exigence, il ne peut donc y avoir aucune menace. Au-delà des allées et venues des autres, ils restent tous deux fermement disponibles l'un à l'autre comme amis, comme confidents, comme conspirateurs.

C'est en septembre de la même année, quand Paul revient de vacances passées avec l'actrice (mais elle l'a abandonné parce qu'elle a trouvé quelqu'un d'autre à Saint-Tropez), qu'ils se revoient pour la première fois. A ce moment-là, la violence de l'été est passée, ainsi que la peur immédiate d'un engagement.

« Claire m'a quitté, annonce-t-il. On peut reprendre la conversation que nous avons eue cette nuit-là chez Frank.

– Où en étions-nous? Toujours au beau milieu de la peste ou plus loin?

– Je crois que nous avions fini le passage. » Il la regarde intensément. « Nous en étions au moment où je voulais te demander de venir à la maison avec moi. Et Claire nous a interrompus.

– Quel dommage! dit Andrea. Mais c'est aussi bien. Parce que j'aurais pu répondre oui, et rends-toi compte où cela nous aurait conduits.

– Il n'est peut-être pas trop tard?

– Je suis avec Frank maintenant.

– Tu étais déjà avec Frank en juin.

– Non, corrige-t-elle. Je partageais son appartement, mais il avait les filles qu'il voulait et je menais ma propre vie.

– Et c'est changé maintenant?

– Oui, grâce à toi. » Elle repousse son verre vide. « Tu peux me recommander un demi? Et il n'y a aucune raison pour ne pas continuer notre conversation. Cela me fascinait. »

Dans la rue Soufflot, la circulation de cette fin d'après-midi passe près d'eux. Ils sont assis à la terrasse du Mahieu.

« Tu as retravaillé sur ton histoire? demande-t-elle.

– Non. Claire était trop exigeante.

– Je ne savais pas que tu avais des problèmes.

– Je n'ai pas de problèmes! dit-il, agacé. Je faisais seulement allusion au fait qu'elle ne peut jamais se détendre, elle a toujours besoin qu'on la voie. Et elle m'emmenait avec elle. Pas un moment de répit pour écrire un mot. Maintenant, je suis libre : mais je ne peux plus rien faire parce que j'ai trop de temps.

– As-tu jamais pensé retourner en Afrique du Sud? demande-t-elle. Même pour une simple visite? »

Il hésite; puis il dit : « Non. Jamais.

– Tu n'as pas l'air très convaincant. »

Il a un bref sourire :

« Tu ne laisses rien passer, n'est-ce pas?

– Non, pourquoi le ferais-je?

– En fait, j'ai essayé une fois, dit-il un peu à contrecœur. Tout était arrangé. Il ne restait plus qu'à prendre l'avion. Et puis... c'est tombé à l'eau. » Il change de position, croise les jambes. « C'est aussi bien. Cela aurait été une erreur épouvantable. Jamais plus.

– Pourquoi es-tu tellement anti?

– Je ne suis pas vraiment anti. Je ne ressens aucune inclination. »

Il boit sa bière.

« C'est tellement plus tranquille ici. C'est le genre de vie et de société qui me convient. Retourner en Afrique du Sud, c'est, disons, difficile. »

Il boit encore, puis il hoche la tête, pensif.

« C'est ça. Tout est difficile. Tout est problématique. Rien n'est clair et net. C'est difficile de trouver ce que tu cherches, de faire ce que tu as envie de faire, d'être là où tu veux être. Il y a toujours des obstacles. Tout le monde attend que tu sois courageux. Que tu fasses des choses. Que tu aies de l'énergie. Ici, je n'ai pas besoin de tenir compte des attentes des autres. Je peux me permettre d'être paresseux si j'en ai envie.

– Tu ne crois pas que c'est pour cela que Claire t'a quitté?

– Que veux-tu dire? demande-t-il sur un ton de soupçon et d'irritation.

– Je crois qu'une femme te poserait aussi trop de problèmes. »

Il fait un grand sourire.

« Peut-être. »

Puis il se tait pour boire en silence.

« Il y a des années, quand Anne-Marie et moi, nous avons divorcé... je l'aimais vraiment, tu sais. Mais j'étais terriblement possessif. Je voulais organiser toute sa vie. Je contrôlais tout. Et lentement, sous mes yeux, je l'ai vue perdre son entrain, tout son enthousiasme pour la vie. Elle a commencé à rouspéter, à se plaindre pour des choses stupides. Mais même alors, je n'ai pas arrêté. Je ne savais pas comment faire. Mais quand nous nous sommes séparés, une chose était très claire : plus jamais. Pas seulement à cause de ce que cela me fait, mais surtout à cause de ce que je fais à une femme. Il est dangereux pour des gens d'être trop liés l'un à l'autre, de trop attendre et de trop exiger.

– Alors c'est une bonne chose que Claire soit partie. Moi, j'ai l'impression que la première chose à faire c'est d'apprendre à vivre avec toi-même.

– Tu dis ça du haut de ta profonde expérience d'un quart de siècle?

– Non. Je dis ça parce que moi non plus je ne l'ai pas encore appris.

– Mais tu es heureuse avec Frank, non?

– Personne ne parle de bonheur.

– Je sais si peu de chose sur toi.

– Je te raconterai peut-être un jour. »

Elle ressent le besoin de s'épancher mais elle se retient. On ne peut pas s'abandonner trop à quelqu'un d'autre. Pas si vite; pas de nouveau.

« Pour toi, la chose la plus importante, c'est de te remettre à écrire, dit-elle après quelques instants. Cela t'aiderait si je te demandais de me reparler des cinq? »

Il la regarde comme pour savoir si elle se moque de lui ou non, puis il se détend et se met à lui raconter les vacances qu'il vient de passer : malgré toute l'agitation, il a pu avoir quelques jours pour se promener en Provence tout seul, surtout dans la région d'Apt où il a eu de nouvelles idées pour son roman. (En fait, ce fut cette excursion qui décida des choses pour Claire.)

« Ils ont même eu un mur de la peste dans cette région, tu le savais? » demande-t-il, et un peu de l'enthousiasme qui lui rappelle leur première conversation revient dans sa voix.

« Qu'est-ce que c'est?

– C'est en haut des montagnes du Vaucluse, explique-t-il. Quand tu traverses la plaine à partir du premier village rouge de Roussillon, après Joucas, vers Carpentras. Je n'y suis pas allé moi-même, mais il y a un petit village dans la montagne qui s'appelle Murs. Il tient sans doute son nom du mur qui passait là et qui courait pendant des kilomètres, en traversant toute la région. On m'a dit qu'on l'avait construit en 1721 pour empêcher la peste de se répandre dans le comté de Venasque à partir du versant d'Apt. J'avais très envie d'y aller voir par moi-même, mais je ne l'ai pas fait à cause de Claire. Un jour...

– ... tu m'y emmèneras pour me montrer. »

Il rit.

« En ce moment, je suis allergique au fait d'emmener des femmes en Provence, ça semble ne pas me réussir.

– Savais-tu, lui demande-t-elle avec un empressement soudain, que les premiers Hollandais qui ont accosté au Cap ont tenté quelque chose de semblable pour se protéger contre les dangers du nouveau continent? Quand on a posé la première pierre, le commandant, il s'appelait Wagenaar ou quelque chose comme ça, a récité un poème spécialement composé pour l'occasion. Il m'a tellement amusé, la première fois que je l'ai entendu, que je l'ai appris par cœur. »

Et, tandis qu'ils quittent la terrasse et qu'ils se dirigent vers le passage clouté qui traverse le boulevard Saint-Michel, elle déclame :

« Des murs de boue nous avions contre les Hotten-
[tots d'antan
Contre tous les autres ces pierres nous rendront
[confiants
Car nous ne craignons pas seulement les Euro-
[péens
Mais ceux d'Asie, d'Amérique et les sauvages afri-
[cains.

– Qui diable t'a dit cela? demande-t-il surpris.

– Un historien que j'ai connu. »

Les feux passent au vert. Elle court devant lui pendant quelques mètres mais il la rattrape aussitôt et lui prend le bras.

« Tu l'as très bien connu, n'est-ce pas?

– Pourquoi demandes-tu cela?

– A la façon dont tu l'as dit. »

Tout d'abord, elle ne répond pas. Puis, avec une froide réserve :

« Oui. En fait, très bien.

– Que s'est-il passé?

– Nous avons quitté l'Afrique du Sud ensemble.

– Très bien, je ne serai plus jamais indiscret, dit-il. Peut-être qu'un jour, tu te décideras à tout me raconter.

– Peut-être. D'abord, tu recommences à travailler sur ton roman. Et je verrai si tu le mérites. »

Une façon malicieuse de remettre les décisions à plus tard. Mais, dans les semaines qui suivent, elle est stupéfaite de voir comme il considère ses paroles avec sérieux. Pour la première fois depuis des années, il recommence à prendre des notes, il lit, il fait des recherches, il rédige de courts passages, même si la plupart terminent dans la caisse en carton qui est derrière son antique bureau.

Seulement, à ce moment-là, l'inquiétude et l'irritabilité qu'elle a ressenties en lui depuis son retour de Provence ont commencé à l'affecter elle aussi. Au cours de l'été, elle a bâti une relation tranquille et stable avec Frank, ni très exaltante ni très exigeante. Par un de ses amis, il lui a trouvé un nouveau travail (étant entrée dans le lit de Frank, elle s'est sentie un peu mal à l'aise au ministère de l'Intérieur où elle travaillait avec Henri : même si – ou parce que? – c'est lui qui lui avait obtenu un permis de travail) : une firme française d'import-export où on l'emploie comme traductrice d'anglais. Mais revoir Paul l'a troublée. Pas avec la même violence que lors de la première nuit, à la soirée chez Frank : seulement une sensation de malaise, un remords peut-être, car elle sait que son cœur n'a jamais été vraiment impliqué dans sa relation avec Frank, et que ça ne pourra pas durer bien longtemps. Pour lui – après tout il n'y a aucune urgence – elle la laisse traîner encore quelques mois avant d'y mettre un terme aussi doucement qu'elle le peut, et elle quitte son appartement pour une chambre pour elle toute seule, rue de Vaugirard.

Comme si elle se préparait à l'inévitable, elle prend le temps de repeindre la chambre, elle achète quelques meubles et la rend aussi confortable que possible avant de téléphoner à Paul pour l'inviter.

Il a une hésitation presque imperceptible dans la voix avant d'accepter.

« Merveilleux. Tu ne vois pas d'inconvénient à ce que j'amène une amie.

– Oh! Je pensais... » Puis en essayant de cacher sa déception : « Bien sûr. Qui est-ce?

– Margith. Elle est autrichienne. Habilleuse dans un film sur lequel je travaille.

– Et le roman?

– Il devra attendre un petit peu. Pour l'instant ce ne sont que des exercices pour les doigts. » Un petit rire étouffé. « A part ceux que je fais avec Margith.

– Tu as l'air assez satisfait.

– J'ai des raisons. Nous vivons ensemble depuis un mois. Et elle s'occupe très bien de moi.

– Parfait. Amène-la, j'aimerais la rencontrer.

– Tu sais, dit-il brusquement d'une voix différente, ça devient vraiment comique, nous deux.

– Je ne suis peut-être pas la seule qui fuit. »

Un an plus tard, juste après qu'il s'est débarrassé de Margith (il l'a surprise en train de vendre une de ses peintures), il revient en boitant vers Andrea pour épancher son cœur.

« C'est la dernière fois, je le jure devant Dieu, dit-il. Tu es témoin. Je supprime les femmes de ma vie. C'est trop humiliant. On a besoin d'être indépendant. J'ai regardé longuement dans ma boule de cristal et qu'est-ce que j'ai vu?... De merveilleuses aventures superficielles avec des filles qui deviennent plus jeunes chaque année. Margith avait vingt-trois ans. La prochaine en aura sans doute dix-neuf. Pour l'amour du Ciel, arrête-moi avant que j'atteigne quatorze ans.

– Tu as des problèmes, Paul.
– Tu ne vas pas m'aider?
– Non. Je viens de commencer quelque chose avec le patron de mon bureau. Gérard. Je ne suis pas éperdument amoureuse, mais c'est sérieux. Je ne veux pas lui faire de mal. Sa femme est morte il y a quelque temps et il a passé un moment difficile. Il a besoin qu'on l'aide.
– Moi aussi.
– Tu ne cherches pas une femme, tu cherches seulement un soutien. »
La nouvelle crise dans sa vie personnelle n'est qu'indirectement provoquée par Paul. La cause en est la mort de sa mère. L'événement en tant que tel n'est pas vraiment un choc : depuis qu'elle est partie de chez elle, elle n'a jamais répondu à aucune lettre; et du côté de sa famille la rare correspondance – des lettres brèves, consciencieuses, formelles de son demi-frère Sonny; un petit mot de sa mère, un tract religieux de Maggie – a vite cessé. Il pouvait y avoir encore une carte inattendue pour Noël ou pour son anniversaire en avril, avec des inscriptions dont elle ne reconnaissait plus l'écriture. Mais c'est la façon dont la mort de sa mère lui est parvenue bien plus que la mort elle-même qui la bouleverse. Une lettre de sa sœur à son adresse de Londres, celle de Brian. Il l'a fait suivre à Frank. Ce dernier voit rarement Paul, cependant il la lui a donnée, et finalement Paul s'en est servi comme prétexte pour monter la voir.
« Mauvaises nouvelles? demande-t-il alors qu'elle reste assise, les yeux fixés sur la feuille de papier vert clair.
– Pas vraiment. » Elle chiffonne la lettre et la jette dans un coin. « Ma mère est morte. »
Il la regarde, incapable de dire quelque chose.
« Ça fait déjà trois semaines. Ils n'ont même pas pris la peine d'envoyer un télégramme; pourquoi l'auraient-ils fait? »

Elle va jusqu'à la fenêtre et reste le dos tourné, elle contemple la circulation de cette fin d'après-midi dans la rue Bonaparte. Il y a un mois qu'elle a quitté la rue de Vaugirard pour venir ici; Gérard a payé la caution.

« Pourquoi l'auraient-ils fait? Nous n'avons plus rien à nous dire. Depuis la mort de papa... » Elle se retourne brusquement. « Que sais-tu d'eux? Que sais-tu vraiment de moi?

– J'ai attendu que tu me parles d'eux, Andrea. Et de toi aussi. »

C'est une lutte pour ne pas succomber, pour laisser tout sortir, enfin. Mais, comme souvent par le passé, elle résiste.

« Je suis trop troublée, Paul. Laisse-moi du temps.

– Pourquoi ne pars-tu pas pendant quelques jours? Tu as besoin d'une rupture.

– Gérard ne peut pas s'en sortir tout seul. Je te l'avais dit, il a vécu une période difficile. Et maintenant, il vient de me trouver cet appartement. »

Il la prend par les épaules et la secoue doucement.

« Pour l'amour du Ciel, Andrea, tu ne peux pas penser à toi pour une fois? Tu ne peux pas continuer à tout renfermer. Pourquoi ne pars-tu pas? »

Un instant d'hésitation; puis il risque :

« Tu aimerais que j'aille avec toi? »

Avec un pâle sourire, elle secoue la tête.

« Non, si je m'en vais, ce sera toute seule. »

C'est ainsi qu'elle se retrouve à Chartres. Et pour la première fois, dans cette obscurité sous les vitraux, elle réussit à pleurer sur les siens. Non la rage d'impuissance et de solitude qu'elle avait connue à Londres, avec Brian : mais des larmes, celles de sa grand-mère qui pleurait les morts, comme si elle comprenait la vieille femme pour la première fois. Grand-mère, la pleureuse du District six. Elle en avait fait un art, sinon une science : tant de larmes pour un enfant, tant pour un homme, tant pour une femme. (Les femmes étaient toujours le plus haut dans l'échelle.) Tant pour un membre de la famille, tant pour un étranger. Chacun avait sa place dans son échelle. S'il y avait un reportage dans le journal sur un accident de chemin de fer ou dans les mines, grand-mère se retirait pour pleurer sur les victimes. Une fois, on lui a parlé d'un tremblement de terre au Pérou dans lequel plus de dix mille personnes étaient mortes, et pendant quinze jours elle est restée dans la chambre à pleurer sur elles. (Par la suite elle a appris que le chiffre avait été exagéré; mille personnes seulement avaient été tuées. Elle a juste haussé les épaules et elle a soupiré : « C'est trop tard maintenant, mon enfant. J'ai fait ce que je devais faire. Nous pouvons tout faire avec des larmes. »)

Elle pleure pour les deux vieux de la chambre d'à côté. Elle pleure pour frère Sonny et frère Arie, pour Maggie, pour Boetie. Elle pleure pour maman, pour ce jour dans l'arrière-salle de la boutique de coiffure, pour toutes les conversations qu'ils n'ont jamais eues. Elle pleure par-dessus tout pour son père, sur qui elle n'a jamais pu pleurer parce que cela est trop grand pour elle. Maintenant, enfin, c'est possible. La mort de sa mère a tout balayé. Elle pleure, pleure. De l'eau salée qui coule dans ton océan, papa. Maintenant, pour la première fois, tu es vraiment mort. Maintenant, je le sais. Maintenant, je t'ai définitivement perdu.

Dans la lumière obscure et poussiéreuse de chambres d'hôtel anonymes, j'ai passé des nuits, appuyée sur les grands oreillers carrés, et je prenais des notes au hasard ou je lisais. Etalés sur le vaste lit vide dont je n'occupe qu'une partie, il y a les livres et les journaux que j'ai pris avec moi. Coulton. Tuchman. Ziegler.

Charrière. Bruni. Deaux. Une traduction de Nohl. Des photocopies de livres anciens, Jusserand, le cardinal Gasquet, même Guy de Chauliac qui était le médecin des pauvres gens emmurés dans Avignon. Sur mes genoux, relevés sous la couverture brune usée jusqu'à la trame que j'emporte toujours avec moi où que j'aille, il y a la chemise rouge avec le scénario de Paul, écorné et fatigué, les marges pleines de notes et de commentaires, de points d'exclamation et de croix, et le texte raturé et réécrit. Le modèle en cinq parties qui l'a fasciné. (« Ecoute, si Mozart travaillait avec des trois, tu n'as pas le droit de me refuser mes cinq. »)

Mais je ne lisais pas vraiment le manuscrit : je regardais à travers, dans ce que j'imaginais écrit, en lettres de feu, dans les sombres dessins du papier des murs. (Paul ne m'aurait jamais laissée descendre dans de si petits hôtels; il était bien trop attaché à son confort. En juillet, nous étions allés dans les meilleurs hôtels de Provence.)

Le petit hôtel miteux à Chartres où j'avais passé ces trois jours après avoir reçu la nouvelle de la mort de maman. Quand, enfin, j'ai eu versé toutes les larmes de mon corps, j'ai téléphoné à Paul de la poste. Ce fut une réaction instinctive : pas Gérard, mais Paul. Parce que je savais inconsciemment sans avoir besoin d'y réfléchir que tout était fini avec Gérard. Je voulais que Paul sache que j'allais bien, qu'il ne devait pas s'inquiéter pour moi. L'après-midi même, ignorant toutes mes protestations, il est venu me chercher en voiture. Sur le chemin de retour vers Paris, nous n'avons pas beaucoup parlé. Mais le soir, après avoir fait à manger, il m'a mise au lit, puis il s'est assis à côté de moi et m'a dit : « Très bien, maintenant, tu peux tout me dire, si tu en as envie. »

Je ne voulais plus rien cacher. Je voulais tout lui dire : parce que ce monde n'existait plus pour moi et n'avait plus besoin d'être protégé. J'avais payé ma dette à maman. Chaque fois que je m'arrêtais, il me demandait quelque chose d'autre, il ne cessait de me pousser et de me presser :

« Raconte-moi encore. Dis-moi tout. Je veux savoir. Ce n'est pas bon de garder tout ça pour toi. »

Je savais que ce qu'il voulait en réalité, ce quc je voulais, c'était trouver une réponse, des réponses, à la question qu'il m'avait posée la première nuit : *Andrea, que cherches-tu à fuir?* Ma longue confession nous a-t-elle satisfaits? A la fin on ne peut que s'inventer soi-même, comme je suis en train de m'inventer ici, maintenant; comme je suis inventée.

Je lui ai tout raconté sans ordre; j'ai simplement laissé les choses sortir au hasard. Grand-mère et grand-père derrière la cloison de bois dans la petite pièce qu'ils partageaient avec maman. Des bruits sourds et indéfinis, indiquant la vie de deux vieilles personnes, si proches de nous, et pourtant si secrètes, audibles mais invisibles. Les pieds nus qui glissent sur le sol. Les mouvements prudents et mesurés de grand-père, comme s'il avait su combien de pas seulement il lui restait avant la mort, et que par conséquent il fallait les rationner avec soin. Leurs voix et leurs toux dans la nuit, le ronflement bruyant de grand-mère. Dans la pièce sur le devant, les deux sœurs de grand-mère, les deux vieux vautours qui attendaient qu'elle meure afin de prendre possession de la maison. Quand elle s'évanouit un jour d'été étouffant, elles se précipitèrent toutes les deux sur elle, en caquetant avec leurs bouches édentées et en secouant leurs petits crânes déplumés (à peine des cheveux, maman disait un « vieux duvet ») et la tâtèrent partout avec leurs griffes crochues. L'une se mit à prier à haute voix tandis que l'autre essayait de retirer les bagues de grand-mère de ses doigts. En vain, les articulations étaient trop grosses. Enervée, tante Joey a crié : « Hé! Apporte-moi du savon, sapristi! » Mais, à ce moment-là, grand-mère est revenue à elle et a dit : « Je ne suis pas sale,

Myriam, j'étais seulement évanouie. » Je jurerais qu'elles sont encore vivantes aujourd'hui. Grand-mère aussi, malgré son fervent désir de rencontrer son Sauveur. Je me disais souvent que Dieu les gardait en vie parce qu'il avait peur de la façon dont elles prendraient sa maison en main si elles en avaient l'occasion.

« Elles sont toujours en forme, ai-je dit à Paul, mais maman est morte. Elle n'a jamais rien eu à perdre. Sauf papa, mais elle ne l'a jamais compris. J'étais la seule qui le connaissait vraiment. Et s'il n'était pas mort... Enfin, de toute façon, ce qui est sûr c'est qu'il n'est pas allé au Ciel. Tout droit en enfer, où je le retrouverai un jour; il m'attendra.

– Qu'as-tu contre ta mère?

– Rien. Sinon qu'elle n'a jamais rien compris, en dehors de laver et de coiffer les cheveux des gens, de leur faire des permanentes et des teintures, et d'écouter le bavardage des femmes sous le séchoir : les varices, le cancer, les fausses couches et l'église. » Même alors que je m'emportais contre elle, je ne pouvais m'empêcher de penser : Jésus, pauvre maman. Depuis le début, elle n'a jamais eu une chance, parce que grand-mère nous a annexés comme étant « sa » famille, et elle a obligé maman à rester une intruse dans sa propre maison. Simplement parce que papa, son David, avait été son enfant préféré qu'elle n'avait jamais voulu partager avec aucune autre femme. Mais aussi, bien sûr, parce que maman avait eu Sonny, des années avant même d'avoir rencontré papa. Maman venait d'une bonne famille du Cap et elle était en classe terminale quand c'était arrivé, aussi elle avait dû abandonner toute idée de poursuivre ses études; et ses parents l'avaient mise à la porte. C'est pourquoi elle n'avait pas rechigné à se marier finalement en dessous de sa condition, avec papa. Et Sonny devait avoir hérité de ses sentiments de culpabilité parce qu'après avoir terminé Hewatt College, il avait quitté Le Cap pour aller enseigner à Oudtshoorn. J'étais la seule dont il s'occupait, je ne sais pas pourquoi, et il parlait toujours de la nécessité d'aller à l'université, quel que soit le prix qu'il paierait.

Paul ne cessait de poser des questions. Je lui ai parlé de maman, et comment elle s'était enfermée en elle-même avec le temps; comment, à partir du jour où je m'étais coupé les cheveux, elle ne m'avait presque plus jamais adressé la parole. Je lui ai aussi parlé des autres. Maggie, cul béni et pingre comme personne, qui dépensait tout son argent à s'acheter des vêtements. Frère Arie jouant au petit malin pour les vacanciers de « son » hôtel. Boetie, rouspétant après tout le monde (« un vrai politicien », disait toujours maman), rancunier et méchant depuis le jour où ils l'avaient chassé des balançoires de Sea Point, en disant qu'elles étaient réservées aux enfants blancs. Nous avions haussé les épaules, mais pas Boetie. Le feu brûlait en lui comme des braises. Et, quand il était allé à l'université, il avait empiré. « Dans ce pays, tu es blanc ou tu es noir. Mais nous? Qu'est-ce que c'est un " métis "? Ce n'est rien, ce n'est ni un Blanc ni un Noir, seulement une espèce au milieu, et ils nous écrasent des deux côtés. On doit choisir, soit les Blancs, soit les Noirs. Et laissez-moi vous dire une bonne chose, vous ne me verrez pas choisir les Blancs. »

Maman : « Boetie, tu parles encore comme tes copains. Des bons à rien, je te le dis. Pourquoi ne les laisses-tu pas?

– C'est toi qui devrais me laisser. Tu es toujours sur mon dos et j'en ai vraiment marre. La seule qui me comprenne, c'est Andrea. »

Puis mon père. J'ai essayé de ne pas parler de lui, cette nuit, quand Paul était assis à côté de moi, parce que je savais que, si je commençais, je ne pourrais plus m'arrêter. Quand papa arrivait, le jour ou la nuit, apporté par la mer, on ne savait jamais quand il apparaîtrait. Parfois c'était au bout de quelques mois, la plupart du temps, un an ou plus. Mais ce qu'il y a de sûr, c'est qu'on savait toujours quand il était chez nous! Quand il entrait, la maison était pleine. Généralement, il faisait nuit quand il arrivait, car pour monter du port, il allait lentement, et soigneusement d'un bar à l'autre, disparaissant dans Dieu seul sait quels bouges (les deux derniers du parcours étaient invariablement le bar de la Persévérance, dans Buitekant Street, et le bar de la Maison des satisfaits), avant d'ouvrir la porte bruyamment, en chantant, en jurant et en riant. Il fallait alors sortir grand-mère et grand-père de leur chambre parce que papa voulait le lit, avec maman dedans. Et parfois, au beau milieu de la nuit, il faisait irruption dans notre chambre pour me tirer de mon lit en chemise, et il m'emmenait sur ses épaules dans toute la maison pour me montrer à ceux qui l'accompagnaient, y compris des étrangers qu'il avait ramassés en route. Jamais Maggie, toujours moi. « Range-toi, Maggie, tu es une *Jentoe* inutile. Voici la petite fille de papa. Viens, Nanna. Je veux te montrer aux gens. O doux Jésus, n'est-ce pas qu'elle est belle? » Ses bras fins et musclés autour de moi. Son odeur de sueur, de boisson et d'animal, qui me coupait le souffle, jusqu'à ce que je m'y habitue à nouveau et que je me pelotonne contre lui pour mieux la respirer. Je n'ai jamais rencontré quelqu'un qui ait eu une odeur aussi animale. Comme s'il avait transporté avec lui les odeurs de toute sa vie. Le poisson, le sel, la mer, la sueur des hommes, les femmes faciles ramassées dans des ports lointains, les villes étrangères, les marchés, les boutiques et les bazars, le rhum et le vin du Cap, le cuir et l'acier, le sang, la fatigue et la joie, les nuits d'exubérance et les jours de merdier, ô Dieu, papa.

Nanna. Le nom que je m'étais donné quand j'étais trop petite pour prononcer correctement *Andrea.* Et, par extension, j'avais donné ce nom à tout ce qui était à moi. Ma poupée de chiffon, aimée jusqu'à ce qu'elle soit en lambeaux. Une petite chatte perdue que j'avais trouvée et protégée contre le reste de la famille. Ma couverture bien-aimée que papa avait rapportée de l'autre côté des mers et que j'emmenais partout avec moi dans le vaste monde, usée, élimée et salie, mais à moi. Ma paire de chaussures préférées, des chaussons de danse que papa m'avait achetés beaucoup trop petits pour moi mais beaucoup plus beaux que ceux de Cendrillon pour le bal. Mon univers le plus intime, le plus personnel a toujours été un univers de Nanna. Et personne en dehors de papa n'a jamais eu le droit de m'appeler comme ça.

« Nanna, je le jure devant Dieu : si j'ai fait une chose de bien dans ma vie, c'est toi. » Le jour où je l'ai trouvé debout près de la porte cassée d'où il m'avait regardée venir. « Jésus, Nanna, je n'ai jamais vu quelqu'un marcher comme toi.

– Que veux-tu dire, papa?

– Exactement ce que je dis. La façon dont tu marches. Une vraie petite *duiker*. Une pouliche pur-sang. Comme si, chaque fois que tu posais le pied, tu décidais d'avancer un peu plus loin. Depuis les hanches. J'aime ta façon de marcher, ma petite Nanna. Mais je te préviens, si jamais je vois un homme te toucher, je l'étrangle de mes propres mains. Tu le diras à ton papa, n'est-ce pas? » Un petit rire satisfait. « Mais, même si tu ne le fais pas, je le verrai bien. Tu sais, un homme peut savoir d'après la démarche d'une fille si elle est vierge ou pas. »

Un peu mal à l'aise, je lui ai demandé :

« Comment peux-tu savoir?

– Une vierge marche d'une façon particulière, c'est tout. Dès qu'elle est allée avec un homme, cela change. Je le vois au premier coup d'œil. »

L'après-midi, quand Maggie n'était pas là, j'allais de long en large devant le miroir de la chambre et je regardais ma démarche. Avidement. Mais avec une peur du diable en même temps. Et si cela arrivait un jour et que papa s'en aperçoive? Quelle différence y aurait-il dans la démarche de sa Nanna?

Seulement, à l'époque où cela s'est passé, il ne me parlait pas beaucoup. Je me souviens, juste à la fin, il y a eu la nuit dont j'ai aussi parlé à Paul : papa est rentré au petit matin après une beuverie; il n'avait pas pris la mer depuis des mois. Je savais que maman était couchée dans le grand lit derrière la porte et qu'elle attendait; j'étais assise près de la fenêtre et je voulais le voir rentrer sain et sauf avant d'aller dormir. La nuit avait dû être terrible et la vessie de papa n'était pas à la hauteur. Il avait à peine franchi la porte de la cour en titubant qu'il a ouvert sa braguette. Pour soutenir ses jambes peu stables, il a tâtonné autour de lui dans le noir et il a saisi le robinet. Mais je ne crois pas qu'il s'est rendu compte de quoi il s'agissait; et en l'attrapant, il n'a pas remarqué non plus qu'il l'avait ouvert, et l'eau s'est mise à jaillir. Il est resté comme ça, en se soulageant, une main sur le robinet; ce n'est qu'après plusieurs minutes qu'il a compris que quelque chose n'allait pas. Papa ne bougeait pas et l'eau continuait à couler. Mais il était trop soûl pour se rendre compte que ce n'était pas la sienne. Il est resté comme ça, très patiemment, tandis que l'eau jaillissait, comme si Moïse venait de nouveau de frapper les rochers. Je l'ai entendu pousser un immense soupir. Puis il a dit tout haut dans le noir : « O Dieu, si tu veux que je me pisse à mort cette nuit, que Ta volonté soit faite. » C'est le genre de nuit qu'on n'oublie jamais. Parce que ce fut la dernière.

Il était ainsi. Une honte pour la famille. Mais pour moi, c'était papa. Quand il revenait de sur la mer, les plus beaux cadeaux étaient pour moi : les choses les plus extraordinaires, les plus étranges, les plus inutiles; des mouettes en porcelaine, des saris, des images, des tissus, des parfums, tout ce qui brillait ou qui sentait bon. Les autres avaient aussi des cadeaux bien sûr; il n'oubliait jamais personne. Quand il rentrait à la maison, les poches bourrées d'argent, c'était la fête jusqu'à ce qu'il ne lui reste rien, et il repartait. Maman a vite appris à en cacher pour les périodes maigres. C'était le moindre de ses soucis. Il était heureux quand le soleil brillait et malheureux quand il pleuvait. Je n'ai jamais rencontré quelqu'un à ce point accordé aux saisons, au jour et à la nuit, à la pluie et au soleil.

Paul m'a poussée à parler, en me réconfortant, en me rassurant, jusqu'à ce qu'au petit matin je sois trop fatiguée pour continuer. Alors il m'a couchée et m'a recouverte avec la vieille couverture marron. C'était la seconde nuit pendant laquelle quelque chose aurait pu « se passer » entre nous. S'il avait tenté sa chance, j'aurais été trop fatiguée pour résister. Mais il ne l'a pas fait.

Seulement, quand il s'est penché pour m'embrasser sur le front, plus comme un père qui met sa fille au lit, je l'ai repoussé avec une violence que je ne pouvais pas m'expliquer. « Va-t'en, s'il te plaît, et laisse-moi seule, ai-je supplié. Je suis néfaste pour les gens. Je suis une sorcière. J'apporte le malheur où je vais. »

Mais il n'est pas parti. Il s'est assis sur une chaise basse près de la fenêtre pour me veiller, parce que je l'inquiétais. Quand j'ai ouvert les yeux, vers midi, et il était toujours assis, mais profondément endormi, le menton sur la poitrine.

Je me suis levée très doucement et je suis allée faire du café. Il s'est redressé, l'air coupable, quand je suis revenue avec le plateau; je lui ai versé du lait et j'ai ajouté les deux morceaux de sucre que je savais qu'il prenait; et nous avons bu sans dire un seul mot. La nuit était encore trop proche, trop fragile pour qu'on y touche avec des mots. Je me disais : « Si tu choisis d'en parler maintenant, je comprendrai bien sûr, car qui es-tu pour savoir, tu es un homme. » Mais il a gardé le silence et il est parti peu de temps après en me posant un baiser rapide sur le front. Et j'ai pensé : il aurait peut-être mieux valu qu'il dise quelque chose pour clore tout ça, pour mettre un point final. Parce qu'il n'avait fait que renforcer son emprise sur moi. Depuis Brian, personne n'avait été autorisé à avoir un tel ascendant sur ma vie.

Dans la semaine qui a suivi, j'ai rompu avec Gérard, non sans quelques scènes violentes : mais je ne pouvais plus supporter son incroyable dépendance à mon égard, pas après la façon dont Paul m'avait réconfortée cette nuit-là.

Mais même cela ne nous a pas réunis. Quelqu'un vivait de nouveau avec lui. Pendant près de deux autres années nous avons continué notre partie de cache-cache un peu spéciale. Comme si quelque chose nous poussait à reporter l'inévitable.

Il a repris ses recherches et ses notes pour son roman, mais cela restait à l'arrière-plan; c'était toujours éclipsé par le cinéma et il ne trouvait jamais le temps d'*écrire*. Je savais qu'il avait peur; tout au long des années pendant lesquelles il avait supporté son travail et rêvé, bien trop de choses y avaient été investies, bien trop de choses étaient en jeu pour risquer un échec. Mais je ne cessais de le harceler, de le pousser; je voulais qu'il sache que je croyais en son livre, en lui. Nous avions continué à nous voir régulièrement mais sans rien attendre. Chacun avait fini par accepter que l'autre fût pris ailleurs; d'une certaine façon, cela nous permettait, en partageant nos pensées, d'être plus ouverts et plus intimes que nous acceptions de l'être avec nos partenaires du moment. Une amitié profonde et sereine qui traversait nos deux vies comme une rivière qui aplanissait les obstacles, qui polissait les arêtes tranchantes des cailloux de son lit, jusqu'à ce que chacun trouve sa place au milieu des autres. C'est Paul qui m'a présentée au photographe Jean-Louis, qui m'a aussitôt engagée comme assistante; et, par lui, alors que Paul était en voyage, j'ai fait la connaissance du réalisateur de films, Serge Leloup. (Quand Paul est rentré, avec un nouveau naufrage derrière lui, Serge et moi, nous venions de nous mettre ensemble.) Dès que j'ai su que je pouvais lui faire confiance, j'ai raconté l'histoire de Paul à Serge et je les ai présentés l'un à l'autre. Immédiatement, il y a eu une étincelle entre eux. Mais Paul n'aimait pas ma proposition : que Serge et lui fassent un film avec son histoire : il tenait à son roman. Pourtant, je savais très bien que, livré à lui-même, il ne mettrait jamais rien sur le papier et je pensais qu'ayant brisé la glace avec un film, il pourrait peut-être trouver la confiance dont il avait un besoin désespéré. J'étais persuadée que Serge était exactement la personne qui l'inspirait. Et ainsi, après tant d'années, il semblait que Paul eût enfin trouvé quelqu'un pour libérer son roman pour lui. Pour le moment, tous les deux étaient pris par d'autres projets, mais il était évident que ni l'un ni l'autre ne serait tranquille tant que le film n'aurait pas abouti. Et cela a pris forme. Maintenant, le scénario en était à l'avant-dernière étape et j'allais en Provence pour préparer le tournage dont le début était prévu au printemps prochain.

Parallèlement, les relations entre nous trois ont changé. L'an dernier, fin avril, juste après mon anniversaire, Serge nous a envoyés en reconnaissance, Paul et moi, dans la vallée de la Loire pour un documentaire sur les derniers jours de Léonard qu'ils envisageaient de faire ensemble. Cela s'est passé quelques semaines après que Serge et moi avions rompu au cours d'une scène qui aurait pu être horriblement mélodramatique (je l'avais surpris au lit avec un jeune cameraman, un après-midi où ils étaient censés être en train de tourner à cent kilomètres); mais, comme nous avions commencé tous deux à montrer des signes de contrainte et d'irritation, tout s'est terminé sans trop de problèmes. Le cameraman est même revenu avec un énorme bouquet de roses pour me remercier de ma « compréhension »; et je crois que, si j'avais manifesté un intérêt quelconque, il m'aurait rapidement mise au lit comme témoignage supplémentaire de gratitude. Et nous sommes tous restés bons amis. Le faune de Serge s'est installé avec lui; presque soulagée, je me suis préparée pour une nouvelle période de célibat dans mon appartement de la rue Bonaparte, un peu petit mais très confortable. Paul, qui commençait à s'habituer à la solitude, travaillait dur et, pour la première fois depuis des années, il avait l'air heureux et détendu.

Il y a quelque chose de très détendu dans leur excursion de la vallée de la Loire, au château de Cloux près d'Amboise, où Léonard a passé ses derniers jours : comme s'ils partaient en vacances et non pour un week-end de travail. Ils font de grands saluts aux autocars qu'ils croisent. Les calembours les plus stupides les font rire. Ils descendent dans le meilleur hôtel – des chambres séparées, comme dans les voyages précédents – et ils passent toute la journée à se promener dans le château et dans les rues du village. Il prend de très nombreuses photos avec son Polaroïd; elle le suit avec un stylo et un carnet pour noter ce qu'elle remarque. Ils prennent à peine le temps de déjeuner. Une exploration avide. Des drapeaux, des murs du début de la Renaissance. Des géraniums rouges devant la pierre usée. Des trouées soudaines sur la Loire. Et la nuit tombe. Ils se changent pour dîner, font en voiture la vingtaine de kilomètres pour Onzain et passent trois heures au Domaine des Hauts-de-Loire. Il veut commander pour eux deux, connaissant d'expérience quels sont les plats qui ont valu à l'établissement une étoile dans le Michelin. Après le pouilly fumé qui accompagne la mousse de persil, il l'impressionne avec un mouton-rothschild pour faire honneur au plat principal. De retour à leur hôtel, quand elle sort sa clef pour ouvrir sa porte, ils se taisent soudain, comme si cela ne les frappait que maintenant. « Te rends-tu compte, demande-t-il véritablement surpris, que c'est la première fois que nous sommes libres en même temps depuis toutes ces années?

– Ce ne sont pas les autres qui nous ont tenus éloignés, dit-elle sans le regarder. On a toujours le choix.

– Peut-être que cela nous convenait à tous les deux. La question est la suivante : est-ce que cela nous convient encore ce soir? »

Il ouvre la porte. Elle entre dans la chambre.

« Tu peux venir », dit-elle sans oser regarder derrière elle.

Le choc et aussi le miracle d'un nouvel amour. Recevoir un homme, lui permettre d'entrer; ne pas se soumettre à lui. Surtout si l'on s'est contenté pendant si longtemps de substituts, de remplaçants, même si les contrefaçons étaient excellentes. (Parce que l'amour lui-même aurait été trop dangereux; parce que, quoi qu'il arrive, on n'osait jamais se laisser aller. Survivre seul importait et il ne restait pas de place pour la liberté de l'amour.) Maintenant, enfin, on ne *veut* plus se protéger. Soudain, il y a quelque chose, quelqu'un, dont on peut prendre soin. Quelqu'un pour qui on est prêt à se mettre en jeu. La boucle est bouclée : tout ce qui restait ouvert, entre deux eaux, qui se préparait lentement pour cet achèvement, cette disponibilité. En même temps – on ne peut pas le nier – la peur de l'« histoire », des « actes » de l'amour, la confirmation inévitable du corps. Une panique (non, c'est excessif; une inquiétude, une vulnérabilité) devant la finalité. Chaque possibilité réalisée exclut les autres.

La virilité : la croyance ardente et exclusive dans les îles, le rejet de tout pour cet instant. La féminité : la fusion de l'instant avec la durée; vivre les yeux ouverts avec, réunis dans aujourd'hui, hier et demain.

« Dans chaque instant, on vit la totalité de sa vie. »

« Quel gaspillage! s'exclame Paul sincèrement consterné. Pourquoi diable avons-nous attendu quatre ans? Dès la première nuit, nous aurions dû... »

Elle pose un doigt sur ses lèvres. « Voilà bien l'impatience des hommes; ce n'est que de la goinfrerie. J'aime la beauté et la violence de ton corps. Si nous avions commencé il y a quatre ans tout serait peut-être consumé aujourd'hui.

– Tu crois vraiment qu'un jour tout sera consumé? demande-t-il indigné.

– Nous avons plus de chances de durer maintenant.

– Il y a quatre ans, je n'avais pas encore atteint la cinquantaine. Aujourd'hui, je l'ai dépassée.

– Pourquoi cela t'obsède-t-il?

– Nous avons quatre ans de moins.

– Nous avons *aujourd'hui*. Je suis heureuse avec ça. Le reste n'a pas d'importance. »

Elle y croit fermement : la maturation de l'attente, au-delà de toute impatience ou tout désir temporaire, laisser cette insouciance originale s'approfondir pour devenir un souci, lui permettre de mûrir. Rien n'est perdu, sauf le secondaire, le superflu. Le désir n'est en rien diminué; on y a simplement ajouté la sérénité. Rien n'oblige à se dépenser en un jour. Cela peut durer.

La nuit est chaude et calme. Les fenêtres sont grandes ouvertes. Grâce à l'air du printemps, ils sont conscients d'un monde plus vaste à l'extérieur, même quand, après la première célébration, leurs corps restent emmêlés et qu'ils continuent à parler.

« C'est la première fois depuis des années que cela m'est arrivé, avoue-t-elle, presque timidement. On s'habitue à l'ordinaire. On oublie que cela peut être différent.

– Et les autres...? demande-t-il.

– Ils n'étaient pas importants.
– Parle-moi encore de toi.
– Je ne t'en ai pas assez dit?
– Je n'en saurai jamais assez sur toi.
– C'est terrible. » Elle sourit. « Mais pour l'instant je me sens à l'abri et protégée. »
Elle tire la couverture bien-aimée qu'elle a (bien sûr) emportée avec elle.
« Cette couverture a tout vu, dit-elle.
– Elle a l'air très usée.
– Papa me l'a rapportée autrefois, elle était déjà d'occasion. Il s'en était servi pour envelopper nos cadeaux. J'ai voulu l'avoir, et elle est bientôt devenue le plus précieux de mes biens. Quand papa est reparti, j'ai pris l'habitude d'aller dormir avec clle la nuit, je jouais avec la frange. Je pensais que je pouvais y sentir son odeur. Plus tard, quand Brian et moi avons quitté le pays, cette couverture a été la seule chose que j'ai prise avec moi. Rien n'a autant d'importance. C'est mon plus précieux Nanna.
– Tu viens de très loin? »
Elle le regarde sérieusement et calmement.
« Dès l'instant où j'ai posé le pied à Londres, après le premier voyage en Provence avec Brian, j'ai su, même alors qu'il était encore avec moi, qu'à partir de là j'étais seule. Il n'y avait personne d'autre. Seulement moi. C'était *mon* combat. Je ne pouvais plus revenir en arrière. »
Elle serre les mâchoires.
« Je ne pouvais pas revenir là-bas. Et pourtant, pour arriver jusqu'ici... Je ne sais pas si tu comprendras jamais ce que cela signifie. Je suis une femme. Je suis une métisse. Je suis tout ce qu'on peut exploiter.
– Tu n'as pas été vaincue pour autant. » Il y a une sorte de crainte dans sa voix, dans la façon dont ses mains la caressent.
« Pour une seule raison. J'ai fait la découverte la

plus étonnante : je me suis rendu compte que ce qui était le plus vulnérable en moi me donnait aussi une prise sur les autres. Sur les hommes. Je pouvais les manipuler. Pour obtenir un travail. Un permis de séjour. Pour trouver un endroit où habiter. Pour survivre. » Essaie-t-elle délibérément d'être aussi brutale qu'elle le peut? Pour le choquer, pour l'éprouver, ou pour se blesser elle-même? Elle poursuit avec une rage profonde :

« C'était la seule façon que j'avais de me battre pour être libre.

– Ce n'était pas une question de se battre. Frank a pris soin de toi. Serge aussi. Même Gérard. Et toi tu as aussi pris soin d'eux.

– Que signifie prendre soin de quelqu'un? J'avais besoin d'eux, merde. J'étais impatiente de vivre. Et je n'avais pas beaucoup d'armes pour me battre. Je devais utiliser ce que j'avais, et ce sont eux qui m'ont aidée à faire cette découverte. Par eux, j'ai pu trouver un endroit pour me mettre debout. C'était cela ou sombrer. » Elle le regarde droit dans les yeux. « Je suis comme un chat. Je ferai n'importe quoi pour retomber sur mes pattes. Est-ce que pour autant je suis une putain?

– Pour l'amour de Dieu! s'écrie-t-il. Tu n'as pas le droit d'être aussi cruelle avec toi-même. Je ne veux plus jamais t'entendre dire une chose pareille. Tu crois que je ne sais pas ce que cela demande comme courage? En quel est le prix que tu as payé?

– Un chat a plusieurs vies à vivre.

– Pas un nombre infini. Chaque fois, il y en a une de moins. » Ses yeux en colère qui cherchent les siens la font frissonner soudain, comme si elle avait froid.

Elle appuie sa tête contre son épaule.

« Je te l'ai demandé la première fois que nous nous sommes rencontrés, tu te souviens? dit-il doucement, que cherches-tu à fuir?

– Je pense que je vais me reposer avec toi. »

Sans y penser, elle commence à enrouler une petite boucle de poils de son ventre autour d'un de ses doigts. A nouveau, là où les mots atteignent leurs limites, les corps prennent le relais. Jusqu'à ce que les mots redeviennent possibles, pensables et nécessaires; pendant toute la nuit.

Il s'assoupit un petit moment. Appuyée sur un coude, elle contemple son visage endormi. Dans la faible lumière de la lampe de chevet ses traits sont noyés dans l'ombre, comme si elle le regardait à travers de l'eau, dans laquelle un visage se fond avec un autre. Presque résignée, elle se demande : est-ce vraiment toujours la même chose qui ne cesse de se répéter? Est-ce toujours le même endroit qu'on atteint, le même visage qu'on regarde emmuré dans le sommeil, douloureusement lointain? Et pourtant si différent. On change tout le temps. Oh! oui. On change.

Au début avec Brian; toute la passion absolue de la première fois. *(Je ne peux pas faire l'amour si je me sens troublée. C'est tout ou rien.)* On s'y accroche le plus longtemps possible. Et, lentement, quelque chose s'y insinue, son emprise n'est plus aussi déterminée qu'auparavant. Des compromis? Soit. Afin de survivre, d'éviter les bouleversements inutiles. Cette heureuse – ou terrible? – illusion de la jeunesse que toute la vérité peut être contenue dans le corps de l'être aimé. Lentement, cela se ternit. On apprend à vivre plus facilement dans son propre corps, les chaussures neuves ne font plus aussi mal qu'avant. C'est plus confortable, et plus réconfortant également, moins d'exigences à partager sans constamment courir un risque pour tout. La compassion. A Londres, il y a des années, les premiers mois à Paris : la colère quand un homme refusait de considérer non comme une réponse. Comme si son être entier, son honneur et sa dignité étaient en jeu. Puis, lentement, cela se calme. Bien sûr, il n'est toujours pas nécessaire de céder parce qu'un homme insiste. Mais il devient plus facile à la fois de donner et de prendre. (Découvre-t-on également que plus on rend son corps disponible, plus il est facile de se refuser soi-même? Même à ceux qu'on aime?) Si un homme le veut vraiment, et à condition qu'on s'en soucie suffisamment, pourquoi ne pas le laisser faire et se débarrasser, à la fois lui et soi-même, de son besoin? Il peut même devenir amusant qu'une telle chose puisse être considérée comme tellement importante. Cela fait si peu de différence; et c'est beaucoup moins fatigant que la lutte d'une vierge pour un honneur insaisissable.

Et pourtant! Il y a eu d'autres nuits au cours desquelles elle a contemplé une variation de son visage endormi, en se disant avec une sorte d'étonnement détaché : *comme il est facile pour un homme d'être abusé, de s'abuser soi-même. Battre les buissons. Non, je ne te méprise pas pour cela. Je ne suis pas froissée. Cela me rend seulement curieuse – comment peux-tu te faire avoir aussi facilement; comment oses-tu t'en contenter?*

Ainsi quelque chose a changé quand j'y repense ce soir?

Bien sûr. C'est pour cela qu'elle a reculé pendant quatre ans. En venir à savoir sans équivoque les conditions qui vous sont imposées, apprendre à accepter ce qui peut être donné et pris en retour. Avec lui, c'est la sécurité et la possibilité de la durée. C'est différent du temps où elle était avec Brian. Elle a vieilli. Le changement a peut-être entraîné une certaine perte. C'est certainement différent maintenant; effectivement, c'est différent grâce à Dieu.

Au petit matin, je me suis aussi endormie; quand je me suis réveillée, je l'ai vu qui me contemplait. (Mon tour; le tien.) J'ai à moitié ri avec une tristesse inexplicable en moi et j'ai dit : « Paul, te rends-tu compte que je t'ai déjà été infidèle? »

Sa main me caressait les seins, très doucement. Son souffle sur mon épaule. « Impossible. Cette nuit, c'était la première fois...

– Je parle du tout début, dans l'appartement de Frank.

– Et alors? Tu sais, dit-il vivement, si seulement j'avais su qu'il n'y avait rien entre Frank et toi... » Ses mains descendent sur mon ventre.

« Quand tu es parti, il faisait déjà jour, je suis allée dans sa chambre et j'ai couché avec lui.

– Je ne comprends pas. Comment as-tu pu? Pourquoi?

– Il avait souvent voulu, mais il était toujours plein d'égards. Je lui avais dit le premier jour où j'avais emménagé que je m'en irais s'il essayait de profiter de la situation.

– Alors pourquoi es-tu allée avec lui cette nuit-là? » Il caressait mes poils. Une sensation de chaleur dans le ventre.

« Parce que pour la première fois, je me sentais à l'abri de tout. Et aussi parce que j'avais besoin qu'il me protège de toi.

– Je ne te menaçais pas. »

J'étais humide et ouverte pour sa main.

« Oh! si. Plus que tu ne pourras jamais l'imaginer.

– Et je t'ai désirée plus que je n'avais jamais désiré une femme.

– Je te voulais. Mais j'avais peur. Je ne pensais pas que je pourrais être à la hauteur. Je ne voulais pas aller vers toi uniquement parce que j'avais peur d'être seule.

– Et maintenant?

– Maintenant, j'ai envie de toi. Viens en moi.

– Me seras-tu encore infidèle?

– Oh! oui. Souvent. Mais je te reviendrai toujours.

– C'est long comment : " toujours "? » Un rire léger dans sa gorge, contre ma bouche.

« Aussi longtemps que je t'aimerai.

– Et si je te quitte?

– Je ne pense pas que tu le feras. Je ne pense pas que l'un de nous pourra se passer de l'autre maintenant. »

Mon souffle contre ses dents quand il entre en moi. Ma soif inépuisable apaisée. Dans ma bouche le goût de l'absolu, aussi réel, aussi chaud que sa semence salée.

Des heures à parler, pendant toute la journée du lendemain. Son roman, encore une fois : la nécessité de retirer les mois passés au Schloss Judenau de son système.

« Tu ne m'as jamais raconté toute l'histoire, lui rappelle-t-elle.

– Si. Souvent.

– Pourquoi gardes-tu toujours quelque chose? Pourquoi ne me le confies-tu pas? »

Son regard sensuel et grave.

« Faut-il que tu saches tout? » Il sourit comme s'il était obligé de renoncer à quelque chose; de nouveau.

« Tu ne m'as pas tout dit, n'est-ce pas?

– Non. » Il s'appuie sur l'oreiller. Elle est assise à côté de lui, les jambes croisées.

« Une femme? demande-t-elle.

– Une jeune fille. Une réfugiée. Eva Jelačić. »

Il ferme les yeux pour se souvenir.

« C'est toujours difficile d'en parler?

– Je veux te raconter, Andrea. Je le veux vraiment. Seulement, il n'y a rien à dire. Ce n'est pas une histoire. Il n'est rien " arrivé ".

– Mais tu l'aimais. » (Un accès soudain et absurde de jalousie!)

« Oui. » Il tourne la tête pour la regarder et lui pose la main sur le genoux; la faible lumière lui caresse les épaules, les seins. « Sans doute à cause de la tension épouvantable dans laquelle nous vivions; le travail incessant, la confrontation de toutes ces personnalités si différentes, les langues étranges avec lesquelles chacun essayait de se faire comprendre. Aussi, on réagissait de façon tout à fait excessive à ce qui, dans des circonstances normales, aurait été très ordinaire. Par exemple, tout à fait au début, je me suis disputé avec un des Allemands, Brückner, un véritable imbécile qui était venu avec comme seul objectif de coucher avec le plus grand nombre de femmes possible. Il ne cessait de se vanter de ses conquêtes. Chez lui, il y avait les prostituées, ici c'était gratuit. Un peu de chantage, de corruption, des promesses creuses. De la violence même, quand il n'y avait pas d'autre moyen. Le responsable l'avait menacé de le renvoyer. Mais c'était une période particulièrement chargée et on avait besoin de tous les bras disponibles. Puis un jour, j'ai surpris Brückner... mais ça n'a plus d'intérêt maintenant.

– Je veux savoir.

– Il s'en prenait aussi à Eva. Il la menaçait de lui confisquer ses rations de nourriture si elle ne couchait pas avec lui. Alors je l'ai rossé. A partir de ce jour-là, je me suis rendu compte que quelque chose se développait entre nous. Ce serait présomptueux d'essayer de le définir. On ne pouvait même pas avoir une simple conversation. Je jargonnais un peu d'allemand appris dans le camp, et elle n'en connaissait que quelques mots.

– Est-ce que vous avez...? » Elle n'avait pas l'intention de le harceler, pas aussi crûment; cependant, elle devait savoir.

« Il n'y a eu qu'un après-midi dans la salle des vêtements, dans le grenier de la tour. Nous sommes restés seuls pendant quelques minutes. Elle a posé sa tête contre mon épaule. Je l'ai prise dans mes bras et je l'ai embrassée. C'est tout.

– Si tu avais vraiment voulu être en elle, tu en aurais trouvé le moyen.

– J'étais très jeune, rappelle-toi. Je ne voulais pas profiter des circonstances. Cela pouvait attendre. Un jour, quand tout serait fini, nous pourrions commencer une vie normale, faire des choses normales, apprendre une nouvelle langue. Mais juste à ce moment-là...

– Tu l'as perdue?

– Oui, elle est partie.

– Où est-elle allée? »

Il se referme. « Tous les réfugiés finissaient par partir. Et je pense que cela a été aussi bien pour nous. Le rêve est resté intact. Qui sait, si nous avions vécu ensemble, nous aurions pu nous lasser l'un de l'autre.

– Le cynisme ne te convient pas.

– On essaie de se convaincre. » Un petit sourire triste. « Mais j'ai cru qu'à cause de sa nature même, notre amour m'avait gâté pour toujours. Par la suite, pendant des années et des années, j'ai essayé de juger chaque nouvelle femme d'après Eva. Et, bien sûr, ça ne marchait pas. »

Elle sait qu'elle ne devrait pas poser cette question; elle ne veut pas de réponse, que ce soit oui ou non; mais malgré elle, elle demande : « C'est aussi valable pour moi?

– Eva était petite et blonde.

– Ce n'est pas du tout ce que je veux dire. » (Alors pourquoi poser la question?)

« J'ai peut-être essayé avec toi aussi, mais seulement au tout début. Depuis...

– Depuis?

– Maintenant, tu es Andrea. Personne d'autre.

– Tu es sûr que c'est assez pour toi?

– Tu as encore besoin de le demander après quatre ans? »

Mon voyage devenait de plus en plus humide et brumeux. Le soir, une odeur de moisi quand j'éteignais enfin la lumière, que je serrais mes genoux relevés entre mes bras sous ma vieille couverture marron bien-aimée, en attendant que vienne le sommeil, et que je m'abandonnais à des images confuses dans lesquelles des souvenirs se mêlaient à des instants ou des événements du scénario de Paul qui était devenu le signe de notre relation. Des fissures dans le mur de ma chambre; des taches d'humidité ou de moisissure. Dans la journée, les contours voilés de châteaux en ruine et de villages gris; des couleurs profondes dans les forêts où l'automne saignait à mort; les signes avant-coureurs de l'hiver dans le froid des petits matins. Je ne me suis jamais inquiétée d'acheter ou de lire un journal. Dans une Europe vieille et fatiguée, je poursuivais mon chemin sans but, consciente de possibilités anciennes, un passé qui se prolongeait dans le présent, une absence de besoins : je me sentais absente. Je commençais à en avoir assez de moi. La nuit, Paul me manquait de plus en plus douloureusement. Souvent je m'arrêtais en passant dans une ville, bien décidée à téléphoner ou à envoyer un télégramme. Ce serait si facile. Mais je m'en empêchais. C'était *trop* facile. Je savais que j'avais besoin de cet isolement. Quand je retournerais vers Paul, ce serait ouvertement, sans réserve, pour lui donner un oui ou un non sans équivoque. Essayer de forcer le résultat ébranlerait tout. Trop de choses étaient pour moi en jeu pour agir de façon impulsive. Nous avions été heureux d'attendre pendant quatre ans auparavant. Maintenant, dix-huit mois plus tard il n'était sûrement pas nécessaire de se précipiter. J'avais besoin de temps pour qu'une décision mûrisse naturellement en moi. Parallèlement, je pouvais me permettre de me promener encore quelque temps. Mais à la longue, je ne pouvais empêcher l'irritation de monter en moi. Puis un après-midi – le cinquième jour? le sixième? – j'ai vu soudain un nom familier sur un panneau indicateur dans la brume et la pluie, comme une phrase claire se formant à partir de mots en désordre dans l'esprit, et j'ai su que j'en avais assez de l'errance sans but. Ce n'était plus une plongée en moi-même, mais un ajournement, une évasion. Il était temps que je me retourne vers des faits fondamentaux et plus facilement reconnaissables.

Le panneau indicateur disait : « Carcassonne. » Et tout d'un coup, je n'étais plus « sur la route » : j'étais enfin de nouveau quelque part, ou au moins sur un chemin qui menait quelque part. Carcassonne la petite ville chaude et fortifiée où mon voyage avec Brian s'était achevé des années plus tôt.

Carcassonne : un mot qui définissait le familier. Ou plus exactement, c'est ce que je pensais en arrivant, parce que j'ai vite déchanté. Huit ans me séparaient de ma précédente visite et je me suis totalement perdue dès que je suis entrée dans le labyrinthe des rues étroites à la recherche du petit hôtel où j'étais descendue avec Brian. Je ne me souvenais même pas du nom. *Hôtel de la Gare? De la Poste? De Paris?* Nous étions allés dans tellement de chambres anonymes et miteuses au cours de ce lointain été.

Ne sachant plus à quel saint me vouer, je me suis finalement arrêtée sur une petite place entourée de platanes. Elle me semblait vaguement familière; en tout cas pas entièrement étrangère. J'ai demandé à deux vieux à casquette bleue, sous le store de la terrasse d'un petit café enfumé, le chemin du Syndicat d'initiative et j'y suis allée à pied.

Mais l'employé morose du Syndicat, manifestement mécontent parce que je le dérangeais dans la lecture de son journal, ne m'a été d'aucune aide. Il m'a tendu une brochure avec la liste des hôtels et leur classement et n'a plus fait attention à moi. Bien sûr, je ne pouvais m'attendre à ce qu'il identifie l'endroit que je recherchais à partir des quelques détails dont je me souvenais! – une poignée de porte usée en forme de tête de lion avec un anneau dans le nez; une porte vernie avec un rideau à carreaux derrière la vitre; et, oui, des géraniums derrière, sur l'appui des fenêtres. Un escalier rouge sang qui conduisait aux chambres. La nôtre donnait sur une cour pavée pleine de chats. Un mûrier rabougri au milieu. La porte de l'armoire ne voulait pas rester fermée. Il n'y avait que de l'eau froide au robinet au-dessus du lavabo ébréché. Un couvre-lit vert passé. Brian avait voulu faire l'amour, mais j'avais insisté pour qu'on aille d'abord explorer l'ancienne cité médiévale sur la colline; il était mécontent, et le soir nous nous étions à nouveau disputés. Le lendemain matin de bonne heure, nous avions pris le train de Toulouse et de là pour Paris; puis retour à Londres. Notre interlude était fini, notre *no man's land* entre l'Afrique et l'Europe. A Londres, tout recommencerait, nous deux ouvertement contre le reste du monde, n'ayant peur de personne ni honte de rien; nous n'aurions plus peur d'un coup sur la porte à trois ou quatre heures du matin. Et pourtant j'avais peur. Non pas de quelque chose venant de l'extérieur, mais d'une terreur qui naissait à l'intérieur, exactement en moi.

Aujourd'hui, de retour à Carcassonne, j'avais un besoin urgent de saisir quelque chose de ce souvenir, de tendre la main vers un Brian perdu depuis longtemps. L'après-midi où il avait voulu faire l'amour et où j'avais refusé. Comme si ce moment trivial contenait quelque chose d'une importance inestimable pour moi. Mais je n'arrivais même pas à trouver l'hôtel avec son escalier rouge, son couvre-lit vert, et le mûrier dans la cour. Aucun nom sur la liste du Syndicat d'initiative n'éveillait quelque chose. J'ai souligné une ou deux possibilités et je me suis mise en quête des hôtels, mais aucun d'eux n'était celui que je cherchais. Nulle part un panneau disant : *j'ai habité ici.* (Ces mots, gravés il y a longtemps dans le plâtre d'un mur...) Le temps s'éclaircissait. Il faisait toujours trop froid pour boire quelque chose à la terrasse d'un café, mais dans un petit bistrot bondé et enfumé, près de la place avec les platanes, j'ai commandé un café à une petite table près de la fenêtre embuée; très noir, très fort, très doux.

Je me suis dit que l'hôtel avait peut-être été fermé, ou vendu ou démoli. Dans ce cas, quelque chose de vital entre Brian et moi avait-il été détruit? Cela niait-il un élément ou un aspect de notre amour?

Tous les endroits où nous étions allés pendant ces mois de mai et de juin. A partir de Nice où nous nous étions traînés, épuisés, depuis l'avion, directement à la gare pour prendre le train d'Avignon, comme si quelque chose nous tirait, nous chassait; comme si nous avions eu peur de nous arrêter. Toujours en route, en train ou en autocar, ou en auto-stop, dans tout le Midi. Avignon, Bonnieux, Roussillon, les hautes régions au-delà du mont Ventoux, puis la redescente vers Saint-Rémy et Aix, et jusqu'à la Camargue et la mer aux Saintes-Maries et à Aigues-Mortes. Retour à Avignon. De là à Nîmes et à Narbonne; puis Carcassonne. Cinq semaines, six semaines, une éternité. Une île entre deux existences : une dont je m'étais coupée pour toujours (le dernier long voyage du Cap à Johannesburg pour prendre congé du pays, une veillée funèbre sans fin), et une nouvelle que j'hésitais encore à imaginer ou à inventer.

Aujourd'hui, j'étais de retour.

L'inquiétude m'a reprise. J'ai payé mon café et je suis repartie dans les rues à la recherche de l'introuvable, en concentrant avec une telle violence tous mes efforts pour retrouver les traces du souvenir dans le monde qui m'entourait que je me suis vite rendu compte que j'avais très mal à la tête.

Enfin, abandonnant à contrecœur un souvenir pour un autre, je me suis dirigée vers la cité médiévale en haut de la colline, en traversant la petite rivière grise sur un pont de pierre. Au moins, les murs et les fortifications étaient toujours là. Brian et moi, nous avions tout « fait » méticuleusement, en explorant les murailles et le château sur les talons d'un guide. Je retrouverais peut-être quelque chose de lui là-haut.

Les nuages se dispersaient rapidement, ébouriffés et dépenaillés comme de la laine. En haut de la colline, le soleil de fin d'après-midi éclairait les murailles de la cité couleur d'ambre, et dessinait et soulignait le contour de chaque pierre. J'ai essayé de retrouver quelques souvenirs confus du passé : les Romains, les Wisigoths, les Sarrasins, et Charlemagne, Simon de Montfort et les guerres de religion. Une histoire de sang qui ne finit pas. Et il y avait aussi quelque chose dans les notes de Paul : oui, c'est à Carcassonne que la persécution des Juifs avait commencé à l'époque de la peste. On les jetait du haut des murs de la ville. On les brûlait sur des bûchers.

Il n'y avait que moi à la porte du château et le guide qui bougonnait a refusé de faire la visite pour une seule personne.

« Mais ne comprenez-vous pas? ai-je insisté. Je suis déjà venue il y a des années. Il faut absolument que j'y aille. Je ne demande aucune faveur, je vous paierai ce qu'il faut. »

Il s'est contenté de hausser les épaules en me soufflant au visage son haleine qui sentait l'ail.

« Je peux très bien y aller et revenir me présenter devant vous!

– Si vous voulez.

– Monsieur... » J'étais prête à faire n'importe quelle imprudence. Mais, malgré ma colère, je ne pouvais m'empêcher d'être amusée par mon impatience. Etait-ce vraiment si important? Que pouvais-je bien espérer retrouver de Brian et de moi à l'intérieur de ces épaisses murailles? Quel rapport y avait-il entre tout cela et mon voyage dans le Midi?

Au dernier moment, tout un autocar de touristes allemands s'est présenté à l'entrée et soudain le guide a été tout sourire et soumission. La horde ne m'a absolument pas remarquée en passant devant moi avec son insistance aryenne pour être en tête. Et nous avions à peine atteint la seconde salle que je me suis sentie claustrophobe, prise au piège par ces gens bruyants avec leur agressivité sifflante. Sans rien demander à personne j'ai fait demi-tour et je me suis frayé un chemin parmi eux pour revenir à l'air libre, en ignorant les cris de colère du guide (à propos de son pourboire.) Je suis sortie du château en courant, j'ai passé les portes de la ville, j'ai dévalé la colline, et je suis passée au-dessus les eaux brunes de l'Aude. (La soudaine angoisse en me souvenant des eaux brunes du Cap, de Steenbras et de Rooi Els!)

De retour dans la voiture, j'ai consulté la liste des hôtels du Syndicat; en souriant, j'ai choisi le plus cher (au moins cela aurait reçu l'approbation de Paul, après l'avoir laissé tomber si vilainement ces derniers jours), et je suis remontée dans la vieille ville, derrière les hauts murs, vers l'hôtel où je pourrais m'abandonner aux soins des portiers, des chasseurs, des réceptionnistes et des garçons.

J'ai trop mangé et trop bu; puis je me suis promenée sans entrain – les murs illuminés, étranges, comme un décor de film – et je suis vite revenue dans ma chambre. J'ai posé les oreillers contre la tête du lit et je me suis mise à feuilleter de nouveau le livre de Paul. Pas très édifiant. Johannes Nohl : *Ce n'est que l'extermination systématique des Juifs qui révèle la confusion et l'irresponsabilité de ces âges sombres... Les massacres des Juifs au XIVe siècle sont profondément révoltants, parce que les classes dirigeantes, ainsi que le clergé et les classes cultivées du temps, savaient parfaitement que les accusations portées contre les juifs* *étaient sans fondement; mais par peur de la populace et encore plus par recherche de profit matériel, non seulement ils se sont tus, mais en outre ils ont participé au massacre des victimes de la façon la plus cruelle... on a fait revivre le vieux mythe des puits empoisonnés dans le sud de la France, et de là dans le reste de l'Europe... Dès mai 1348, dans une ville de Provence, tous les habitants juifs étaient tombés victimes de la rage de la populace. Les bûchers étaient particulièrement répandus à Narbonne et à Carcassonne. Dans la seule Bourgogne, cinquante mille Juifs furent massacrés de la façon la plus cruelle... La légende d'Ahasvérus, l'éternel Juif errant, qui est née au XIII*e *siècle, a toujours resurgi aux époques de peste.*

D'une « Remonstrance » de l'archevêque de Carpentras de 1721 : *le public est requis de noter que les Juifs sont les ennemis de Jésus-Christ et des Chrétiens. Qu'ils sont nos esclaves... Cette humiliation des Juifs ne peut être considérée comme une oppression par les Chrétiens, parce qu'ils n'utilisent que des moyens justes et légaux pour les humilier et parce qu'ils ne souhaitent qu'exécuter les Prophéties en agissant ainsi.*

J'ai repoussé les livres et j'ai éteint la lumière. Malgré le sujet particulièrement révoltant de ma lecture, je me sentais curieusement calme, comme si quelque chose avait enfin été décodé dans mon esprit. Je ne voulais plus penser à rien; je n'avais aucun désir de résister à l'inévitable. Le sommeil est venu tout seul, profond, et apaisant comme la mer, comme si je plongeais dans des bassins familiers parmi les rochers et les bancs de poissons et que les algues d'autrefois me caressaient doucement.

Je me suis réveillée très tôt, avant l'aube, et tout m'a semblé frais et clair. Je me suis levée sans plus attendre, j'ai pris un bain, et je me suis choisi pour la journée des vêtements chers mais confortables – un pull léger, une chemise et un pantalon – comme si j'avais dû m'habiller pour une circonstance particulière; puis j'ai fait mon sac et j'ai tiré les rideaux pour regarder le jour se lever. Il ne restait rien de la violence de l'été; tout était plus modéré maintenant, compatissant, marqué par la douleur et l'âge.

Aujourd'hui, j'irais directement en Provence. Les détours et les errances étaient derrière moi; nécessaires mais dépassés. Retarder encore mon arrivée n'aurait rimé à rien. Je ne trouverais pas Brian à Carcassonne. Il n'y avait plus rien de moi ici. Mon rendez-vous avec moi-même était en Provence et il ne pouvait plus attendre. Et si j'arrivais trop tard? On n'a peut-être qu'une seule occasion comme celle-là dans toute une vie.

Carcassonne avait marqué la fin de notre voyage, huit ans plus tôt. Maintenant, je repartais vers la Provence, en remontant le courant, comme contre moi-même, contre mes souvenirs. Je revenais.

C'est ainsi qu'a commencé le premier de mes cinq jours. Pourtant, les premiers semblaient s'y mêler de façon impénétrable, entraînés dans le courant : un peu comme on entre dans le jour avec les rêves de la nuit vaguement présents dans son esprit, bouleversants ou encourageants.

Narbonne. Béziers. Incapable de résister à la tentation (je n'avais pas besoin de me presser; je pouvais arriver à Avignon en début d'après-midi, sans aucun effort), j'ai fait un dernier détour vers la mer. Les plages d'été désertes dans cette fin d'automne. Je me suis arrêtée au bord d'une promenade, je suis descendue de voiture et j'ai marché vers la mer. Les vagues languissantes de la Méditerranée, si différentes de la turbulence de la côte du Cap. Je me suis demandé si papa était jamais venu par ici. A Marseille, sans aucun doute. Mais ç'aurait été agréable de le savoir avec certitude.

Le ciel était encore couvert de nuages moutonneux, mais le soleil commençait à percer. J'étais seule sur cette plage étrangement déserte, à part un vieil homme assis sur un banc vert qui donnait du pain aux mouettes : elles l'entouraient complètement en poussant des cris rauques et aigus, et en se battant pour les plus gros morceaux. Derrière le banc, il y avait un landau recouvert d'un drapeau tricolore usé et effrangé. Un clochard, certainement, avec tous ses biens dans la voiture d'enfant. Où passait-il ses nuits maintenant qu'il faisait plus froid? Il n'y avait pas de grilles de métro comme à Paris. Il s'en irait peut-être bientôt dans l'intérieur. Mais alors que deviendraient les mouettes?

Quand je suis passée près de lui, je l'ai entendu marmonner quelque chose qui ressemblait à une obscénité; et, quand j'ai levé les yeux, il était bouche bée et me regardait l'entrejambe. Cela m'a gênée – Jésus, il était si crasseux! – mais je l'ai ignoré et j'ai continué, j'ai ôté mes sandales avec une insouciance feinte et j'ai marché dans l'eau. Je me moquais complètement de mouiller mon pantalon jusqu'aux genoux. C'était si bon de sentir de nouveau l'eau froide après tous les jours de voyage. Le sable qui descendait lentement sous mes pieds. Etre ici encore une fois, être reconnue par la mer, le plus naturel et le plus indispensable de mes éléments.

L'été dernier, Paul m'avait aussi conduite directement à la mer, avant de nous en aller n'importe où : pas la même plage, mais les Saintes-Maries-de-la-Mer. Nous n'en avions pas parlé auparavant, il me connaissait suffisamment. Rien ne peut me laver autant, rien ne me libère aussi complètement de tout l'inutile et de tout en me laissant nue et totale : moi, le moi le plus pur, Andrea Malgas. J'avais couru sur le sable, je m'y étais laissée tomber la tête la première et je n'étais revenue vers lui que beaucoup plus tard, douce et salée, luisante d'eau. Il avait les yeux dissimulés derrière des lunettes de soleil; la meilleure façon de profiter du spectacle de tant de filles bronzées aux seins nus. Je me suis penchée pour l'éclabousser en lui couvrant la bouche d'un baiser humide. « Merci de m'avoir amenée ici, Paul. Tu es un amour.

– Pas du tout, ma chérie. J'ai tellement de choses à voir ici. »

J'ai aussi enlevé le soutien-gorge de mon maillot, pas seulement pour faire honneur au soleil, mais pour profiter de sa réaction, l'éclair de satisfaction, de fierté et de possession dans ses yeux.

« Tu es la plus belle de toutes.

– Tu es sûr qu'ils ne sont pas trop petits?

– Absolument. Ils ont la taille qui convient exactement à mes mains. »

Par-dessus la couverture rouge du scénario (qu'il avait refusé d'abandonner même sur la plage), je l'ai vu qui me regardait avec un désir qu'il ne cherchait pas à dissimuler; et non sans une petite touche de jalousie parce que d'autres me regardaient aussi avec plaisir.

Il avait souvent manifesté à mon égard quelque chose qui ressemblait à l'instinct de possession de papa. Cela s'accordait mal avec son côté blasé et révélait des restes d'enfance peut-être conditionnés par un lointain passé puritain, qui à la fois m'amusaient et faisaient que je l'aimais encore plus : pas de la pudibonderie mais une certaine caractéristique qu'il avait apportée d'une existence qu'il pensait avoir dépassée. Il avait été impossible aussi bien pour lui que pour moi de nous libérer complètement; nous transporterions toujours la cicatrice avec nous; mais je le reconnaissais peut-être plus facilement que lui, car il devait lutter contre sa fierté de mâle. La comédie calme et privée de l'existence d'un homme : si digne, si impressionnant, si sûr de soi, si convaincant pour l'extérieur; mais à l'intérieur si incertain, si facilement blessé. Le pénis comme signe et comme résumé. Le compliment brutal d'une érection. Si arrogant, si péremptoire, si plein de force : dur comme un os dans une main ou un vagin qui l'enferme; si doux et si vulnérable dans une bouche. *(Parce que je t'aime, je viens vers toi sans armes et sans résistance.)*

C'est ainsi que je l'avais connu à Paris, quand nous étions revenus de sur la Loire. La nuit à Amboise quand j'avais dit : « Tu peux entrer », cela m'était apparu comme la confirmation de ce qui existait déjà; nous nous connaissions si bien que cela avait semblé la chose la plus naturelle du monde. Mais, bien qu'étant tout à fait prête, j'en étais restée stupéfaite : cette connaissance, tout ce qui arrivait, était si totalement différent de tout ce que nous avions acquis auparavant. *Tu peux entrer.* Le premier choc de reconnaissance dans la chair. La résistance instinctive du corps contre sa propre vulnérabilité – et en même temps le terrible désir d'être prise. C'était absolument différent de la façon dont jusqu'ici je m'étais rendue disponible aux autres, que ce fût par jeu, par abandon ou par confort : ce n'était pas seulement une entrée dans ma chair, mais aussi dans ma vie.

Et, à Paris, cela a aussi créé une tension. Pour lui, il allait de soi que je m'installerais chez lui, dans son grand appartement du boulevard Malesherbes, avec les meubles Empire de sa tante, des peintures magnifiques, des tapis de prix, des rideaux de velours à l'extravagance un peu démodée, et le lit avec son immense baldaquin, ses vignettes et ses rideaux somptueux. (A quoi s'ajoutaient, aussi inattendus et brutaux qu'un éclat de rire dans une église, des statuettes et des masques africains; le chapeau basotho et les perles ndebele recouvrant une calebasse; le pot zoulou; la pipe à long tuyau du Transkei.)

« Je ne m'installe pas ici, Paul. J'ai mon appartement.

– Mais tout est changé maintenant, n'est-ce pas? Ce

n'était pas seulement un sale week-end. » Une panique soudaine dans ses yeux. « C'était ça?

– Non, Paul, ce n'était pas ça. Mais je suis toujours moi-même, tu sais. Quoi que cela puisse signifier. »

Sans y penser, j'ai passé la main sur une de ses statues africaines, une caresse presque érotique.

« Je suis peut-être stupide, ai-je dit. C'est peut-être ridicule d'y attacher cette importance. Mais, tu vois, c'est comme ça que j'ai grandi. Te rends-tu compte que je n'ai jamais eu une chambre pour moi toute seule avant? Il y avait toujours Maggie. Parfois, maman dormait aussi avec nous. Autrement, c'était grand-père et grand-mère, quand papa était à la maison. Et après, il y a eu Brian. Dans l'appartement de Frank, je couchais sur le canapé, avant d'aller dans sa chambre. Maintenant enfin...

– Je comprends, Andrea. Mais tu t'es suffisamment battue dans ta vie. Dorénavant, je veux me battre pour toi. »

Je n'ai pu m'empêcher de rire. « C'est d'abord pour cela que j'ai appris le français. Quand je suis arrivée avec Brian, nous étions toujours ensemble. Mais parfois je me promenais toute seule et invariablement je me disputais avec un commerçant dans une boutique ou sur un marché. Ils criaient toujours parce que je ne pouvais pas parler le français. Et quand j'allais me plaindre auprès de Brian, il trouvait cela très amusant. " Que veux-tu que je fasse? disait-il. Je ne peux pas retourner me quereller avec eux à ta place. Je n'ai aucun problème avec eux, *moi.* " Alors j'ai fait le vœu solennel qu'à la première occasion j'apprendrais le français pour pouvoir répondre. Dès que nous sommes arrivés à Londres je me suis inscrite à l'Alliance française. Ça n'a pas été facile. Mais, en fin de compte, j'en ai appris assez pour me débrouiller.

– Tu n'as plus rien à prouver à personne, Andrea. Je t'aime. Je veux veiller sur toi.

– Très bien, aime-moi alors. Veille sur moi. Mais

n'essaie jamais de me coloniser, sinon je te donne un coup de pied dans les couilles. »

Il a essayé de rire, mais ce n'était pas très convaincant.

« Il y a quelque chose en toi, a-t-il dit en secouant la tête, quelque chose que personne n'arrivera jamais à dompter. Une petite pierre dure qu'aucune dent ne fera jamais craquer. »

Je ne pense pas qu'il en avait l'intention mais ce qu'il dit alors ressemblait à un reproche : « Quelque chose qui est plus masculin que féminin.

– Non, Paul, ai-je dit en replaçant la petite statue dans sa niche, c'est quelque chose d'humain. C'est tout. »

Evidemment, il a fini par abandonner. Je passais beaucoup de nuits avec lui, bien plus que toute seule. Et souvent, quand on travaillait dans le Quartier latin ou qu'on y dînait, il restait avec moi pour la nuit. Mais je gardais mon appartement; c'était à moi et, pour lui, j'étais possessive et égoïste.

Inévitablement, tout cela a conduit à la question finale, cet été, à l'auberge d'Eygalières. Et que pouvais-je répondre d'autre que *oui*?

Mais ce fut la confirmation ultime de ce que j'avais recherché. C'est pourquoi j'étais ici maintenant. Et c'était une autre raison pour laquelle j'avais dû faire un détour vers la mer. Pour me purifier et m'apprêter à un nouveau départ.

L'eau était froide mais douce contre mes mollets. D'un mouvement instinctif, je me suis retournée. Le vieux clochard donnait toujours du pain aux mouettes. Deux promeneurs marchaient au loin. Sinon la plage était totalement déserte. Quand le vieil homme m'a vue regarder autour de moi, il m'a crié une autre de ses obscénités dans le vent. Un très ancien sentiment de révolte a jailli en moi. Je suis remontée vers le sable et, sans même m'inquiéter de lui tourner le dos, j'ai enlevé mon pull, j'ai déboutonné ma chemise et je me suis penchée pour dégrafer mon soutien-gorge. Le vieux était immobile comme un mort. Quand j'ai commencé à ôter mon pantalon, je l'ai vu qui se levait et qui reculait de quelques pas comme s'il n'en croyait pas ses yeux. Les mouettes tourbillonnaient autour de sa tête. Cela me donnait un étrange sentiment de triomphe de voir comme il était facile de le démonter; il n'était plus ni une menace ni une gêne. Maintenant, je pouvais l'oublier et m'abandonner entièrement à la mer.

J'ai aussi enlevé mon slip blanc que j'ai posé sur le petit tas de mes vêtements et j'ai couru dans l'eau. Le froid m'a coupé la respiration, mais j'ai continué à nager avec vigueur jusqu'à ce que la chaleur de mon corps reprenne le dessus. (Une petite fille, des années plus tôt...) A bout de souffle, je me suis retournée sur le dos. Quelques-unes des mouettes du clochard venaient vers moi en planant pour me voir de plus près. J'ai levé la tête. Loin sur la plage j'ai vu le vieil épouvantail qui clopinait comme une araignée qui a perdu deux pattes, en se dirigeant droit vers mes vêtements.

« Hé! ai-je crié. Laissez mes affaires! Allez-vous-en! »

Il s'est arrêté, a crié quelque chose d'inintelligible, puis a repris sa démarche grotesque, plus résolu que jamais.

Je suis revenue à la nage aussi vite que je le pouvais mais quand j'ai atteint la limite de l'eau, il était déjà penché sur mes vêtements.

« Arrêtez! »

Je n'envisageais pas de me battre avec ce vieux vautour, nue comme je l'étais. Il n'y avait qu'une possibilité et je l'ai saisie. J'ai couru à toute vitesse là où il avait laissé son landau à côté du banc vert. Les mouettes qui s'étaient posées à terre quand il était parti se sont envolées de nouveau dans des battements d'ailes coléreux, avec des cris d'indignation. Je me suis précipitée sur la voiture d'enfant et j'ai commencé à fouiller dedans, en espérant que cela le détournerait de mes vêtements. Je pouvais déjà l'entendre qui hurlait de rage derrière moi.

Ne sachant pas bien quoi faire, j'ai pris le grand drapeau tricolore et j'ai essuyé mon corps qui frissonnait; puis je l'ai jeté sur mes épaules comme un châle – ce n'était guère utile : j'étais toujours nue à partir des hanches – et j'ai poussé le landau de toutes mes forces.

Je m'étais tellement frictionnée que ma peau luisait; mais l'air était si froid que j'avais la chair de poule, de la tête aux doigts de pieds; les pointes de mes seins étaient si dures qu'elles me faisaient mal.

Quand j'ai tourné la tête, j'ai vu qu'il se rapprochait dans une sorte de galop mal assuré, en laissant tomber mes vêtements un par un à cause de sa hâte. J'ai continué pendant vingt ou trente mètres pour être sûre qu'il était assez loin de mes affaires, puis j'ai laissé la voiture d'enfant, j'ai serré le drapeau autour de mes épaules et je suis partie à toute vitesse pour récupérer mes vêtements. J'avais les jambes bien trop longues pour lui; et il était aussi trop vieux. Avant qu'il ait pu faire quelque chose pour m'arrêter, j'avais tout ramassé et je commençais à me rhabiller, hors d'atteinte. Alors que j'avais à moitié enfilé mon pantalon, il est reparti dans ma direction et j'ai dû m'en aller à cloche-pied aussi vite que je le pouvais, en agitant le drapeau vers lui – plus pour garder l'équilibre que pour le narguer – comme si on s'entraînait pour une corrida. Loin derrière lui, les deux promeneurs que j'avais remarqués tout à l'heure s'étaient arrêtés pour nous regarder; pour eux, cela devait ressembler à un jeu. Ils ont même applaudi alors que j'essayais désespérément de garder un dernier vestige de dignité, en sautant sur un pied, en tentant d'attacher mes vêtements tout en restant hors d'atteinte.

Le clochard hurlait de nouveau, un flot ininterrompu d'obscénités telles que je n'en avais entendu depuis des années, dans lequel revenait toujours *conasse* et *gonzesse*[1], avec de nombreuses variations sur ce thème impossibles à répéter; et de temps en temps, il faisait demi-tour pour me montrer son derrière en faisant des bruits de pets avec la bouche. Il était évident que pour lui, je représentais tout ce qui rendait méprisable une Parisienne, une bourgeoise.

Quand enfin il s'est rendu compte qu'il ne me rattraperait pas, il s'est arrêté, puis il a arraché l'épingle qui fermait sa braguette et il a secoué sa vieille queue ratatinée, sans couleur et à moitié en érection. « *Sale pute*[1] ! » a-t-il hurlé en crachant.

« *Ta gueule*[1] ! » ai-je hurlé à mon tour. Et soudain quelque chose s'est libéré en moi, plus violent que la rage, et je me suis mise à l'insulter en afrikaans. « Vieille face de con! ai-je crié. Espèce d'étron dégueulasse, ta mère t'a chié par le trou du cul parce que son con était trop occupé! » Au plus profond de moi résonnait l'écho des injures de papa quand il était vraiment en colère. Le vieil homme est resté bouche bée, le souffle coupé. Pour la première fois depuis des années (sauf à de rares occasions au marché, à Paris, tout à fait au début, alors que je ne parlais pas encore couramment le français), j'étais revenue à l'afrikaans, et je hurlais, avec un plaisir que je n'avais pas éprouvé depuis longtemps, à m'en faire éclater les poumons.

Il avait l'air pétrifié. Avec les épaules qui tombaient, les bras qui tombaient, la queue qui tombait, tout qui tombait, il restait là à me regarder la bouche ouverte. J'ai remonté mon pantalon qui était redescendu pendant que je hurlais, j'ai fermé ma braguette et j'ai attaché ma ceinture.

Tout en tenant le drapeau dans les mains, j'ai couru vers ma voiture. Je me suis rendu compte que j'avais

1. En français dans le texte. *(N.d.T.)*

oublié mes sandales, mais tant pis. J'ai ouvert la portière, je suis montée, puis allégrement j'ai baissé la vitre pour lui dire adieu en secouant le drapeau tandis que je m'en allais. Plus rapide que je ne l'avais pensé, il a réussi à en attraper un bout et a failli tomber. Mais à cause de la vitesse de mon démarrage, le tissu usé s'est déchiré en deux. Dans le rétroviseur je l'ai vu disparaître au loin, agitant de rage et de désespoir sa moitié de drapeau; j'en tenais une dans une main et je conduisais de l'autre.

J'avais une curieuse amertume dans la bouche, mais aussi, au plus profond de moi, une joie que je n'avais pas ressentie depuis des années. Pour m'encourager encore plus, j'ai relevé la tête et je me suis mise à chanter *La Marseillaise.*

« Un homme est une étoile à cinq branches.

– Tu en as six. »

Elle se penche sur lui pour lui prendre la bouche. Montpellier. A midi, Nîmes. Un restaurant pas cher pour touristes près des arènes romaines où trois mois plus tôt, Paul et moi, nous avons assisté à une corrida. Personne, à part un fétichiste, n'a fait attention à mes pieds nus; et je lui ai réservé quelque chose de spécial en ôtant le sable de la plage d'entre mes orteils : je sais, j'ai de jolis pieds. Demandez à Paul. (Frank voulait même faire une toile sur laquelle il n'y aurait eu que mes empreintes de pieds.)

Puis la dernière étape jusqu'à Avignon. Le temps s'était éclairci. J'ai traversé le Rhône (plus loin, le pont cassé de Saint-Bénezet, un bras coupé qui se tendait au-dessus de l'eau vers la forteresse, de l'autre côté, comme la dernière tentative du clochard dans ma direction), le fleuve était comme un flot de lumière transparente qui se répandait sur moi. Un paysage lumineux, qui ressemblait à celui du Cap et qui pourtant était si différent. La similitude même confirmait la différence, et me laissait, comme si souvent dans le passé, avec un sentiment de malaise, comme si je m'étais trompée sur quelque chose, comme si deux images semblables ne réussissaient pas à se recouvrir parfaitement. C'était comme de rencontrer un frère et une sœur qui se ressemblent parfaitement; pourtant ils ne peuvent être la seule et même personne, car l'une est unc femme, l'autre un homme.

J'ai suivi la route qui fait le tour des murs de la cité médiévale et j'ai tourné dans la rue de la République; je me concentrais pour trouver le chemin qui menait à l'hôtel dans lequel nous avions séjourné en juillet et où Paul m'avait de nouveau réservé une chambre (même si j'avais une semaine de retard). Un endroit chic et coûteux, comme toujours; et par chance, il y avait un parking pour les clients.

Pourtant, c'est avec une certaine hésitation que, valise à la main, je me suis dirigée vers la porte de verre. Répugnance. A cause de tous les souvenirs d'Avignon qui ne cesseront jamais de me hanter. La première pension où Brian et moi avions logé directement quand nous arrivions de Nice et d'Afrique du Sud. Quelques semaines plus tard, le jour des gitans... le souvenir de ce même hôtel, même si cela n'avait rien à voir avec la direction ou le personnel : après tout, que pouvaient-ils faire à propos d'un article de journaux?

Dans la salle du petit déjeuner – verre et chrome, fleurs artificielles, gravures de Picasso – Paul est assis et feuillette le journal tandis qu'elle boit un jus d'orange.

« J'aimerais que tu cesses de lire, dit-elle. Tu te conduis comme si nous étions déjà mariés.

– Bonté divine! » s'écrie-t-il; manifestement, il ne l'a pas entendue; la bien-aimée mère patrie est encore dans l'actualité.

« Que se passe-t-il cette fois? » Elle sait qu'on ne publie pas souvent de nouvelles sur l'Afrique du Sud, sauf quand elles sont mauvaises.

« Lis ça. » Il lui tend le journal.

C'est un bref article, dans la page de politique étrangère : on a trouvé un bébé, une petite fille, dans le veld à côté de Pretoria, enveloppée dans deux minces couvertures et une feuille de papier brun. Pendant quelques jours, les infirmières d'un hôpital l'ont soignée avec amour, mais il fallait décider de son avenir, ce qui est déterminé par la race. *D'après un porte-parole du ministère de l'Intérieur,* dit l'article, *le test décisif est la race du père. L'autre critère le plus important est l'apparence. Dans le cas présent, on a utilisé des méthodes scientifiques pour trouver qu'en fait l'enfant est métis.* Ces « méthodes scientifiques », est-il spécifié, ont consisté dans l'examen d'un cheveu, qui était crépu.

Le reste de l'article – une spéculation pour savoir si la mère pouvait être une Blanche qui a voulu se débarrasser de l'enfant afin d'échapper à des poursuites possibles à cause de la loi sur l'immoralité[1] – ne l'intéresse pas. Seul le premier paragraphe semble la fasciner.

« Il y a quarante ans, ils utilisaient déjà ce genre de " méthodes scientifiques ", dit Paul avec une colère contenue. A l'époque ils examinaient le pénis d'un homme pour voir s'il était circoncis. Ou ils mesuraient les nez. »

Elle ne dit rien. Elle reste assise, le dos voûté comme si quelque chose brûlait dans son ventre. Elle pense qu'il lui a demandé de l'épouser. Il sait qu'elle veut un enfant. Plus que tout au monde peut-être. Mais s'ils vivaient en Afrique du Sud maintenant...? Une seule mèche de cheveux sur la tête d'un nouveau-né peut

1. *Immorality Act,* la loi qui interdit les relations et les mariages « mixtes » en fonction de l'apartheid. *(N.d.T.)*

décider de l'avenir. Un enfant, le sien : il sera soit accepté en tant qu'être humain, soit rejeté dans un monde intermédiaire de demi-humanité, ni blanc ni noir, mais quelque chose situé entre les deux, nié, proscrit – tout cela sera décidé par les grands chefs sur la base de leurs « méthodes scientifiques » appliquées à une seule mèche de cheveux de sa tête encore presque chauve. Dors, petit bébé, dans ton joli petit berceau, ne t'inquiète de rien, mon vieux, d'autres gens décideront pour toi de ton avenir. Et, si l'arbre tombe, ce n'est vraiment pas de chance.

Elle lâche le journal et se cache les yeux.

« Qu'y a-t-il? demande Paul effrayé.

– Partons d'ici, murmure-t-elle. Avignon ne me vaut rien. »

Mais, en fin de compte, je n'ai pas pris une chambre dans l'hôtel de Paul, malgré mes bonnes résolutions de me racheter des errances de ces derniers jours. En effet, j'étais à peine dans le hall de réception – verre, plantes en pot, faux marbre – qu'un chargement de touristes est entré en force et m'a bousculée sur le côté, bien déterminés à atteindre le comptoir les premiers. Autant que je pouvais en juger ils venaient de Scandinavie. Un chasseur qui se dirigeait vers moi pour prendre ma valise s'est arrêté tout à coup. Il venait peut-être de remarquer que j'étais pieds nus et voulait manifester sa désapprobation. (Qu'il aille se faire foutre.) Tout d'abord, j'ai pensé que j'allais attendre mon tour mais, après quelques minutes, j'ai renoncé. Les touristes, essentiellement des femmes, étaient toutes âgées (il y a quelque chose d'effrayant dans la détermination farouche avec laquelle ces vieilles gens voyagent, toujours en vadrouille, faisant et essayant des choses, aussi longtemps qu'elles en sont capables, même si elles peuvent à peine se traîner toutes seules) : chacune avait un tel air d'assurance agressive que personne n'avait une chance de les impressionner. Certaines étaient accompagnées de leur mari, de petits êtres gris et décrépits qui avaient réussi, parfois à peine, à survivre à côté de leur amazone. Et ces quelques hommes étaient totalement submergés par la tyrannie satisfaite de leurs épouses effrayantes qui manifestement avaient décidé de se venger de toute une vie d'oppression. Chaque misérable petit époux était dominé par sa femme avec un mélange de condescendance et de dégoût, comme s'il s'était agi d'un enfant pas encore propre. Et, dans l'attitude des épouses, je pouvais lire la satisfaction (si familière depuis mon enfance passée dans l'ombre de grand-mère) née de la certitude que les pauvres créatures qui étaient à côté d'elles ne seraient plus jamais infidèles, même s'ils l'avaient voulu : même en pensée. Malheureusement pour elles, cette incapacité à être infidèle était exactement compensée par une incapacité à être un mari, et cela créait en elles une méchanceté qui allait de pair avec leur satisfaction. Etait-ce le prix de la vieillesse – ou le cul-de-sac inévitable du mariage? Paul et moi dans trente ans, quand j'aurais soixante ans et lui quatre-vingt-deux?

Je n'ai pas pu supporter cela plus longtemps. J'ai repris ma valise (le chasseur me regardait toujours, sous ses paupières à demi baissées, et n'a pas bougé le petit doigt pour m'aider ou m'arrêter) et je suis retournée à ma voiture.

Je me suis perdue en sortant de la ville. Au lieu de prendre la route de Cavaillon, comme Paul cet été, je me suis retrouvée sur la route d'Arles, après m'être énervée à tourner en rond. Au bout de quelques kilomètres, j'ai dû m'arrêter pour m'orienter; pour la première fois, depuis le début du voyage, j'ai sorti le Michelin. Très bien. Je pouvais bifurquer à Tarascon et après Saint-Etienne-du-Grès prendre la route de Saint-Rémy où je voulais aller maintenant. Il y avait un merveilleux sentiment de liberté à choisir seule plutôt qu'à subir ce qui avait été organisé, même tendrement par Paul. Il n'y participait pas du tout. Mon véritable rendez-vous était avec moi-même et à Avignon cela aurait été difficile. Ne me demandez pas pourquoi. Je le savais, c'est tout. Je n'avais pas l'intention d'être infidèle à Paul : après tout, j'avais essayé, n'est-ce pas? Maintenant, j'étais libre de décider seule.

Evidemment, je ne savais pas à ce moment-là que très vite je devrais revenir à Avignon; je ne savais rien encore sur Mandla.

Mandla Mqayisa. Il était entré dans nos vies l'été précédent avec George Tsabalala, un mois avant que Paul et moi ne partions pour la Provence : ils voyageaient en Europe pour collecter de l'argent pour un mouvement de libération quelconque. Autant que j'avais pu le savoir, les mouvements anti-apartheid avaient tout organisé pour eux, tout d'abord à Londres, puis à Stockholm et Amsterdam, enfin à Paris; et ils avaient encore l'intention d'aller en Allemagne de l'Est, en Tchécoslovaquie et Dieu sait où. La décision de s'adresser à Paul avait sans doute été suggérée par un film de l'Unesco contre le racisme auquel il avait travaillé quelques années plus tôt. Des visiteurs de ce genre venaient souvent le trouver. Certains n'étaient plus que des épaves (et pas seulement d'Afrique du Sud mais aussi du Chili, de Turquie, des Philippines, de n'importe où); d'autres étaient adorables. Généralement, Paul se mettait en relation avec ses contacts à l'Unesco ou à Amnesty International pour être sûr qu'on s'occuperait d'eux – il tenait à sa vie privée – sauf quand il s'intéressait vraiment à quelqu'un.

Mandla Mqayisa était de ceux-là. Un homme étonnant – très grand et très musclé, les manches de son tee-shirt étaient tendues sur ses biceps énormes et doux; jeune aussi, quatre ans de moins que moi, même s'il paraissait plus âgé; une coiffure afro; des yeux sarcastiques qui avaient toujours l'air de se moquer –

et pourtant dès le début, je n'ai pas pu le supporter. Pas seulement à cause de son regard moqueur, mais de son arrogance, manifeste rien que dans sa façon de marcher avec la grâce et la méfiance tranquilles d'un jeune prédateur paresseux, et deux jambes comme des troncs d'arbre dans le jean délavé et trop étroit *(Essaie de ne pas remarquer cette bosse!);* toute sa personne qui affirmait : « Je suis un homme. Allonge-toi devant moi, ma chérie, ouvre-toi. »

Personnellement, je me sentais bien plus attirée par son compagnon, George. Il était deux fois plus vieux que Mandla, un homme mince, peu charpenté, avec un visage toujours souriant. Beaucoup plus réservé que Mandla. Il était presque paternel avec moi, avec en lui quelquc chose de digne et de calme qui faisait que je me sentais bien en sa compagnie. Malheureusement, nous l'avons vu très peu : il avait des amis en ville chez qui il logeait et, au bout d'une semaine environ, il a dû partir pour Berlin et Genève afin de préparer le terrain; il a laissé Mandla à Paris pour finir le travail. Et c'est surtout Mandla que nous avons vu.

« Hé! Ma sœur! » m'a-t-il dit avec un salut africain, le premier soir où Paul l'a ramené dans l'appartement du boulevard Malesherbes. (Nous avions prévu une petite fête; on venait juste d'approuver son budget pour *La Peste noire*; et je préparais le dîner depuis cinq heures de l'après-midi.)

« Je ne suis pas ta sœur, lui ai-je répondu froidement.

– Je vois. Tu es comme ça. Dommage. »

A partir de cet instant, il m'a totalement ignorée. Il s'est affalé dans la chaise que je considérais comme la « mienne » (d'accord, il ne pouvait évidemment pas le savoir), et il a dit à Paul : « Tu as du rhum? »

Paul est allé jusqu'au placard.

« Perds pas ton temps avec ça, a dit Mandla. Nous devons parler de plein de choses. La dame peut nous servir.

– La dame ne sert personne », ai-je répliqué. J'ai enlevé le tablier que j'avais mis dans la cuisine, je l'ai plié et posé sur le dossier de la chaise de Paul. Puis j'ai pris mon sac sur la table du téléphone et je suis allée jusqu'à la porte.

« Le repas est sur la cuisinière, ai-je dit, amusez-vous bien. »

J'étais déjà dans l'escalier quand Paul m'a rattrapée:

« Andrea, s'il te plaît, il n'avait pas l'intention de te blesser.

– C'est pire.

– Je l'ai ramené spécialement pour qu'il te rencontre.

– Ce devait être " notre " soirée, tu te souviens? Tu aurais pu me prévenir.

– Je voulais te faire la surprise.

– Sacrée surprise.

– Mais il est sud-africain.

– Tu sais ce que je pense des Sud-Africains.

– Mandla est différent de tous ceux que tu as rencontrés jusqu'ici. Tu devrais entendre ce qu'il a à dire...

– Avec toi, il a tout le public qu'il lui faut. »

Quand j'ai appris quelques jours plus tard, juste après le départ de George Tsabalala, que Paul avait invité Mandla à s'installer dans son appartement, je n'en suis pas revenue. Le résultat c'est que, quand Paul voulait que nous passions la nuit ensemble, il devait venir chez moi. (Quand cela me plaisait; certains soirs je lui ai fermé ma porte.) Que je le veuille ou non, j'ai revu Mandla. J'ai trouvé certaines de ses histoires très intéressantes, bouleversantes même; bien malgré moi, je riais parfois à ses plaisanteries. Mais son arrogance, en particulier à mon égard, restait la même. Pour lui, je n'étais qu'une femme dans le paysage, et ce que je pouvais faire de mieux c'était de leur rendre, à Paul et à lui, la vie plus agréable s'ils m'y autorisaient. Merde.

Un soir, alors que nous étions tous les trois dans un restaurant de la rue du Four, il y a eu un petit quelque chose, une étincelle, un éclair rapide qui a traversé son attitude de macho. Paul s'était absenté quelques minutes – tabac? téléphone? toilettes? – en me laissant seule avec Mandla. Il tripotait une allumette coincée entre ses dents. Je n'avais même pas conscience qu'il m'observait, jusqu'à ce que tout d'un coup il me demande avec une voix de gorge, comme un lion qui gronde : « Qu'est-ce que tu fais là?

– Je vis ici.

– J'arrive à comprendre que lui il aime vivre ici » – il a fait un signe de la tête dans la direction où Paul avait disparu – « mais toi? » Tout en tenant l'allumette mâchonnée entre deux doigts, il a levé la main et l'a posée sur la table à côté de la mienne. « Ma sœur, t'es noire. T'as ma couleur. Alors qu'est-ce que tu branles ici?

– Peut-être que j'aime ça.

– T'es coriace, hein? Très coriace. Tu t'en fous si le monde est dans cet état.

– Qu'est-ce que tu sais de moi?

– Qu'est-ce que tu sais de *moi*? »

Nous nous sommes regardés fixement. Personne ne voulait détourner les yeux le premier. Mais, sans y penser, je me suis croisé les bras sur la poitrine pour me protéger de son regard qui me déshabillait entièrement.

« Si seulement tu acceptais de le connaître un peu mieux », a répété Paul plus tard, alors que nous étions au lit, dans la chaleur et la moiteur de l'amour.

« Laisse-le où il est, lui ai-je dit en guise d'avertissement. Ce lit n'est pas assez grand pour trois. »

Il a ri doucement et n'a pas insisté. Pour le moment en tout cas. Mais dans les jours qui ont suivi il a essayé de nouveau de venir à bout de ma résistance. Cela ne m'intéressait pas. Tout ce que je savais, ou voulais savoir, sur Mandla, c'était les faits et cela ne disait pas grand-chose. L'université de Fort Hare. Les syndicats à Port Elizabeth. Des démêlés avec la police de sécurité. Puis le départ pour le Lesotho et le Mozambique. Je m'en fichais éperdument. J'étais ici; tout cela était très loin. Et dans quelques jours nous serions débarrassés de Mandla.

Il est parti la dernière semaine de juin; Paul l'a conduit à l'aéroport. Il était temps, car tout cela commençait à me taper sur les nerfs. Pas seulement l'attitude de Mandla, mais la façon dont il traitait Paul. Il abusait de son hospitalité, il buvait ses alcools, il ne s'inquiétait jamais de faire son lit ou de ramasser une serviette dans la salle de bain, ce qui ne l'empêchait pas de faire des remarques désobligeantes sur les « bourgeois », les « Blancs libéraux » qui « ne prenaient pas de risques », qui « vivaient du système ». Le pire, c'était la façon dont Paul semblait tout avaler. Lui qui avait toujours su se défaire des visiteurs trop exigeants, trop passionnément attachés à leur cause, il semblait trouver du plaisir à être insulté par un de ceux-là. Je n'arrivais pas à les comprendre : ni Paul qui en voulait toujours plus ni Mandla avec ses citations à la mode de Fanon, Fidel, Mandela, Sisulu, Slovo et tous les clichés révolutionnaires que j'avais eu l'occasion de si bien connaître à Londres, alors que dans le même temps il appréciait manifestement chaque moment de l'existence bourgeoise de Paul, tant décriée. Ce qui me stupéfiait, c'était la façon dont ils s'étaient plu dès le premier instant, deux frères qui ne s'étaient pas vus depuis longtemps et qui se retrouvaient à l'étranger – et pourtant chacun d'eux représentait ce qui répugnait le plus à l'autre. Et j'étais écartée. Cela je ne pouvais leur pardonner.

Après le départ de Mandla pour l'Allemagne de l'Est, nous sommes allés en Provence. En ce qui me concernait c'était la fin de Mandla. Paul et moi, nous étions de nouveau ensemble. Une nouvelle fois, notre bonheur était sans obstacle.

Mais pendant la deuxième semaine d'octobre, sans prévenir, Mandla est revenu d'Allemagne, d'Europe de l'Est. Le choc a été double pour moi, non seulement parce qu'il menaçait de me reprendre Paul, mais aussi parce qu'il nous restait encore beaucoup de travail à faire sur le scénario. Aussi quand j'ai eu l'occasion de m'échapper, cela m'a parfaitement convenu. Cette raison comptait aussi en plus des autres. Et, quand je rentrerais à Paris dans quelques semaines, Mandla serait reparti pour de bon.

Maintenant, j'étais revenue où nous étions en juillet. Pour la première fois au cours de ce voyage un peu particulier, je me suis sentie en contact avec Paul, comme si je me rapprochais de lui au fur et à mesure que je m'éloignais. Les contreforts des montagnes à droite, plus prononcés quand on arrive près de Saint-Rémy. Le bleu profond des Alpilles. Les cyprès noirs. Les corbeaux de Van Gogh. A partir du tournant de Maillane il y avait l'avenue de platanes, en été un tunnel d'une lumière vert bouteille, maintenant plus claire, plus dégagée car les quelques feuilles qui restaient étaient sèches. On avait coupé le blé depuis longtemps et la terre était nue et brune. Les champs de fleurs n'avaient plus de couleur. Seuls les vignobles brillaient des vêtements des vendangeurs et l'air était lourd de l'odeur du vin nouveau.

L'été, c'est la fureur et la célébration de leur amour. Parmi les ruines et les pierres d'anciennes civilisations, ils se consacrent l'un à l'autre, ils se mangent et se boivent, ils travaillent ensemble, parlent pendant des jours et des nuits et goûtent pendant des heures sans fin la gastronomie du Midi; et toujours ils reviennent dans une chambre et dans un lit qu'avec une sorte d'extase en relation directe avec la brièveté de leur séjour, ils considèrent temporairement, éternellement, comme leur chambre et leur lit. Dans l'eau verte et glacée de la Fontaine-de-Vaucluse ils rafraîchissent la fièvre qui dévore leur sang; puis ils reviennent à l'hôtel pour célébrer cette autre chaleur. Ils traversent de petits villages bruns au sommet des collines – Gordes et Bonnieux, Lourmarin, Joucas, Lacoste, Saint-Saturnin-d'Apt – et cueillent de la lavande et des coquelicots; ils reviennent au crépuscule avec des brassées de thym et de romarin pour éloigner les moustiques. Ils errent dans les ruines d'anciennes villes, Glanum, Vaison, Oppède, Les Baux – à la recherche d'échos d'un passé lointain : les troubadours et les conteurs, les chevaliers, les réfugiés de la peste. Il lui parle d'Orange, où vivaient les ancêtres de sa mère, les Roux, avant que les guerres de religion les obligent, comme tant de huguenots, à fuir; ils assistent à la représentation d'un opéra au théâtre romain que domine toujours la statue imperturbable d'Auguste. Et, au plus profond des montagnes lugubres du Luberon – pendant des siècles, dit-il, un sanctuaire pour les réfugiés des guerres de religion – ils vont à la recherche du petit village de La Motte-d'Aigues, d'où sont originaires les Joubert.

Une vieille femme qui transporte péniblement un seau d'eau en plastique jaune jusqu'à sa maison au sommet de la colline (la moitié des maisons du village semblent vides et les portes et les volets gris sont fermés) leur indique la route du cimetière, en bas dans la vallée. Un énorme châtaignier domine un monument aux morts très sobre : A NOS MORTS; de là, un chemin conduit, au-delà du terrain de boules, jusqu'au mur du cimetière. Deux hauts cyprès à la porte. Des pierres tombales, la plupart décorées de fleurs en plastique et de vases. Ils parcourent avidement les rangées, en déchiffrant les inscriptions dont les plus anciennes sont effacées par les éléments. Rey. Blanc. Cavalier. Couron. Meynier. Reger. Bernard. C'est Andrea qui découvre, au bout d'une rangée, une tombe de la famille Jaubert (l'orthographe a changé, mais le nom est le même). Paul très ému lui saisit les mains. (De déception aussi, avoue-t-il plus tard; parce que, s'il n'y a vraiment qu'une tombe qui porte ce nom – avec une seconde possible mais l'inscription est presque illisible –, il ne doit pas lui rester beaucoup d'ancêtres dans le village. Ce n'est pas cela qui compte, lui fait-elle remarquer : un suffisait!)

Il a l'idée d'aller au bureau de poste pour avoir des renseignements; mais il est fermé l'après-midi. Déçus ils descendent l'étroite rue principale jusqu'à un tabac dont la porte est fermée par un rideau de bandes plastiques de toutes les couleurs. Une rangée de vieillards penchés sur le comptoir les observe dans un silence soupçonneux pendant longtemps, avant que l'un d'eux daigne répondre. Oui, il ne reste qu'un Jaubert dans le village. Jean-Luc. Là-haut, après la chapelle. Paul est tellement excité qu'il entend à peine les indications.

Ils trouvent la maison de pierre sur le versant de la colline, au-dessus de la partie ancienne du village. Une vigne au-dessus de la porte exactement comme l'a dit l'homme dans le tabac. Et, à côté, sur une chaise branlante – un très vieux chien noir estropié et à moitié aveugle à ses pieds – est assis M. Jaubert, tout ratatiné comme un vieil abricot oublié au soleil. Ils ont les plus grandes difficultés à se faire comprendre car il est presque sourd; mais, à la fin, on se serre les mains et Paul termine son monologue décousu sur les liens familiaux, et le passé lointain, avec la promesse de passer par là, la prochaine fois.

Sur le chemin du retour Paul est si bouleversé qu'il a du mal à parler.

« C'est si facile de parler du " lieu de ses origines "... mais mon Dieu, s'y retrouver tout d'un coup, y être vraiment. Ce petit vieux doit être un parent lointain. C'est comme si je venais seulement de découvrir – après presque dix-huit ans! – que je suis vraiment d'ici. C'est chez moi, Andrea! C'est mon univers. C'est pour cela que je devais y revenir. Il ne s'agissait pas seulement de sortir d'Afrique du Sud : je voulais être *ici*. Cela m'a pris près de cinquante ans pour comprendre qu'on ne peut pas vivre sans racines. »

Elle est étonnamment calme.

« Pourquoi ne dis-tu rien? demande-t-il tout transporté. Tu n'es pas d'accord?

– Si j'ose être d'accord avec toi... et alors?

– Pourquoi dis-tu cela de cette façon?

– Qu'est-ce que ça peut me faire, *à moi*? Où est-ce que je suis chez moi?

– Tu es avec moi.

– Je vois. Ton Dieu est mon Dieu », dit-elle, d'un ton contenu et si calme qu'il ne remarque pas l'amertume. (Ce n'est que beaucoup plus tard, quand il y repensera, que cela le frappera.)

Cette nuit-là, à l'auberge d'Eygalières, où ils avaient réservé une chambre tout à fait par hasard et sans bagages, en faisant l'amour dans le grand lit, dans la merveilleuse simplicité de la chambre aux murs de pierre, il revient à leur conversation, en essayant de souligner avec ses paroles les violentes secousses de ses hanches : « Tu es d'ici, Andrea. Exactement ici, dans mes bras. Avec moi en toi. Tu ne comprends pas? Tu n'es pas d'accord?

– Dis-le encore, pour que je puisse y croire. »

Sa bouche contre ses seins, un filet de salive comme la trace d'un escargot sur leur pointe, il pose la question d'un ton volontairement léger, peu sérieux, avec son air de petit garçon qu'elle aime tant. Et elle sait, à la contraction de ses entrailles, au mouvement de ce muscle secret et intérieur qui étreint son sexe comme un poing, comme il serait facile et naturel d'accepter, combien c'est tentant : presque impensable.

L'imposant château de Roussan qui date du XVIIIe siècle, transformé en hôtel et dans lequel nous étions descendus cet été, avait déjà fermé pour l'hiver; les grands volets gris rabattus, l'immense jardin solitaire entre les arbres nus et noirs. Des feuilles mortes en tas. C'était plus qu'une déception : j'étais frustrée d'un souvenir très cher et d'un espoir d'illumination.

J'ai continué jusqu'à Saint-Rémy, et je me suis arrêtée aux quelques hôtels où nous avions dîné avec Paul; j'ai enfin trouvé une chambre à l'autre bout de la ville. Le bâtiment était encore tout neuf, non pas ces pierres usées de Provence; pourtant, il était simple et sans prétention, avec une grande piscine recouverte de feuilles mortes, et un immense jardin avec des allées de gravier bien ratissées. Oui, ils pouvaient me loger. Le patron à moustache m'a regardée longuement d'un œil approbateur tandis que je remplissais la fiche. Je pense que j'avais toujours les cheveux ébouriffés après ma baignade du matin; dans la bataille avec le vieux clochard je n'avais pas remis mon soutien-gorge; et, bien sûr, j'étais toujours pieds nus. Tout cela ne faisait qu'augmenter l'intérêt que le patron me portait et son insistance à me monter ma valise dans la chambre où il a ouvert les volets – elle avait une odeur de moisi après être restée inoccupée pendant plusieurs semaines – puis il s'est penché pour tâter le lit de la paume de la main (promesse, défi ou menace?); mais sa femme l'a appelé d'en bas d'une voix stridente et il est parti précipitamment, manifestement troublé, mais avec assez de présence d'esprit gaulois pour me faire un clin d'œil avant de sortir.

J'ai fermé la porte à clef et je suis restée à la fenêtre pendant un certain temps à regarder sous les arbres les ombres irrégulières que dessinait le soleil d'après-midi, puis je me suis retournée pour déballer mes affaires. Je pouvais enfin vider ma valise et me préparer à rester un peu, pas seulement une nuit comme ces derniers temps. Un lieu temporaire « à moi ».

Mes cheveux étaient encore poisseux d'eau de mer quand j'y ai passé les doigts. Je suis allée me faire couler un bain et j'ai passé plus d'une heure à me prélasser dans l'eau chaude, à me soigner chaque doigt des mains et des pieds, à me laver les cheveux, avant de sortir pour me sécher paresseusement. En allant dans la chambre pour m'habiller, je me suis aperçue dans le miroir fixé au mur. J'ai enlevé la serviette de sur ma tête, mes cheveux humides et frisés sont tombés comme une cascade noire sur mes épaules et je me suis arrêtée pour regarder mon image nue.

Le même geste, la même expérience, si souvent répétée, même depuis que j'étais enfant : le retour à ce corps, à ce moi, chaque fois. Voici mes membres : deux bras, deux jambes; une tête. Ici, je m'arrêtais, ici étaient mes limites.

Mes mains ont caressé mon corps. Mes seins, mon ventre, l'arête des hanches. Mes reins. Comme j'aurais aimé laisser un enfant prendre forme en moi. « Laisser », non pas le former moi-même, parce que cela semblait improbable : le laisser en en étant consciente, en choisissant la bonne nourriture, en me reposant suffisamment, en prenant soin de moi, afin de permettre et d'aider cette étrange croissance. Un enfant. Le mien. Celui de Paul. Un enfant pour apaiser le besoin impossible de nommer, la chair de ma chair, le sang de mon sang; plus jamais ce stérile gaspillage mensuel. Emergeant de mes profondeurs les plus humides et les plus obscures vers la lumière. Cette blessure. Comme j'étais pénétrable. Une femme. Est-ce qu'aucun homme comprendrait jamais? Pour eux, tout est externe, pendant, tout se dresse avec colère. Mais je dois m'exposer, me rendre disponible, je dois le laisser me pénétrer, me « prendre ». Je dois être conquise comme une ville d'autrefois. Cette brèche dans mon mur. Et le fait que je ne voulais pas en être privée, que je ne pouvais imaginer vivre sans elle, empirait les choses.

Le temps lui-même me pénétrait, s'avançait en moi, vers la vie; et formulait ses sévères exigences.

Je me contemplais d'une façon presque détachée, ce corps appelé Andrea. Il en avait aimé chaque contour, chaque pli, chaque poil, chaque membre, chaque orifice, chaque pore, il lui avait donné forme avec ses mains et sa langue, il avait dit qu'il était beau et que cela était bien, comme Dieu au sixième jour.

Par ses yeux, j'essayais de me regarder : j'essayais de voir cxactement ce qu'il voyait, et comment.

Les autres avant lui. (« Tu portes sur ton visage et sur ton corps les traces de tous tes amours, comme une malédiction. » Dit par qui? Dans quelle nuit irrémédiable?) Et c'est cela qui me terrifiait : je m'appartenais si peu; je dépendais tellement des autres, toujours, toujours. La tendresse brutale avec laquelle papa avait voulu faire de moi « son » enfant. Brian qui m'avait offert une nouvelle vie, puis qui avait essayé de me façonner en fonction de ses propres attentes. Et, maintenant, Paul qui me tentait avec la stabilité, la sécurité, après toutes ces années d'errance, de recherche, des années où j'avais souffert de faim, de soif, et d'un désir insatiable. Les autres? Je pouvais les nier ou les ignorer maintenant mais ils avaient aussi existé : eux aussi avaient eu leur part de ce corps. Par eux aussi j'avais vécu et avais été vécue. Dans toute ma vie rien n'était jamais arrivé que par quelqu'un d'autre. Même pas; je devais être plus précise : pas un « vague quelqu'un d'autre », mais un « homme ». Chaque fois. Père, frère, agresseur, amant, patron. Mon Dieu, même le clochard de ce matin!

C'était peut-être inévitable? Peut-être que le seul chemin qui mène à soi passe par quelqu'un d'autre?

Voici ce corps debout, ce corps nu avec ses membres : ce corps de femme, je l'avais voulu. J'avais voulu vivre en elle, j'avais voulu la posséder entièrement, vivre en elle. C'était chez moi, comme La Motte-d'Aigues était chez Paul. Plus encore. Elle était moi. Qui était-elle? Cette créature terriblement familière, entièrement étrangère, saisie par tant de mains, pénétrée par la chair de tant d'étrangers : pourquoi ne pouvait-elle pas simplement *être,* magnifique et indépendante, une fois, une seule fois? Pas éternellement livrée aux autres : mais une seule fois, en totalité, bonne, fermée et parfaite!

J'ai déplacé la pointe de mes doigts sur la surface du corps que je voyais – le frisson de reconnaissance, de joie! – la reconnaissance de moi, la conscience de moi, l'affirmation de moi, je m'accordais la fragile mais précieuse liberté de ne rien faire d'autre que d'être là. Simplement parce que j'étais moi.

(Mais la blessure? La brèche? Avec les cinq doigts de ma main, j'essayais de fermer les lèvres sur leur être secret et profond, entier, entier.)

Pour le moment, c'était suffisant. Mais après? Il y aurait toujours un après. Qu'en serait-il si je rentrais à Paris? Qu'en serait-il si je répondais à la question de Paul?

Même alors il y aurait cette certitude, limitée mais forte, d'aujourd'hui : ce corps reconnu dans un miroir.

L'hôtel ne faisait pas restaurant et j'ai dû sortir pour dîner. Autre obstacle. Je me sentais tellement bien ici, tellement en sécurité, sortir pour aller au restaurant m'exposerait inévitablement au monde.

Je pouvais sauter un repas, bien sûr. Mais j'avais faim. Le corps a ses propres exigences qu'on ne peut ignorer. La brèche était là. Aussi, il était vraiment aisé de me servir de mon irritation comme excuse pour téléphoner à Paul.

(L'équilibre des choses est si facile. Et si je ne l'avais pas appelé...?)

Le soulagement quand il a répondu après deux minutes de sonnerie.

« Paul, mon Dieu, enfin. Où étais-tu?

– Dans mon bain. » Ce n'est qu'à ce moment-là qu'il a compris qui l'appelait. « Andrea! mon amour, où es-tu?

– A Saint-Rémy.

– Mais, pour l'amour du Ciel, que fais-tu à Saint-Rémy? J'étais très inquiet. Demain, je pars pour Strasbourg pour la conférence du film et j'avais perdu tout espoir d'arriver à te joindre.

– Mais nous étions d'accord pour ne pas téléphoner pendant quelque temps.

– Pourquoi n'es-tu pas à Avignon? »

Sa question m'a énervée.

« Paul, crois-tu vraiment que je vais faire tout ce que tu dis? J'ai voulu être seule et me perdre pendant quelque temps.

– Je pensais déjà demander à la police qu'on te recherche.

– Tu te serais mis dans la merde.

– Mais, Andrea! » Il avait l'air désespéré. « Je ne suis pas en colère, ma chérie. Je ne te reproche rien. Mais j'étais si inquiet. Tu ne te rends pas compte?...

– Je ne me rends compte de rien. »

Il m'a interrompue brusquement :

« Mandla est avec toi?

– Mandla? Que veux-tu qu'il fasse avec moi?

– Oh! non.

– Paul, essaie de reprendre tes esprits et dis-moi ce qui se passe. Qu'est-ce que Mandla vient faire ici?

– Je l'ai envoyé à ta recherche. Il est parti à Avignon hier matin par le train. Je t'ai expédié un télégramme. Et, hier soir, il a téléphoné complètement paumé. Et encore ce matin. Il avait attendu la moitié de la journée à la gare avant d'aller à l'hôtel pour y découvrir qu'on n'avait jamais entendu parler de toi.

– Mais *pourquoi*, Paul? Peux-tu, s'il te plaît, me dire clairement et lentement *pourquoi*? Tu sais quand même bien que je ne peux pas le supporter. Nous étions d'accord que je serais toute seule pendant un petit moment. Et tout d'un coup...

– Ecoute, Andrea. Je ne veux pas en dire plus au téléphone. Mais il est arrivé un sale truc. Mandla a découvert que son collègue – tu te souviens de George Tsabalala qui était avec lui – eh bien, il a découvert que George avait été chargé par la sécurité sud-africaine de le surveiller. Mandla devait donc partir le plus vite possible. Il était prêt à aller à l'aéroport quand il a appris qu'ils l'attendaient à l'autre bout. En plus, il est complètement fauché. George s'est enfui avec leur argent. Aussi, j'ai pensé que le mieux pour lui était de disparaître pendant un moment. Serge était prêt à lui trouver un petit travail dans notre projet de film. C'est pourquoi je te l'ai envoyé. »

C'était trop de choses à avaler d'un seul coup.

« Qu'est-ce que je fais maintenant? ai-je demandé d'une voix faible.

– Reviens à Avignon, s'il te plaît. Emmène-le avec toi quand tu iras quelque part. Trouve-lui quelque chose à faire, pour qu'il soit occupé. Il est très déprimé et très en colère.

– Il n'est pas question que je loge dans cet hôtel d'Avignon, je te préviens.

– D'accord, va seulement le chercher. Emmène-le où tu voudras. Je vais téléphoner pour lui dire que tu arrives. Sers-toi de la carte de crédit de la société. Fais ce que tu veux, mais occupe-toi de lui.

– Tu ne penses pas que tu abuses un peu?

– Ce n'est que pour quelques jours, Andrea, s'il te plaît! »

Puis d'une voix trop mielleuse à mon goût : « Je t'aime, ma chérie.

– C'est un genre d'amour drôlement exigeant.

– Tu m'aimes, n'est-ce pas? a-t-il demandé calmement.

– Oh! merde, Paul, ai-je dit. Bien sûr que je t'aime. » Et j'ai ajouté avec un soupir : « Très bien, je vais aller le chercher. Mais tu me répondras de tout ça un jour ou l'autre. »

Il y avait encore quelques Scandinaves dans le foyer, des femmes qui attendaient sans doute un autocar pour une « sortie de nuit », quand je suis arrivée à l'hôtel d'Avignon, juste avant huit heures. Je crois que le chasseur m'a reconnue – il a immédiatement jeté un coup d'œil vers mes pieds – mais il n'a pas fait un geste pour s'approcher. A la réception, j'ai demandé qu'on téléphone à Mandla; j'étais irritée qu'il ne soit pas déjà dans le foyer. Je ne suis pas sûre qu'il ne l'avait pas fait exprès, mais j'ai attendu pendant vingt bonnes minutes avant de le voir jaillir du vieil ascenseur avec un sac de toile bleu marine sur l'épaule. « Jaillir », c'est le mot, parce que son corps massif était tellement à l'étroit dans la fragile cabine – un cercueil dressé, derrière des barreaux – qu'il en est sorti, comme un bouchon sort d'une bouteille, dès que l'ascenseur s'est arrêté. Même les vieilles dames à cheveux oxygénés ou bleutés ont interrompu leurs bavardages et se sont reculées pour le laisser passer. Son sac de toile a fait tomber un cendrier, mais il ne s'est pas soucié de le ramasser; il n'avait peut-être même pas remarqué.

Le chasseur n'a rien fait pour offrir ses services. Par mépris? Pour être tranquille?

« Tu es en retard, ai-je dit froidement quand Mandla est arrivé près de moi. Paul ne t'a pas téléphoné? »

Aucun signe de remords. Bien au contraire.

« C'est *toi* qui es vachement en retard. Tu devais être là hier. »

Je l'ai regardé d'un air menaçant. « Mandla, ai-je dit

enfin aussi calmement que possible, nous devrions peut-être essayer de nous comprendre dès le début. Je suis venue te chercher parce que Paul me l'a demandé, non pas parce que j'ai la moindre envie de te trimbaler, d'accord?

– Tu as réglé la note? » a-t-il demandé sans prêter attention à ce que j'avais dit.

« Oui, avec la carte de crédit de la société. » Je ne voulais pas qu'il pense que cela sortait de ma poche.

« C'est embêtant de déménager encore une fois, a-t-dit. Je croyais que Paul t'avait demandé de rester à Avignon.

– Je décide moi-même de mes actes. J'aurais préféré te laisser ici, mais cela aurait été pire de faire l'aller et le retour tous les jours pour venir te chercher. »

J'ai vu ses yeux qui se rétrécissaient tandis qu'il m'observait, mais il n'a rien dit. Sans attendre, il s'est avancé vers la porte. Là, d'un mouvement d'épaule très adroit, il a fait glisser le sac de toile dans les mains du chasseur et a dit en anglais : « Portez cela dans la voiture de madame. » Puis il est sorti sans me laisser passer la première.

La voiture était juste devant. J'ai ouvert les portières.

« Tu veux bien lui donner un pourboire? a demandé Mandla. Je n'ai rien d'assez petit pour lui. »

Pendant presque tout le voyage du retour, nous avons roulé en silence. J'ai fait un effort pour essayer de lancer la conversation – pour compenser mon côté garce de tout à l'heure? ou pour ricaner de ses ennuis?

« Tu as eu des problèmes avec ton ami George?

– Qu'est-ce que tu en sais?

– C'est Paul qui me l'a dit, bien sûr.

– Il ne devait pas en parler.

– Il fallait que je sache.

– Tu es une femme.

– Je vois. » Je suis redevenue garce. « Et pour toi une femme n'est bonne qu'à une chose. »

Il m'a observée en silence pendant quelques instants; même dans l'obscurité j'avais conscience de son regard. « Te fais pas des idées, petite sœur, a-t-il dit finalement. Tu es trop mince à mon goût. J'aime bien avoir les mains pleines.

– De toute façon, ça ne change rien, ai-je dit en rage. Je couche avec Paul.

– Paul est blanc.

– C'est vrai. T'as vraiment aucune chance. »

Il aurait sans doute répondu, mais à ce moment-là j'ai dû faire un écart pour éviter quelque chose sur la route – un écureuil? un rat écrasé? – et je crois qu'il a eu l'impression que, s'il me mettait trop en colère, j'allais nous tuer tous les deux.

J'ai conduit pendant le reste du chemin jusqu'à l'hôtel de Saint-Rémy dans un silence furieux. Le patron nous attendait (avant de partir je l'avais prévenu que je ramènerais un autre client); tout en mâchonnant sa moustache d'un air mécontent, il n'a pas quitté Mandla des yeux tandis qu'il remplissait sa fiche.

Quand finalement il a tendu la clef, il a simplement grogné : « C'est la chambre en face de la vôtre. »

Il avait l'air de m'en vouloir sans doute à cause de la présence de Mandla qui devait avoir mis un terme à ses espoirs de se glisser dans ma chambre pendant la nuit.

En haut de l'escalier, j'ai dit simplement : « Je vais essayer de te trouver quelque chose à faire demain.

– Je ne reçois pas d'ordres de n'importe qui. » Il a glissé la clef dans la serrure et a essayé de la faire tourner, manifestement pas encore habitué aux fermetures françaises. « Surtout pas d'une pute pour Blancs. »

J'avais le cœur qui battait quand j'ai refermé la

porte, et je m'y suis adossée pour reprendre mon souffle. Je voulais téléphoner à Paul pour lui dire qu'il m'enlève ce salaud de sous mon nez avant que les choses tournent mal. J'ai fait le numéro mais j'ai reposé aussitôt l'appareil. Je n'avais pas besoin que Paul se batte à ma place. Avec Mandla, je pouvais – voulais – régler cela toute seule.

Mon indignation s'est apaisée petit à petit. Je me suis rendu compte que j'avais toujours faim parce qu'au milieu de tout ça, je n'avais pas eu le temps de manger. J'ai pris mes clefs dans mon sac à main et je suis ressortie. J'ai hésité un instant sur le palier en me demandant si je devais inviter Mandla. Mais qu'il aille au diable. Je suis partie seule avec un sentiment de rancune. Il était déjà trop tard pour les restaurants de la ville et j'ai dû me contenter d'un sandwich au jambon et d'un express dans un des cafés du boulevard Mirabeau. Comme je n'avais pas très envie de rentrer à l'hôtel, j'ai sorti le petit carnet vert que j'avais pris avec moi comme les jours précédents et j'ai commencé à noter quelques impressions sur la journée : le voyage depuis Carcassonne (est-ce que vraiment je n'en étais partie que ce matin?), la bataille absurde avec le vieux clochard (le morceau de drapeau devait toujours être dans la voiture, un trophée inutile), le retour en Provence, l'hôtel, Mandla.

Il était tard – la plupart des clients étaient déjà partis, les deux garçons rangeaient les chaises et fermaient les volets de façon très démonstrative – quand je suis rentrée. La porte de Mandla était ouverte. La lumière était allumée dans sa chambre, mais il n'y avait aucune trace de lui. Je me suis arrêtée quelques instants sur le pas de la porte. Son sac de toile bleu marine était retourné sur le lit et le contenu renversé au hasard. Quelques vêtements, le scénario avec sa couverture rouge, deux livres, un passeport, un peu de monnaie. J'ai trouvé cela très troublant. Etait-ce vraiment tous ses bagages? Il avait sans doute laissé des affaires chez Paul. Mais pourtant. Il y avait quelque chose de terriblement pauvre dans ces quelques possessions, qui ne cadraient pas avec la formidable présence de l'homme. Où pouvait-il bien aller maintenant, après ce que Paul m'avait dit? D'où venait-il vraiment? Qui était cet étranger?

Je me suis arrêtée, mécontente. Pourquoi devrais-je m'inquiéter pour lui? Je ferais mon devoir envers lui tant que nous serions obligés de travailler ensemble. Pour le reste, il aurait intérêt à ne pas venir me déranger.

J'ai ouvert ma porte et je l'ai refermée rapidement derrière moi en prenant bien soin de mettre le verrou. Je me suis déshabillée. J'ai éteint. Puis j'ai ouvert les deux battants de la fenêtre pour la nuit. Je m'apprêtais à me retourner vers le lit dans la chambre obscure quand j'ai entendu des pas sur le gravier du jardin et j'ai vu une silhouette imposante de l'autre côté de la piscine. Il ne pouvait pas me voir, bien sûr, mais je me suis quand même reculée, consciente de ma nudité. Il s'est arrêté sous un des grands platanes sans feuilles. Il avait l'air de regarder dans la piscine, peut-être le reflet de la lune; tout de suite après je l'ai vu lever la tête pour contempler le ciel. J'ai eu l'impression absurde qu'il allait peut-être se mettre à hurler ou à aboyer vers la lune, comme un animal sauvage. Puis il a soupiré. C'était plus qu'un soupir : un bruit profond, plaintif, triste, comme le gémissement d'un lion.

Je me suis sentie tout à fait nue. L'air de la nuit m'a fait frissonner. Je me suis détournée et je me suis glissée dans le lit en tirant les couvertures sur mes oreilles pour m'isoler du monde; et je me suis endormie.

Je ne sais pas quelle heure il était quand, en pleine nuit, je me suis réveillée en sursaut sans savoir pourquoi; je n'avais aucun souvenir de ce dont je rêvais, sauf que c'était très embrouillé. Quand j'ai ouvert les yeux, j'avais une sensation très confuse : comme si j'étais restée longtemps sous l'eau et que je remontais pour respirer – et en même temps j'avais l'impression de plonger dans de l'eau tiède et de descendre à une profondeur incroyable. Tout ce dont je me souviens c'est que je me suis réveillée complètement désorientée. Je n'avais littéralement pas la moindre idée de l'endroit où je me trouvais. Dans ma chambre au Cap? Mais je n'entendais pas Maggie ou maman qui respirait près de moi; il n'y avait aucun bruit sauf dans la chambre à côté, des vieux qui toussaient ou soupiraient ou pissaient, en traînant leurs corps usés vers la tombe. Dans l'appartement de Brian à Londres? Dans le canapé de la salle de séjour de Frank? Ou dans le grand lit à baldaquin de Paul? Je ne le savais absolument pas. Je ne le savais pas! J'ai respiré profondément et, pendant quelques instants, j'ai cru reconnaître les odeurs de l'Afrique : les coings, le *buchu*[1], les fruits séchés, l'huile de camphre, le poisson salé; j'ai pensé fugitivement que j'entendais la voix de papa quelque part. Où étais-je? Mon Dieu, où étais-je? Dans quels temps et dans quels mondes étais-je allée me perdre? D'où est-ce que je venais et qu'est-ce que je faisais ici? Serais-je à l'heure à mon rendez-vous? Quel rendez-vous?

Ce n'est qu'au bout de plusieurs minutes que j'ai pu identifier mon environnement – le parfum plus discret du thym et du romarin, l'odeur des feuilles mortes des platanes – et je me suis souvenue du gémissement profond du lion que j'avais entendu un peu avant. Quelque part, une poutre ou une lame de parquet a craqué. De l'autre côté du palier peut-être, où il marchait toujours sans pouvoir trouver le sommeil?

1. Buisson d'Afrique australe dont la feuille est utilisée pour faire des infusions. (*N.d.T.*)

Ou était-ce le patron qui se glissait au premier étage en chemise de nuit pour tenter sa chance?

Ainsi c'est là que je me trouvais. L'Afrique était atrocement loin. Et pourtant si violemment proche de moi. La largeur d'un simple couloir entre moi et cet homme sombre.

DEUXIÈME JOUR

(ESSAYER de comprendre, d'appréhender. Une époque; un pays. Plus précisément, une personne. Une femme. Andrea, toi. Te saisir « dans ta réalité ». Mais comment puis-je faire autrement qu'avec *mes* mots, *ma* façon d'écrire et de penser – sauf quand, de façon heureuse ou scandaleuse, tes mots mêmes me viennent à l'esprit?)

Une demi-heure consacrée à mes pieds. Le vernis à ongles rouge sombre. Papa était pareil avec ses pieds, de quoi mettre maman hors d'elle. Qu'il y ait ou non du monde, si l'envie lui en prenait, il enlevait ses chaussures dans la salle de séjour, s'attaquait à ses orteils avec des ciseaux et ne voyait aucun inconvénient à se rogner un ongle avec les dents avant de finir le travail à la lime. « Ce qui compte d'abord chez un homme, c'est sa queue, ensuite ses pieds et ses mains. Mais les pieds en premier, parce qu'on peut faire son chemin dans la vie sans mains. Sans pieds, tu restes collé sur ton cul. » Il n'avait jamais fait de mystère sur le premier de ses membres. (« La queue a besoin d'humidité, sinon elle se flétrit. ») Ce dont il prenait le plus de soin, du moins en public, c'était ses pieds : « Un homme doit toujours soigner ses pieds afin de pouvoir s'accrocher au sol ou à un lit. »

Puis mes cheveux. Je les brosse jusqu'à ce que les boucles noires brillent. La fierté de maman la coiffeuse. Cent coups de brosse le matin, cent coups de brosse le soir. Les boucles roulées avec des papillotes le samedi soir pour aller à l'église le dimanche. « Qu'une fille soit pauvre, ce n'est pas important, ma petite. Tant que ses cheveux brillent. C'est la couronne d'une femme. D'un seul coup d'œil, je peux te dire quel genre de personne est une femme. Si tu n'as aucun respect pour tes cheveux, tu ne respectes pas non plus le reste, et les autres te traitent comme de la crotte. » Je brosse, je brosse. Maman et moi, nous n'avons jamais pu parler vraiment. Elle était plus adroite avec sa brosse qu'avec sa langue. Elle me battait avec le manche si je n'étais pas sage; et, si j'étais triste, elle s'asseyait à côté de moi et me brossait les cheveux, lentement, à fond, jusqu'à ce que je me sente mieux. Paul lui-même savait que s'il voulait que je sois bien, il fallait que je me brosse les cheveux. Ce n'est pas la mort de maman qui a marqué la fin entre nous, mais le jour où j'ai coupé mes cheveux longs : à partir de ce moment il ne nous est resté aucun moyen de nous rejoindre.

Le parfum. Non pas celui qu'avait choisi Paul, parce que j'étais encore furieuse contre lui, mais le mien. Subtil mais qu'on ne pouvait confondre, un soupçon de musc. J'espérais qu'il troublerait Mandla. Il était impératif, pour moi, de commencer cette journée avec un avantage, si petit soit-il; aussi je me suis préparée lentement.

Dès que j'avais pris conscience de la nécessité de me maquiller, après avoir rencontré Brian, cela avait toujours été le moment le plus solitaire de la journée. Une confirmation du besoin de s'armer. Je me disais qu'un jour j'aimerais être capable de m'en passer. Mais maintenant je me serais sentie trop exposée, comme de marcher nue en public. (Oh! Pour une plage aussi déserte que celle de Steenbras ou près d'Onrust, marcher main dans la main, sans aucune honte dans le grand soleil. Un oiseau de mer a besoin d'eau. Un fou de Bassan ne peut vivre sans eau salée.) Depuis que je connaissais Paul, j'étais devenue moins maniaque. Au début, il y avait toujours quelqu'un pour dire : « Que se passe-t-il? Tu as l'air différent. » Alors je rentrais pour me rajouter encore du maquillage. Paul s'en moquait. Il me préférait sans rien; il me connaissait nue.

Mais, ce matin-là, à Saint-Rémy, je me suis préparée avec grand soin pour la journée à venir. Comme pendant ce voyage en Provence, autrefois, avec Brian; je voulais toujours impressionner les gens; et j'avais des raisons de me cacher. Plus maintenant. Cette fois, c'était exclusivement pour garantir mon intimité : j'étais en service. J'avais bien l'intention de rester ainsi.

Il faisait encore sombre quand je me suis levée. Quand j'ai fini de me maquiller, il était encore trop tôt pour descendre prendre le petit déjeuner sur la terrasse. Aussi, j'ai profité de l'occasion pour faire le tri dans mes livres et dans mes notes. Etrange, le sentiment de satisfaction que j'ai ressenti à feuilleter les terribles récits de la peste que Paul m'avait confiés; peut-être confirmaient-ils la distance qui existait entre moi, ici, et cette époque lointaine, agitée et terrifiante. C'était la même Europe, mais totalement transformée. Aujourd'hui, la vie était beaucoup plus sûre et prévisible.

Ziegler : *Dans la cité plongée dans les ténèbres, où la mort semblait se promener, seuls les serviteurs de la mort, les fossoyeurs, se sentaient libres d'aller où ils voulaient. Les riches et les privilégiés fuyaient, les pauvres restaient pour noyer leur peur dans l'alcool qu'ils dérobaient, et mouraient dans leurs masures... Il aurait semblé au visiteur que la société s'était désintégrée, que la peste ferait rage jusqu'à ce qu'il ne reste aucune maison inviolée, aucun Parisien vivant. Si ce ne devait pas être la fin du monde, cela semblait au moins la fin de l'ordre établi.*

Jusserand : *La foi disparaissait ou se transformait; les hommes devinrent soudain plus sceptiques et plus intolérants. Ce n'est pas du tout le scepticisme moderne, imperturbable et sereinement froid; c'est un mouvement violent de tout l'être qui se sent poussé à brûler ce qu'il adore; mais l'homme est incertain dans son doute et son éclat de rire l'étourdit; il a passé comme ça, dans une orgie, mais, quand viendra la lumière blanche de l'aube, il aura un accès de désespoir, une angoisse profonde avec des larmes et peut-être un vœu de pèlerinage et une conversion spectaculaire.*

Ma lecture m'a rassurée en me ramenant dans le monde du scénario de Paul, alors que je concentrais mes pensées, que je me souvenais de ce que j'étais venue faire. Après le trouble momentané de la veille au soir, je me sentais de nouveau sûre de moi, en sympathie avec les personnages de Paul. Comme je comprenais bien leur besoin de se retirer d'un monde dévasté par la Peste noire, de fuir la folie qui faisait rage en dehors de leurs murailles, à l'intérieur desquelles ils essayaient d'adhérer aux « modèles rassurants des compléments éternels, de Paul : le ciel et la terre, le bien et le mal, l'ombre et la lumière, l'homme et la femme, le corps et l'âme... ». Et pourtant tout en feuilletant le scénario, (la fin, même à ce dernier stade, était inachevée) je ne pouvais m'empêcher de me demander si c'était bien ce que Paul avait eu l'intention d'écrire. Etait-il entièrement sincère devant sa propre existence, ou prenait-il ses désirs pour des réalités? En substituant le film au roman qu'il avait repoussé pendant si longtemps, avait-il cédé à quelque chose de plus facile, tout en se donnant bonne conscience et en évitant ainsi ce qu'il savait très bien et qu'il craignait? Si je l'avais su, cela m'aurait tellement aidée à trouver la réponse que je devais lui donner.

Pourtant, de quel droit pouvais-je le blâmer? Et ma

propre fuite, des années auparavant, avec Brian? Ce dernier voyage, terrible et morne à travers le pays...

J'étais ici. Gravé dans le plâtre crayeux à travers la peinture, à travers les tendons et les nerfs, dans l'esprit, ce sont les seuls mots qui restent avec elle tandis qu'ils traversent l'immense pays, depuis le moment où Brian la prend chez des amis à Athlone (il est exactement cinq heures; au-dessus des montagnes les étoiles pâlissent; le soleil se couche déjà plus tard; le premier signe de l'hiver tremble presque imperceptiblement dans la lumière du jour) jusqu'au matin du troisième jour quand, épuisés par le voyage et le manque de sommeil, ils atteignent Johannesburg où ils laissent la vieille voiture cabossée à ses amis, et où ils passent la journée dans un état de stupeur (dans des chambres séparées évidemment; ils ne peuvent prendre d'autres risques) en attendant l'avion pour Nice.

« Ce serait tellement plus facile d'aller à Johannesburg en avion », lui dit Brian en essayant de la persuader avant leur départ, et il ajoute avec précaution : « Et bien moins douloureux.

– Je ne veux pas que ce soit sans douleur. » Après des jours et des semaines pendant lesquels elle a été incapable de rien sentir, un nouvel accès de fureur la fait éclater en sanglots. « Jésus, tu ne comprends pas? C'est quelque chose que je n'ai pas le droit d'esquiver. Je ne veux rien rater. Je veux sentir et souffrir suffisamment pour le reste de ma vie. »

S'en aller. Savoir exactement de quoi elle se sépare. Ceci par-dessus tout. Savoir. *J'étais ici.*

(Et en plus – quelque chose qu'elle ne peut pas lui dire, parce qu'il ne comprendrait pas – le besoin de refaire, avant qu'il soit trop tard, le seul voyage effectué avec son père, soit pour le clore pour de bon, soit pour le laisser ouvert à jamais.)

Le Cap. Tout ce qui est encore trop sombre pour

qu'elle puisse le voir, elle le perçoit dans son sang. La montagne comme la muraille d'une grande forteresse, visible de si loin quand vous vous approchez par la mer, lui a dit son père. Tous ses voyages sur les océans du monde, jusqu'à Singapour, Hanoi, jusqu'au Japon, en Inde, à Istanbul, une fois à Odessa; et Rio, les tempêtes de la Tierra de Fuego, Santiago. Tous ces noms, ces noms. Et, chaque fois, le retour; la montagne de la Table. Assez pour que le marin le plus endurci pleure de joie. Vite, vite, on veut rentrer à la maison. Beaucoup qui ont traversé les mers, des explorateurs portugais avec la croix d'Aviz sur leurs voiles, des soldats anglais, des marchands hollandais. (Même son ancêtre Xhorê!) Mais elle s'en va en les laissant tous derrière elle.

De temps en temps, tandis qu'ils roulent, elle jette un coup d'œil au profil de Brian qui se découpe sur la lumière. Pour lui, c'est la première étape de son voyage de retour, à Londres. Il n'était là qu'en visite temporaire, pour finir les recherches pour sa thèse sur les Khoikhoi. « Les tiens », disait-il souvent, stupéfié. Mais ce n'est pas aussi simple que ça! Tant de sangs différents coulent dans ses veines. Si on la regarde attentivement, comme il aime à le faire, on peut dire : Khoi, c'est vrai, mais aussi aucun doute, des esclaves malais (ses yeux en amande), et portugais, et hollandais, et anglais. « Qui sait, avec un peu de chance, le digne Ecossais, importé dans les années 1820 par lord Charles Somerset pour améliorer la descendance des esclaves du Cap, a fait lui aussi un tour chez ta grand-mère. » Et certainement du sang noir d'Angola, ou du Mozambique ou de Madagascar.

Avec lui auprès d'elle, commence un voyage non seulement à travers la géographie mais aussi à travers l'histoire; au-delà son savoir s'étend au monde préhistorique de l'*homo habilis*, aux couches de tessons et de restes d'outils, et aux fossiles de fougères et d'animaux extraordinairement puissants.

Comme les premiers explorateurs qui se sont aventurés hors de leur fort, qui ont traversé la Liesbeek River, qui sont allés d'un fleuve à l'autre, d'une montagne à la suivante, ils se sont progressivement éloignés du Cap : comme leurs lointains prédécesseurs en quête du royaume imaginaire du Monomotapa, ils ont recherché quelque chose d'encore plus insaisissable, en remontant le courant de toute une préhistoire, lui pour s'en débarrasser, elle afin que la douleur s'imprègne à son esprit.

Ils traversent la dernière brèche de la chaîne de montagnes de l'Hex River, et ils entrent dans l'immensité du Karoo. Le soleil se lève. Ils laissent derrière eux la douceur de l'automne dans le Boland, l'exubérance des vignobles dans la dernière vallée : il n'y a plus qu'un soleil impitoyable, la dureté de la pierre, les buissons solitaires. De temps en temps, une ferme vaguement blanche au loin, quelques arbres chétifs, des eucalyptus ou des peupliers, de hauts cyprès dans de petits cimetières fermés de murs blancs ou bruns, dans lesquels les os sont redevenus poussière depuis longtemps. Dans les tourbillons de vent qui viennent parfois vers eux en dansant, rougeâtres ou gris, les restes de leurs ancêtres et d'animaux préhistoriques sont mêlés au sable. Ici la terre est décharnée, on voit ses côtes, les nœuds de ses vertèbres ressortent en arêtes dures. Et la lumière devient blanche, elle ne laisse aucune place pour l'illusion. Le soleil brûle tout ce qui dépasse et ne laisse que l'élémentaire brut et fort. La terre, l'eau, le feu, le vent.

Il n'y a aucune pensée en elle. Elle est assise, exposée à tout ce qui se passe autour d'elle, à tout ce qui a été abandonné à la mort de son père, tout ce qui est à jamais célébré dans le sang. Pelée comme un fruit, elle est assise, les nerfs et les sens dénudés dans la transparence de la douleur. Entendre, voir, éprouver, sentir, goûter : tout est immédiat, sans l'intervention de la pensée. Enregistrer, savoir.

Elle voit tout, même ce qui n'est pas visible. Le paysage immense : le vide et la grandeur du Karoo avec ses collines brunes au sommet aplati, les *Kloofs* de Meiringspoort, le petit Karoo avec ses autruches et ses champs de luzerne, l'obscurité verte de la forêt de Tsitsikamma, le vert plus pâle des fourrés et des aloès de la province de l'Est, les bruns et les ocres de l'Etat libre, les buissons d'épines couleur de bouse du Griqualand-Ouest, la terre poudreuse et blanche du Transvaal occidental; enfin, les terrils blancs et jaunes, une ville qui glisse, aérienne, dans la brume. Ils ne font aucun effort pour aller directement quelque part (en fait, leur arrivée doit être retardée autant que possible), mais ils avancent en zigzag; ils quittent la grande route pour explorer le veld, ils font des détours par de petits villages avec des rues poussiéreuses, des églises hollandaises et des postes de police devant lesquels pendent des drapeaux flasques, des boutiques et des garages. Elle ne rate aucun détail. Celui qui sert l'essence avec une veste militaire et un passe-montagne. La vieille femme avec un fagot ou un bidon de pétrole en équilibre sur la tête. Les poulets échappés dans un jardin. Le lapin sur une butte dans le soleil. Le troupeau de babouins dans le défilé de la Great River. Les enfants noirs gris de poussière, avec leur gros ventre, leurs genoux noueux et leur nez morveux devant leur hutte. Le faucon sur le poteau télégraphique. Le lièvre écrasé sur la route.

Et elle entend l'inaudible, les innombrables sons du pays. Les cris perçants d'un *kokkewiet*[1] que son père le premier lui a fait écouter. Les gazouillements des hirondelles réunies sur les fils électriques. (Elles aussi se préparent à partir.) Des pintades qui criaillent. Un petit groupe d'*hadedas*[2] avec leurs cris de mort. La

1. Pie-grièche (mot afrikaans). *(N.d.T.)*
2. Ibis. *(N.d.T.)*

sonnette d'un cycliste noir s'écartant de leur chemin. Des enfants qui les appellent en agitant les mains, découvrant leurs dents blanches dans un éclat de rire.

L'odeur de la bouse et des feux de broussailles. La poussière. Les buissons pisse-de-chien. Les arbustes du Karoo au parfum âcre. Les feuilles écrasées. A l'est du Cap, la pluie. Les aloès amers. Les tiges farineuses.

Des goûts : la gomme de l'épine. La bouillie du *putu* qui mijote dans les pots noirs à trois pieds. (Très tôt le matin, quand ils passent devant une rangée de maisons d'ouvriers agricoles, sur une ferme : un chapelet de harengs salés, des *bokkems* qui font venir l'eau à la bouche.) *Snoek*. Des côtelettes séchées. Des feuilles de luzerne. La terre rouge.

Elle touche tout ce qui croise leur chemin, elle ressent en se frottant sur tout. La pierre crayeuse. Le basalte et le grès, les arêtes de chaux. La fragilité des feuilles de *gnarra*. Les huttes des ouvriers agricoles aux murs recouverts d'argile rouge. Le sol de bouse. Le bois usé de la poignée d'un seau. Le vent dans les cheveux. Des gouttes de pluie sur la route de Queenstown.

Elle voit, entend, sent, et goûte tout cela : et chaque chose, chacune séparément, lui crie dans le grand silence : *Souviens-toi de moi! Souviens-toi de moi! J'étais ici!*

Dans un petit *dorp* de l'Etat libre où ils s'arrêtèrent pour prendre de l'essence, tandis que dans le café à côté du garage il achète des chips et des boîtes de Coca, elle observe une petite fille avec des nattes qui passe à côté de la voiture, un pain sous le bras, pieds nus, en larmes. Elle est émue. Pourquoi pleure-t-elle? Que s'est-il passé? Elle marche sans même se rendre compte que quelqu'un la regarde. Sans savoir que l'image que je garderai de ce village l'inclura à jamais. Je n'en sais même pas le nom. Mais je connais cette enfant, même s'il y a une minute je ne soupçonnais pas son existence. Tandis que je regarde la petite fille qui pleure, une voiture de police passe très lentement et me cache la vue pendant quelques secondes; quand elle s'en va, l'enfant a disparu. Je ne la reverrai jamais. Elle peut être tuée dans un accident cet après-midi; la scarlatine l'emportera peut-être cet hiver; elle mourra peut-être en couches un jour; dans cinquante ans plus personne ne se souviendra d'elle. Sauf moi. Je l'aime. Son existence a été marquée en moi au fer rouge.

Et pas seulement la sienne. Je sais, chaque buisson au bord de la route, chaque feuille d'herbe, chaque pierre, chaque ombre, chaque nuage que le vent entraîne. Je suis devenue responsable de leur existence, même s'ils ne me connaissent pas. Et, si je ne me souviens pas d'eux, mon Dieu, si je ne les absorbe pas en moi, qui d'autre saura qu'ils ont été ici?

En le quittant, elle tire tout le pays à elle. La terre elle-même, vivante au-delà de ses habitants, de ses animaux, de ses buissons et de ses arbres, au-delà de ses fermes et de ses villages, de ses villes et de ses cités : la terre dans son immobilité et son éternité, indistincte derrière ses nombreux événements. De temps en temps Brian dit quelque chose, raconte une anecdote, fait une remarque. Sais-tu ce qui s'est passé ici? Des expéditions. Des guerres sur la frontière. Ici les Xhosas sont morts dans la grande famine qui a suivi les prophéties de Nongqawuse. Quelque part sur ces plaines, des enfants ont ramassé une pierre brillante et c'était un diamant. Voici le Grand Trou où des gens sont venus du monde entier, comme des sauterelles, afin de chercher fortune. Voici le Witwatersrand qui a attiré les *Uitlanders*. Ici les Boers et les Britanniques se sont livré bataille; ici des femmes sont mortes dans un camp de concentration. Tous sont morts. Le pays demeure.

Quelque chose les entraîne plus loin. Ils n'osent plus s'arrêter n'importe où pour la nuit; pas après ce qui est arrivé. A Grahamstown seulement, où il a quelques amis universitaires, il réussit à la persuader de passer la première nuit. Elle s'éloigne de ces gens qu'elle ne connaît pas : un homme maigre et chauve avec une tête rouge; une grosse femme avec des traits incertains, comme si l'on avait essayé de façonner quelque chose dans un morceau d'argile et qu'on ait abandonné. Les hommes parlent métier toute la soirée. Les guerres de frontière, les causes du Grand Trek, les relations entre Noirs et Blancs, les Afrikaners. Elle trouve une excuse pour aller se coucher tôt. Il fait encore sombre quand ils repartent. Ils continuent pendant tout un jour et toute une nuit, sauf en début de soirée pour quelques heures de « repos » inconfortable sur le bord de la route : il reste éveillé à l'avant tandis qu'elle dort à l'arrière; puis ils changent de place. Ils ont encore envie de dormir quand ils repartent. Mais elle s'oblige à rester éveillée d'un bout à l'autre, exposée, souffrante. Jusqu'à ce qu'enfin ils arrivent chez ses amis à Johannesburg, où ils s'effondrent dans des chambres séparées, trop fatigués pour dormir.

Puis l'avion. Ainsi, pense-t-elle tandis qu'ils passent les postes de contrôle les uns après les autres, ainsi voici l'issue et le but ultime. Tant de millénaires d'évolution aveugle, d'avancée dans le noir, à partir de l'amibe en passant par d'innombrables formes de vie animale et végétale, jusqu'à ce que l'*homo sapiens* émerge : suivis par des milliers d'années de civilisation, qui s'étend de la vallée du Nil, de Mésopotamie, de Chine et d'Inde, pour passer du sauvage à l'homme du XXᵉ siècle, de l'homme des cavernes à l'inventeur de satellites et d'armes; un millier d'années pendant lesquelles les Khoi ont laissé l'empreinte de leurs pas dans la poussière de ce qui avait été des mers intérieures; trois cent ans d'homme blanc. Après des disputes et une coopération, la guerre et l'annexion, de l'héroïsme et de la lâcheté, c'est ici que nous sommes maintenant. Et quels sont – pour nous – la somme et le résumé, le point culminant de notre civilisation? Non pas la prospérité, le bonheur, l'accomplissement de soi, non pas le pouvoir ou la satisfaction, non pas la guerre ou la paix, mais cela seulement : il nous est interdit, à lui et à moi, de nous aimer; parce qu'il est blanc et que je suis métisse. Nous sommes chassés. Comme les victimes de la peste.

Avec les autres passagers, ils traversent l'aire de stationnement jusqu'à l'avion avec des lignes vertes et bleues sur la queue. Le sol est couvert d'asphalte, mais en dessous elle sent la terre, elle la reconnaît : un jour, quand cette génération aura disparu depuis longtemps, de l'herbe repoussera peut-être ici, nourrie de sang. Cela demeure. Même après son départ, elle demeurera.

Un pied sur la première marche de l'escalier, elle s'arrête, soudain incapable de bouger, incapable de se persuader de lever l'autre pied du sol. Elle regarde en arrière. Le coucher du soleil est un spectacle sanglant et obscène, au-delà des fumées de la ville. Derrière elle, un impatient la bouscule. Dépêchez-vous, madame, nous attendons.

J'étais ici.

Pour la première fois, elle se rend compte de sa fatigue.

J'ai empilé tous les livres et les photographies sur la table de toilette et je n'ai emporté avec moi que le scénario du film dans sa couverture rouge sombre pour descendre prendre le petit déjeuner.

Le patron est venu me servir. Des croissants, des petits pains, un bol de chocolat. Il avait l'air plus déprimé que la veille au soir.

« Et votre ami? m'a-t-il demandé en prenant la soucoupe pleine de morceaux de sucre sur son plateau. Il ne vient pas prendre le petit déjeuner?

– Ce n'est pas mon ami. Un collègue seulement. Je ne sais même pas s'il dort encore. Franchement, ça m'est égal. »

Ses yeux se sont de nouveau éclairés. Son visage s'est transformé.

« Ah! bon, si j'avais su...

– Et alors? »

Il semblait prêt à se déclarer mais je crois que devant mon regard fixe il a perdu tout son courage. Il m'a quand même fait un clin d'œil en s'en allant. Et pourtant ça ne lui servait pas à grand-chose : j'ai vu sa femme, derrière la fenêtre de la cuisine, qui ne le quittait pas des yeux.

Mandla n'est descendu qu'un quart d'heure plus tard.

« Tu ne m'as pas appelé.

– Bien sûr que non. »

Sans qu'on ait rien demandé, le patron lui a apporté son petit déjeuner, avec du chocolat.

Mandla l'a repoussé.

« Je prendrai du café. »

Le patron a levé les bras et m'a regardée comme s'il espérait que j'allais intervenir, mais j'ai haussé les épaules et je me suis mise à feuilleter le scénario en ne faisait aucun effort pour traduire. Ils n'avaient qu'à se débrouiller tout seuls.

Quand le patron est enfin parti, manifestement très mécontent, pour aller chercher un café, Mandla m'a reproché :

« Pourquoi est-ce que tu ne lui as pas dit qu'il pouvait le bouffer son chocolat de merde?

– C'était le tien, pas le mien. »

Il a changé d'angle d'attaque :

« Qu'est-ce que tu lis d'aussi fascinant que tu peux même plus parler?

– Le scénario de Paul. Je croyais que tu l'avais reconnu. »

Il a haussé les épaules et a reculé sa chaise, irrité.

Avant qu'il ait pu reprendre son attaque, le patron est revenu avec un café, en se faisant un devoir d'en renverser dans la soucoupe.

« C'est nécessaire, a demandé Mandla dès que le patron est parti, c'est vraiment nécessaire de gaspiller autant de temps et d'argent pour faire un film sur une saloperie de peste qui a eu lieu il y a des milliers d'années?

– Des centaines d'années.

– Quelle est la différence?

– Paul pense qu'il a quelque chose d'important à dire.

– Paul, Paul... » Il a fait un geste de colère et a failli renverser sa précieuse tasse de café. « Il est à Paris dans ses jolis draps, en train de se sentir le cul. Mais toi, tu es *là*. Pourquoi est-ce que tu te casses la tête pour un truc comme ça? T'as rien dans la cervelle?

– Mandla, si tu penses vraiment que Paul est aussi épouvantable, pourquoi ne le laisses-tu pas tomber? »

Il a fait un grand sourire.

« Tu crois que tu comprendras?

– Essaie. »

Il a cassé un morceau de pain et se l'est mis dans la bouche, et il me regardait sans rien dire tout en mâchant; puis il a bu une gorgée de café et a tout avalé. Ses yeux ne m'ont pas quittée au-dessus du bord de la tasse.

« Pourquoi ne réponds-tu pas? ai-je demandé. Parce que tu te sens coupable? »

Il a continué à mâcher très lentement, en me fixant délibérément, et ses yeux sont allés de mon visage à mes seins. D'un geste instinctif et protecteur j'ai levé les bras, mais j'ai résisté à l'envie de m'en couvrir; pourtant je n'ai pu m'empêcher d'arrondir légèrement les épaules. Il s'est mis un autre morceau de pain dans la bouche et ses yeux sont remontés lentement vers mon visage.

« Que faisais-tu dans le jardin, si tard cette nuit? » ai-je demandé en essayant de l'obliger à répondre.

Il a levé un sourcil.

« Tu m'espionnes? »

Mes joues me cuisaient. J'ai compris que j'avais fait une erreur. Mais maintenant j'étais bien obligée de répondre :

« Tu essayais de jouer au curieux, n'est-ce pas? Tu ne croyais quand même pas que j'allais laisser ma lumière allumée.

– Si je veux te regarder, je le ferai ouvertement, a-t-il dit d'un ton cinglant. Je n'espionne pas. » Il a bu une autre gorgée de café puis a rempli sa tasse. « Je ne suis pas comme toi.

– Pourquoi est-ce que tu me casses les pieds comme ça?

– Un jour, tu te verras peut-être comme je te vois, alors tu comprendras.

– Comment me vois-tu?

– On ne peut pas compter sur toi.

– Il y a beaucoup de choses que tu crois vraies.

– On apprend à ne pas faire confiance à n'importe qui.

– Manifestement, tu as été traumatisé. » Je n'ai pas pu retenir ma joie.

« Cinq mois », a-t-il dit soudain, avec une violence inattendue, en tendant la main pour prendre un petit pain dans le panier devant moi, puis il l'a cassé en deux d'un seul mouvement adroit – un jeune chien qui joue avec un vieux chiffon – et il s'en est mis une moitié dans la bouche. « Cinq mois, a-t-il répété, et partout où je suis allé, dès qu'elles entendaient d'où je venais et pourquoi j'étais là, avec ceux qui luttaient contre l'apartheid, tu aurais dû les voir : toutes ces filles qui s'allongeaient sur le dos pour moi. A Londres. A Stockholm. A Amsterdam. Si blondes qu'on aurait cru qu'elles allaient se casser si on y touchait. Elles me suppliaient littéralement, je te le dis : *Vas-y, mon chéri.* Juste pour pouvoir fanfaronner après : *J'ai baisé avec un combattant pour la liberté.* Tu sais ce que j'ai fait chaque fois? Je me retirais en les laissant allongées devant moi, en train de se débattre et de gémir, et je leur déchargeais tout sur les seins et le visage. Prends ça! C'est ce que je pense de vous, espèce de salope de putes blanches. » Il s'est appuyé sur les bras; ses muscles ont roulé; la table a tangué. « Elles se foutaient pas mal de moi! »

J'ai répliqué en frappant en dessous de la ceinture : « Est-ce une réponse à ma question? Ou est-ce seulement une façon de te vanter?

– Tu n'as pas encore posé une question qui mérite qu'on y réponde.

– Très bien. Que comptes-tu faire maintenant? lui ai-je demandé sèchement. Maintenant que tu as fait ton petit numéro. Tu as l'intention de devenir une vedette de cinéma?

– Le cinéma c'est de la merde. Je croyais que Paul t'avait mise au courant. Je me planque pendant un petit moment, c'est tout. Ce salaud de George – si je remets la main sur lui! Tu connais toute l'histoire? Il était avec moi depuis le début. Copain copain avec tout le monde, il les connaissait tous par leur petit nom, il me présentait, tout le fourbi. Mes valises étaient déjà prêtes, je rentrais, quand Jacques est arrivé. Un de nos contacts français. Il m'a dit qu'on avait vu George dîner avec un type de l'ambassade.

– Ça fait partie des risques du métier, n'est-ce pas? Quand on fait ce genre de travail.

– Tu as passé cinq putains de mois avec un type. C'est ton passeport, ton dictionnaire, c'est tout pour toi. Il est aussi noir que toi. Et il fait un truc comme ça. Ils l'avaient payé. Et il avait accepté. » Il s'est penché sur ses bras puissants, mais il regardait au-delà de moi. « *Il a accepté.*

– Maintenant, il faut que tu trouves un nouveau jouet », ai-je dit d'un ton plus méchant que je ne le voulais. Sa colère m'avait troublée, mais pas question que j'abandonne.

« Un jouet? m'a-t-il crié. Qu'est-ce que tu veux dire?

– Tout le monde a besoin d'un jouet. Tu n'as jamais vu des enfants qui jouaient?

– Je suis sérieux, merde!

– Tu ne crois pas que les enfants sont sérieux, eux aussi? »

Il s'est redressé en me jetant un regard furieux comme s'il n'avait pu savoir si je disais des conneries ou si je cherchais la vérité. Il était assis devant moi, avec sa violence lourde et brutale; et soudain, à ma plus grande épouvante, j'ai découvert que je devais contenir un élan ridicule – oserais-je l'appeler maternel? – l'envie de le rassurer, cet homme tellement plus grand et plus fort que moi. Comme autrefois, quand une bande de grands avaient volé le traîneau de Boetie, fait dans une caisse à savon, et qu'ils l'avaient battu parce qu'il avait essayé de les en empêcher; dès que j'avais été mise au courant je m'étais précipitée pour leur faire passer un mauvais quart d'heure (mon Dieu! ils auraient pu me tuer!), et Boetie avait dû me donner un coup de poing pour m'arrêter.

« Que fait-on aujourd'hui? » a soudain demandé Mandla. Non pas, je crois, pour changer de sujet et pour faire la paix, mais plutôt comme un ultimatum.

« Nous allons à Avignon. Il faut que je visite certaines pièces dans le palais des Papes pour le film, afin que Serge puisse entamer les négociations.

– A Avignon? a-t-il demandé, stupéfait. Alors pourquoi est-ce que nous n'y sommes pas restés? Tu ne peux pas faire marcher ta tête de merde?

– Je ne voulais pas rester là-bas.

– Pourquoi?

– Ça ne te regarde pas. Tous ces murs m'oppressent.

J'aime mieux Saint-Rémy, c'est plus ouvert. Et j'aime les Alpilles, les montagnes.

– J'étais déjà à Avignon, et tu es venue me chercher.

– Ecoute bien, lui ai-je crié, en ce qui me concerne, tu aurais pu y rester. C'est Paul qui a pensé que tu allais en chier dans ton froc ou quelque chose comme ça si je ne venais pas te donner un coup de main. J'espère que tu ne t'imagines pas que j'aime t'avoir dans les pattes.

– J'en ai autant à ton service. » Il s'est levé lentement, du mouvement d'un grand prédateur paresseux et menaçant; une nouvelle fois.

« Allons-y. »

Il était lointain maintenant.

J'ai refermé le scénario et faisant claquer la couverture, j'ai pris mes clefs dans mon sac et j'ai marché vers la voiture sans m'occuper de savoir s'il me suivait ou non; mais avec la sensation désagréable qu'il pouvait me sauter dessus par-derrière.

Quand il est monté, il a remarqué le drapeau français déchiré qui était toujours en tas sur le siège arrière.

« Eh bien, a-t-il dit en ricanant, je ne savais pas que tu étais attachée à ce pays au point de transporter son drapeau avec toi. Tu le laisses pendre à ta fenêtre la nuit? Ou est-ce que tu dors dessus?

– Je l'ai pris à un clochard », ai-je répondu en me rendant compte trop tard que ce que je disais était encore pire.

Mandla a claqué sa portière.

Personne n'avait envie de parler, et cela me convenait. De façon machinale, j'ai mis une cassette et j'ai monté le son. Un reggae : Bob Marley. Je me suis abandonnée aux rythmes irrésistibles, à la fois sophistiqués et très primitifs. Ce n'est qu'au bout de quelque temps que je me suis rendu compte qu'il écoutait lui aussi et qu'il marquait le rythme du bout des doigts sur son genou. Comme de toute façon je n'avais pas l'intention de lui faire plaisir, j'ai immédiatement arrêté la cassette en serrant les dents et je l'ai remplacée par du Mozart. Un concerto pour cor.

Il m'a regardée méchamment, excédé. « Qu'est-ce que c'est que cette merde? »

Je me suis appuyée sur le dossier, satisfaite. « C'est mon genre de merde. » (Garce!)

Plus personne n'a parlé après ce bref échange. Je refusais de penser à quoi que ce soit et je me concentrais sur la route en essayant de voir quelque chose de chaque côté. C'était bien assez pénible de revenir à Avignon. Avec Paul à côté de moi j'aurais pu supporter la ville. Mais quelque chose de mes premières impressions avec Brian me hanterait toujours. Peut-être parce que cela avait été ma première rencontre avec l'Europe : nous avions à peine atterri à Nice, après une nuit sans sommeil dans l'avion et le voyage en Afrique du Sud, que Brian m'a emmenée à la gare pour prendre le train d'Avignon, sa ville préférée.

Ils sont arrivés à la gare et ont trimbalé leurs deux énormes valises (tout ce qu'elle posséde, tout ce qu'elle a osé emporter est entassé dans son sac à main) dans l'horrible bâtisse jusqu'à l'extérieur. En face d'eux, il y a les murs de la ville avec leurs tours carrées, manifestement restaurées et reconstruites par endroits. C'est la première fois de sa vie qu'elle voit quelque chose de semblable. (Carcassonne est pour plus tard.)

« Je n'arrive pas à y croire, Brian, dit-elle.

– C'est impressionnant, hein?

– Non. Je crois que je trouve ça un peu ridicule. Ces murs n'ont pas dû arrêter grand-chose.

– C'était au Moyen Age, rappelle-toi. A cette époque-là, ils arrêtaient tout ce qui était menaçant.

– Mais pourquoi les gens s'enfermaient-ils ainsi?

– S'ils ne l'avaient pas fait, on les aurait tués. Ils

n'avaient guère le choix. Et ils avaient énormément de choses à défendre : le pape et toute sa cour.

– Si nous allions chercher un hôtel? »

Un porteur lui indique la direction du Syndicat d'initiative; après avoir cherché dans la liste des hôtels et toute la collection de brochures, ils se dirigent vers une adresse qui semble convenir au budget de Brian, en titubant dans les rues sous le poids des bagages.

C'est une pension de famille très agréable, à l'intérieur des murs. La dame entre deux âges et un peu sèche qui les reçoit (robe noire, tablier blanc, chignon gris sur la nuque, lunettes à double foyer) est très accueillante. Puis, sans qu'on sache pourquoi, elle semble changer d'avis.

« Deux chambres?

– Non, une seule », dit Brian.

Les lèvres minces sont serrées.

« Je suis désolée, je n'ai pas de place pour vous.

– Mais, madame, vous venez de dire...

– Allez-vous-en, s'il vous plaît, la bouche plissée comme un anus. Je ne loge pas de gens comme vous. C'est un endroit respectable. »

La vieille terreur, bien connue et paralysante, s'empare d'elle. Ce n'est pas possible! Ils ne peuvent avoir parcouru ces milliers de kilomètres pour rencontrer le même rejet.

Même Brian, d'ordinaire si attentif à ne pas faire d'histoires, est tellement interloqué qu'il ne peut garder son sang-froid. « Madame, dit-il la voix tremblante de colère, vous rendez-vous compte que nous arrivons d'Afrique du Sud? Et vous nous dites...

– Ça ne m'intéresse pas de savoir d'où vous venez, répond la vieille mégère. Vous n'êtes pas mariés et je ne vous laisserai pas partager la même chambre. »

Encore à moitié abasourdis, ils redescendent l'escalier étroit. Ce n'est que lorsqu'ils se retrouvent dans la rue, dans le clair soleil de mai, qu'ils éclatent de rire. Brian le premier, elle ensuite (elle a du mal à sortir de son engourdissement). Il pose les lourdes valises sur le trottoir et s'appuie au mur pour hurler de rire.

« Je croyais... dit-elle, je croyais que c'était à cause de *moi*. Je croyais...

– Ce soir, nous allons boire à sa santé, dit-il en essuyant ses larmes. Il ne faut jamais sous-estimer les Français. Il y a encore beaucoup de protestants dans le Midi.

– Nous n'avons toujours pas d'hôtel, lui rappelle-t-elle.

– Il y en a d'autres sur cette liste. Mais ils sont tous en dehors des murs.

– Ça me va », dit-elle en rassemblant toutes ses forces pour reprendre l'énorme valise marron.

A quelques kilomètres seulement de Saint-Rémy, quand le paysage devient plus ouvert, nous avons croisé un cycliste, un homme en tee-shirt bleu avec une bande jaune sur le côté de son short et un numéro dans le dos. Une casquette bleue qui lui couvrait presque les yeux. Il avait tout le corps penché en avant, les fesses en l'air, et ses jambes musclés pédalaient à mort. Je n'ai pu m'empêcher de rire toute seule. En juillet, quand j'étais venue avec Paul, nous rencontrions un cycliste comme celui-ci à chaque promenade, qui filait comme si la mort elle-même lui avait soufflé dans le cou. Nous n'en avions pas parlé tout de suite, et ce n'est qu'au bout d'une semaine que Paul a dit : « Ma chérie, est-ce qu'on n'a pas déjà vu ce type? » Et de nouveau le lendemain. Alors, nous avons fait attention. Ce ne pouvait être le même à chaque fois, certainement pas. Mais pour nous, c'était toujours pareil. Et Paul, toujours prêt à tout transformer en scénario, a laissé aller son imagination : « Tu vois, Andrea, si j'avais l'occasion d'écrire une comédie, ce serait cela. – Que diable pourrais-tu faire avec un type comme lui? – On peut tout imaginer. » Et il a commencé à inventer : un coureur du Tour de France qui perd le peloton un jour de brouillard dans les montagnes, dans le Ventoux par exemple, et qui se met à pédaler comme un fou, comme une sorte de Hollandais volant, à la recherche de son équipe. Il parcourt toute la France par monts et par vaux, mais chaque fois qu'il arrive quelque part, il découvre que le Tour est déjà passé; et il repart. A la fin, il traverse le temps et l'espace, il traverse les siècles, une poursuite folle, qui n'a plus de rapport avec aucune destination précise, juste pour courir, pour continuer. Paul en avait fait une histoire merveilleuse et compliquée, chaque jour il y ajoutait quelque chose, il inventait au coureur cycliste une destinée, une famille et une carrière, il imaginait toute sorte de détours et d'aventures. Pourquoi cela me revenait-il maintenant? Simplement parce que ce fou était devenu un personnage important de notre voyage d'été? Tout ce que je sais, c'est que ce matin-là, alors que Mandla et moi nous roulions vers Avignon, le cycliste m'est apparu comme un curieux soulagement : un objet auquel je pouvais penser, une personne sur laquelle je pouvais concentrer ma colère, un paratonnerre. En même temps, il y avait quelque chose de rassurant dans sa présence : s'il était toujours dans les parages, en se pressant vers Dieu seul savait quel rendez-vous – une équipe? un comité d'organisation? une ligne d'arrivée? lui-même? – cela signifiait que j'avais encore quelque prise sur l'été, sur Paul, sur la raison qui faisait que j'étais là aujourd'hui.

Non que la pensée de Paul fût très réconfortante. Tout en roulant, je sentais monter mon dépit contre lui. Il aurait dû savoir. Il aurait pu m'épargner cela. (Il aurait dû nous prémunir tous les deux!) Si ma décision et moi-même, nous étions vraiment si importantes pour lui...

Cela confirmait ma solitude. Mais ce n'était pas seulement douloureux : il y a quelque chose de rassurant quand on découvre qu'on peut s'en sortir seul. Et, comme chaque fois que j'avais cette pensée, j'ai entamé intérieurement une conversation, si Mandla n'avait pas été là, j'aurais parlé à voix haute, avec un homme que je n'avais jamais connu, un homme mort depuis longtemps, et cependant plus réel que beaucoup de mes amis. Parce que dans ma pensée, il s'était progressivement mêlé à papa? Ou parce qu'il répondait à un besoin primitif en moi; un esprit bienveillant pour les moments de foi, d'espoir, d'amour; un esprit du mal pour la mauvaise conscience; un amant pour les nuits sans homme? Xhoré, mon ancêtre, que j'avais connu si tard, dans ma vie, grâce à Brian.

– *Grand-père Xhorê, aujourd'hui tu dois m'aider, ils me sukkelent*[1] *encore.*

– *Qu'est-ce qui se passe, Nanna?*

– *J'ai bien le droit d'être seule pour chanter, non? Ces hommes, qui cherchent tous à faire l'histoire, pourquoi ne me laissent-ils pas tranquille? Je suis heureuse d'être en dehors. Je ne veux pas me mêler de ça.*

– *L'histoire m'a aussi tourné le dos, tu sais. On ne choisit pas toujours.*

En l'an 1613 (exact, Brian?), en mai ou à peu près, le capitaine du navire anglais *Hector* a pris à son bord deux hommes, des Khoikhoi, au Cap. Personne ne sait comment il a réussi à les persuader. A-t-il employé la force? Les a-t-il enivrés? Les a-t-il trompés avec du fil de cuivre et des perles et, sans aucun doute, du tabac? Quoi qu'il en soit, quand ils ont repris leurs esprits, la montagne de la Table disparaissait au loin, et sa tête sombre et morose était enveloppée d'un turban de brume. Un des hommes est mort très vite, « de pur dépit », a dit l'Anglais. L'autre a résisté. C'était mon grand-père Xhorê. Ils l'ont gardé à Londres pendant

1. Africanisme. *Sukkel* en afrikaans, mot à mot : lutter, se battre. Ici : « ils m'ennuient ». *(N.d.T.)*

six mois, dans la maison, si je me souviens bien, du gouverneur de l'East-India Company, où on l'a traité comme un singe apprivoisé, avec une chaîne de cuivre autour du cou, des attaches partout, les plus jolis vêtements, des plumes à son chapeau et tout. On lui a aussi appris l'anglais. Mais Xhorê était têtu comme une mule. Au lieu d'apprécier ce qu'on faisait pour lui, il restait couché par terre en gémissant dans son mauvais anglais : « Xhorê chez lui retourner, Cap retourner, chez lui retourner. » A la fin, ses bons maîtres en ont eu tellement assez de lui qu'ils l'ont mis sur un bateau qui allait au Cap. Dès qu'il a posé le pied sur son rivage, il a déchiré tous ses vêtements et ses bijoux de cuivre, il a repris son vieux *kaross*[1] en peau de mouton, il s'est accroché autour du cou les rituels intestins séchés, il s'est frotté le corps au *buchu* et à la graisse de mouton, et s'est sauvé en courant. Comme un chien qui retourne à ses vomissures, ont dit les Anglais, et une truie se vautre dans le bourbier (seconde épître de Pierre, 2, v. 22).

Quelle ingratitude! La première chose qu'il a faite a été d'avertir les membres de sa tribu que le cuivre ne valait rien en Angleterre et qu'ils devaient se méfier des marins et des marchands qui à l'avenir essaieraient de leur échanger leurs moutons.

Mais une chose étrange est arrivée : les Anglais avaient à peine levé les voiles que Xhorê a eu envie de repartir. De temps en temps il mettait ses parures de cuivre et paradait devant sa tribu. Puis il a essayé d'aménager sa maison comme celle d'un Anglais. Les autres riaient. Il semblait ne plus appartenir nulle part. La fin, je pense, était prévisible. Un jour, un navire hollandais a jeté l'ancre dans la baie, il y a eu une dispute entre les marins et les membres de la tribu de Xhorê; il trouvait qu'il n'était pas traité avec le respect qui lui était dû et il a refusé de leur fournir les

1. Couverture de peau. *(N.d.T.)*

provisions qu'ils demandaient. Ils l'ont pendu sur la plage : les Hollandais n'ont pas supporté un *Hotnot*[1] effronté.

Depuis que Brian m'a raconté cette histoire, une pensée ne m'a pas quittée : quand ils l'ont finalement pendu, portait-il ses parures de cuivre ou ses peaux, ou les deux à la fois? Cela aurait été très différent de le savoir avec certitude.

Tu n'aurais jamais dû revenir, grand-père Xhorê. (Aurais-tu mieux fait de rester sur ton précieux tapis anglais à pleurer toutes les larmes de ton corps?)

Brian se servait toujours de cette histoire comme introduction à un discours sur l'exploitation. Il a été surpris que je veuille en savoir plus sur Xhorê lui-même. (Quel âge avait-il? Etait-il marié? Avait-il des enfants? Où vivait sa tribu, où partaient-ils en migration en suivant les saisons? N'y avait-il rien de plus sur son séjour en Angleterre? « Ce n'est pas vraiment important, Andrea. Ce qui compte, c'est l'incident, le cas historique. Une démonstration classique de conflit culturel. Nous ne savons rien de l'homme – et nous n'en avons pas besoin.

« *Moi,* je veux savoir. Et s'il était vraiment mon ancêtre?

– Ce serait un peu tiré par les cheveux. Je plaisantais.

– Pour moi, il est aussi important que Sir Francis Drake pour toi. »

Il éprouvait un tel plaisir pervers à me raconter comment il avait retrouvé Sir Francis, caché quelque part, derrière une branche illégitime de son arbre généalogique. C'est pour cela que Le Cap exerçait une telle attirance sur lui, disait-il en plaisantant, cette chose si majestueuse, le plus beau Cap sur toute la circonférence de la terre, *et cetera.* J'ai parlé de perversité parce que Brian était issu de la classe

1. Déformation de Hottentot; terme péjoratif. *(N.d.T.)*

ouvrière et en était fier; il « s'était fait tout seul »; son père était plombier. Sa mère avait reçu une meilleure éducation et était professeur. Il n'était jamais aussi virulent qu'envers le système de classes en Grande-Bretagne; mais quand il avait trop bu – ce qui était sa faiblesse – il pérorait sur son unique ambition, devenir professeur à Oxford.

J'aimais Brian. Sinon, je n'aurais pas fait ce que j'ai fait. Peut-être que, si je le rencontre de nouveau, j'aurai toujours un faible pour lui (seulement, je saurai ne pas y céder) : Brian avec son corps mince et ses pommettes saillantes, ses cheveux dans les yeux, les manches de sa veste toujours trop courtes, ses longues mains; j'étais fascinée par ses mains, les ongles rongés jusqu'à la racine, les articulations noueuses, les veines bleues sur le dos. Il ressemblait à un moine médiéval comme je l'imaginais, aussi dur que fin, avec un regard ardent et des yeux sombres au milieu d'un visage très pâle; et j'étais amoureuse de sa voix, tellement plus grave qu'on ne pouvait s'y attendre chez un homme d'apparence si fragile. C'est peut-être à cause de cela que je l'avais remarqué en premier : la façon dont je pouvais l'écouter pendant des heures. J'avais une telle faim de tout ce dont il me parlait. L'histoire, sa passion des faits, ses croisades pour les grandes causes. Son amour de la musique. Mozart. Il me faisait lire, il me faisait écouter des disques pendant des nuits entières. Et la facilité avec laquelle il passait d'une discussion animée ou d'une audition de musique, à l'amour. Quand on le rencontrait, on n'aurait jamais cru qu'un homme érudit, si « abstrait », si ascétique pouvait être si passionnément concerné par les choses physiques. Son corps merveilleux quand il me prenait. Les extrêmes en lui, jusqu'à dans sa façon de faire l'amour : assez de tendresse pour me faire pleurer; et cette violence, cette fureur sauvage avec laquelle il pouvait m'épuiser, me briser, m'empaler. Un démon en lui, quelque chose qui devait être dépensé. Ce qui est arrivé plus tard : comme si le corps était trop fragile pour le feu qui le consumait. Un désir destructeur très compréhensible, comme s'il pouvait m'assassiner d'amour. Mais je crois qu'à la fin, c'est lui qu'il a détruit.

Au Cap, je n'en avais aperçu que les limites et je n'imaginais pas très bien combien cela pouvait aller loin. Ce qui nous est arrivé a semblé enlever le couvercle. Pendant quelque temps il a toujours pu tout contrôler. Pendant notre longue traversée du pays, quand tout était fini, il parlait à peine; il restait assis à côté de moi, pâle et tendu, n'arrêtant pas de fumer. Mais ici, en Provence, tout a éclaté.

Dans les années qui suivront, elle ne se rappellera pas beaucoup des détails du voyage avec Brian, et la plupart de ses souvenirs se transformeront en images délavées. Derrière les attraits touristiques de la randonnée, le cours souterrain de « leurs » vies, privées et douloureuses, dont ils préfèrent ne pas parler, effrayés intuitivement par ce qui peut venir à la lumière. Ils errent dans la chaleur excessive et inhabituelle du début de l'été, ils explorent les châteaux et les cathédrales, les murailles et les ruines; ils boivent du pastis à la terrasse des cafés, à l'ombre des platanes, des mûriers et des noyers, ils lisent des inscriptions sur des tombes dans des cimetières balayés par le vent et entourés de cyprès noirs; ils sautent souvent le repas de midi afin de mieux goûter la gastronomie méridionale au repas du soir – pâté, crevettes, aïoli, bouillabaisse, ratatouille, tomates farcies, agneau au thym ou au romarin, cassoulet, veau à la moutarde, filet au vinaigre de cerise, fruits à l'armagnac. (Quelquefois, sans prévenir, elle le choque avec un besoin violent et vulgaire de hamburgers, de chips, avec beaucoup de sauce tomate. Bien des années plus tard, même après avoir rencontré Paul, elle cédera encore de temps en temps à ces formes de nourriture qu'il trouve révoltantes.) Ils passent leurs journées dans des villes anciennes avec des ruines romaines – des arènes, des temples, des aqueducs, des théâtres – et des vestiges des guerres de religion. Mais derrière tout cela, laissé intact par ce qui se passe en surface, il existe un « nous » précaire, conscient d'un « nôtre », également précaire.

De brefs moments. Quelque chose qu'elle n'essaiera de définir que bien longtemps après que cela se sera passé : elle est assise sur une terrasse et elle l'observe qui choisit des cartes postales dans un présentoir à tourniquet. Une mèche de cheveux devant les yeux, comme d'habitude. Les bras minces marqués de taches de rousseur qui pèlent à cause du soleil. La chemise bleu ciel qu'elle a lavée la veille au soir. Et la découverte soudaine : te voici, ma vie est liée à la tienne, et pourtant, qu'est-ce que je sais de toi? Tu es debout devant moi en ce moment, et je ne sais même pas ce que tu ressens. (Et la réciproque est tout aussi facile à imaginer : Brian qui quitte leur chambre, un matin de bonne heure, qui revient avec du lait, du pain et du fromage, et qui la retrouve toujours endormie, ce qui lui permet de l'observer : un bras sur le front; la peau sous le bras légèrement plus claire; ses joues plus sombres comme si elle rougissait; la courbe de ses épaules; ses yeux fermés; le drap qui a glissé en découvrant ses petits seins haut placés; sa peau couleur d'amande. Tout cela qu'il connaît si bien, et qui pourtant reste si lointain dans son sommeil, si étranger, si impossible à connaître; et il se sent comme un intrus qui a violé son intimité par le seul fait d'être là.)

C'est à Montbrun, un petit village perché sur une colline, de l'autre côté du mont Ventoux, que, dans une rare occasion, leur vie privée émerge de la surface étale de leurs jours. Comme si une marée s'était soudain retirée, en découvrant des rochers d'ordinaire engloutis. Et cela arrive de façon tout à fait banale. (Il est vrai qu'il y avait eu un avertissement dans le Roussillon.) Ils passent quelques jours dans un hôtel aux abords du village, construit dans l'ombre de grands arbres et entouré de champs de lavande et de plaines parsemées des taches rouges des coquelicots. Une petite chambre sombre, avec seulement de l'eau froide, des tuyauteries qui se mettent à gronder et à vibrer à des heures inattendues et qui leur donnent l'impression de vivre à l'intérieur d'un orgue immense, dans une église. Mais ils disent que c'est « chez nous », un petit endroit où ils peuvent se retirer le soir après des journées étouffantes. Puis un matin, alors qu'ils sortent pour le petit déjeuner, la veuve qui dirige l'hôtel les attend dans le couloir et leur dit sèchement de faire leurs valises et de partir, car la chambre a été retenue par d'autres.

« Mais, madame! dit Brian. Vous aviez dit que nous pouvions rester une semaine.

– Désolée, la chambre était retenuc dcpuis longtemps », répond la vieille chouette, et sa voix montre nettement que sa décision est sans appel.

Livide, mais contenant sa colère, il retourne dans la chambre. Andrea le suit jusqu'à la porte.

« Qu'allons-nous faire maintenant? demande-t-elle.

– Nous n'avons pas le choix. Nous n'avons qu'à ôter de nos chaussures la poussière de cette saleté d'hôtel.

– Tu crois que c'est à cause de moi?

– Pour l'amour du Ciel, ne reviens pas là-dessus, dit-il, ennuyé. Nous sommes en Europe, pas en Afrique du Sud. »

Ses yeux sombres lancent des flammes, mais elle se contrôle.

« Quelle autre raison peut-elle avoir?

– Elle a sûrement trouvé des gens qui voulaient la pension complète. On ne paie que la chambre et le petit déjeuner. On voit bien qu'elle est pingre.

– Tu vas la laisser faire?

– Tu ne voudrais quand même pas que je fasse un scandale dans un hôtel de passage. On a sa dignité.

– De quelle dignité parles-tu si tu cèdes devant cette vieille peau?

– Andrea. » Il soupire. « Si on doit se battre, il faut être sûr que ça en vaut la peine. Et pas pour n'importe quelle bagatelle.

– Tu appelles ça une bagatelle, alors que nous sommes mis à la porte comme des lépreux?

– Allons...

– Tu ne veux pas me répondre?

– Pourquoi ne fais-tu pas les valises pour qu'on puisse partir?

– Fais-les toi-même tes saletés de valises. » Elle s'en va, excédée. La patronne rôde dans le couloir, sans aucun doute pour s'assurer qu'ils ne vont pas filer sans payer. « Vieille vache », grogna Andrea en afrikaans.

Elle sort pour attendre Brian, et s'installe sur les marches de l'entrée, le dos très droit.

Il arrive après un long moment, en se débattant avec leurs sacs et toutes sortes de choses sur ses épaules; d'un coup d'œil elle se rend compte qu'il n'est pas de bonne humeur. La vieille patronne est derrière lui, et marmonne à mi-voix contre elle.

« Où allons-nous maintenant? demande Andrea sans se lever.

– Je ne sais pas. Il y a peut-être un autre hôtel dans le village. »

Elle ne fait aucun effort pour l'aider, et marche devant lui, en le laissant traîner les bagages dans la montée.

Heureusement, il se trouve qu'il y a un autre hôtel sur le versant de la colline. L'hôtel des Voyageurs. Il a manifestement connu de meilleurs jours, la peinture s'écaille et l'enseigne au-dessus de la porte est passée au soleil; mais les gens sont chaleureux et amicaux et c'est moins cher que l'hôtel de la vallée. Ça ne change pas beaucoup leur humeur. Elle le suit au premier étage jusque dans une grande chambre grise où elle défait les sacs en silence tandis qu'il s'assoit devant un secrétaire boiteux et il se met à écrire furieusement.

« Qu'est-ce que tu écris? lui demande-t-elle après quelque temps.

– Une lettre à la vieille sorcière pour lui dire ce que je pense de ses manières.

– Tu es très courageux. »

Il s'emporte.

« Qu'est-ce que ça signifie?

– Pourquoi ne lui as-tu pas dit en face?

– Cela aura plus d'effet par lettre.

– Oh! Vraiment?

– Andrea, pourquoi ne me laisses-tu pas faire? »

La colère lui coupe la respiration. Sans essayer de rien ajouter, elle sort de la chambre, descend l'escalier, parcourt les rues étroites et sort du village. Elle passe le sommet de la colline couverte d'herbe et de coquelicots, franchit les murs à demi restaurés du vieux château, et redescend sur l'autre versant. Ce n'est que beaucoup plus tard, quand il y a un violent coup de tonnerre, qu'elle se rend compte qu'elle est allée très loin. Le ciel est entièrement couvert de nuages. Elle n'a pas fait cent mètres sur le chemin du retour que l'orage éclate.

Sa première impulsion c'est de se mettre à courir vers le village sur la colline, là-bas; mais elle s'aperçoit vite que c'est inutile. Quoi qu'elle fasse, elle sera trempée jusqu'aux os avant d'arriver. Sa fureur commence à la quitter et laisse la place à une sorte de feu liquide qui coule dans ses veines, une joie exubérante à cause de la pluie qui transperce ses vêtements, qui colle son jean et son chemisier à sa peau, et ses cheveux sur ses joues et son front, et qui lui coule abondamment dans la bouche. Elle renverse la tête, avale la pluie et reste ainsi pendant plusieurs minutes jusqu'à ce qu'elle soit étourdie. Elle recommence à marcher, très lentement maintenant, comme si à chaque pas elle essayait d'enfoncer des racines dans le sol détrempé. Après ce qui semble des heures, trempée jusqu'aux os, elle atteint l'entrée de l'hôtel, où elle essaie en vain de s'égoutter avant d'enlever ses chaussures et de s'élancer au premier.

« Que s'est-il passé? demande Brian, épouvanté, quand il la voit. Regarde-toi!

– Je suis mouillée, je suis complètement trempée. C'est merveilleux. » Mais elle a les dents qui claquent de froid. Avec difficulté, elle se déboutonne et enlève ses vêtements, puis elle se frotte avec la petite serviette de l'hôtel, jusqu'à ce que tout son corps soit rouge. Et sans plus de façons, elle se glisse nue dans le lit.

« Tu ne viens pas me réchauffer? » demande-t-elle d'un ton provocateur et elle le regarde se déshabiller. Son corps anguleux, comme celui d'un moine; l'érection qui n'a jamais cessé de la stupéfier parce qu'elle semble tout à fait extravagante comparée au reste de sa personne. Il déverse toute son agressivité contenue sur elle, tandis qu'à l'extérieur, il pleut sans arrêt; plus tard, du plafond tombent des gouttes d'eau, juste sur le lit, et il est obligé de se lever et d'ouvrir un parapluie au-dessus d'eux.

« Cela signifie dix ans de malheur, dit-elle en riant. C'est ce que maman prétendait. Mais plutôt ça que d'être encore mouillée. Viens, prends-moi dans tes bras. »

Plus tard, il dort, le temps s'éclaircit, elle s'assoit dans le lit, le parapluie rouge et ridicule est toujours ouvert au-dessus d'eux, une fleur indiscrète épanouie dans la chambre grise et terne; elle regarde son visage endormi, la bouche un peu gâtée et les rides de colère adoucies dans le repos. Comme c'est facile pour lui, j'ai gémi sous son assaut et il est satisfait. Mais moi...? Nous n'avons pas beaucoup parlé aujourd'hui et pourtant quelque chose qui nous menaçait depuis longtemps (Avignon, Roussillon...) s'est finalement avancé et nous l'avons reconnu. Un animal nous a montré les dents.

Le pire c'est que, précisément pour cette raison, elle a plus que jamais besoin de lui. Ce n'est peut-être que temporaire. Mais cela se manifeste avec une urgence et une violence qui la troublent beaucoup plus profondément qu'auparavant.

Quand ils sortent, en fin d'après-midi, en admirant le spectacle du monde détrempé et resplendissant, ils découvrent un cirque qui a dû arriver pendant l'orage; on est en train de dresser une tente sur la place boueuse, derrière l'hôtel. Des hommes torse nu enfonçant des piquets de fer dans la terre gorgée d'eau. Sur un côté, il y a une rangée de cages entourées d'une horde d'enfants du village qui importunent les animaux. Un lion solitaire, la crinière déplumée, la gueule sans dents et les flancs pelés à cause d'une maladie de peau, est couché sur sa paille humide et puante, et regarde d'un œil totalement apathique la bande de gosses qui ricanent en l'agaçant avec des badines et des pierres : aucune trace de majesté dans la grande tête, rien qu'une terrible lassitude, et une expression d'hébétude dans ses yeux jaunes. (Où l'ont-ils trouvé en Afrique? Se souvient-il encore de quelque chose? Depuis combien de temps a-t-il abandonné toute résistance?) Un chacal décharné. Un loup galeux avec un œil blessé entouré d'un essaim de mouches. Deux singes timides, les pouces coupés, qui tendent leurs mains minuscules entre les mailles de leur cage comme de petits mendiants. Un des enfants tient un morceau de fil de fer barbelé avec lequel il leur pique les côtes pour qu'ils réagissent; quand ils ont mal, ils poussent de faibles gémissements, mais c'est tout. Un sanglier à genoux dans un petit enclos, qui cherche des truffes dans les excréments et la paille humide.

« Tu veux qu'on vienne voir le spectacle ce soir?

– Merde, répond-elle. Allons-nous-en. »

Et c'est la fin de cette unique petite pause de la journée. Cette nuit-là, après le dîner, et après s'être de nouveau soumise à l'affirmation de sa virilité, elle doit presser une main sur sa bouche et en mordre la paume pour ne pas crier, pour ne pas vomir. Pas à cause de lui – Dieu non, qu'a-t-elle dans la vie en dehors de lui? s'il devait la laisser ici, que deviendrait-elle? elle ne parle même pas la langue – mais à cause de tout ce qu'elle ne peut plus dominer. A cause d'elle-même, obligée de rester allongée bras et jambes écartées sous lui dans un lit étranger. A cause de la pluie et du soleil. Tout ce qu'elle a perdu à jamais : deux vieux qui traînent les pieds dans la chambre d'à côté; le tintement du pot de chambre; la brosse à cheveux de sa mère; son petit frère; son père mort; Xhorê, le lointain ancêtre, qui rampe sur un tapis anglais.

Quand le vacarme du cirque s'est tu depuis longtemps, quand Brian a sombré dans un sommeil satisfait, dans la nuit noire où rien ne bouge, une plainte profonde vient à elle, un bruit qu'elle n'a jamais entendu de sa vie mais qu'elle reconnaît immédiatement. Pas un rugissement; le vieux lion n'en est plus capable. Une simple plainte. Mais il y a en elle une telle force horrible et vaine qu'elle lui tire des larmes. L'Afrique, l'Afrique!

Du tourisme ininterrompu. Après cette expérience nous ne sommes plus jamais restés au même endroit pendant trop longtemps. On apprend. *Avance toujours, ne t'arrête pas, sinon tu seras rattrapée.* Une suite de petites chambres pas chères qui sentaient le renfermé, dans la chaleur précoce du Midi; parfois la pluie ou le mistral nous obligeaient à rester à l'intérieur, coincés dans nos cages, et ne nous laissaient qu'une issue. Mais j'étais devenue experte dans l'art d'éviter les propositions de Brian – sans qu'on le voie trop, évidemment, car je ne voulais pas le blesser sans raison. Mais, dans son agressivité et son recours de plus en plus fréquent à la boisson, je voyais la marque de son abandon. Il lui était tout à fait impossible de s'en sortir comme moi; ses espérances avaient été mises en échec, encore plus que les miennes. Cela me terrifiait. Si je ne pouvais pas compter sur lui, que me restait-il?

D'où l'activité incessante de nos journées. Nous retournions chaque pierre, nous visitions chaque musée et chaque église qui étaient sur notre route, comme si notre vie dépendait de l'accumulation de nouvelles connaissances sans intérêt. Brian ne se contentait jamais de choses superficielles. Chaque fait historique devait être creusé, même si cela coûtait des heures de sueur dans d'obscures bibliothèques de village ou de Syndicats d'initiative. Pour *savoir*, pour découvrir. En quelle année cette ruine avait-elle été construite, quand avait-elle été restaurée, quels événements importants y avaient eu lieu? J'en aurais hurlé de frustration. Mais pour garder intactes le peu de choses qui nous restaient, je me jetais aussi sur les faits et les objets. Nous « faisions » les villes les unes après les autres; et le soir, il passait encore des heures à noter ce que le jour lui avait permis de découvrir. (M'étais-je alignée sur lui?)

En plein milieu du voyage, alors que nous étions à Saint-Rémy, mes règles devaient commencer. Mais elles ne sont pas venues. (Je ne prenais pas encore la pilule et je devais compter sur des ovules car Brian ne supportait pas les préservatifs.) D'abord, je ne lui ai rien dit, j'ai compté les jours en repoussant de plus en plus brutalement ses élans amoureux, ce qui le rendait encore plus tendu et irritable. Quand j'ai eu huit jours de retard, juste après notre arrivée à Aix, je lui ai enfin dit. Il a réagi de façon très impulsive :

« Alors il vaudrait mieux rentrer à Londres le plus vite possible afin de faire quelque chose. »

Ce qui pouvait m'arriver de pire à ce moment-là, c'était un bébé; mais sa réaction m'a rendue folle.

« Alors tu ne veux pas de mon enfant?

– Mais on ne peut pas en avoir actuellement, Andrea.

– En Afrique du Sud tu n'arrêtais pas de me parler des garçons et des filles que nous aurions.

– Plus tard, Andrea. Quand nous serons installés. Dès que nous y verrons plus clair. Pas maintenant. »

Et il a ajouté avec une sorte d'impatience : « Tu en es bien sûre?

– Je sais compter. » J'ai respiré profondément pour rester calme. « Mais je pense qu'il y a aussi des médecins à Aix.

– Oui, mais... » Il s'est repris. « Andrea, je t'en prie, comprends-moi. Je t'aime. Pourquoi crois-tu que je t'ai amenée de si loin? C'est à toi que je pense...

– Ce n'est pas l'impression que j'avais. »

Il est venu vers moi et a doucement posé la paume de sa main sur mon ventre. J'ai reculé comme si un serpent m'avait mordue. « Ne me touche pas! Si tu veux faire quelque chose pour moi, va chercher un médecin. Mais ne pose pas tes mains sur moi. »

J'ai vu qu'il avait envie de me répondre; mais grâce à Dieu il n'en a rien fait. Il a fait venir un médecin l'après-midi même. Comme je ne comprenais pas le français, Brian a dû rester pendant l'examen. J'avais toujours pensé que j'aimerais l'avoir près de moi si j'accouchais un jour; mais tout était différent. Je ne m'étais sentie aussi humiliée qu'une seule fois dans ma vie : cette nuit, chez le chirurgien au Cap. Peu importait que je connaisse bien Brian, ou le nombre de fois où j'avais mis mon corps à sa disposition – et pourtant, c'était un explorateur intrépide! il n'y avait pas un recoin ni une fente qu'il ne connaissait intimement – il m'était insupportable de rester allongée comme ça, nue à partir de la taille, les genoux relevés pour permettre au médecin de m'ausculter et de plonger ses doigts gantés en moi, tandis que Brian essayait de traduire le plus cliniquement possible.

Ce n'était qu'une fausse alerte. Mes règles ont commencé deux jours plus tard, un flot régulier qui s'écoulait simplement comme pour ôter de mes entrailles le dernier soupçon de ce qui aurait pu être l'enfant ou la semence de Brian.

Ce qui était étrange – ça ne l'était peut-être pas? – c'est que pendant toute cette semaine il a été plus proche que pendant les premiers jours de notre amour, plus attentif, plus prévenant, toujours aussi tendre. (Et, Dieu, comme je l'aimais!) Il me laissait, il me forçait presque à rester au lit tard le matin. Il m'apportait des fruits. Il déterminait un itinéraire afin que ce ne soit pas trop fatigant pour moi. De petites attentions qui faisaient que je l'aimais et le repoussais à la fois. Je n'étais pas malade! Je n'avais rien de détraqué. Même si ma féminité était une calamité.

Je suis devenue plus sensible au paysage. Avant ce n'était qu'un espace intermédiaire entre deux villes. Maintenant, peut-être parce que nous nous trouvions dans la vallée du Rhône et les Alpilles, la terre elle-même m'a comme ensorcelée. Quand nous voyagions en autocar, je voulais descendre à chaque village; si nous faisions du stop, je demandais au chauffeur de s'arrêter au bout d'un kilomètre ou deux, souvent à la plus grande gêne de Brian. Il fallait que je sorte au grand air, que je me promène, que je m'assoie sur une pierre ou que je m'allonge sur l'herbe, il fallait que je regarde tout, que j'écoute les insectes dans les buissons, que je respire. D'une façon inexplicable, je me sentais chez moi. Le paysage ressemblait tellement à celui du Boland, il était si familier, comme si j'y avais grandi. Les couleurs des vignobles, des champs de blé, des montagnes, de la terre labourée. Les signes de l'irrésistible fertilité du sol malgré la dureté du paysage : rien de doux ou de luxuriant, tout essentiel, mâle, musclé, osseux, dur.

En même temps, c'était différent des paysages de là-bas. Le chant des cigales était différent. La lumière était différente, plus fluide, comme du miel. Mais la différence allait bien au-delà. Même aujourd'hui, je ne peux pas tenter de l'expliquer : le sentiment peut-être de quelque chose de si ancien sur la terre chez moi que les êtres humains y semblent étrangers, accidentels. Au cours de ce voyage à travers le pays avec papa – le silence du Karoo, un silence d'une innocence absolue – nous étions une intrusion presque obscène dans cet univers aride. Ici, en Provence, j'étais aussi consciente de la terre primitive, mais ici le sens de l'âge venait de l'expérience que l'homme en avait. Les signes étaient partout – ligures, celtes, phénicens, grecs, romains, goths, francs : Brian m'expliquait tout consciencieusement – les traces de notre propre antiquité. Ici les gens n'avaient pas seulement coexisté avec la terre, mais ils s'y étaient profondément enracinés. Les visages et les corps même des paysans ressemblaient à la pierre, aux oliviers battus des vents, au silex et au grès. (Les Khoikhoi avaient peut-être été comme ça, ces hommes-des-hommes auxquels Xhorê avait appartenu. « Mon peuple. » Mais tous étaient morts. Ils avaient été exterminés de la surface du monde. Ceux qui étaient venus après eux étaient toujours étrangers au pays.)

Parfois, quand on était dans la campagne, des gens passaient. Un vieil homme à bicyclette. Un jeune fermier sur son tracteur. Deux femmes qui travaillaient dans les champs. Invariablement ils nous saluaient chaleureusement, s'arrêtaient pour échanger quelques mots avec Brian. Bien sûr, je devais rester derrière, puisque je ne comprenais pas un mot de leur langue. A la longue, c'est ce qui m'a le plus troublée : cela confirmait que ce n'était pas du tout mon pays; je restais exclue, marquée comme étrangère. Avant d'espérer retrouver un sentiment d' « appartenance », je devrais apprendre la langue.

Dès que nous serions installés à Londres...

Ce besoin, lui aussi, commença à nous pousser. Et

tout ce qui se passait souterrainement entre Brian et moi. De plus en plus souvent, quand nous avions trouvé un endroit pour nous arrêter dans un nouveau village – toutes ces petites cachettes semblables et oppressantes – nous allions nous promener séparément : lui, invariablement à la recherche de monuments historiques, moi me dirigeant vers la campagne, vers les certitudes voluptueuses des pierres et des coquelicots. Quand nous rentrions dans notre chambre, nous faisions l'amour de façon plus sauvage qu'avant, des accouplements farouches dans des pièces ternes et chaudes comme des serres, comme pour prouver dans les marques laissées par les dents et les ongles que nous avions encore prise sur quelque chose de plus en plus insaisissable, un bonheur plus innocent.

Innocent! Mais au début de notre amour, là-bas en Afrique du Sud, tous nous avait désignés comme coupables. Cependant il y avait eu cette féroce innocence, au moins rétrospectivement. Maintenant cela changeait. Nous étions deux gouttes de pluie sur le pare-brise d'une voiture qui roulait, réunies par le vent, tremblantes mais ensemble; quand la vitesse diminuait elles se séparaient, comme des larmes. Ce n'était que le mouvement, l'accélération désespérée qui créaient la violence qui pouvait les maintenir ensemble.

Je lui demandais parfois : « Pourquoi m'as-tu amenée en Provence? Pourquoi ici?

– Je pensais que nous serions heureux.

– Mais pourquoi ici, Brian, et pas quelque part ailleurs?

– Parce que c'est si loin de tout. C'est comme une île. Personne n'attend ni n'exige rien de nous.

– Nous serons toujours en train de courir! » Alors il se versait un autre verre – il avait pris l'habitude de rapporter des bouteilles dans la chambre – avant de répéter de façon énergique : « Bien sûr, nous sommes en train de courir. Mais merde, nous essayons seulement de reprendre pied. Un petit repos avant d'aller à Londres et de commencer notre vie commune.

– C'est une curieuse conception du repos.

– Andrea... » A cause de l'alcool, la douleur dans ses yeux était comme nue. « Nous sommes heureux, n'est-ce pas? Dis-moi que tu es heureuse. »

Parfois, j'obéissais, par égard pour lui, et ensuite je me méprisais. Parfois, c'était par égard pour moi aussi, parce que je ne savais pas ce que je devrais affronter si je disais non. A de très rares occasions, j'avais le toupet de le quereller.

« Pourquoi m'as-tu amenée ici, Brian? Qu'y a-t-il en Provence qui t'attire aussi fortement?

– Parce que je la connais. Parce que j'y suis déjà venu. Parce que j'ai été heureux ici, autrefois.

– Tout seul?

– Pourquoi me demandes-tu ça? Evidemment, j'étais seul.

– Tu en est bien sûr? » Chaque fois.

Et un soir, vers la fin de notre voyage (mais nous ne le savions pas encore), de retour à Avignon, j'ai réussi à l'entraîner assez loin : parce que cette fois, mon désespoir était suffisamment profond pour l'obliger à aller aux limites de lui-même. Ou peut-être que cela est arrivé parce qu'il avait bu encore plus que d'habitude.

Une journée désastreuse depuis le début. Pendant toute la nuit, une querelle épouvantable entre le patron de la pension et sa femme nous avait tenus éveillés jusqu'au petit matin (des hurlements, des injures, des bouteilles qui se cassaient, des meubles qu'on renversait, comme certaines nuits quand son père était à la maison, en particulier si les grands-parents tentaient d'intervenir); et, quand elle se lève ce matin-là, elle trouve les toilettes bouchées. Elle va se plaindre – Brian est plongé dans ses brochures et ses revues pour préparer une nouvelle excursion – et le patron avec un œil au beurre noir et des griffures sur le visage se montre immédiatement agressif; et tout cela parce qu'il doit lui parler anglais : « Vous, les femmes, vous mettez toujours ce qu'il ne faut pas dans la cuvette. Vous ne lisez pas la notice qui est sur la porte. Alors vous venez me demander de les déboucher! » Quand finalement ils partent en excursion par la plus petite porte de la ville, loin des grandes avenues, vers le quartier plus « coloré » en dessous du palais des Papes, ils sont accablés par la vie bruyante et sordide des petites rues. Des vieilles femmes avec des châles noirs installées devant leur porte, qui cousent ou qui font du crochet; une jeune femme robuste accroupie devant chez elle, qui se coupe les ongles des pieds; de petits garçons qui poussent des cris, qui courent, qui escaladent les murs effondrés; des chiens qui chient en pleine rue. Dans les coins reculés, ils rencontrent des gitans à la peau noire – des hommes au regard fuyant; des femmes vieillies avant l'âge, enveloppées dans des haillons aux couleurs criardes; des enfants à demi nus, d'une beauté incomparable – tapis comme des animaux à moitié sauvages dans les portes et les coins, attendant le moment de sortir comme des rats pour mendier auprès des passants. Si vous êtes en groupe, ils s'écartent du passage; mais, si vous êtes seul ou en couple, ils se précipitent autour de vous. Troublée et déprimée par eux, Andrea presse Brian pour qu'il l'emmène loin d'ici et ils fuient la puanteur et l'obscurité des ruelles sombres vers l'air libre, au-delà des murs, sur les berges du fleuve. Mais, là, il se passe quelque chose de pire : un gitan dans l'ombre des murs se met en colère contre sa femme, il la traîne de derrière une rangée de poubelles et la frappe avec sa large ceinture cloutée. Andrea stupéfaite hurle à l'homme d'arrêter, mais il ne l'écoute pas. Elle saisit

Brian par le bras : « Arrête-le, pour l'amour de Dieu! Arrête-le, il va la tuer!

– C'est inutile d'intervenir auprès d'eux, Andrea.

– Tu préfères lui écrire ensuite? » lui lance-t-elle. Et, sans attendre sa réponse, elle se précipite vers les gitans et essaie de protéger la femme. Comme récompense elle reçoit un coup de ceinture en travers du visage. Un peu étourdie, elle recule en chancelant. Avant qu'elle ait pu reprendre son souffle, la gitane se rue sur elle, les ongles en avant. Tandis qu'elle essaie d'esquiver, elle aperçoit Brian qui s'approche avec précaution en leur criant d'arrêter. Dans sa voix, elle reconnaît non seulement la colère mais aussi la peur. Elle s'attend à ce que le gitan s'avance vers Brian; à sa plus grande stupéfaction elle le voit reculer. Dans une attitude servile, héritée de plusieurs générations et de plusieurs siècles, l'homme sombre se fait tout petit devant l'Européen et pourtant la haine qui brille dans ses yeux ne peut tromper personne.

« Viens », dit Brian en l'entraînant avec lui.

De loin, elle se retourne et voit le gitan qui lève à nouveau le bras avec la lourde ceinture et la femme accroupie à ses pieds comme un misérable paquet, qui attend les coups.

Vaincue par la rage et le désespoir, elle éclate en sanglots.

« C'est tout ce que tu as gagné pour ta peine, dit Brian toujours haletant à cause de l'effort et de l'émotion. Ce n'est pas comme ça que tu supprimeras le mal de sur la terre. Tu ne comprends pas? » Presque effrayé, il tend le doigt vers sa joue blessée qui saigne.

« Non, dit-elle dans un sanglot, en repoussant sa main. Et je jure devant Dieu que je ne veux pas comprendre.

– Allez, calme-toi maintenant, s'il te plaît. » Stupéfait, il essaie de la consoler en lui posant le bras sur les épaules, mais elle se dégage.

Ensuite (cela la fera penser à autre chose, lui assure-t-il), il y a l'interminable visite du palais des Papes, au milieu d'une foule de touristes anglais qui se bousculent et qui suent; parfois, Andrea se sent presque dominée par la claustrophobie, mais il est impossible de s'enfuir. Avec les meilleures intentions, Brian la tient fermement près de lui. Une fois à l'intérieur, on ne peut qu'avancer, à un endroit déterminé par le troupeau de moutons dans lequel ils sont pris, accompagnés par la voix bourdonnante du guide, ses astuces et ses plaisanteries éculées comme de vieilles chaussures. Elle renonce à toute résistance et s'abandonne à la migraine qui bat derrière ses yeux tandis qu'ils traînent les pieds d'une pièce dans l'autre; certaines sont nues, sans vie, inhumaines, inhabitables; d'autres ont les marques déprimantes de la grandeur passée et des restes de peintures murales maintenant écaillées, et ne lui apportent absolument rien.

Le déjeuner est un autre désastre. On ne leur sert pas ce qu'ils ont commandé (c'est un restaurant pas cher sur la place de l'Horloge) et quand, malgré les efforts de Brian pour éviter une scène, elle fait un véritable scandale, le serveur devient très désagréable et les ignore, si bien qu'il est plus de trois heures quand ils peuvent repartir. Brian est inflexible : ils traverseront le fleuve vers le fort Saint-André, même s'ils doivent en avoir des ampoules aux pieds. Tout ce qu'elle veut, c'est qu'on la laisse tranquille; mais, après ce qui s'est déjà passé, il considère que ni la pension ni la ville ne sont des lieux sûrs pour elle. Et elle n'a pas d'autre choix que de le suivre.

Le soir, il se soûle consciencieusement et délibérément jusqu'à être ivre mort.

« Tu dois être fou, lui dit-elle enfin en ne faisant aucun effort pour cacher son amertume. Ne me dis pas que ça te plaît... quoi que tu aies connu autrefois en Provence. » Elle s'arrête un instant, puis elle attaque : « Tu n'étais pas seul, n'est-ce pas?

– Pourquoi me demandes-tu encore ça?

– Parce que je ne te crois pas. Il y avait quelqu'un avec toi.

– Oh! mon Dieu... » Ses yeux gonflés la regardent derrière ses lunettes, comme un poisson dans de l'eau sale. « Très bien. Il y avait quelqu'un avec moi. Une femme.

– Tu aurais pu me le dire plus tôt, Brian.

– Je ne voulais pas te faire du mal.

– Etait-elle vraiment aussi importante pour toi?

– Chaque fois on pense que c'est important. »

Elle reçoit la remarque comme le coup de ceinture du gitan.

« Et chaque fois tu t'es trompé...?

– Ce n'est pas ce que j'ai dit.

– Mais c'est ce que tu pensais.

– Qu'est-ce que tu as, Andrea?

– Je ne sais pas. Et c'est vrai. » Elle repousse son verre à moitié vide. « Je ne sais vraiment pas. Mais tu pouvais me le dire et tu n'as pas voulu. Maintenant, j'ai l'impression d'être de seconde main. »

Et j'étais revenue en Provence. Seule, cette fois; en juillet avec Paul. Comment se fait-il que nous revenons toujours aux cimetières de nos amours passées? Pour tenter de refaire ce qui est arrivé, ce qui a détruit la première innocence?

Mon Dieu, je ne pouvais prétendre à l'innocence, même quand tout a commencé.

Et pourtant nous avons essayé. Nous avons essayé courageusement, chacun par égard pour l'autre; mais chacun pour soi, pour lui, pour elle. En gardant au moins l'apparence de l'unité jusqu'à ce qu'enfin, après Carcassonne, nous partions pour Londres. Ce n'est qu'après la fin de cet été que j'ai osé en admettre la fausseté – non à cause de quelque chose qui serait arrivé à Brian ou à moi, mais à cause d'un petit article insignifiant dans un journal du dimanche. En Provence, deux enfants, un garçon et une fille, avaient attrapé une cigale et lui avaient mis le feu aux ailes. Pas méchamment; parce que. Parce que c'étaient des enfants, parce que la cigale s'était trouvée là. Et ils l'avaient libérée avec ses petites ailes en feu, pour voir ce qui allait arriver. La cigale s'était posée dans un champ de blé qui avait pris feu – c'était une semaine avant la moisson – et des milliers d'hectares de cultures et de forêts avaient été brûlés.

Des souvenirs destructeurs. Rendus possibles – non, inévitables – par ce retour à Avignon; par la présence de Mandla à côté de moi; par ma rancune à l'égard de Paul. D'où cette impression étrange, au fur et à mesure que nous nous approchions de la ville merveilleuse devant laquelle je me sentais encore si craintive et si mal à l'aise, qu'il ne s'agissait pas du tout de « souvenirs » qui me revenaient au travers des années, pas des évasions ou des rêves éveillés mais bien de quelque chose qui était en train de m'arriver, maintenant, en ce moment même, qui faisait partie de la révolte et des passions de cette journée précise : des extensions et des additions, un supplément nécessaire.

« Si, Paul et toi, vous voulez perdre votre temps avec ça, c'est votre affaire, a dit Mandla. Mais n'essayez pas de m'entraîner là-dedans. C'est pas mes oignons. »

Nous étions dans les jardins du palais des Papes. J'avais laissé la voiture dans le parking souterrain sur la place et nous avions remonté par l'escalier en zigzag, manifestement pour lui donner une idée de la configuration du terrain, mais surtout parce que j'espérais que la vue apaiserait mes sentiments sur Avignon : c'est un très bel endroit. Le panorama fascinant des toits et des cheminées de terre cuite, les murs gris et ocre, la surface mate du Rhône qui coule rapidement en bas, le palais colossal juste en dessous, dominé par la grande statue blanche de la Vierge. Et, du belvédère, les ondulations du paysage provençal. Au nord, les rochers escarpés et les replis de Montmirail, plus à droite, le haut sommet dénudé du mont Ventoux; plus loin, à l'est, les montagnes du Vaucluse et du Luberon. Enfin, mais ce matin voilées par la brume, la Camargue et les Saintes-Marie-de-la-Mer (la mer : inévitablement, miraculeusement, toujours la mer); au-delà, Marseille. Où la peste avait commencé au XIVe siècle. Et au XVIIIe, apportée de la haute mer par des marchands et des marins qui venaient de pays lointains : chaque fois, ils déposaient leur semence noire sur la côte et la laissaient se répandre à l'intérieur, dans tout le monde connu.

Nous avons marché dans la fraîcheur des jardins, bu du Coca-Cola sur la terrasse à côté du bassin où d'énormes poissons indolents sortaient la tête de l'eau en attendant qu'on leur jette de la nourriture; puis nous sommes passés devant les cygnes sur l'escalier de pierre qui mène tout en haut. J'ai posé le scénario de Paul et mes livres sur le mur pour me reposer le bras et j'ai expliqué brièvement – et froidement – à Mandla ce que nous devions faire.

« Fais ce que tu veux, a-t-il dit. Laisse-moi tranquille. » Puis il m'a tourné le dos et s'est éloigné pour regarder au loin, dans la direction de la mer invisible. (Lui aussi? Cela m'a prise au dépourvu. Mais pas question de me laisser attendrir.)

« Tu n'es pas venu ici pour t'asseoir au soleil à regarder les femmes travailler dans les champs, lui ai-je crié. Paul t'a envoyé pour que tu m'aides.

– Cela ne veut pas dire qu'il a eu ma bénédiction.

– Je n'en veux pas de ta bénédiction. Mais tu n'as pas besoin de prendre tout le temps la mouche. » J'ai repris mes livres, mécontente, puis j'ai fait un autre effort : « Ecoute, je comprends parfaitement que ce que t'a fait George t'ait donné un coup. Mais, maintenant, il faut recommencer... si tu veux vivre en Europe.

– Qu'est-ce qui te fait croire que je veux vivre en Europe?

– Quoi d'autre? Ne me dis pas que tu envisages de rentrer après ce qui s'est passé?

– Bien sûr que je vais rentrer. Dès que je le pourrai. Il n'y a rien qui me retient ici. Le seul endroit où je peux aller c'est l'Azanie[1]. C'est mon pays.

– Tu n'arriveras pas à me convaincre avec ce genre de rhétorique.

– Ce que tu appelles rhétorique, c'est ma putain de vie. Tu ne comprends pas?

– Maintenant, nous sommes ici, ai-je dit plus rapidement que je l'aurais voulu. Ce pays dont tu parles, c'est comme un bateau englouti. Comme l'Atlantide. Il a sombré pour de bon, il est sous la mer. Nous avons réussi à en sortir. Nous avons failli nous noyer, mais d'une façon ou d'une autre nous avons saisi des morceaux d'épaves et nous avons échoué dans un nouveau pays. Maintenant nous sommes ici.

– Tu parles exactement comme dans le bouquin de Paul. Comment ça s'appelle? *Les Survivants.* Tu ne penses jamais toute seule?

– En l'occurrence, c'est exactement ce que *moi,* je pense.

– T'oublies une chose, a-t-il dit sans me regarder, les yeux toujours tournés vers la côte invisible.

– Quoi?

– L'Azanie n'a pas sombré. Tu peux essayer de le souhaiter, mais elle est toujours là. Tu m'entends? » Cette fois, il s'est retourné vers moi. « *Elle est là-bas.*

1. Nom donné à l'Afrique du Sud par certains milieux révolutionnaires. *(N.d.T.)*

Aussi c'est inutile de faire semblant que ce n'est pas comme ça.

– Quelle est la différence? Y a-t-il quelque chose que, toi et moi, nous pouvons faire pour changer la situation?

– Ne me raconte pas que tu es heureuse de vivre ici, avec Paul et ses histoires! Alors que ton pays s'en va à vau-l'eau? »

J'ai senti mon sang quitter mon visage, mais j'ai gardé mon calme.

« Mandla, ai-je dit, il y a huit ans que je suis ici. Ne va pas croire que ça a été facile, s'il te plaît. Surtout au début. Mais j'ai eu le temps d'envisager la question sous tous les angles. Pendant des jours et des nuits, j'ai marché dans les rues de Londres, à penser, penser, penser, jusqu'à en devenir folle. J'ai écouté tout ce que les exilés sud-africains avaient à dire – tous les trucs que tu as racontés à Paul à Paris – et j'ai tout repassé dans l'ordre. Je te le dis, j'ai failli en devenir folle. Et il n'y a qu'une seule chose qui a tenu le coup, une chose dont je suis absolument sûre; et aussi vrai que tu me vois devant toi en ce moment, c'est que je n'ai aucun espoir de jamais rien y changer.

– Et tu essaies de l'ignorer? Tu crois que tu vas t'en débarrasser?

– Je n'ai pas le choix, Mandla.

– Bien sûr que tu as le choix! » Il était tellement en colère que j'ai cru qu'il allait me frapper. « N'essaie pas de t'en tirer en te racontant des mensonges. Tu as le choix. Même si c'est la seule putain de chose qui te reste, je te le dis, tu as le choix. »

J'ai secoué la tête avec acharnement. *Pour l'amour du Ciel, arrête. Je ne veux pas en entendre davantage.* N'était-ce pas exactement pourquoi la question de Paul m'avait fait si peur, au point que c'était la raison principale pour laquelle je me trouvais ici aujourd'hui, dans le grand vent au-dessus de la cité des Papes?

« Tu as le choix, a-t-il crié de nouveau dans le vent.

– Non, ai-je répété obstinément, la bouche sèche.

– N'es-tu pas un être humain?

– Je ne vois pas quel est le rapport.

– Si tu es un être humain, tu peux choisir. Retire à un homme la possibilité de choisir, et ce n'est plus un homme. Alors tu peux tout lui faire. » Il a eu un reniflement de dégoût. « C'est ce qu'ils ont fait à mon peuple. Ils lui ont fait croire qu'il n'avait pas le choix. C'est pour cela que je ne peux pas rester ici. Ils ont besoin de moi là-bas.

– Tu es fou, ai-je murmuré. Tu en es sorti maintenant. Tu peux rester en dehors.

– Je te le dis, c'est pour cela que je dois rentrer. C'est vrai, je suis sorti pendant quelque temps. Mais seulement parce que je le pouvais. Et les autres qui n'ont pas autant de chance? L'ouvrier agricole ou le mineur? Il ne sait même pas qu'il a le choix. C'est pour cela qu'il faut que je rentre, pour qu'il puisse savoir.

– Tout ce que tu vas faire, c'est le rendre plus malheureux.

– Tu préfères que je la ferme? » Une brève hésitation avant de me lancer comme un crachat : « Comme toi?

– Je t'ai dit que je ne pouvais rien faire.

– N'importe quoi vaut mieux que de la fermer. N'importe quoi! Tu penses qu'en te taisant à propos de quelque chose, tu peux l'enterrer? D'accord, pendant quelque temps personne ne le verra plus. Mais ce n'est pas un enterrement, c'est comme de planter une graine, et ça se met à pousser. Et je te le dis, ça n'arrête plus jusqu'à ce qu'il y en ait partout! Et tu croyais que tu pouvais l'enterrer en te taisant.

– Que veux-tu faire, Mandla? » lui ai-je demandé sans savoir si je devais rire ou pleurer. (Combien en avais-je entendus à Londres qui parlaient exactement comme lui, qui employaient les mêmes clichés vibrants? Jusqu'à me rendre malade. J'avais envie de lui dire : *Mandla, moi aussi j'ai lu ces livres, tu sais. Je connais aussi Fanon et les autres. Brian y a veillé. Et alors? Que se passe-t-il quand le volcan a craché ses paroles ardentes?*)

« Même si tu te contentes de hurler ou d'agiter les bras. Il faut les défier. Qu'ils restent en alerte. Et s'ils essaient de te marcher dessus, ne leur facilite pas la tâche en te couchant par terre! »

La colère m'avait quittée et n'avait laissé qu'une sorte de nausée profonde. J'ai repris mes livres et je me suis éloignée avec un petit rire fatigué. « Tu as ce qu'il faut pour remuer les foules, ai-je dit. Je suis sûre que tu as dû avoir beaucoup de succès dans les syndicats. Mais je ne suis plus innocente. Je ne peux plus me faire embarquer par rien. Ni pour rien.

– Quelle pitié! a-t-il dit d'une voix sourde et coléreuse. Quelle pitié! Je pensais qu'il y avait encore un peu d'espoir en toi. »

« Mon seul espoir, c'est de rester où je suis, Andrea. Je ne pourrai jamais me réadapter là-bas. » Subjugué et triste, Paul regarde par une fenêtre couverte de gouttes de pluie. (En quelle occasion? Qu'est-ce qui a fait naître la discussion? Plus tard elle sera incapable de se souvenir des circonstances; rien que de la conversation; et de la pluie qui s'écrasait sur la vitre.)

« Tu m'as dit qu'un jour tu avais envisagé de rentrer », insiste-t-elle patiemment.

Il tourne les yeux vers elle et essaie de la sonder du regard. (Cette première nuit, il ne la connaissait pas assez, peut-être ne lui faisait-il pas encore confiance. Et aujourd'hui?)

« Une seule fois, avait-il dit à contrecœur. C'était

une de ces décisions dont on ne comprend que plus tard qu'elles ont changé tout le cours de sa vie.

– Il y a longtemps?

– Quelques années. Juste avant que j'aie quarante ans : je pense que ça n'était pas sans rapport, en fait. C'est arrivé juste après le tournage des *Survivants*, alors que j'étais encore sur la crête de la vague. Des invitations dans le monde entier. Des conférences, des congrès, des symposiums. Des offres de toutes les sociétés imaginables. Mais, pendant tout ce temps, je savais que quelque chose me rongeait à l'intérieur; un sentiment déprimant d'insatisfaction. Pas seulement avant de savoir que mon succès était dû à François Masson; et pas seulement non plus à cause de l'accident dans lequel il s'est tué après le festival de Cannes. Je crois que cela avait beaucoup de rapports avec l'" angoisse romantique " qu'on ressent entre deux âges, quand on commence soudain à avoir des doutes sur des choses comme l'" art " et l'" action ". C'est Lamartine je crois qui a dit : " Il ne suffit pas d'être le meilleur poète de sa génération : il faut aussi en être le premier homme d'action. " Ou quelque chose d'approchant. J'étais là, écrivain et célèbre – tandis que mon pays s'en allait en morceaux. C'était comme si *Les Survivants* devenaient réalité dans ma propre vie...

– Comme *La Peste noire*? demande-t-elle en sachant qu'elle le provoque.

– *La Peste noire* c'est différent, Andrea. Tu ne t'imagines quand même pas...

– Et alors, qu'a fait mon romantique entre deux âges? » Elle pose sa question d'un ton si chaleureux que toute sa révolte retombe.

« A l'époque, j'avais deux bons amis à Amsterdam, des Afrikaners exilés. Ils étaient beaucoup plus jeunes que moi, pas encore trente ans. L'un d'eux, Dirk, faisait partie d'une sorte de groupe théâtral d'agit-prop; l'autre, Johan, était peintre. Tous deux étaient très passionnés par ce qu'ils croyaient, et très actifs dans le mouvement anti-apartheid, et des choses comme ça. Principalement à cause des *Survivants*, je suis devenu une sorte de père pour eux. Nous passions des jours et des nuits à discuter de l'engagement de l'intellectuel. Quelque chose se tramait entre eux deux; ils ont même eu la bénédiction de l'A.N.C.[1]. Un plan pour retourner clandestinement en Afrique du Sud afin de préparer le terrain pour un plus grand engagement des Blancs dans les mouvements de libération. Le premier voyage avait pour but une sorte de reconnaissance afin d'établir des contacts, des choses comme ça. Je me suis laissé persuader de me joindre à eux. Je me sentais coupable de rester sur la touche comme un simple spectateur. Je savais aussi que je vieillissais et je n'avais jamais vraiment réalisé quelque chose. »

Il retourne vers la fenêtre avec ses traces humides, elle ne voit que son dos, une fumée bleuâtre monte de sa pipe.

« Pourquoi est-ce tombé à l'eau? demande-t-elle.

– Tout était prévu jusqu'au moindre détail. Et il s'est passé un de ces ridicules contretemps qui peuvent changer la suite des événements : le soir où je devais aller les rejoindre à Amsterdam, j'ai été pris dans un embouteillage et j'ai raté l'avion. Le suivant partait trop tard pour avoir la correspondance avec l'avion K.L.A. pour Johannesburg. Ils ont donc dû partir sans moi. Je n'ai pas fermé l'œil de la nuit. J'avais sans doute trop bu aussi. Quoi qu'il en soit, j'ai compris à quel point tout cela était absurde. Trois amateurs...

– Que leur est-il arrivé?

– La police de sécurité les attendait à l'autre bout. Les flics savaient tout depuis le début. Ils les ont suivis pendant trois ou quatre semaines, partout où ils

1. African National Congress, principal mouvement d'opposition à l'apartheid. Il est interdit en Afrique du Sud. *(N.d.T.)*

allaient, ils notaient leurs visites, leurs appels téléphoniques, leurs contacts, leurs négociations, et ils ont attrapé tout le monde d'un seul coup de filet. Dirk et Johan se sont effondrés lors du procès. Des confessions larmoyantes dans le box des accusés et des supplications pour qu'on leur pardonne. On leur donna la peine minimale. Cinq ans. Après leur libération, ils sont revenus tous les deux en Europe, et depuis ils ont assisté à tous les congrès et tous les rassemblements que tu peux imaginer pour étaler leurs souffrances en public et régler leurs comptes dans des interviews.

– Toi, tu ne te serais jamais rétracté! » dit-elle.

Paul la regarde et serre sa pipe entre ses dents.

« J'ai eu de la chance : je n'ai pas subi l'épreuve. Dans un sens, bicn sûr, je ne me suis jamais pardonné de les avoir laissés partir seuls. De ne pas avoir essayé de les arrêter avec plus d'acharnement. En même temps, je ne peux pas te dire à quel point j'étais soulagé d'avoir appris la leçon à temps. Depuis, je me suis réconcilié avec le fait que chaque personne doit faire comme elle l'entend, comme elle le croit. »

Une pause; une petite bouffée de fumée.

« C'est pourquoi *La Peste noire* est si importante pour moi, tu vois. Ce doit être la preuve finale – plus pour moi que pour les autres – qu'en fin de compte j'ai bien choisi.

– Je le sais, Paul, dit-elle avec ferveur. Je crois en toi, ne l'oublie jamais. A Londres, j'en ai vu suffisamment qui avaient été jetés sur le rivage. Même pas des “ survivants ”, des épaves. »

A Londres, elle s'installe dans l'appartement de Brian à Islington dont les collègues se sont occupés pendant son absence en Afrique du Sud. Presque une année d'impressions superposées qu'elle ne pourra commencer à trier et à interpréter que plus tard. Le sentiment de sécurité qui accompagne l'installation dans « sa » ville, dans « son » appartement, domine temporairement le chagrin et l'agitation de la Provence. Leur amour est moins incertain, moins désespéré. L'empressement qu'il met à lui faire découvrir sa façon de vivre l'amuse et la rassure, et lui fait penser à la joie d'un enfant qui a un nouveau jouet. Il l'encourage à lire, lire, lire, jusqu'à ce que la tête lui tourne. Cela lui rappelle la voracité avec laquelle elle avait découvert le monde quand elle était arrivée à l'université. Il l'emmène au concert. Au théâtre. Il l'inonde de livres et de disques. Mozart, Mozart! (De temps en temps, quand il doit travailler, le soir, elle file à un concert de jazz et lui dit ensuite qu'elle est allée au cinéma.) Elle insiste pour s'inscrire à l'Alliance française. Mais elle a besoin de travailler, elle aussi, pour gagner son argent, trop fière pour être entretenue par lui. Quand il découvre qu'elle a trouvé un emploi dans un salon de coiffure, il en reste baba. « Pourquoi pas? demande-t-elle. Je te l'ai dit, je ferais n'importe quoi. Je travaillerais dans un salon de massage s'il le fallait. » Une violente querelle. Ensuite, il se débrouille pour lui trouver quelque chose qui soit plus à son goût à lui, un travail de dactylo à mi-temps dans l'administration du S.O.A.S.[1]; quand elle en a assez, il lui trouve, par l'intermédiaire d'amis d'amis, une place dans une agence de voyages.

En même temps, elle lui tient son ménage. Quand il travaille, elle range l'appartement, elle modifie la place des meubles, des tableaux (surtout Klee, Hockney, Sutherland). Il se plaint des changements, mais elle en rit, elle se glisse près de lui, elle lui couvre le visage de baisers, ou le calme avec la nourriture qu'elle lui prépare – toutes les recettes de sa grand-mère.

Très rarement, quand elle est seule, ou la nuit après avoir fait l'amour (maintenant un peu pour la forme;

1. School of Oriental and African Studies; Université de Londres. *(N.d.T.)*

elle prend la pilule; il n'y a plus de risque), elle redécouvre quelque chose qui se tend au plus profond d'elle-même. Bien sûr, elle ne veut pas être ingrate; elle sait qu'il doit travailler dur et elle ne veut pas lui poser des problèmes sans raison; elle lui doit tant. Mais lentement, lentement, malgré elle, sa résistance s'effrite. Le climat de Londres ne facilite pas non plus les choses. La grisaille, les nuages bas, les jours humides. Pas la pluie du Cap dans laquelle on peut voir la montagne verdir sous la bruine, mais un marasme monotone qui use les nerfs. La Tamise, des péniches noires qui grondent ou qui meuglent dans la brume. Hyde Park sous la pluie. Un désir dans ses entrailles qui l'épuise et qui la rend physiquement malade. Des crises de larmes sans fin, plus aucune passion ni aucune révolte en elle; une existence aussi monotone que la pluie. « Mais que se passe-t-il? demande Brian, désespéré. Tu ne veux pas retourner là-bas, n'est-ce pas? » Elle le regarde fixement, incapable de comprendre ce qu'il veut dire. « Bien sûr que non. Je ne remettrai jamais les pieds là-bas. Mais j'ai quand même le mal du pays. Oh! Mon Dieu, Brian, j'ai tellement le cafard. »

Avec la meilleure intention du monde, persuadé que cela la réconfortera, il insiste pour qu'elle rencontre les « Sud-Africains ». L'idée seule la rend malade de peur. Mais il s'est mis dans la tête que c'est le seul remède à sa dépression et il ne veut pas considérer son refus comme une réponse. Il en avait rencontré certains avant même son départ pour l'Afrique du Sud; la plupart d'entre eux sont à Londres depuis des années. Il commence à les revoir, assiste à leurs réceptions, à chaque manifestation qu'ils organisent. « Nous ne pouvons pas continuer à nous cacher, Andrea. Ce serait faire le jeu de nos ennemis. La seule façon de donner un sens à la chose horrible qui s'est passée, c'est de s'en servir, c'est de s'assurer que ça n'a pas été en vain.

– Je ne peux pas montrer ma blessure comme ça, Brian. Tu ne peux pas m'y obliger.

– Le monde doit savoir.

– Tu crois que le monde s'y intéresse? Comment pouvons-nous nous attendre que le monde fasse attention à nous?

– Alors, nous devons obliger le monde à nous remarquer. Lui ouvrir les yeux s'il ne voit pas. Lui hurler dans les oreilles s'il essaie de ne pas entendre. Lui enfoncer dans la gorge s'il ne veut pas avaler.

– On dirait quelqu'un du S.B.[1].

– Andrea! Tu ne sais pas de quoi tu parles!

– Tu crois?

– Allez, viens, nous allons être en retard. » (Il ne supporte pas d'être en retard.)

Elle les rencontre un par un. Au début elle essaie de distinguer les noms et les visages; petit à petit, ils se fondent dans une masse grise. Jackson qui a perdu un œil en détention. Harry qui a dû traverser la Caledon River à la nage pour fuir au Lesotho, le S.B. sur les talons; avant que sa femme et ses enfants puissent le suivre, leur voiture a explosé. Rachel dont le mari est toujours à Robben Island. Lifebuoy qui avait passé dix-huit mois en détention. Sipho avec de longues cicatrices sur le dos. Noni dont on avait tué l'enfant dans ses bras. Abe. Cedric. Jason. Sophie. Nomosi. Des noms, des noms, des noms. Chacun avec une histoire de souffrance et d'horreur.

« Alors, que penses-tu d'eux? demande Brian.

– Une fois, maman m'a raconté son séjour à l'hôpital après la naissance de mon frère Sonny. La salle débordait de malades, certains couchaient sur des matelas posés par terre. Les infirmières avaient trop de travail pour s'occuper de tout. Les malades passaient leur temps à se raconter leurs malheurs et chacun

1. Abréviation pour *Special Branch*, police de sécurité (police politique). *(N.d.T.)*

essayait d'être plus horrible et plus épouvantable que les autres.

– Andrea! Ils ont vécu la plus atroce des expériences, et tu te moques d'eux?

– Non. Tu ne comprends pas, Brian. » Dans son désespoir, elle essaie de le secouer. « Tu ne comprends pas. Je suis choquée par tout ce qu'ils nous ont dit. Mais ça me rend malade. Je n'y peux rien.

Plus elle les voit et moins elle peut les supporter. Toujours le même petit groupe très fermé, toujours les mêmes visages, les mêmes histoires. Chaque fois qu'il y a un nouveau venu, on ressort tout. Encore et encore. Pas pour en tirer quelque chose, pas pour en faire quelque chose : seulement des histoires pour elles-mêmes, interminablement.

Quand ils lui posent des questions sur sa propre expérience, elle devient évasive. « Ce n'était rien. A côté de vous, j'ai eu de la chance.

– Andrea, tu aurais dû leur dire!

– Je n'ai pas à fanfaronner.

– C'est ce que tu penses d'eux?

– Non, Brian. C'est ce que je pense de moi. »

Pour la première fois, elle se met en colère. « Et de toi, si tu continues ainsi.

– Est-ce que tu veux dire...?

– Oui. Tu es en train de rabaisser ce qui s'est passé. C'était à nous, c'était privé. Cela brûlait en nous. C'était terrible. Tu t'en vantes partout... »

Elle a envie de lui dire : *C'est ce que tu m'as fait une fois, à Aix, tu t'en souviens? Je ne me laisserai plus jamais examiner comme ça.* Mais elle se retient et lui épargne les extrémités de sa souffrance.

« Tu ne comprends pas », soupire-t-il, malheureux, désemparé. (Toujours la même accusation désespérée, parfois lui, parfois elle : *Tu ne comprends pas. Tu ne comprends pas.*) « Ce ne sont pas seulement des conversations. Nous *faisons* des choses. Dimanche prochain, il y a une grande manifestation à Hyde Park...

– Tu écris encore des lettres! »

Il la regarde sans comprendre.

« Qu'as-tu fait là-bas, en Afrique du Sud, quand tu y étais, quand tout s'est passé?

– Tu croyais que j'allais les défier? Tu sais ce qui serait arrivé. Pas seulement à moi, mais aussi à toi. J'ai essayé de te protéger.

– Comme tu m'as protégée à Montbrun? Et à Avignon lorsque le gitan m'a frappée? Quand tout est fini, tu t'amuses bien à écrire des lettres pour protester.

– Andrea, si c'est ce que tu penes de moi, je n'ai plus rien à te dire.

– Il y a longtemps que je n'ai plus rien à te dire. »

Ils reçoivent cela comme une décharge électrique.

Il sort sans un mot, sans même prendre la peine de claquer la porte.

Quand il revient, dans la nuit, en tenant à peine sur ses pieds, elle le conduit au lit, le déshabille, le couche, se glisse et se serre contre lui en murmurant : « Je suis désolée, Brian, je suis désolée, Brian, je n'ai nulle part où aller. » Et elle se déteste pour cela.

Quand cela arrive de nouveau, elle ne s'excuse pas. Peu de temps après Noël, elle quitte l'appartement; une de ses collègues à l'agence de voyages lui a trouvé une chambre; d'autres amies lui offrent des meubles et différentes affaires. Deux fois, trois fois elle fait sa valise et va jusqu'à la porte de l'immeuble, décidée à revenir. Mais elle ne le fait pas.

(*Grand-père Xhorê, tu dois m'aider maintenant.*)

Au bout de quelques semaines, elle se rend compte qu'elle n'est pas morte. Elle est seule et pourtant rien ne lui est arrivé. Son père avait raison : « Tu es une chatte. Tu es la fille de ton papa. Tu retomberas toujours sur tes pieds. »

Elle prend même le risque de revoir Brian, mais maintenant dans des conditions qu'elle décide. Quelquefois, il vient passer la soirée. Si elle en a envie, elle lui permet de rester. Une fois, elle le renvoie. Il est si furieux qu'il en casse presque la porte; le lendemain matin, il lui écrit un petit mot, très amoureux. Cela la met en colère mais elle lui pardonne. Après tout, ils ont été capables de s'en sortir. Elle a survécu. Elle survivra. Elle a du travail à faire.

Nous avions du travail à faire. Avec Mandla, nous avons redescendu le chemin sinueux jusque dans les rues; était-ce pour l'ennuyer ou pour retarder la visite du palais des Papes que j'ai insisté pour qu'on fasse d'abord une promenade en ville? Une façon de m'endurcir en nous exposant à ce qui m'avait été si douloureux dans le passé? Peut-être un acte nécessaire de préparation : une tentative pour retrouver quelque chose de ce que Brian et Paul avaient essayé de m'« enseigner » sur Avignon avec tant de sérieux et d'enthousiasme et, ce faisant, soumettre Mandla à quelque chose de comparable à mon chagrin d'autrefois. Petit à petit j'ai commencé à dépouiller la ville dans mon esprit. L'Auenio des Celto-Ligures, la cité commerçante fortifiée des Romains, la forteresse entourée de murailles du Moyen Age, la plus sûre et la plus impénétrable de toutes les villes de Provence, l'endroit où Pétrarque était tombé amoureux de Laure (cela aussi avait trouvé sa place dans le scénario de Paul!) : et la Peste noire au cours de laquelle Laure elle-même avait trouvé la mort. Tous mes efforts restèrent vains. Mandla s'ennuyait tout simplement; et son apathie ne faisait que s'aggraver. Je me demandais si Paul se rendait vraiment compte de ce qu'il était en train de me faire? Bien sûr, c'était très malheureux que Mandla se soit retrouvé dans un cul-de-sac à Paris; mais d'autres pouvaient s'en occuper, pas moi. Les organisations anti-apartheid, Amnesty International et Dieu sait qui avaient organisé son voyage et l'avaient pris en charge, c'était donc leur responsabilité qui était en cause, pas la mienne. Ni celle de Paul : et, puisqu'il avait choisi librement de se mêler de tout ça, il n'avait qu'à s'en sortir tout seul. Cela ne me concernait pas. Il devenait aussi égoïste et aussi peu raisonnable que Brian l'avait été quand il m'avait obligée à rencontrer les exilés. A Londres cela s'était terminé par une rupture, ainsi que Paul le savait trop bien. Je le lui avais souvent raconté et il avait clairement dit qu'il considérait que Brian s'était conduit de façon tout à fait irresponsable. (Il ajoutait avec un petit sourire coquin : « Mais dans un sens je pense que je devrais le remercier. Si tu ne l'avais pas quitté, je ne t'aurais jamais rencontrée. ») Quel manque de compréhension l'avait donc poussé à se conduire avec si peu d'à-propos? Si Mandla avait fait le moindre effort pour se montrer coopératif, même pour feindre quelque intérêt, je lui aurais pardonné – mais il semblait s'acharner à me faire comprendre que je le laissais parfaitement froid ou, pire, que je l'ennuyais à mourir.

A midi, j'ai pris une décision. Par égard pour Paul, j'avais essayé de m'occuper de lui, et cela avait raté. A partir de maintenant je ferais mon devoir envers lui – personne ne pourrait me reprocher plus tard d'avoir été stupide – mais ce serait tout. En partie pour le « punir », je ne l'ai pas emmené déjeuner dans un restaurant; j'ai acheté des fruits au marché, une baguette dans une boulangerie, du pâté et du vin dans une épicerie. Nous nous sommes assis sur des marches, sur la place, en face du palais des Papes afin de prendre notre frugal repas. Je me suis aperçue trop tard que j'avais oublié d'acheter des verres et des assiettes en carton, et cela m'a déplu de boire à la même bouteille que Mandla, chacun à son tour, comme deux vieux copains (ou pire, un couple d'amoureux), mais je lui ai refusé la satisfaction de me voir faire abstinence.

La place pavée était calme à l'heure du déjeuner,

contrairement à la place de l'Horloge en bas, que nous venions de traverser. Des pigeons picoraient des miettes sur les pavés. Deux marchands de glaces dormaient à moitié, à côté de leur voiture. Quelques touristes, la plupart âgés, attendaient patiemment l'ouverture du palais. Plus rien des foules de cet été qui avaient envahi la place pendant le festival. Dans ce vide et ce calme, le bâtiment massif avait un curieux air d'étrangeté. Impressionnant, sans aucun doute, mais avec quelque chose de faux, comme s'il n'y avait eu qu'une façade, le décor de notre film. Prodigieux, colossal, magnifique. Mais totalement vide, sonore comme un crâne vide. L'hiver, le mistral devait hurler en soufflant autour des tours et des arcs-boutants.

Il était difficile, dans ce calme jour d'automne, d'imaginer la ville du scénario de Paul. Il est vrai qu'il avait embrouillé l'histoire, en introduisant les siècles précédents et les siècles passés au chaos du XIVᵉ siècle; mais c'était compréhensible et même indispensable pour la mosaïque d'impressions qu'il voulait communiquer. Avignon, la ville franche, où tous ceux qui en achetaient le droit pouvaient s'installer – Juifs, gitans, criminels – sans plus craindre de persécution. La taverne et le bordel de l'Europe, le paradis des troubadours, des moines, des putains, des déserteurs, des peintres, des voleurs, des tueurs à gages, des fous, des magiciens, des alchimistes, des vagabonds, des charlatans, des bandits et des rois. Et, derrière les murs qui défiaient le monde extérieur, qui faisait bombance? Pas de dévotion, pas de monde consacré à la pitié, mais une extraordinaire collection de cardinaux bons buveurs, d'archevêques paillards, de prêtres sybarites, de courtisanes voluptueuses, d'acteurs et de musiciens scandaleux. Au beau milieu, Sa Sainteté en personne. A l'époque de la Peste noire c'était Clément VI, le riche aristocrate – avec à ses côtés sa maîtresse, la très belle Cécile de Commingues – qui dirigeait l'Occident et dont la cour était la plus splendide d'Europe.

Luxuria, superbia, avaritia, gula et le reste. (Paul prenait tant de plaisir à faire rouler les mots sur sa langue.) Clément VI, savant, esthète, grand protecteur des arts.

Et la peste est arrivée de Marseille.

Tuchman : *Bien que le taux de mortalité fût irrégulier, allant d'un cinquième dans certains endroits à neuf dixièmes ou à l'élimination totale dans d'autres, l'estimation globale des démographes modernes s'établit... autour de l'évaluation de Froissard : « Un tiers du monde mourut. » Il ne s'agit pas d'une intuition inspirée mais d'un emprunt à saint Jean qui fixe ainsi la mortalité due à la peste dans l'Apocalypse, le guide favori des affaires humaines au Moyen Age.*

Un tiers de l'Europe cela aurait signifié vingt millions de morts. A la vérité personne ne sait le nombre exact. Les récits contemporains étaient faits sous l'emprise de l'effroi et ne donnaient pas de chiffres fiables. On disait que dans la ville surpeuplée d'Avignon, quatre cents personnes mouraient par jour; on ferma sept mille maisons vidées par la peste; un seul cimetière reçut onze mille cadavres en six semaines; la moitié des habitants de la ville seraient morts, dont neuf cardinaux soit un tiers au total, et soixante-dix prélats de moindre importance. Voyant les cortèges sans fin de voitures mortuaires, les chroniqueurs exagèrent aisément et évaluent le tribut payé par Avignon à soixante-deux mille morts et même cent vingt mille, bien que la population toatle de la ville fût inférieure à cinquante mille habitants.

Guy de Chauliac : *En Avignon, la contagion était si violente qu'on pouvait attraper la peste, non seulement en veillant les morts mais simplement en les regardant; le résultat, c'était que beaucoup mouraient sans personne pour les assister et étaient enterrés sans prêtres pour prier à leurs obsèques. Un père n'allait pas voir son fils, ni un fils son père. La charité était morte... Les médecins eux-mêmes n'osaient pas rendre visite à leurs malades de peur d'être eux-mêmes contaminés.*

Pétrarque : (Avignon) *est un égout où viennent se réunir toutes les immondices de l'univers. On y méprise Dieu, on y adore l'argent, on y foule aux pieds la loi divine et les lois humaines. Tout y respire le mensonge : l'air, la terre, les maisons et surtout les chambres à coucher.*

C'est de ce monde que ceux du petit groupe de Paul essayaient de s'échapper, trompés par l'attrapeur de rats; c'est de cela qu'ils se défendaient dans leur forteresse de la montagne – sachant trop douloureusement que rien ne peut être garanti à l'avance. Car un des aspects les plus terrifiants de la peste était l'impossibilité de la prévoir : alors que certaines communautés étaient entièrement éliminées, chez d'autres il y avait à peine un mort. Dans une abbaye, la moitié des moines mourait, l'autre n'était pas infectée. Certains médecins qui travaillaient jour et nuit avec les malades et les morts en ressortaient sans rien; et des nonnes, qui ne mettaient jamais le pied hors du couvent, mouraient. Dans certains châteaux tout le monde mourait sauf les gardes à la porte, les seuls pourtant qui étaient exposés aux miasmes mortels de l'air. Dix belles débauchées de Boccace survécurent; ainsi que le groupe de Paul – au moins provisoirement; certains bien sûr étaient destinés à tomber victimes de leurs propres excès.

Dans ce formidable palais devant nous, Clément lui-même avait trouvé refuge, entouré de ses fresques et de ses tapisseries exotiques; et réconforté par son adorable Cécile au corps épilé, doux et parfumé et dont les lèvres de la vulve étaient peintes en rouge comme celles de la bouche.

Tuchman encore : *Incapables de soigner la peste, les médecins essayaient essentiellement de la contenir, principalement en brûlant des substances aromatiques pour purifier l'air. Le chef de la chrétienté, le pape*

Clément VI, resta en bonne santé par la méthode suivante bien que pour une raison inconnue : son médecin, Guy de Chauliac, fit allumer deux énormes brasiers dans les appartements papaux et exigea que le pape s'asseye entre eux, dans la chaleur de l'été d'Avignon. Ce traitement énergique marcha sans doute parce qu'il découragea les puces et sans doute aussi parce que Guy de Chauliac demanda au pape de rester isolé dans ses appartements.

Quel homme puissant et cependant sans ressources! Ses efforts pour arrêter les exècs des flagellants; pour mettre fin à la persécution des juifs quand ils étaient universellement accusés de la peste. Tout cela en vain. On ne peut écarter la Peste noire ni par la violence ni par la piété (elle ne fait pas non plus de distinction entre le riche et le pauvre). Et que pouvait bien faire un pape totalement isolé? Promulguer des décrets? Comme Brian qui écrivait des lettres après l'événement; ou qui réclamait la justice en Afrique du Sud quand il était revenu à Londres? Pas question, Brian. Pas question, Sa Sainteté. J'ai regardé la photo des armoiries papales de Clément que Paul avait mise dans son scénario : elles devaient être utilisées dans le film. Le bouclier rouge et ses trois clefs d'or; les deux aigles qui se battaient de chaque côté. Couronné par les tours d'un château. Et, en dessous, la devise très séculière : A BEC ET GRIFFES. Mais quelle pouvait être l'efficacité d'un bec et de serres derrière les murs épais de ce palais? (Quelle était l'autre possibilité? S'aventurer dans le monde et affronter physiquement le mal, au risque d'être contaminé soi-même? Auquel cas le monde serait resté sans dirigeant.) Clément VI : le pathétique de l'intellectuel. Il méritait vraiment un film. Le représentant de Dieu sur la terre, suffisamment puissant, d'une certaine façon, pour donner au monde l'ordre de s'arrêter. Seulement, le monde a la désagréable habitude de ne pas écouter. Aussi, la seule façon de le conquérir c'est de peindre de merveilleuses scènes de ce monde sur ses murs et de régner sur un empire d'images. (Il avait au moins sa Cécile; peut-être régnait-il sur elle. L'homme maigre avec une grosse queue.)

Mandla ne faisait guère attention à ce que je lui lisais ou lui disais sur l'histoire d'Avignon. De temps en temps, manifestement mécontent, il prenait le scénario que je lui mettais pratiquement de force entre les mains et parcourait rapidement un passage. Sinon il restait assis les yeux dans le vide tandis que j'essayais de lui expliquer la conception que Paul avait de la ville. Ce n'est pas qu'il pouvait regarder bien loin car la place pavée était fermée de tous les côtés. Le palais en face; derrière nous la façade surchargée de l'Ecole nationale de musique; à droite, le dos des immeubles qui donnaient sur la place de l'Horloge; à gauche, le petit palais et la colline rocailleuse des jardins. La seule possibilité de vue panoramique entre le rocher des Doms et le musée était bouchée par des grilles et une immense porte.

Il semblait attendre que je perde de nouveau mon sang-froid mais que j'aille au diable si jamais je lui donnais satisfaction. Une fois, quand il se mit à siffloter entre ses dents alors que je lui lisais un passage à haute voix, j'ai failli réagir. Mais, me rendant compte que derrière sa nonchalance feinte il était prêt à foncer, j'ai ravalé la remarque vacharde que j'avais l'intention de faire. A la place j'ai reposé le livre sur mes genoux et j'ai ouvert mon sac à main pour prendre une cigarette que j'ai allumée. Puis j'ai avalé la fumée que j'ai recrachée très lentement.

Mandla regardait toujours dans le vide. Mais il avait cessé de siffler. Après quelques instants il a dit dans un souffle :

« Je ne peux pas supporter les femmes qui fument. »

J'ai répliqué immédiatement : « Oh! vraiment? Tu n'es pas le dernier à pousser les hauts cris parce que tu es opprimé par les Blancs, mais qui es-tu pour te plaindre? Tu traites les femmes comme de la crotte. Tu ne crois pas que c'est aussi mauvais?

– Retire ça de ta bouche, a-t-il dit sèchement.

– Non. » J'ai à nouveau aspiré la fumée et je l'ai soufflée dans sa direction.

Il s'est relevé si brusquement que j'ai sursauté. Pendant quelques secondes j'ai pensé qu'il allait me frapper. Mais il m'a saisi la cigarette dans la main – un mouvement aussi rapide que celui d'un chat qui attrape une souris – et l'a jetée. Il ne me regardait toujours pas.

Je suis restée sans voix, et plus furieuse que je ne l'avais été depuis longtemps, même contre lui. J'ai remarqué que mes mains tremblaient quand j'ai ressorti le paquet de mon sac et j'ai dû m'y reprendre à trois ou quatre fois pour allumer mon briquet.

Essaie encore pour voir, ai-je pensé, le corps tendu.

A ma grande surprise, il s'est contenté de grommeler quelque chose avant de traverser la place d'un mouvement lent et sans but. J'ai continué à fumer nerveusement pendant quelque temps, jusqu'à ce que je puisse reprendre mon livre, mais j'avais toujours le cœur qui battait. J'ai mis longtemps à retrouver mon calme. De temps en temps, je levais les yeux pour le regarder marcher de long en large, d'un mur à l'autre, avec une grâce féline dans ses mouvements. Il s'est arrêté devant la grille des jardins, il a saisi les barreaux et y a pressé la tête un instant. Puis il a recommencé à marcher comme s'il s'était senti enfermé dans cette immense place. Et j'ai eu une étrange pensée : je n'aurais été ni surprise ni étonnée si à chaque coin il avait levé la jambe pour faire pipi afin de marquer son territoire comme un lion dans un zoo.

Un petit groupe de touristes avait commencé à s'agiter au sommet du grand escalier qui conduisait à l'entrée principale. C'était l'heure de la première visite guidée de l'après-midi. J'ai ramassé mes livres et je me suis avancée dans la direction de Mandla : il retournait vers la grille d'un pas tranquille. Mais, comme s'il avait senti mon approche, il s'est arrêté et s'est retourné. Je lui ai fait un signe de la main. Il est revenu avec un air docile qui ne lui était pas habituel. (Comme je savais peu de choses sur lui, presque rien!)

Par bonheur, il n'y avait qu'une poignée de visiteurs, pas ces hordes en débandade de mes précédentes visites avec Brian et Paul. Nous sommes passés sous le haut portail – au-dessus, la mitre, les clefs et le bouclier des papes dominant deux silhouettes agenouillées (vaincues?) –, nous avons acheté nos billets et, derrière le guide, nous avons traversé la grande cour du consistoire. (J'ai décidé que cette cour irait très bien pour une de nos premières scènes; si les maçons acceptaient d'enlever leurs échafaudages.)

Tandis que le guide récitait son commentaire d'un ton pas désagréable, Mandla s'installa – jambes écartées, mains sur les hanches – devant la rangée de portraits des papes sur le mur nord : avec sur le visage une expression indéchiffrable – cynisme? curiosité? moquerie?

Je suis allée le rejoindre quand les autres sont entrés dans la chapelle.

« Que trouves-tu de si fascinant?

– Je voulais voir. Les visages des dirigeants ont quelque chose de similaire, tu as remarqué? Au bout de quelque temps, même les plus brillants finissent par avoir un air abruti et entêté. La fatuité du pouvoir.

– Ce n'est pas très étonnant, ai-je dit avec une petite pointe de dépit. Tous ces portraits ont été peints des siècles plus tard. Par le même peintre. Et c'est le même modèle qui a posé pour tous.

– Ça n'aurait pas fait beaucoup de différence de toute façon. Mets-leur des costumes, un œillet à la boutonnière, ajoute derrière un drapeau sud-africain ou un chariot tiré par des bœufs, et tu les reconnaîtras encore. »

Il fallait partir : avec un si petit groupe, il était évident que le guide ne voulait pas s'attarder trop longtemps. Nous avons traversé la galerie sous le cloître et nous sommes montés au dernier étage du vieux palais. L'immense salle de banquet qui résonnait au bruit de nos voix et de nos pas, ce qui soulignait le vide de la grande coquille de pierre. La cuisine de Clément VI avec son âtre gigantesque : ce serait très spectaculaire dans le film si l'on pouvait faire revivre le grand feu, les cuisiniers en sueur, le nombre infini des plats – des faisans avec leurs plumes, des gibiers exotiques, des cochons de lait, des têtes de veau, des agneaux entiers rôtis à la broche –, la mastication des mâchoires de la classe dirigeante.

« Regarde bien », ai-je murmuré à Mandla quand nous avons traversé la chambre d'apparat et que nous quittions la sévère solidité du vieux palais pour la partie privée du pape Clément, plus gracieuse, plus aérée, plus aristocratique et en fin de compte plus prétentieuse. C'est là qu'il y avait les plus belles pièces, dans lesquelles le film de Paul pourrait saisir le grand homme pris au piège au centre de son empire. La chambre à coucher aux murs bleus peints à la détrempe, recouverts d'un entrelacs de branches et de feuilles, d'oiseaux rouges et jaunes tout à fait inattendus; les lourdes poutres décorées du plafond; l'anomalie des dalles froides et grises du sol. Après, il y eut le bureau, la « chambre au cerf », dont les murs sombres sont décorés de scènes de chasse et de pêche, et des chiens de meute presque surréalistes; le sol de pavés de couleur, des carrés verts, bruns, ambre, où venaient s'intercaler des images de poissons étranges, d'aigles aux serres ouvertes, de pigeons lascifs et d'animaux mythologiques.

Ensuite, la grande chapelle, le seul endroit de tout le palais qui possède, surtout à cause des grandes arches grises, un caractère sacré. Un écho remarquable : chaque son, même le plus petit murmure, est répété dix ou vingt fois. (« Ainsi les retardataires peuvent quand même entendre la première partie du service », a dit le guide pour plaisanter, comme ses prédécesseurs en juillet et huit ans plus tôt : n'y avait-il aucun moyen d'échapper aux échos du passé?)

En redescendant vers la grande salle d'audience, j'ai jeté un coup d'œil à Mandla, mais son visage n'indiquait rien. Comme précédemment, je me suis sentie à la fois impressionnée et déprimée. Après avoir traversé la salle des gardes, nous être frayé un chemin entre les marchands de cartes postales et de souvenirs, nous avons retrouvé avec soulagement la simplicité du soleil d'automne.

J'ai acheté deux cornets à un marchand de glaces. Nous nous sommes assis sur les mêmes marches que tout à l'heure pour les manger; c'était agréable de poser les livres quelques instants. Deux petits enfants poursuivaient les pigeons sur la place tandis que leur mère les surveillait, assise près d'un landau; elle était de nouveau enceinte. Mes enfants, ceux de Paul, courraient-ils comme cela dans quelques années, peut-être au jardin du Luxembourg ou aux Tuileries un dimanche matin? Je n'arrivais pas à savoir si l'idée me déprimait ou me rendait heureuse. Pourtant, quelques jours auparavant, pendant mon voyage anonyme, mon ventre avait brûlé de désir. Quelque chose avait-il déjà été déplacé? Etait-ce seulement ma rancune temporaire contre Paul parce qu'il avait violé mon indépendance? Ou quelque chose qui me troublait plus profondément était-il en train de prendre place en moi? C'était comme de plonger dans les bassins à Onrust quand la marée montait : soudain l'eau était troublée par de l'écume qui obscurcissait la transparence de l'eau verte et faisait qu'on ne voyait plus et qu'on perdait le sens de l'orientation. Pas pour longtemps. Mais c'était suffisant pour créer une sensation de vide au creux de l'estomac, une terreur devant la force de la mer. Plusieurs fois, je m'étais même demandé, de façon tout à fait ridicule : et si la marée jetait le corps de papa dans le bassin; et si je le rencontrais sous l'eau... ?

« Tu as trouvé ce que tu cherchais? » m'a demandé Mandla assis à côté de moi, appuyé sur les bras, les yeux levés vers le ciel, regardant bien au-delà des tours du palais, là où tout était d'un bleu limpide, sans un seul nuage.

« Je ne cherchais rien de particulier. Je voulais seulement noter les chambres et les salles que nous pouvons utiliser.

– Tu cherches quelque chose en plus.

– J'ai ce que je voulais. » (Vraiment?) Au bout d'un moment, avant qu'il ait pu réagir, je lui ai demandé : « J'espère que tu as été impressionné comme il convient? »

Il a haussé les épaules. « Pourquoi se casser la tête, à faire un film là-dessus? » Cette fois, il a tourné la tête pour me regarder, avec une lueur de sympathie dans les yeux, comme si l'on devait s'apitoyer sur mon sort.

« C'est important pour Paul. Depuis la première fois que je l'ai rencontré, il y a cinq ans, c'est un projet qui l'obsède.

– Pourquoi t'occupes-tu de ses obsessions? Paul est impuissant. »

Cela m'a piquée au vif. (Etait-il donc impossible d'avoir une conversation ordinaire sans nous agresser?) « Je suis meilleur juge que toi.

– Je ne parle pas de ce qu'il fait au lit, a dit Mandla. Je m'en fiche éperdument. Mais Paul a été différent, je le vois bien. Il a lâché prise.

– Paul a près de cinquante ans. Il vient juste de prendre son rythme normal.

– Des films! » Il s'est levé brusquement; j'ai tout

d'abord pensé qu'il allait se remettre à marcher sur la place, mais il s'est retourné vers moi.

« Tu sais, au début, cette histoire de film m'intriguait. Je n'avais jamais vu ça de près. Paul m'a présenté à tout le monde, surtout la semaine dernière. Je n'arrivais pas à y croire. J'avais l'impression d'être une personne en bonne santé qui se réveille soudain dans une maison de fous. Tu peux taper autant que tu veux sur les murs, personne n'y fait attention.

– Tu n'as jamais pensé que, pour moi, *ton* monde m'a l'air tout à fait fou?

– Je ne suis pas enfermé comme eux. Je suis dehors. Qu'importe si je marche sur la terre ou sur de la merde, au moins je suis dehors. Je vois des gens. Je leur parle. Je me frotte à eux. Si je crie, ils m'entendent.

– Ce n'est peut-être que ta voix qui résonne dans tes oreilles. »

Il a ignoré ma remarque.

« Ces gens de cinéma, a-t-il dit en secouant la tête. Parfois je restais assis toute la nuit à les écouter parler, discuter, raisonner – toujours de films – si l'image était au point dans le plan. Si la scripte avait fait une connerie. Si cette prise était trop longue ou trop courte de deux images. Ils parlaient de chaque putain de film jamais fait dans le monde comme si leur vie en dépendait. »

Avec sa main droite ouverte, il s'est donné une grande claque sur le biceps du bras gauche. « Et le pire, c'est que pour eux c'est vrai : leur vie en dépend effectivement. En dehors du studio, le monde peut bien aller au diable : Paris peut sauter, ils s'en moquent. La famine, les massacres, la torture, l'oppression : quelle que soit la putain d'obscénité qui se passe à l'extérieur, ils s'en moquent. Tant qu'ils pourront continuer à truquer leurs films. C'est comme ça, je te le dis. Des trucages. Paul m'a montré, il était vachement fier : il y avait un film pour lequel ils avaient besoin d'un coucher de soleil. Pendant plus d'une semaine, chaque jour, ils ont filmé un coucher de soleil. Mais ça ne marchait pas. Ça n'était pas bon. Alors? A la fin, ils ont tout fait en trucage dans un studio, avec des filtres et des disques de couleur, tout. Rien ne ment comme une caméra. Mais ils trouvent ça bien. Tant qu'ils pourront faire du trucage, tout le monde sera heureux.

– Tu deviens très injuste, ai-je dit (en me haïssant pour cela, car pourquoi aurais-je dû venir à la défense de Paul?). Certains de leurs films sont projetés dans le monde entier. Des milliers de gens les voient. Ainsi, ils apprennent à se regarder autrement. Lentement, très lentement, mais avec certitude, certaines des erreurs dans le monde peuvent être éclaircies.

– Les enfants noirs de mon pays qui ont le ventre gonflé à cause de la faim n'ont pas faim de films, de livres ou de concerts.

– Et tu crois que si tu leur donnes à manger tu auras tout résolu? Tu crois vraiment que tout ce dont on a besoin c'est de nourriture, d'une couverture, d'un toit sur la tête et d'un travail? Va raconter ça ailleurs! Tu ne peux pas être aussi naïf.

– Tu veux nourrir un homme affamé avec une bobine de celluloïd, a-t-il dit. C'est pourquoi je suis contre. Et tu parles d'écouter l'écho de ta propre voix! Le seul bruit que vous pouvez entendre c'est celui de vos films. Aucune voix de l'extérieur ne peut plus aller jusqu'à vous. » De nouveau, ce regard pénétrant au plus profond de moi. « En ce moment, tu es assise là et tu me parles, mais tu ne m'entends pas. Tu as perdu l'usage de tes oreilles. Si tu restes encore ici pendant quelque temps, tu seras aussi impuissante que Paul.

– Tu n'as pas besoin de te mêler de ça.

– Oh! si. Car tu te caches derrière lui.

– C'est faux.

– Ce n'est qu'une bonne excuse, Andrea. Et tu dois faire autrement.

– Qui te donne le droit de juger ma vie? Cela ne te regarde pas.

– Si, dit-il calmement.

– Pourquoi? Comment? Tu peux me le dire?

– A cause de ça! » Il m'a saisi le poignet, si violemment qu'il m'a fait mal. Mais je n'ai pas voulu qu'il le remarque. « Paul est blanc. Pas toi.

– Quelle honte, ai-je dit. Tu as tellement été déformé par l'apartheid que tu finis par parler exactement comme eux. Tu ne peux voir rien d'autre que du noir et du blanc dans le monde?

– Tu parles exactement comme une Blanche maintenant, a-t-il dit en ricanant. Il n'y a que les Blancs qui peuvent se permettre d'oublier la couleur. De faire semblant de l'oublicr. C'est un luxe. Ce n'est pas pour moi. Je ne peux pas. Tu le comprends?

– Nous ne sommes pas en Afrique du Sud. Pourquoi ne peux-tu te mettre ça dans la tête? Nous sommes en Europe, en France. Ici je ne suis ni noire, ni blanche, ni verte, ni rouge. Ici je suis un individu. Je suis une femme. Le reste n'a pas d'importance. C'est pour cela que j'habite ici. Et je ne laisserai personne, ni toi ni un autre, me contaminer avec ça.

– Qui est contaminé? Moi? Ou toi qui joues à l'Européenne? Qui parles français et tout? Mais ce n'est pas ce que tu es réellement. Je refuse de le croire.

– Alors que fais-tu ici? ai-je demandé. Toi aussi, tu as besoin d'un petit moment de repos? Qui paie pour toi? Qui te transporte d'un pays à l'autre?

– Tu appelles ça un petit moment de repos? Je viens de chercher de l'argent. Nous en avons besoin pour notre lutte. Je te l'ai déjà dit, je rentrerai dès que je le pourrai.

– Ta lutte sera finie depuis longtemps quand le film de Paul sera encore projeté dans le monde entier.

– Son précieux petit film sur la Peste noire? Sur le Moyen Age? Une bande de connards sans problèmes de je ne sais quand? Eh bien, qu'on le projette. L'Europe l'aimera. Ils n'ont pas d'autres chats à fouetter. Tout est de seconde main ici. Même la merde et la mort vous en faites de la culture. Vous avez oublié ce que voulait dire vivre.

– Tu penses que la Peste noire appartient au passé? lui ai-je demandé. Tu crois que ce n'est que de l'histoire, fini et bien fini?

– Ecoute, dans l'Eastern Cape d'où je viens » – sa voix avait changé, elle était plus profonde, comme s'il ne se parlait qu'à lui-même – « il y a eu une autre épidémie de peste, l'an dernier. A Koega. La même peste que celle sur laquelle vous faites un film. Vous ne pouvez rien apprendre aux gens de là-bas sur la peste : ils l'ont vécue. Leurs enfants, leurs mères, leurs pères, leurs amis en sont morts. Ils ne jouaient pas la mort devant des tas de caméras et de projecteurs. Je parle de la vraie mort.

– Mais il y a d'autres gens dans le monde qui n'en savent rien. Peut-être qu'avec le film ils vont commencer à comprendre.

– Le film ne leur apprendra rien sur la mort ou sur la peste. Seulement sur les films. Vous deviendrez sans doute riches à en puer grâce à cela.

– Paul a de quoi vivre, ai-je dit, vexée. Il ne fait pas de films pour gagner de l'argent.

– Alors, qu'est-ce qu'il fait du fric?

– Il le remet dans le film suivant.

– Je vois. Un film, un autre, encore un autre. Quand trouvera-t-il le temps de commencer à vivre?

– Les films sont sa vie.

– C'est vrai? a-t-il demandé avec mépris. Alors, ou toi ou lui, ou tous les deux, vous devez baiser d'une façon bien triste quand vous êtes au lit. »

Je n'avais aucune réponse à opposer à de tels arguments.

« Si tu ne peux que nous insulter... », ai-je dit.

Mandla a soupiré et s'est détourné, l'air consterné;

mais il est revenu à la charge. « Est-ce que c'est tout ce que tu vois? Des insultes? Si je te dis que Paul est impuissant, je n'essaie pas de l'insulter. J'essaie peut-être de dire : quel putain de dommage. » De nouveau, il changeait d'angle d'attaque. « Tu savais que Paul m'a donné de l'argent?

– Quoi?

– Vachement d'argent. Je l'ai pris, parce qu'il avait de bonnes intentions. De toute façon, nous en avons besoin. Mais j'étais presque désolé pour lui. Parce qu'il pensait que je ne comprenais pas qu'il essayait seulement de s'acheter une bonne conscience. Pas que c'était une insulte. Mais j'ai pris l'argent parce qu'il ne sait plus quoi faire. Il est... » Il semblait chercher ce qu'il voulait dire. « ... Il cst comme un grille-pain électrique ou quelque chose qui n'est plus branché. Il n'y a plus de jus qui passe. Il pense que, s'il se branche avec toi, il va se recharger. Mais, toi, j'ai l'impression que tu penses exactement la même chose de ton côté. C'est pour ça que tu me fais tout ce cirque.

– Très bien, si tu t'y connais en électricité, où est la prise pour se brancher?

– Sur terre, il n'y a pas de câble de dix mille kilomètres. Quand tu es partie, est-ce que tu as emporté une bouilloire? Ou un fer électrique avec toi?

– Pourquoi?

– Parce que dans ce cas-là, tu auras remarqué que les prises sud-africaines ne correspondent pas à celles d'ici. »

Il s'est détourné brusquement et s'est éloigné; mais il n'y avait aucune hâte dans son pas. C'était la même allure qu'auparavant, avec un peu de fatigue, et une sorte de violence dominée. Je l'ai regardé s'en aller vers la grille de l'autre côté de la place; puis mes yeux l'ont quitté et j'ai regardé plus haut, vers le sommet du rocher des Doms, quelque chose en moi me poussait à revenir dans le grand vent; mais je savais qu'on ne pouvait pas voir la mer dans un jour comme celui-ci.

Paul et elle s'éloignent du bassin dans les jardins du rocher des Doms où ils avaient donné à manger aux poissons – en se retournant, elle remarque la nymphe romantique et voluptueuse qui danse immobile sur son piédestal au milieu de l'eau verte qui dort – et se dirigent vers le belvédère d'où l'on peut voir les toits de terre cuite sous le soleil de juillet. Tandis qu'il regarde la table d'orientation en cherchant des points de repère au loin, elle continue; elle descend un petit escalier très large jusqu'à un niveau inférieur, où elle s'arrête dans la chaleur desséchante, pour regarder par-dessus le mur gris. Elle saisit un mouvement très bref et inattendu. Juste en dessous, il y a une petite bâtisse à l'allure solide et aux fenêtres fermées de barreaux. Une prison? Sans doute : au-dessus de la porte d'entrée, devant laquelle un groupe de personnes abruties par la chaleur attendent un bus, elle peut lire l'inscription : « Maison d'arrêt. » Un drapeau tricolore passé au soleil pend à sa hampe. Le bâtiment, entouré de hauts murs surmontés de barbelés, semble inhabité. Alors, par quoi son attention a-t-elle été attirée? Elle regarde plus attentivement et aperçoit un autre mouvement furtif à l'une des fenêtres. Il est très difficile de distinguer quelque chose dans l'ombre obscure au-delà du soleil aveuglant : un homme qui change de position? un bras qui fait un signe timide? Elle reste là dans la lumière éblouissante et un petit morceau de papier blanc est jeté par la fenêtre, entre les barreaux, il va et vient dans le vent avant d'être entraîné haut dans le ciel par un courant d'air chaud, il monte en tournant et en palpitant et finit par disparaître dans le gouffre sombre d'une rue lointaine. Quand ils redescendent, beaucoup plus tard, elle persuade Paul de faire un long détour derrière la place, par des rues qu'ils n'ont pas encore visitées. Mais elle ne reconnaît ni la rue ni le bâtiment qu'elle a vus de là-haut. De temps en temps, elle s'arrête pour ramasser des morceaux de papier, mais cela ne donne rien.

« Que cherches-tu? demande Paul, intrigué.

– Rien, répond-elle de façon évasie.

– Je vois bien que tu cherches quelque chose.

– Rien, je t'ai dit, coupe-t-elle brusquement. Rentrons. Je suis fatiguée. »

Paul, je suis folle de toi. Et tu me manques tellement.

Au lieu de revenir directement à Saint-Rémy, j'ai pris la route d'Arles et j'ai tourné après Les Baux. Mandla n'a rien dit; il ne s'en est sans doute pas rendu compte. Il semblait plus détendu; ce n'était peut-être qu'un bref répit avant une nouvelle attaque, pour me laisser reprendre mon souffle après la dernière tirade. Mais je refusais de me laisser attendrir et je restais sur mes gardes. Ma sécurité était en jeu. Il avait commencé à me menacer dans mon intégrité. Son attitude agressive m'avait bouleversée bien plus que je n'avais d'abord osé l'admettre.

Pourtant, que s'était-il réellement passé? En apparence, la journée avait été très ordinaire. Une excursion à Avignon. Une heure dans les jardins au-dessus du Rhône; une promenade dans les rues, la visite du palais des Papes. Et la discussion sur la place. Etait-ce si troublant?

Cependant, c'était inutile d'en minimiser l'importance, de la sous-estimer. Quelque chose s'était passé; était en train de se passer.

Il n'avait pas le droit de m'affronter si brutalement; c'était injuste de sa part.

Tu avais le choix.

N'étais-je pas venue en Provence précisément parce que j'avais cru dans cette possibilité de choix? Alors pourquoi l'accuser de me le confirmer?

Mais le choix dont il avait parlé était quelque chose de différent. Je sentais en moi un vide terrible enfermé par la chair et l'os. Et il s'était adressé à ce vide.

Le « rendez-vous avec moi-même »?

Très bien, mais telle que j'étais, et rien que moi, Andrea Malgas. Nanna. Moi. Pourquoi voudrait-il me refuser cela en me laissant prise dans les mailles du filet qui me liait aux autres? La fille de papa. L'amie de Brian. La *petite amie* [1] de Frank. La maîtresse de Paul.

Je ne voulais être que moi; accessible seulement en fonction de moi-même et non par des étrangers.

Ou était-ce hors de propos et l'avait-il ressenti de façon plus lucide, plus implacable que moi? Peut-on connaître quelqu'un, quelque chose, en dehors de ses relations avec les autres gens ou les autres choses – le fruit dans sa relation avec l'arbre, avec le noyau, avec le goût dans ma bouche, avec le défi du serpent, avec la main tendue d'Adam, avec le craquement de la chair humide sous mes dents? Nanna en relation avec sa couverture bien-aimée, son père, son amant, son image dans un miroir, un drapeau français en lambeaux sur la banquette arrière de sa voiture, un cycliste sur le côté de la route, l'expression énigmatique dans les yeux sombres de cet homme énorme et silencieux à côté de moi?

Ne m'en étais-je pas aperçue, hier soir, en regardant mon reflet dans le miroir? N'était-ce pas cela, en fin de compte, la véritable signification du « choix »? Choisir entre ses relations avec les autres et sa responsabilité envers soi-même?

Et quand bien même! J'avais sûrement fait mon

1. En français dans le texte. *(N.d.T.)*

choix le jour où j'avais quitté l'Afrique du Sud, n'est-ce pas? N'est-ce pas? Alors pourquoi tout déterrer? Les vieux os ne faisaient que puer et ne pouvaient servir à personne.

Il fallait que je me ressaisisse. Merde, il n'avait aucun droit sur moi. Il était, au plus, un obstacle; je lui aurais trop accordé en reconnaissant qu'il m'avait troublée. Ce que je pouvais lui reprocher de pire, c'était qu'il m'avait causé quelque gêne, que si j'en voulais à Paul de me l'avoir envoyé c'était à cause de lui. Parce qu'au cours de ce voyage, avant tout, il m'était absolument nécessaire d'être claire sur mon attitude envers Paul, d'une lucidité indiscutable.

Il avait aussi dérangé les choses d'une façon plus insidieusc. Le fait que Paul lui ait donné de l'argent – *vachement d'argent* – avait un rapport direct et immédiat avec ma décision sur Paul. Son collègue George livrerait inévitablement les noms de tous ceux qui avaient fourni de l'argent pour la « cause ». Qu'arriverait-il à celui qui essaierait de remettre ensuite le pied en Afrique du Sud? C'était sans doute un germe qui contaminerait tous ceux qui entraient en contact avec lui. Et sa femme sans aucun doute.

Sauf, ai-je pensé dans un mouvement irraisonné de méfiance, sauf si je lui dis oui; si nous nous marions le plus vite possible; alors le choix serait fait pour nous, serait hors de portée; nous pourrions alors le considérer comme définitif et finir de notre mieux le reste de notre vie. Bien sûr, c'était précisément ce que j'avais craint le plus : cependant, dans les circonstances présentes, cela pouvait être préférable à la cruelle solution de Mandla.

Quelle ironie! pourtant que ces tentatives pour mettre à l'épreuve mon amour pour Paul n'aient pas mis Paul au premier plan de mes pensées, mais Brian. Cela semblait absurde : Brian appartenait à un passé depuis longtemps révolu. Sauf s'il allait aussi au-delà de Brian : jusqu'à la reconnaissance que l'échec de nos relations n'avait pas été seulement sa faute, mais le résultat d'un manque en moi.

Même cela appartenait au passé! Ou est-ce que nos premières amours restent dans nos veines à l'état latent, où elles incubent et attendent leur moment pour sortir en furoncle mortel? Et pas seulement nos amours : tout ce que nous avons vécu, tout ce que nous avons osé être.

Comment pouvait-on vraiment savoir quand quelque chose était terminé? On pouvait croire que c'était fini alors que cela continuait, ou être sûr que tout allait bien alors que c'était déjà achevé. La première fois que j'étais venue à Paris, sans Brian, que connaissais-je des choses du passé?

« Je ne peux absolument pas aller à Paris avec toi, Andrea. Tu sais que je dois remettre ma thèse.

– Je n'ai jamais imaginé que tu allais venir avec moi, dit-elle calmement. Brian, tu as l'air d'oublier que je peux me débrouiller seule maintenant. Je ne suis pas venue te le *demander*, je suis venue te le *dire.* »

Il a eu un petit sourire amer. « J'oublie facilement, surtout quand tu es si près de moi. » Il tend le bras – il est assis devant son bureau en désordre dans le petit appartement d'Islington; elle est debout à côté de lui – et d'un geste très intime lui touche l'intérieur de la cuisse.

« Brian?... » Elle le regarde droit dans les yeux. « Tu m'en veux beaucoup? Tu penses que je me suis servie de toi?

– Je ne veux plus jamais entendre ce mot, lui dit-il sur un ton de reproche. Aucun de nous ne pouvait prévoir ce qui se passerait quand nous étions encore là-bas, au beau milieu de tout.

– Non. Ne reparlons plus de ça. Nous avons décidé de ne jamais rien regretter, n'est-ce pas?

– C'était pire pour toi que pour moi. Tu as tout perdu.

– Ne dis pas cela! proteste-t-elle. Que veut dire perdre? Que veut dire gagner? C'était douloureux? Et alors? » Elle hausse les épaules. « C'est douloureux de vivre. On ne peut avoir l'un sans l'autre. »

Sa main remonte à l'intérieur de sa cuisse jusqu'à l'aine. Puis, avec le bout de son doigt, il commence à la caresser doucement en travers de son sexe de façon plus apaisante que provocante. Pendant quelques instants elle se laisse aller, ferme les yeux et balance le corps. Puis elle se penche rapidement sur lui, l'embrasse sur le front – ses cheveux commencent à s'éclaircir, remarque-t-elle avec un mélange de sympathie et d'aversion – et elle s'éloigne.

« Avec qui vas-tu à Paris? » demande-t-il en faisant un gros effort sur lui-même pour paraître aussi détaché que possible.

Elle sourit.

« Tu n'as pas à craindre une semaine de passion effrénée. Bill et Harriet m'ont invitée à les accompagner. Cela ne me coûtera pas un sou, parce qu'on va avec leur voiture et qu'on habitera chez des amis à eux. »

Il se détend. Ce sont deux de leurs plus proches amis. Bill est professeur de musique au Trinity College et Harriet traductrice chez un éditeur.

« Si Harriet n'y était pas allée, elle aussi, je me serais inquiété, dit Brian en faisant une grimace; mais je sais qu'elle ne le quitte pas des yeux. »

Pourtant, les yeux d'Harriet ne vont pas être très utiles. Dès le second jour à Paris, alors qu'elle est partie chez un éditeur pour chercher un livre, Bill vient dans la chambre d'Andrea : ils ont prévu d'aller au Louvre. Il entre et ferme la porte derrière lui. Se déroule alors une petite scène banale dont elle se souviendra avec un éclat de rire ou une plaisanterie, dans un an; mais pour l'instant, elle est prise au dépourvu.

« Mais... et Harriet? Brian...

– Allez, ma petite, épargne-nous tes sermons.

– Bill, je ne vais pas...

– Ne me dis pas que tu n'y penses pas depuis le départ. Ton visage est plus révélateur que tu ne le crois. »

Elle essaie d'atteindre la porte, mais il s'interpose en riant.

« Je t'en prie, Bill. »

Il la prend par le bras pour l'embrasser.

(*Grand-père Xhorê, tu ne vas quand même pas laisser ce salaud me violer.*)

Un coup de genou dans les couilles. Pendant qu'il se plie en deux, elle sort de la chambre et va dans la salle de bain où elle s'enferme, en ignorant ses cris et ses coups. Quand Harriet revient dans l'après-midi, elle a déjà rangé ses affaires.

Une réaction très impulsive et tout à fait exagérée, sans aucun doute. Où peut-elle aller? Elle n'a que très peu d'argent. Pendant une heure, elle erre dans le jardin du Luxembourg en s'asseyant de temps en temps pour réfléchir, mais il a fait trop froid pour rester immobile plus de quelques minutes; il faut qu'elle bouge. Le jardin est recouvert de neige; des arbres noirs dans l'espace vide. Chaque brindille enrobée dans un manchon de glace. Les traces minuscules des oiseaux dans la neige. C'est pour cela finalement qu'elle s'arrête, en retenant son souffle : même les oiseaux ont laissé leurs empreintes, un cryptogramme délicat dans la neige immaculée : *Nous étions ici.* Elle est fascinée par les marques qu'elle contemple fixement, puis elle lève les yeux pour regarder au-delà des arbres dénudés et des immeubles gris. Si les oiseaux eux-mêmes peuvent laisser leurs empreintes pourquoi pas elle?

En fin d'après-midi, elle doit quitter le jardin ainsi

que les quelques promeneurs : on ferme les portes pour la nuit. Mais cela ne l'inquiète pas. Au contraire, cela ranime en elle un très ancien besoin de survivre.

Elle a trois ou quatre adresses que Brian lui a données. La pensée de demander une faveur à des étrangers lui est très désagréable, mais il lui a tant répété qu'il s'agissait de vieux amis en qui on pouvait avoir confiance...

Personne aux deux premières adresses – dont l'une n'était pas très loin du Luxembourg, près de la gare Montparnasse; et l'autre à l'autre bout de Paris, en dessous de Montmartre. La nuit devient plus sombre. Par un des derniers métros, elle revient vers le Panthéon, passe une heure à chercher la rue Mouffetard, où enfin, au troisième étage d'un vieil immeuble délabré, elle laisse tomber son sac de ses épaules fatiguées pour frapper à une porte vert sombre sur laquelle est fixée une carte avec un nom : FRANK WILDER.

L'homme, avec des taches de peinture sur son pull-over gris, l'examine d'un œil méfiant avant qu'elle mentionne le nom de Brian. Alors son regard s'éclaire, un peu trop en fait, et cela l'inquiète.

« Je n'ai nulle part où aller, dit-elle. J'espère que vous pouvez m'aider. Seulement, avant d'entrer, je veux que les choses soient claires : je ne coucherai pas avec vous. »

Etait-ce une sorte de perversité qui, depuis le début, m'avait entraînée vers les ruines de l'Europe? Pas simplement les murailles, mais les murs effondrés, comme si je me sentais plus à l'aise, plus en sûreté même, parmi eux qu'à l'intérieur des remparts protecteurs des châteaux et des forteresses? Dès le commencement quand Brian et moi nous étions venus dans un bus jaune et bruyant – en gravissant la dernière montée nous avions failli être asphyxiés par un nuage de fumée bleue – j'avais été littéralement ensorcelée par Les Baux. Ce sentiment avait été renforcé par les quelques jours que nous avions passés avec Paul, en juillet, dans le confort détendu du mas d'Aigret, où tard les soirs d'été on pouvait faire la planche dans une piscine bleue, en regardant le soleil se coucher derrière les énormes murailles loin au-dessus. (Une bande de pigeons descendaient des rochers pour boire dans les flaques d'eau autour de la piscine.) Ensuite, il y avait le dîner sur la terrasse – lapin sauce moutarde, agneau au romarin, entrecôte provençale – qui donnait sur l'immense plaine en dessous de l'arête sombre des Alpilles : en face, les carrières rouges, les vignobles de Sainte-Berthe, et le mas de la Dame; au loin, la centrale électrique de Cavaillon; et au sommet de la colline, derrière, les ruines tragiques de la ville fortifiée qui autrefois avait été imprenable. Les Baux avaient survécu à leurs ennemis, aux sièges, aux traîtres, même à la Peste noire elle-même (tu vois, Paul, je me souviens de tout!); mais sont venues les guerres de religion. Les protestants ont été chassés, le château et les maisons des nobles rasés. Et pourtant ces vestiges me semblaient bien plus bouleversants que le palais des Papes d'Avignon très bien conservé. Là-haut il n'y avait aucune limitation oppressante de l'espace, mais un abandon total à l'horizon : l'humilité des anciens murs qui avaient dû s'accommoder de l'herbe et des buissons, des oliviers, des vignes et des cyprès, du thym et du romarin. Les lézards bruns qui s'enfuyaient entre les pierres. Le vent qui gémissait en soufflant dans les portes et les fenêtres vides, dans les restes d'un colombier sur un mur de pierre, ou autour de pignons effondrés et d'escaliers menant nulle part.

Cela me semblait le lieu idéal pour la fin du film de Paul. C'est ce qui resterait de la forteresse quand les débauchés l'auraient quittée. Si le film commençait au palais des Papes, ces murs ruinés auraient le dernier mot. Pas de mélancolie, ou une simple touche; mais l'impression rassurante de la pierre sur la pierre. Les graffiti des murs écroulés étaient en accord avec le reste : même les gens les plus humbles (ou surtout les plus humbles) n'avaient pu résister à la tentation. Et oserais-je l'avouer? – la première fois que j'étais venue ici, pendant que Brian s'était éloigné, j'avais trouvé un coin retiré sous la tour sarrasine, et avec un clou rouillé j'avais gravé la marque de mon passage dans la pierre. C'était à l'endroit où un mur rejoint une falaise naturelle, au-dessus des plaines qui s'étendent en bas, comme Paarl Valley. Le contour grossier d'un cœur et à l'intérieur, mon nom : Andrea. Je ne savais pas si je devais ajouter celui de Brian et, avant que j'aie pu me décider, je l'ai vu qui revenait. Je me suis sentie coupable comme une écolière prise en faute et j'ai jeté le clou.

En juillet, de retour aux Baux avec Paul, j'avais essayé de retrouver l'endroit sans lui dire ce que je cherchais. En vain, bien sûr. Trop d'années, de marques et de cœurs étaient venus dans l'intervalle; les distorsions de la mémoire. Pourtant j'avais continué à croire avec ferveur que c'était toujours là, pour prouver de façon obscure que j'avais participé à la longue histoire des Baux.

Maintenant, j'étais de retour, ce qui confirmait une sorte de liberté. Rien ne m'avait obligée à revenir; j'avais choisi seule. (Et que Mandla aille au diable.)

La saison touristique était passée mais les parkings n'en étaient pas moins remplis de voitures et d'autocars. Dans un endroit comme celui-ci, la foule des visiteurs ne s'arrête jamais. C'était la seule chose que je regrettais dans ce retour aux Baux : nous devrions prendre des dispositions très longtemps à l'avance pour que le village soit vide pendant quelques jours si nous décidions d'y tourner. La foule était comme celle qui assiste à un accident et qui joue des coudes pour voir le corps. Elle était moins terrible qu'en été mais insupportable quand même. Je voyais bien que Mandla trouvait cela pénible lui aussi, peut-être plus que moi; mais il ne disait rien.

Afin de fuir quelques instants les rues encombrées pour lui donner une idée des scènes du film auxquelles je pensais, je l'ai emmené sur la terrasse d'un café et j'ai commandé deux bières.

« De quel pays exotique vient la charmante dame? a dit le jeune garçon en essayant d'engager la conversation.

– De Paris, ai-je répondu laconiquement. Et maintenant arrête tes conneries et apporte-nous les bières; j'aime pas les amateurs.

– Que voulait-il? a demandé Mandla tandis que le jeune homme s'en allait en s'excusant.

– Oh! Il tentait sa chance.

– On dirait que tu lui as réglé son compte. »

J'ai souri.

« Comment crois-tu qu'une femme peut survivre dans un pays comme celui-ci? »

Pour la première fois, j'ai senti un changement dans son attitude. Rien d'aussi positif qu'une appréciation, mais au moins quelque chose qui n'était plus un mépris complet.

« Tu parles très bien le français.

– Dès le début, j'ai compris que j'aurais des problèmes si je ne le parlais pas. Une fille avec un accent étranger... » J'ai secoué la tête. « Frank pensait que j'étais différente. Mais il a très vite compris.

– Qui était Frank? »

Trop tard pour faire machine arrière.

« Un peintre. Il m'a accueillie quand je suis arrivée à Paris. Un Anglais. Très britannique. Plus il déclamait et s'emportait contre les Anglais et leurs façons bourgeoises, leur manque d'imagination, plus il était anglais lui-même. C'était un très bon peintre; il l'est toujours. Mais il étouffait à Birmingham. Il avait l'habitude de dire que la France était le seul pays où l'on peut être vraiment libre; libre de découvrir qui l'on est. Il donnait l'impression d'être très dur, mais au fond de lui-même, tout à fait romantique. Il était très gentil avec moi. Amoureux fou de moi. Mais il n'a jamais essayé de s'imposer. Nous avions conclu un accord : " bons amis ", rien de plus. Parfois, j'espérais qu'il ne le prenne pas trop au sérieux, mais c'était un vrai gentleman. »

Cela avait été manifestement plus difficile pour Frank que pour moi. Il m'avait montré clairement qu'il me désirait, ce qui m'avait donné une nouvelle conscience de moi-même, comme je ne l'avais connu qu'avec Brian. Pas un « désir » ou un « pouvoir ». Mais une connaissance aiguë et pure. J'aurais pu lui permettre de la partager avec moi, mais j'avais eu trop peur que cela complique nos relations. C'était tellement plus facile ainsi. Facile...! Alors qu'auparavant j'aurais plongé la tête la première. Mais pour cette raison précise, je devais faire encore plus attention maintenant. L'instinct de survie est très profond.

Apprendre le français pour le parler couramment avait fait partie du processus. Au début, Frank avait trouvé cela très drôle, ou exagéré, ou charmant; puis il s'était rendu compte que j'étais très sérieuse et un jour il avait dit de façon désinvolte : « Il n'y a qu'une façon de bien parler une langue : il faut que tu aies un amant français. »

Il avait été stupéfait quand je l'avais pris au mot et qu'après avoir soigneusement cherché parmi ses amis, j'avais choisi un architecte. « Je veux apprendre le français, avais-je dit à Stéphane. Veux-tu devenir mon amant? Frank m'a dit que c'était la seule façon. Je sais que tu as une petite amie, mais il n'est pas nécessaire que ça change quoi que ce soit. »

Frank avait eu raison dans un sens; de l'autre, il s'était complètement trompé. Mon français s'était amélioré de façon spectaculaire. Mais je n'étais pas préparée à toutes les complications créées par l'amie de Stéphane qui l'avait quitté en le menaçant de se suicider et Dieu sait quoi. Le pire, c'est qu'il s'était persuadé qu'il voulait m'épouser; quand j'avais refusé, il s'était mis dans une telle colère qu'il m'avait frappée. J'avais dû passer plusieurs jours au lit; Frank avait été si furieux qu'il était allé trouver Stéphane pour lui administrer une correction. Il s'était fait rosser et je m'étais relevée pour m'occuper de lui. Ensuite, j'avais fait plus attention; mon seul regret c'était de voir comme Frank avait du mal à s'adapter à la situation. De temps en temps, je lui trouvais une fille; mais il n'était pas difficile de voir où penchait son cœur.

« Ce n'est qu'après avoir connu Paul, ai-je dit à Mandla, que j'ai permis à Frank de coucher avec moi. Parce que je savais que j'étais à l'abri. Lui aussi, assurément. Mais les hommes sont parfois difficiles.

– Les *hommes* peuvent être difficiles? » Il s'est levé avec un grognement de mépris et d'incrédulité. « Allons-y. Et, s'il te plaît, préviens-moi si tu as envie d'apprendre le xhosa.

– Mandla...! » J'ai rougi jusqu'aux oreilles. « Je t'assure que c'est une langue qui ne m'intéresse absolument pas.

– C'est aussi bien, a-t-il répliqué sèchement. Tu n'en auras jamais besoin ici. »

Nous nous observions de chaque côté de la table ronde recouverte d'une nappe verte. Je n'arrivais pas à savoir ce qu'il pensait et je préférais ne pas le savoir. J'étais en colère, d'accord : surtout contre moi-même, d'avoir été assez stupide pour baisser ma garde et le laisser jeter sur moi un regard dont il aurait très bien pu se passer. A l'avenir, il faudrait que je sois plus prudente.

Nous sommes revenus dans les rues étroites du village restauré où résonnaient toujours les voix des gens parlant toutes les langues du monde. Avant que l'après-midi se termine mal – je voyais déjà un petit muscle qui tremblait dangereusement sur la mâchoire de Mandla – nous devions sortir du troupeau : même si, ironiquement, les autres gens nous offraient la meilleure garantie pour rester anonymes. Au moins, je me sentais de nouveau son égale – plutôt ses attaques directes que la lente érosion de ma résistance par les coups successifs de la foule.

Heureusement, quand nous avons quitté le centre commerçant, nous avons trouvé des endroits plus tranquilles. Je l'ai conduit sur un petit belvédère protégé par un mur de pierre, derrière l'église.

« C'est la vallée de l'Enfer, lui ai-je dit. Il ne faut pas beaucoup d'imagination pour voir des diables qui dansent, n'est-ce pas?

– Un enfer très fertile! » répondit-il en montrant du doigt les vignes et les vergers dans l'étroite vallée, les toits rouges des maisons et des hôtels luxueux qui étaient apparus récemment; l'aigue-marine des piscines. « Mais je pense que de nos jours, l'enfer doit tenir compte de goût si différents.

– Nous pouvons dîner en bas ce soir, ai-je proposé sans réfléchir. L'hôtel, là. Paul m'y a emmenée un soir, en juillet. La cuisine est extraordinaire. »

Il regardait en silence le paysage admirable en dessous de nous, avec un peu de cynisme.

« Qu'y a-t-il? ai-je demandé.

– Je suis étonné, a-t-il dit avec un peu de nostalgie. Si c'est ça l'enfer, je me demande à quoi ressemble le paradis. Tu sais, je me suis toujours préparé pour l'enfer, en me disant que c'est le seul endroit où les Blancs ne viendraient pas. Maintenant, ils s'y sont aussi installés. C'est ce que la loi des *Group Areas* fait aux gens[1].

– Remontons dans la vieille ville. Je ne suis pas sûre que ça mérite d'être le paradis, mais au moins c'est plus haut. »

1. Loi fondamentale de l'apartheid qui précise que chaque groupe ethnique d'Afrique du Sud doit habiter des territoires séparés. *(N.d.T.)*

Nous avons payé pour pouvoir entrer dans le musée. Saint Pierre devait être de repos parce qu'il était remplacé par une vieille sorcière édentée avec deux verrues poilues sur le menton. Là-haut, il y avait moins de monde que dans les rues en dessous. Le silence des pierres, du vide, du vent. Une vue jusqu'à l'infini de tous côtés. On aurait presque pu croire en la légende des Rois Mages passant par ici pour aller à Bethléem et oubliant leurs précieuses offrandes : l'or de Gaspar dans la violence du soleil; l'encens de Melchior dans les buissons de romarin; la myrrhe de Balthazar dans le parfum amer des cyprès. La tranquillité. Même si ce n'était qu'une illusion : car les seigneurs des Baux avaient été tués simplement parce qu'ils étaient protestants, en opposition au roi catholique.

« Ça te plaît? » ai-je demandé à Mandla.

Il a haussé les épaules.

« Tu dois bien ressentir *quelque chose.*

– Pourquoi devons-nous errer ici comme des babouins qui cherchent des scorpions? Il n'y a pas de scorpions ici. Tout est apprivoisé. Cet endroit sent la mort.

– Pense à la ville incroyable qui se dressait ici autrefois. Regarde les murs construits à même la falaise. Essaie d'imaginer...

– Pourquoi? Cela ne nous concerne pas. »

Soudain, j'ai ressenti le besoin urgent de le convaincre. « Te rends-tu compte que c'était un palais aussi grand que celui des papes à Avignon? Les plus puissants rois de la terre y sont venus. D'Espagne, de France, d'Angleterre, de Pologne. Même des empereurs de Byzance. C'était une cour plus splendide que celle de Paris ou d'Aix-la-Chapelle. Tous les troubadours d'Europe s'y trouvaient. On y chantait, on y dansait, on y disait des poèmes, tout ce que tu peux imaginer.

– Pas étonnant qu'il n'en reste rien. Il ne leur manquait que des festivals de cinéma. »

Il a ramasé un caillou et l'a jeté au loin. Le caillou a cogné contre le versant de la falaise, il a traversé le précipice et a disparu dans le vide.

« Un jour, toutes les villes blanches d'Azanie ressembleront à celle-ci, a-t-il dit presque avec joie. Tu devrais prévenir Paul qu'il tienne ses caméras prêtes.

– C'est plus facile de détruire une ville que de la construire », lui ai-je reproché.

Il n'a pas eu l'air d'entendre. Sans transition, il a brusquement demandé : « As-tu entendu parler des fermiers afrikaners qui ont quitté le Zimbabwe quand Mugabe a pris le pouvoir? Avant de partir, ils ont rasé leur ferme au bulldozer; ils n'ont pas laissé une maison, un hangar, une hutte, une chiotte debout. Pour être sûrs que les *kaffirs*[1] ne les aient pas.

– Pourquoi penses-tu à ça maintenant?

– Tout m'y fait penser. »

Il est resté silencieux un long moment. Je voyais son visage changer : rien de net ou de précis, comme si un nuage passait et le rendait terne et flou; une nouvelle prudence.

« Ce n'est pas la première fois que je contemple un endroit comme celui-ci, dit-il. Seulement, la dernière fois, ce n'étaient pas des pierres et des murs. Il y avait des tôles ondulées, des planches, du carton, et des morceaux de plastique. Il y avait des casseroles, des pots, des lits et des couvertures. Il y avait des gens. Des enfants. Des femmes. Des vieillards avec des cannes.

– Où était-ce? » ai-je demandé.

Le jour des bulldozers. Ils viennent de Port Elizabeth. Des monstres jaunes, escortés par des voitures de

1. Terme péjoratif et insultant dont se servent les Blancs sud-africains pour désigner les Noirs. *(N.d.T.)*

police. Des hommes en tenue léopard. Des fusils F.N.[1]. Des chiens qui tirent violemment sur leur laisse. Les gens s'écartent et reculent entre les habitations. La plupart sont de petites maisons de brique, mais nettes, propres et fières, chacune avec un petit potager : des laitues, des betteraves rouges, des carottes, des oignons, quelques carrés de maïs; ici ou là, un pêcher. Tous les signes d'une communauté bien installée. Les enfants ont cessé de jouer; ils se tiennent à bonne distance pour regarder, et ils ont le nez qui coule à cause du froid de l'hiver; la gelée de la nuit précédente recouvre encore le sol où des poulets décharnés sont en train de gratter et où une truie allaite ses petits. Les femmes enveloppées dans des couvertures se pressent les unes contre les autres, inquiètes et vigilantes, quelques-unes ont encore un seau en équilibre sur la tête ou portent un bébé dans le dos. Certains vieillards restent obstinément assis au soleil devant leurs maisons, ils font semblant de ne rien remarquer, et ils tirent sur leur pipe, ils taillent un morceau de bois, ou regardent calmement au loin. D'autres s'approchent prudemment, en traînant les pieds. Seul un homme ose s'avancer de quelques pas devant les autres; sur la tête il porte un vieux chapeau avec une plume de pintade fixée sous la bande graisseuse, sa veste est défraîchie et sa petite barbe se tend fièrement dans le vent.

« On vous a suffisamment avertis, annonce l'officier. Vous savez que nous venions tout nettoyer aujourd'hui.

– Nous sommes chez nous, dit le vieil homme maigre qui se tient devant les siens. Nous habitons ici. Nos pères et nos mères vivaient ici, et leurs pères aussi. Les Blancs ont donné cet endroit à nos ancêtres. Ils ont reçu une lettre de la grande reine de l'autre

1. F.N. : fabrication nationale, marque d'un fusil de fabrication belge qui équipe la police sud-africaine. *(N.d.T.)*

côté de la mer qui nous disait que nous pouvions rester ici pour toujours.

– On va vous donner un autre endroit en échange, dans le Ciskei.

– Je sais. Vous m'y avez emmené l'autre jour pour me le faire voir, dit le vieil homme. Il n'y a rien là-bas. Il n'y a que le veld dénudé. Pas une ville, rien. Pas un arbre. Ici nous avons nos champs, nous avons nos chèvres, nous cultivons. Nous ne gênons personne. »

Des paroles, des paroles, des paroles. Cela dure depuis des mois. Depuis des années. Les chefs sont même allés au Cap pour voir. Mais la décision a été prise et on ne peut rien y changer. Les Blancs ont besoin de ce terrain pour leurs fermiers. Et, aujourd'hui, c'est la fin des discussions, ils ont amené les bulldozers.

Les gens sont timides; seulement l'autre jour, il y a à peine deux mois, quand un autre quartier a été rasé, les gens se sont aussi rassemblés comme ici : alors, sans avertissement, les policiers ont commencé à tirer, ils ont tué le chef qui essayait de calmer les gens, de les persuader que la discussion était la seule issue. Aussi, aujourd'hui, ils ne vont pas prendre de risques.

Des femmes se mettent à crier quand les bulldozers renversent la première rangée de maisons. Elles sont repoussées. Des gens du conseil essaient de sortir les meubles des maisons avant l'arrivée des bulldozers, mais certains propriétaires se mettent en colère : on ne va pas les jeter à la rue comme ça. Et ils remettent ce qu'ils possèdent chez eux. Les policiers s'énervent eux aussi. Au bout d'un moment, les bulldozers commencent à raser les maisons avec les meubles toujours à l'intérieur. Après tout, les gens ont été avertis à temps de tout retirer; personne ne peut dire qu'ils ne s'y attendaient pas. Il n'y a qu'une bavure : une jeune femme arrive en courant d'une boutique où elle achetais du maïs et des haricots juste pour voir les bulldozers passer sur sa maison. La police essaie de lui faire peur avec les chiens mais elle ne semble pas les voir et elle va droit vers l'énorme engin. Le seule façon de l'écarter, c'est de l'enfermer dans un car de police où elle se met à hurler de façon hystérique, en cognant contre la porte métallique. Ce n'est que par la suite qu'ils comprennent ce qu'elle a essayé de leur dire : elle avait laissé son bébé dans la maison. Maintenant, il est enterré sous les décombres. (Ce soir, à la télévision, le ministre exprimera personnellement toute sa sympathie à la famille et il ajoutera que les autorités ont fait tout ce qui était en leur pouvoir afin de persuader les gens de partir à temps; on ne pouvait exclure la possibilité que la jeune femme avait délibérément laissé l'enfant dans la maison pour provoquer un incident : quoi qu'il en soit, Son Excellence donnera l'assurance que la destruction des maisons a été faite avec le plus grand soin; en fait, avec compassion.)

Le vieil homme, qui conduisait les siens, s'installe maintenant devant sa porte.

« Je ne m'en irai pas. C'est mon grand-père qui a construit cette maison de ses propres mains. »

Ils n'ont pas d'autres choix que de l'emmener lui aussi, pour sa sécurité. Comme il refuse de marcher, ils doivent l'entraîner de force. Ils le jettent dans un car, mais il essaie encore d'en sortir; ils doivent lui refermer la porte sur la main. A la tombée de la nuit, quand toutes les maisons ont été rasées, les voitures de police s'en vont. Les femmes et les enfants restent parmi les monceaux de décombres : il y a eu une erreur et les camions prévus pour transporter les gens au Ciskei ne sont pas arrivés. Mais ils seront là demain matin. Une nuit à la belle étoile ne fera de mal à personne, sauf peut-être à quelques enfants qui mourront de froid, mais qu'importe. Comment le gouvernement aurait-il pu prévoir qu'il pleuvrait toute la nuit?

« Mes parents y étaient eux aussi, dit Mandla. J'ai

été mis au courant le lendemain à Kingwilliamstown et je me suis arrangé pour venir les voir immédiatement. Quand je suis arrivé ils étaient déjà partis en camion. Il ne restait plus que les décombres. Mais même cela a été enlevé et nivelé plus tard : des terres fertiles pour les fermiers blancs qui les lorgnaient depuis des années.

– Que sont devenus tes parents? ai-je demandé.

– La police nous a empêchés d'aller là où on les avait déportés, près de Peddie. Deux ou trois jours plus tard, j'ai réussi à m'y rendre avec deux journalistes. Ils essayaient de tenir la presse à l'écart. Le camp n'était pas encore prêt pour l'installation des gens. Quelques rangées de cabanes en bois. Pour le reste, on avait dû dresser des tentes. Mais, même comme ça, un certain nombre de gens ont dû dormir dans le veld pendant quelque temps. Et il pleuvait à longueur de journée. L'endroit était un vrai marécage. La première semaine, huit ou neuf enfants et deux vieillards sont morts. Ça s'est amélioré un peu par la suite, surtout quand on a raconté l'histoire aux journaux. Mais les deux journalistes qui étaient venus avec moi ont été arrêtés par les services spéciaux. Heureusement, on m'a averti à temps et j'ai réussi à échapper aux *boere*[1] pendant un bon moment.

– Et tes parents?

– Ils ont dû se débrouiller tout seuls. Je leur ai fait parvenir des couvertures et de la nourriture, et ce n'était pas facile avec la police autour. Ils étaient parmi ceux qui avaient passé la première semaine dehors. Ensuite, on leur a donné une tente et, trois mois plus tard, une des cabanes en bois. A ce moment-là, mon père était déjà malade. Ma mère essayait de le soigner, mais que pouvait-elle faire? Il n'y avait aucun médecin. Une clinique mobile passait une fois par semaine; les gens malades étaient si

1. Equivalent de « flics ». *(N.d.T.)*

nombreux que les infirmières s'impatientaient. Elles disaient que mon père jouait la comédie. Il a tenu jusqu'à Noël, il est mort pendant les premières pluies qui ont suivi. C'était peut-être mieux ainsi. Dans ce camp, les vrais malchanceux étaient ceux qui restaient en vie.

– Tu ne m'en as jamais parlé », ai-je dit.

Ma remarque lui a fait l'effet d'un coup de *sjambok*[1].

« Pour quelle raison? Tu fais semblant d'être blanche. Tu es de leur côté. »

J'ai continué seule jusqu'aux ruines les plus éloignées et les plus hautes, une aile de l'ancien château appuyée à la falaise.

J'aurais aimé lui dire *n'en sois pas si sûr.*

Quand je me suis retournée, il était toujours au même endroit, sur le rebord au-dessus du reste du monde, dans le vent qui se renforçait.

Je devais avoir neuf ou dix ans quand nous sommes allés en groupe à Cool Bay pour un pique-nique. Pour le nouvel an, nous allions à Kalk Bay par le train mais, cette fois-là, c'était différent. On avait loué un autocar, un vert. Il était tellement plein que des enfants étaient assis dans l'allée centrale et sur les marches de devant. Nous étions très joyeux, nous chantions à tue-tête, de quoi faire éclater les vitres de l'autocar. En traversant le Strand[2], il est tombé en panne et nous avons dû descendre. Pendant que le chauffeur et les instituteurs le réparaient – il fallait simplement changer une roue si je me souviens bien – la plupart des enfants se sont assis sagement sur le muret de pierre qui séparait la route de la plage; à quelques-uns, nous sommes descendus sur le sable. On nous avait énergiquement

1. Cravache. *(N.d.T.)*
2. Petite ville à cinquante kilomètres du Cap, sur la côte. *(N.d.T.)*

recommandé de ne pas y aller, mais qui aurait pu résister aux vagues vertes qui s'avançaient sur le sable blanc? Nous devions être six ou sept; j'étais la seule fille. J'avais toujours été un garçon manqué.

Je ne sais plus très bien comment c'est arrivé : je pense que des Blancs ont appelé la police. Tout le monde nous aurait ignorés ou se serait contenté de nous chasser, pourtant quelqu'un a dû se plaindre, parce que la police est arrivée soudain, avec un chien.

Les garçons ont pris leurs jambes à leur cou; je me suis arrêtée pour regarder, car j'avais peur que le chien en attrape un; et les agents ont pu se mettre entre l'autocar et moi.

J'entendais les autres qui hurlaient en agitant les bras : « Viens, Andrea! Cours, Andrea, cours! »

Je me suis élancée, mais pas vers l'autocar : n'importe quoi pour leur échapper. Alors, j'ai foncé dans la mer. La plupart des Blancs étaient morts de rire en voyant cette stupide petite *meïd*[1] se précipiter dans l'eau tout habillée. Je n'y prêtais pas attention. Mes jambes s'agitaient et brassaient l'eau, aussi je me suis mise à nager. Papa m'avait appris. J'avais les oreilles qui bourdonnaient, je m'entendais hoqueter de peur, mais je n'ai pas renoncé, j'ai continué à nager, à nager en avalant des litres d'eau quand la vague se brisait sur moi. Je savais que j'allais mourir. Avant la fin de la journée, ils retireraient mon corps de la mer. Qu'ils le fassent. Mais ils ne m'auraient pas vivante.

Finalement, un homme m'a rattrapée et ramenée. Sans doute un Blanc; je n'étais plus capable de le remarquer ou de m'en soucier. Quans nous sommes arrivés sur la plage, la police était déjà partie. J'ai entendu des voix qui criaient : « Quelle honte, cette pauvre petite! » Mais il y a une voix, celle d'une femme, que je n'oublierai jamais. « Qu'est-ce que cette

1. Jeune fille. *(N.d.T.)*

saleté de Hotnot faisait sur une plage réservée aux Blancs? Si elle s'était noyée, ç'aurait été bien fait. »

Les gens de l'école m'ont reprise à mes sauveteurs et m'ont ramenée dans l'autocar. On m'a laissé toute une banquette pour que je puisse m'allonger. On avait changé la roue, et nous sommes repartis pour Cool Bay. Quand nous sommes arrivés je me sentais tout à fait bien. Mais pourtant, je ne suis pas allée dans l'eau, je suis restée assise sur le sable blanc et chaud, devant la grotte qu'on appelle le trou de Dabad, à regarder les autres nager et jouer.

Qu'est-ce que cette saleté de hotnot faisant sur une plage réservée aux Blancs?

Je n'essayais pas de me révolter. Simplement, je ne pouvais pas comprendre. C'était la première fois. Par la suite, j'ai acquis de l'expérience.

Maman : « Pas la peine de regimber, Andrea. La loi c'est la loi. C'est la volonté de Dieu et il faut s'y soumettre. »

Papa n'aurait jamais filé doux comme ça. Mais il n'était pas à la maison; quand enfin il est revenu, c'était plusieurs mois après et la blessure avait commencé à guérir.

La cicatrice était encore là.

Je pensais qu'elle finirait par disparaître elle aussi. Pourtant, cet après-midi-là, aux Baux, j'ai découvert avec stupéfaction qu'elle me faisait toujours souffrir, comme une vieille blessure par temps de pluie.

J'ai erré sans but parmi les ruines. A la recherche de quoi? Rien, vraiment : j'essayais simplement de rester à l'écart de Mandla, car je savais qu'il me serait difficile de le regarder de nouveau dans les yeux. Je n'aurais sans doute pas été surprise si, en levant la tête tout à coup, j'avais vu quelqu'un venir vers moi : pas quelqu'un d'autre, mais moi-même, un des nombreux moi que j'avais cru avoir perdus sur le bord de la route. L'Andrea que Brian avait connue. Celle de Paul. Définie par l'homme qui était à côté d'elle –

qu'elle soit en révolte contre lui ou qu'elle se rende à l'amour. Et aujourd'hui? Je ne pouvais pas encore la décrire; trop de choses avaient commencé à changer au cours d'une seule journée. Je ne pouvais que continuer à marcher au hasard. Peut-être parce que précisément je ne cherchais rien, je suis tombée dessus. Sur un étai en pierre, caché dans un angle sous la tour sarrasine, un endroit sombre qui empestait l'urine, il y avait le dessin peu net d'un cœur dans lequel mon nom était écrit.

Non, je dois être honnête : je ne peux jurer que c'était le bon endroit; et les marques étaient presque effacées, comme une ancienne cicatrice. Mais c'était ce que je désirais voir, ce que je voulais lire sur la pierre : Andrea. Parce que j'avais besoin d'être rassurée en sachant que j'étais déjà venue ici; que ce qui m'entourait n'était pas entièrement étranger; qu'en réalité je n'étais pas aussi totalement seule.

Je suis revenue après un long moment; Mandla était de l'autre côté du plateau, près de l'escarpement qui donnait sur Maussane. Il n'a rien dit de ma longue absence. Je suis montée près de lui pour contempler le coucher de soleil, les ombres qui s'agrandissaient, la lumière qui faiblissait, l'espace qui diminuait.

Quelque chose luttait violemment en moi. Une révolte : mais contre quoi? Une douleur sourde ravivée par un souvenir importun. Quelque chose que papa avait dit en riant, mais qui en même temps me concernait, quand après son retour je lui avais parlé de mon bain forcé. « Nanna, avait-il murmuré en secouant la tête, tu es une sauvage, une vraie sauvage. Rien n'arrivera jamais à t'apprivoiser. Que vas-tu devenir? Tu veux toujours plus que ce tu as le droit d'avoir.

– Et toi? »

Il s'était contenté de rire en me donnant une tape dans le dos.

Mais aujourd'hui, debout au-dessus de ce précipice, parmi ces ruines, si loin du monde qui se trouvait en bas : Qu'étais-je devenue? Avais-je été apprivoisée? Avais-je perdu quelque chose en cours de route, quelque chose de douloureusement important, une sauvagerie sans laquelle la vie n'était plus vraiment la vie? L'avais-je déjà perdue le jour où j'avais gravé mon nom dans la pierre : cela avait-il été un cri de désespoir ou d'affirmation? Et si je devais répéter ce geste aujourd'hui, que signifierait-il?

Grand-père Xhorê : est-ce toi que j'ai perdu?

Etait-ce vraiment irrévocable ou restait-il encore quelque chose à faire?

Debout, à côté de Mandla, je regardais disparaître la lumière de ce jour d'automne. Nous deux, des cyclistes qui avaient perdu le reste de la course.

En étais-je déjà consciente à ce moment-là et était-ce cela qui me laissait haletante d'émoi et de peur : le temps qui s'en allait, les jours qui diminuaient, quelque chose d'indispensable qu'il fallait atteindre, mais avec de moins en moins de temps pour le trouver?

En redescendant vers la ville, j'ai ressenti l'immense lassitude qui était en moi. La vieille femme qui gardait la porte était très mécontente car nous l'avions obligée à attendre, et elle a rouspété quand nous sommes passés; je n'ai pas pris la peine de discuter. Je n'avais plus vraiment envie d'aller dîner dans le val d'Enfer – j'aurais préféré rentrer dans ma chambre, m'enfouir sous ma couverture et m'endormir – mais je le devais à Mandla après lui avoir refusé son déjeuner.

Quand j'y repense, il me semble qu'il ne devait guère avoir envie d'aller dans un hôtel de luxe; mais je suppose qu'il était plein d'égards envers moi. Aussi, en un sens, nous avons mérité tous deux ce qui s'est passé.

Nous avons descendu la pente raide en voiture et nous avons plongé dans l'ombre de l'étroite vallée; la première fois, je n'ai pas vu l'enseigne et nous avons dû faire demi-tour au bout pour revenir sur nos pas. L'hôtel était ouvert, les lumières allumées, il y avait une rangée de voitures brillantes dans le parking à côté de l'immense piscine aux reflets glacés. La terrasse était vide; les soirées d'automne devenaient trop fraîches pour qu'on puisse dîner à l'extérieur, comme en été.

J'ai demandé une table à la réception. La fille a feuilleté son registre pendant un bon moment, puis elle s'est excusée, a traversé la pièce et je l'ai vue qui parlait avec un homme trapu et aux cheveux gris. Il a recula sa chaise pour nous regarder. Puis il s'est levé et il est venu jusqu'à la réception. Un sourire très cérémonieux aux lèvres.

« Je suis désolé, messieurs-dames, mais vous n'avez pas réservé et malheureusement il ne nous reste aucune table.

– Mais... »

Je me suis interrompue immédiatement, j'ai incliné rapidement la tête, et j'ai fait signe à Mandla de me suivre.

A l'entrée, nous avons dû nous écarter pour laisser passer un vieux couple très élégant, une femme aux cheveux teints avec un collier de perles, un homme chauve dans un costume rayé. Mandla est sorti. Je suis restée en arrière pendant quelques instants, de façon un peu perverse, je pense, et j'ai entendu le vieux monsieur demander une table à la réception, puis j'ai regardé comment on les accompagnait à une des nombreuses tables vides. Ce n'est qu'alors que j'ai rejoint Mandla à l'extérieur.

« Que se passe-t-il? a-t-il demandé.

– Tu le sais bien, n'est-ce pas? ai-je répondu brutalement. Ils sont complets. » Je détournais les yeux.

« Tu parles qu'ils sont complets! C'est ce qu'il t'a dit?

– Partons, Mandla.

– Il t'a insultée? » a-t-il demandé avec une fureur soudaine et contenue.

J'avais la bouche sèche. « Pas plus moi que toi.

– Moi, je m'en fous, je suis habitué. Mais je ne le laisserai pas te manquer de respect. »

Il a essayé de faire demi-tour. Complètement affolée, je me suis accrochée à son bras et je l'ai retenu. La tête me tournait. « On n'y peut rien, Mandla. Et il n'a pas été grossier.

– Je vais l'engueuler, ce salaud.

– A quoi cela sert-il de faire une scène? Ce n'est pas pour cela qu'ils nous trouveront plus acceptables. » J'ai respiré un grand coup. « Nous sommes trop noirs pour eux. »

Un sourire, encore un peu forcé. « Ça on en est sûrs tous les deux, ma petite. »

Nous sommes revenus à la voiture. J'évitais son regard. J'avais les nerfs trop à fleur de peau pour lui faire face. On en est sûrs tous les deux. Pour la première fois, je savais que c'était absolument vrai. Je l'avais peut-être toujours su. Ce n'était pas contre lui que j'avais lutté de façon aussi désespérée mais contre cette certitude qui, une fois reconnue, signifiait que rien ne serait plus jamais comme avant.

Nous sommes rentrés en silence, lui et moi, tous les deux, loin du sombre val d'Enfer.

TROISIÈME JOUR

JE me suis réveillée très tôt; Paul me manquait. La veille au soir, comme je ne pouvais pas dormir – et comment l'aurais-je pu après ce qui s'était passé? – j'étais restée debout très tard, à prendre des notes sans bien savoir cependant ce que j'écrivais. C'était seulement pour me tenir éveillée. Après minuit, j'étais allée jusqu'à la porte et je l'avais ouverte doucement. Comme la nuit précédente, celle de Mandla, de l'autre côté du couloir sombre, était entrouverte. Mais je ne me suis pas approchée; je savais que la chambre était vide. Il était de nouveau sorti dans la nuit, quelque part sous les arbres dans le jardin obscur de l'hôtel. Savoir qu'il était là était à la fois troublant et rassurant.

Je n'étais pas encore suffisamment détendue pour m'endormir, cependant j'ai éteint la lumière et je me suis pelotonnée sous ma vieille couverture, en jouant d'une main avec le bord effrangé comme je l'avais si souvent fait depuis tant d'années. Dans cette vieille guenille, usée et bien-aimée, était préservé tout ce que j'avais été, même s'il était difficile de le savoir.

Ce fut une nuit agitée, le vent secouait les volets ouverts, bruissait dans la vigne à l'extérieur et dans les feuilles desséchées des platanes autour de la fontaine. Le bruit était différent dans les cyprès, un murmure funèbre : pas de l'air en mouvement, mais une présence massive. Une fois, alors que j'étais enfant, j'avais été malade et maman était venue me voir la nuit. J'avais dit : « Le vent a aussi un rhume, maman. Ecoute, on l'entend renifler. » C'est le même genre de nuit, ma propre inquiétude s'accordait à celle du vent à l'extérieur. Tout ce qui arrivait ou qui bougeait dehors – cette ombre noire dans ses promenades solitaires – se répétait en moi.

J'ai fini par m'endormir. Et au plus profond de mon sommeil j'ai entendu – ou j'ai rêvé – un bruit que je n'ai pas pu identifier, bien qu'il m'eût touchée jusqu'à la moelle des os. Comme le gémissement d'un nouveau-né. Je me suis éveillée avec une sensation de vide et de panique. Dehors, il faisait toujours sombre et tout était très calme. Pourtant, je savais que le bruit avait existé, familier, ancien et d'une insupportable tristesse. Je me suis assoupie à nouveau, mais cette fois j'ai glissé dans un sommeil plein de rêves et de souvenirs à demi insaisissables, j'avais alternativement chaud et froid, je ressentais de violents désirs impossibles à assouvir et en partie sexuels. Paul devait être à la base de tout cela parce que, quand je me suis réveillée, j'ai tâtonné pour trouver son corps que je croyais à côté de moi : détendu dans son sommeil avec une érection ardente (causée par quel rêve impénétrable) – mais il n'était pas là.

Incapable de contenir mon désir, je me suis assise dans le lit, j'ai pris le téléphone et j'ai fait son numéro. J'entendais la sonnerie à l'autre bout mais personne ne répondait. Une vague de jalousie m'a soulevé l'estomac et m'a donné la nausée – avait-il couché ailleurs? avec qui? comment osait-il? – avant que je me rappelle qu'il était parti la veille pour Strasbourg assister à sa conférence; il ne rentrerait à Paris que dans quelques jours. Je n'ai fait aucun effort pour reposer le téléphone; je suis restée parfaitement immobile, incapable de bouger, en tremblant dans le froid du petit matin, révoltée et déçue, et je sentais la légère transpiration de la nuit qui se glaçait sur mes épaules et entre mes seins; livrée au silence insupportable qui m'entourait.

En moi, il y avait l'écho que l'on ressent quand on est réveillé par une sonnerie stridente – ou la sonnette de la porte d'entrée – à une heure indue : une peur inutile vous fait trembler, on a la gorge serrée et on garde pendant toute la journée une contraction au creux de l'estomac qui laisse un sentiment d'insatisfaction ou qui donne l'impression qu'on recherche quelque chose qu'on n'a jamais eu, et qui est peut-être l'autre moitié du rêve, laissé inachevé.

Finalement, je me suis obligée à aller dans la salle de bain et à ouvrir les robinets, simplement pour bouger. Dans mon esprit, la connaissance imprécise du poids d'un passé qui s'accumulait de jour en jour, un boulet autour du cou. (Aujourd'hui, quand j'y repense, il y a une perspective supplémentaire : il n'y a pas que le passé qui s'étend chaque jour de façon insupportable, il y a aussi l'avenir qui diminue en correspondance. Ce matin-là, évidemment, je n'en avais pas conscience. Cela aurait-il changé quelque chose si j'avais pu voir devant moi et me rendre compte à quel point le nombre de jours qui restaient était limité : cinq, quatre, trois, deux, un? Oh! Paul, tu m'as contaminée!)

Frustrée, je me suis allongée dans le bain en essayant d'apaiser mon besoin de Paul avec ma main, mais j'ai arrêté presque aussitôt. Je pouvais réussir à soulager pendant quelque temps le désir qui me brûlait mais non la tristesse et la douleur causées par son absence. Aussi, je devais supporter mon corps. Je me suis mise à me savonner avec une technique ancienne et obstinée – héritée de maman? – puis je me suis rasé les jambes et les poils du pubis. Brian voulait que je me rase aussi à cet endroit; le mont était une coquille légèrement arrondie pour le creux de sa main; il me voulait toujours nue, sans défense, exposée, afin de mieux me posséder. Au Cap, je le faisais pour lui, bien sûr, et passionnément. Mais pas à Londres. Cela avait entraîné une de nos pires querelles. Pas question : je ne laisserais personne, pas même lui, me dominer aussi totalement. Quel dommage : au début, il avait été si doux avec moi, si patient, si attentionné, si concerné.

Il n'y avait rien d'exceptionnel dans la façon dont je l'avais rencontré. L'université du Cap avait téléphoné à notre bureau pour un remplacement dans le département d'histoire; leur secrétaire était malade ou quelque chose comme ça. Je n'étais pas engagée depuis longtemps, environ un mois, car je venais de terminer mes études de secrétariat que j'avais suivies après avoir quitté l'université. Un peu plus tôt, cette année-là, nous avions été chassés de notre maison du District six pour faire de la place aux Blancs qui avaient décidé de le mettre en valeur pour eux-mêmes; et nous avions déménagé vers les Cape Flats, dans le vent et la poussière de Bonteheuwel; loin de tout; notre univers avait été tellement mis sens dessus dessous que je m'étais totalement désintéressée des cours, et pourtant je savais que papa en souffrirait. (Si j'avais su qu'il devait mourir bientôt, aurais-je continué pour lui? Mais, comme pour ces cinq jours en Provence, je n'avais aucun moyen de savoir ce qui allait se passer.)

La secrétaire du département d'histoire est revenue au bout de quinze jours, mais j'avais déjà commencé à taper les travaux de recherche de Brian sur les Khoi (il y avait travaillé pendant plus d'un an et il avait envie de tout mettre au propre afin de commencer à écrire sa thèse) et le prof m'a demandé de rester.

Cela voulait dire qu'on faisait souvent des heures supplémentaires, tous les deux, et inévitablement nous nous sommes connus un peu mieux. Au début, je n'ai rien ressenti de particulier pour lui; mais j'aimais beaucoup l'écouter. Une fois qu'il était lancé, il pouvait me fasciner pendant des heures. C'est à ce moment-là qu'il m'a raconté l'histoire de Xhorê; je crois que c'est la première chose qui m'a accrochée. Sans voir plus loin, évidemment. C'était un Anglais de Londres, c'était un Blanc; il n'y avait aucun point de contact entre son monde et le mien. (Nous ne pouvions même pas parler cinéma! – il n'y avait aucune relation entre les films qu'il allait voir et les westerns spaghetti qui passaient au Globe.) La seule chose que nous avions en commun, c'était son travail. Xhorê. Tout ce qu'il me racontait sur les Khoikhoi, les « miens » comme il disait en plaisantant, et sur lesquels je savais si peu de chose. Autrement, il me parlait de l'Angleterre, de l'Europe. A l'école, j'avais toujours aimé l'histoire et la géographie, et j'avais continué à l'université; par l'intermédiaire de papa, j'adorais tout ce qui était loin, et sur le mur de ma chambre j'avais une grande carte du monde sur laquelle je traçais ses voyages fantastiques. Pourtant, je n'avais jamais pensé à l'Europe comme à un endroit accessible, pas pour moi. Si j'y allais, ce serait avec papa : c'était ce qu'il m'avait toujours promis, mais depuis qu'il avait perdu tout intérêt dans la vie et arrêté ses voyages, cette perspective, elle aussi, s'était évanouie. Ce n'est qu'avec Brian, à travers ses bavardages sans fin, que l'Europe a repris une certaine réalité. Il la connaissait bien; c'était « son » univers; pour lui, c'était la chose la plus naturelle du monde de dire :

« Un jour, dès que j'aurai fini mes recherches, je te montrerai tout cela. D'accord? »

Alors je riais, légère et insouciante. « Bien sûr. » Ça ne coûtait rien d'être d'accord; je n'ai jamais pensé un seul instant que ça pouvait être sérieux.

Il ne m'a jamais importunée, il ne s'est jamais imposé. Tout ce qu'il a fait a été d'ouvrir son univers devant moi et de telle façon qu'imperceptiblement il a commencé à apparaître à l'horizon du mien. Je pouvais lui parler de choses dont je n'avais pu discuter qu'avec papa; depuis le jour chez le coiffeur, même cela s'était terminé. Brian est devenu un moyen de s'évader des nouvelles maisons de brique des Flats où nous vivions maintenant, où il n'y avait aucune chance de se faire des racines, où il n'y avait rien que je pouvais appeler « à moi » désormais. Le départ du District six nous avait laissés brisés, papa plus que quiconque. Aussi je suppose que ce n'était pas anormal que je travaille de plus en plus longtemps, ce qui me laissait de moins en moins de temps à passer à la maison.

Parfois, généralement quand j'avais fini une nouvelle partie du travail, Brian m'achetait des fleurs. J'étais peut-être complètement aveugle, mais je n'ai jamais rien remarqué de particulier dans ce geste, même s'il faisait très attention à choisir les fleurs que j'aimais le plus : des gypsophiles blanches, si délicates et si fines, les fleurs des pauvres et des vieux, des fleurs de petite fille. (C'était avant que les décorateurs les découvrent, bien sûr, et qu'ils en fassent quelque chose de rare et de cher.)

Quand l'université a fermé pour les vacances, nous avons passé encore plus de temps ensemble, tous les deux seuls dans son bureau, à travailler et à parler. Je redoutais véritablement la perspective des dix jours de congé, de Noël au lendemain du Jour de l'An – et surtout parce que papa avait enfin décidé de repartir : sur un chalutier cette fois qui pêchait le long de la côte ouest jusqu'à Walvis Bay, ce qui ferait qu'il serait absent pendant des semaines. Dans un sens, c'était une bonne chose, car sa présence commençait à peser à toute la famille. Mais son absence pouvait être encore pire. Nous n'allions pas très bien quand il n'était pas là. Des querelles continuelles entre maman et moi; ou entre Maggie et moi à cause de sa bigoterie; ou entre elle et Boetie; ou entre grand-mère et les autres. Et cette misérable petite maison de brique exposée au soleil brûlant et à la violence des vents de sud-est en décembre et janvier.

J'ai été particulièrement déprimée dans les jours qui ont suivi le départ de papa. Brian a dû remarquer parce qu'il ne cessait de me demander ce qui n'allait pas. J'évitais de donner des réponses claires, en essayant de garder cela pour moi. Les affaires de papa ne regardaient personne d'autre. Le troisième ou le quatrième jour après son départ, j'ai travaillé plus tard que d'habitude. Brian était allé en ville et je ne pensais pas qu'il reviendrait. Une journée déprimante : rien n'allait bien, et je me sentais mal à l'aise et inquiète; j'allais avoir mes règles. Papa me manquait; ce matin-là, il y avait eu une autre explosion à la maison. D'habitude, je m'en sortais en travaillant mais ma machine à écrire ne marchait pas bien – une lettre se coinçait tout le temps. Une nouvelle faute m'a obligée à sortir une autre feuille de la machine et à la jeter dans la corbeille à papiers – « Oh! merde. » – et j'ai entendu un bruit derrière moi. Je me suis retournée et j'ai vu Brian qui se tenait dans l'embrasure de la porte.

« Oh! Je suis désolée, je... je ne pensais vous revoir ce soir.

– Et je ne pensais vous trouver ici. Je suis revenu prendre des livres. Vous devriez être rentrée depuis longtemps, Andrea, il est presque six heures.

– Et alors? Personne ne m'attend à la maison.

– Allez, dit-il fermement. Je vais vous raccompagner.

– Jamais. J'ai un bus.

– Pourquoi êtes-vous toujours aussi évasive? Ça ne pose aucun problème.

– Ce n'est pas sur votre route. »

Je savais qu'il avait un appartement, non loin de l'université; sous la ligne de chemin de fer, à Rosebank.

« Je n'ai rien d'autre à faire. Honnêtement, j'aimerais vous raccompagner.

– Non. » Je me suis levée, j'ai recouvert la machine à écrire, j'ai rangé le papier, ses dossiers et j'ai pris mon sac.

« Et si j'insiste? » Il était devant moi. Pour la première fois, j'ai été frappée par le fait qu'il... que je... Même aujourd'hui, cela m'est difficile à exprimer. Il n'y avait rien de précis ou de tangible : juste une ombre qui, finalement et soudainement, avait émergé des profondeurs de l'esprit. Et que j'aurais préféré ne pas admettre.

« Non, Brian. »

Sa main sur mon bras. « Andrea, s'il vous plaît... », comme si je lui faisais une faveur.

J'aurais bien aimé. Quinze ou vingt minutes de voiture au lieu d'une heure d'attente à l'arrêt du bus suivie d'un voyage interminable dans la bousculade et la sueur de la foule. Il avait plu par intermittence toute la journée. Et sa seule présence était, disons, réconfortante. Rien de plus. Surtout après ce long après-midi déprimant. Pourtant, j'ai refusé.

« Merci, Brian. C'est très gentil de votre part. Mais je m'arrangerai. J'ai l'habitude.

– Et si nous allions seulement faire un petit tour? Vous avez besoin de prendre l'air. »

Je n'ai pu m'empêcher de rire – il était si facile de le percer à jour avec son obstination très masculine à ne pas renoncer – et j'en avais assez de refuser. Contre qui étais-je mal disposée – lui ou moi? Mon entêtement a fait volte-face : *Pourquoi pas? La journée a été épouvantable. J'ai besoin d'un moment de détente. Et je peux faire attention à moi.*

« Si vous êtes sûr que ça ne sera pas trop long. »

Un sourire enfantin. « Allons-y. »

Nous sommes partis vers Wineberg dans sa vieille Volkswagen cabossée. C'était bien après l'heure de pointe et la circulation était facile; il bruinait encore, très faiblement, un grand isolement du monde et je me sentais au chaud et bien protégée.

« Où allons-nous?

– Vous n'avez pas de suggestions?

– C'est trop long d'aller jusqu'à la mer? » Je savais que j'étais imprudente, mais le sentiment d'être coupée du monde ordinaire dans cette douce brume me faisait l'effet d'un vin fort.

A Muizenberg, la plage était déserte. Comme c'était étrange de me retrouver là, avec lui : sur cette étendue de sable avec les panneaux « Réservé aux Blancs ». Comme si sa présence avait suspendu tout ce qui normalement me menaçait ou me diminuait. Une liberté improbable, garantie par le brouillard sans fin qui nous entourait. La bruine avait cessé, mais les nuages étaient si denses qu'il était impossible de savoir où finissait la mer et où commençait le ciel. Une éternité grise qui effaçait toute couleur, tout bruit, à part, de temps en temps, les cris perçants de mouettes invisibles. Une brume délicate et lumineuse sur nos joues. Nous avons ôté nos chaussures et nous avons marché pieds nus, pas très loin je pense, mais j'ai eu l'impression qu'il s'agissait de kilomètres. Le murmure de la mer; le sable froid et humide sous le creux sensible du pied. Une fois ou deux, sans du tout le vouloir, le contact d'un bras sur un bras. Nous ne nous touchions pas; nous ne nous tenions même pas par la main, nous marchions simplement dans la pureté de la brise.

Nous nous sommes enfin arrêtés et de petits nuages de buée s'échappaient de nos lèvres. Un feu intérieur couvait en moi et me faisait ressentir plus vivement le froid de l'air. J'ai frissonné malgré moi.

« Tu as froid? »

Tout à coup, il a mis ses bras autour de moi et m'a attirée vers lui. Il n'a pas essayé de m'embrasser ou de me caresser; il m'a simplement tenue très serré. Je me suis brièvement abandonnée contre son corps, puis je me suis reculée fermement; il m'a immédiatement laissée aller.

« Andrea...

– Il faut rentrer maintenant, Brian. Il va bientôt faire nuit.

– Je voulais...

– Ne dis rien... » (*Je suis heureuse que tu m'aies conduite ici.*)

Sur le chemin du retour, il a de nouveau essayé de me persuader de le laisser me raccompagner, mais j'ai été inflexible. Jusqu'à l'arrêt d'autobus, d'accord, mais pas plus loin.

C'était plus que j'aurais dû normalement permettre – cependant, après notre promenade sur la plage et ce sentiment de plénitude dans la brume, j'étais prête à lui autoriser cela.

Quand nous nous sommes arrêtés, il s'est penché comme pour m'embrasser, mais je suis sortie rapidement.

« Merci, Brian. A demain.

– Tu es *sûre* que je ne peux pas te raccompagner jusque chez toi?

– Tout à fait. »

C'était plus qu'un désir de me retenir devant quelque chose que je n'osais pas encore reconnaître : c'était aussi une affirmation ultime d'indépendance, un refus de devoir quelque chose à quelqu'un.

Sur le chemin du retour, j'ai réussi à contrôler mes pensées en remarquant à peine ce qui se passait autour de moi. Cela explique peut-être ce qui est arrivé. Quand je suis descendue du bus pour faire le reste de la route à pied, ne rentrant qu'à contrecœur, la nuit était déjà tombée. Alors que je faisais un grand détour pour éviter une flaque d'eau, un car de police est arrivé derrière, très lentement, plein de policiers en uniforme. Ils se sont arrêtés à côté de moi. Un des hommes (blond, des cheveux coupés en brosse, le visage carré) a passé la tête par la fenêtre et a crié :

« T'as de sacrées belles jambes. On dirait qu'elles se rejoignent quelque part. Comment c'est? »

J'ai continué en regardant droit devant moi.

J'ai entendu un des autres qui disait : « La *meid* se donne des airs. »

Le car s'est remis en marche et a avancé au pas pour rester à ma hauteur.

« Regarde un peu ces roberts », a dit l'homme à la fenêtre.

J'ai marché ainsi pendant quelques minutes et je savais que, si cela devait durer encore, j'allais me mettre en colère. Pour leur échapper, j'ai brusquement tourné dans une allée boueuse entre deux rangées de maisons et j'ai couru jusqu'à la rue suivante. Une minute plus tard, ils étaient de nouveau à côté de moi.

« On dirait que la petite minette ne nous aime pas.

– Allez au diable! » leur ai-je crié.

Cela les a vraiment relancés. Leurs remarques sont devenues de plus en plus ordurières et directes. Plusieurs fois, j'ai essayé de leur échapper, mais ils me rattrapaient toujours. Bien vite, ils ont tenté de me couper le chemin, que je marche à gauche ou à droite de la route. A la fin, j'étais tellement énervée que j'ai ramassé une poignée de boue dans une flaque et je la leur ai lancée. Mais j'ai raté le car et cela a déclenché un éclat de rire. Ils m'ont laissé vingt ou trente mètres d'avance et, brusquement, ils ont foncé sur moi. J'ai sauté sur le côté, mais pas assez vite pour éviter d'être éclaboussée par l'eau boueuse soulevée par les pneus et qui m'a trempée jusqu'aux os. Ils se sont éloignés sans s'arrêter, ayant eu leur distraction quotidienne. J'étais couverte de boue de la tête aux pieds.

Le lendemain, cela aurait été facile pour Brian de dire : « Tu vois, tu aurais dû me laisser te raccompagner. » Mais il ne l'a pas fait. Il est devenu livide et a voulu aller au poste de police pour porter plainte.

« On ne peut rien faire, lui ai-je dit. De toute façon, ce n'est pas important. Ce sont des choses qui se passent tous les jours.

– Je ne les laisserai pas s'en tirer comme ça! »

Et cetera. Je lui étais reconnaissante de le voir se démener ainsi pour moi. Mais je n'ai jamais pensé que ça irait plus loin. Ce n'est qu'une semaine plus tard que, inquiète par sa tension, sa pâleur et ses efforts pour m'éviter, je l'ai brusquement interrogé et il m'a répondu en hésitant : le jour où je lui avais raconté mon aventure avec la police, il était allé à Caledon Square pour rendre compte de l'incident à l'officier le plus gradé qu'il avait pu trouver.

Il avait été convaincu que cela porterait ses fruits car l'homme lui avait paru très sympathique. Mais le seul résultat avait été une visite de la police de sécurité dans son appartement de Rosebank. Cinq hommes s'étaient présentés chez lui, ils lui avaient montré un mandat de perquisition, puis ils avaient mis tout sens dessus dessous sans lui donner une raison ou une explication. Cela s'était prolongé bien après minuit. Ils avaient été extrêmement polis tandis qu'ils mettaient tout en tas de façon méticuleuse et précise. Après avoir regardé dans toutes ses notes, jeté tous ses papiers par terre, ils avaient confisqués quelques livres et lui avaient donné un reçu; et ils étaient enfin partis. Sur le pas de la porte, l'officier qui commandait l'opération s'était retourné avec l'ombre d'un sourire sur le visage : « Monsieur Everton, vous n'êtes qu'un visiteur dans ce pays. Je n'ai rien contre votre travail. Mais, si jamais vous aviez envie de fourrer votre nez dans ce qui ne vous regarde pas, vous pourriez avoir des surprises. A propos, si j'étais à votre place, je me méfierais des filles métisses. C'est un conseil d'ami. J'espère vraiment que vous le suivrez à la lettre. »

« Mais qu'est-ce que la police de sécurité peut bien avoir à faire là-dedans? ai-je demandé stupéfaite.

– C'est ce que je me suis demandé. Bon Dieu, je n'ai

rien à cacher. Mais s'ils s'imaginent qu'on peut m'intimider comme ça...

– Brian, c'est inutile! » Sans y penser, j'ai pris une de ses mains dans les miennes. « Je t'avais dit de ne rien faire.

– Ces voyous t'ont insultée.

– En quoi est-ce que ça te regarde? » ai-je demandé avec une colère soudaine.

Très calmement, en bougeant à peine les lèvres, il m'a dit : « Plus que tu ne peux le penser. »

De nouveau, j'ai refusé qu'il me raccompagne à la maison. En fait j'ai été plus énergique que la fois précédente. Parce que maintenant je savais ce que je n'avais pas osé admettre une semaine plus tôt. Qu'il y avait entre nous plus qu'une relation de travail, des bavardages, des sandwiches que nous nous partagions pour le déjeuner...

Nous avons continué à nous contraindre. Nous nous battions, nous luttions, nous résistions : pas l'un contre l'autre, mais chacun contre soi. Nous étions effrayés. Cependant, il y avait une sorte d'électricité dans notre peur, une sensation qui montait à la tête, comme si, étrangement, la vie avait soudain valu la peine d'être vécue : parce que nous *savions* que nous étions vivants; il était impossible de dire si cela durerait et pendant combien de temps.

Rien n'est « arrivé ». Pendant tout un mois. Et papa est mort.

C'est Maggie qui lui téléphone la nouvelle à son travail. Emporté par-dessus bord par une vague. En tout cas, c'est ce qu'ont dit les hommes du chalutier. Personne d'autre n'était blessé. Normalement, papa, en vieux loup de mer endurci, n'aurait jamais laissé une vague l'emporter, même si elle avait été imprévisible. Normalement.

Elle reste assise sans bouger quand Maggie a raccroché. Elle ne pleure pas. Impossible de pleurer sur son père. Ce n'est pas lui qui est mort : c'est elle, quelque chose en elle, quelque chose qui l'a faite et gardée humaine, quelque chose qui lui a fait savoir ce que cela veut dire : être en vie.

La dernière nuit où elle l'a vue en vie : quand il est rentré et s'est penché sur le robinet à l'extérieur (*Que Ta volonté soit faite!*) Et le lendemain matin, quelques heures avant qu'il descende au port, elle l'avait trouvé sous la véranda avec sa bouteille de rhum. Trois oies qui volent devant le mur. *Le Seigneur est mon berger.* Le calendrier avec les fleurs.

« Andrea? » Brian s'avance vers elle. Une main sur son épaule. Elle ne sait pas d'où il vient. Le Seigneur doit l'avoir envoyé.

« Brian, il est mort. Papa. »

Il ne dit rien. Lentement, calmement, il enlève la feuille de papier de sa machine à écrire et la pose sur les autres dans la chemise verte. Il remet la housse gris pâle sur la machine. Il lui tend son sac. Ils descendent ensemble jusqu'à sa voiture cabossée. Il est évident qu'il ne la raccompagne pas chez elle – il ne connaît pas le chemin. Il n'y est jamais allé – mais elle ne fait rien pour l'arrêter. Il laisse la ville derrière eux et traverse les Flats en direction de la grève. Là où le bus est tombé en panne quand elle était enfant. (Derrière la dernière rangée de vagues, dans une dimension au-delà du temps : une petite fille maigre qui nage pour toujours dans la turbulence verte.) Il continue, sans savoir. Au-delà de Gordon's Bay, de l'autre côté de la crête de la montagne, au-dessus de la baie tranquille et vert bleu. Les traces du vent sur l'eau sombre. De l'autre côté, se dressant dans la brume de l'après-midi, la tache bleuâtre de la montagne de la Table et la langue de la péninsule jusqu'à Simonstown.

Il s'arrête enfin à l'embouchure du Steenbras. C'est un jour de semaine, il n'y a aucune voiture ni aucun promeneur. Elle n'a pas la moindre idée de la façon dont il a découvert cet endroit. Ils descendent la pente sur le pont en suivant le sentier de couleur rouge qui serpente entre les buissons et les proteas. Les arbustes dégagent une odeur de semence, une senteur chaude de feuille écrasée. Ils s'assoient sur un petit carré de sable entre les rochers. Elle regarde les falaises couvertes de lichen, grises, orange et vert pâle. L'eau d'un brun lumineux. Les vagues de la marée montante qui grondent contre les rochers et qui remontent dans la rivière. Une heure. Plus. Elle appuie son corps contre le sien.

Le soleil descend à l'horizon. Personne ne vient troubler leur solitude.

Dans la fraîcheur qui précède le coucher du soleil, elle se lève, ôte ses sandales et va vers un grand rocher sur lequel elle peut s'asseoir en laissant ses pieds pendre dans l'eau. Au bout de quelque temps, il la suit; l'aide à se relever et la serre contre lui. Il y a une excavation peu profonde en bas de la haute falaise, derrière eux, à quelques mètres seulement de l'eau. Ça sent un peu mauvais, mais elle ne s'en souvient qu'en y repensant. Pour l'instant, ça n'a pas d'importance. Le poids de son corps maigre sur elle. Cette sensation d'ondes qui courent à la surface d'un bassin tandis qu'il bouge en elle. Ensuite, des grains de sable sur son dos et ses fesses.

Ce n'est qu'à ce moment, dans le soir qui descend, qu'ils commencent à parler. Elle lui parle de son père, tout ce qui lui passe par la tête. Les derniers feux du crépuscule colorent encore la mer de rouge sombre quand ils remettent enfin leurs vêtements et s'apprêtent à partir.

Le silence du voyage de retour. La lourdeur de ce qu'ils savent : *Maintenant, c'est arrivé. Maintenant, c'est une réalité.* Une connaissance qui, s'il n'était qu'un homme et elle une fille, une femme, serait suffisamment grave et compliquée; et qui l'est beaucoup plus maintenant, avec cette frontière qu'ils ont franchie, ce *no man's land* qui les entoure. Tous les réflexes et les défenses ordinaires ont disparu; le monde est devenu un endroit étranger dans lequel elle ne peut plus trouver facilement son chemin, dans lequel ses réactions habituelles ne sont plus adaptées.

Elle découvre une chose pour la première fois (non, il y a eu auparavant une autre occasion) : non seulement l'existence de ses propres frontières, mais aussi la joie de se rendre compte qu'on peut les franchir, qu'on peut s'aventurer profondément dans ce nouveau territoire. Et, quoi qu'il arrive, désormais on ne peut plus rien exclure à l'avance. Quel que soit ce qui l'attend, elle l'a choisi; elle le choisit maintenant.

Quand ils s'arrêtent dans la rue en face de chez elle – des trous, des cailloux, des chiens sournois, des poubelles – sa mère et Boetie sortent par la porte ouverte.

« C'est moi, maman, dit-elle. Il ne faut pas t'inquiéter. Un ami m'a raccompagnée. »

Boetie : « Andrea, c'est un Blanc! »

Le soir précédent, de retour des Baux, j'avais rapporté le drapeau français déchiré dans ma chambre pour que Mandla ne le voie pas et je l'avais laissé dans la salle de bain. J'étais debout dessus tandis que je me séchais après m'être baignée. La couleur de l'empreinte de mes pieds humides était plus sombre : rouge, blanc sale, bleu foncé. Il n'y avait aucune raison pour que je sois bouleversée en voyant ces marques détrempées, mais pourtant je l'étais. Avec un peu d'angoisse, j'ai plongé le drapeau dans l'eau de la baignoire pour le mouiller complètement, en effaçant toute trace de moi-même, puis j'ai regardé autour de moi, incertaine. Je pouvais évidemment le jeter dans la petite poubelle. Mais qu'arriverait-il si quelqu'un le découvrait? Cela peut sembler ridicule – qui pourrait s'intéresser à une chose comme ça? – mais je ne voulais pas qu'on me mette en cause. Comme s'il avait fallu faire disparaître une preuve d'une importance capitale, j'ai fourré le chiffon humide en bas de l'armoire avant de prendre mes vêtements pour la journée.

Mandla m'attendait déjà sur la terrasse quand je suis arrivée avec mes livres, mes notes et mes cartes sous le bras, le visage soigneusement maquillé contre l'agression d'un nouveau jour.

« Tu es matinale, a-t-il dit alors que je m'asseyais.

– Tu l'es encore plus que moi. »

Il a haussé les épaules.

« Tu as bien dormi? ai-je demandé de façon formelle.

– Non. Et toi?

– Moi non plus. » J'aurais préféré ne pas le reconnaître; d'une certaine façon cela me rendait plus vulnérable. Pourtant, il était réconfortant de découvrir que je n'étais pas la seule.

Il était encore trop tôt pour le petit déjeuner. J'ai déplié la carte jaune et j'ai commencé à établir un itinéraire. Il fallait évidemment aller à Apt qui, après Avignon, était la plus importante ville de Provence que nous voulions inclure dans le film. Mais, alors que j'étalais la carte Michelin sur la table, mes yeux sont tombés sur le cercle avec lequel, en juillet, Paul avait entouré La Motte-d'Aigues, le village des Joubert dans les montagnes du Luberon, qui n'était qu'à quelques centimètres au sud-est d'Apt. Et j'ai su immédiatement : oui, nous devions y aller. Pas pour une raison particulière. A ma connaissance, l'endroit n'avait rien à voir avec la peste. Mais ce petit point sur la carte, c'était la ville originaire de Paul.

Peut-être de façon illogique, je pensais que je lui devais d'y aller, un petit pèlerinage à l'endroit où, en juillet, nous avions découvert le dernier membre ratatiné de la tribu. Me sentais-je coupable à cause de la journée précédente? – ma rancœur et ma révolte, et la conviction que Paul n'avait pas besoin de me coller Mandla sur les bras? Je n'aurais pas su dire en quoi une visite à La Motte-d'Aigues aurait changé ou amélioré les choses. Si j'avais réussi à le joindre au téléphone ce matin, je n'aurais peut-être pas éprouvé le besoin d'y aller. Maintenant, ce besoin était irrépressible. De toute façon, il n'y avait aucune raison pour qu'on n'y aille pas par plaisir. Je pensais que Mandla, lui aussi, avait besoin de se détendre, à cause de cette pesanteur, de cette dépression muette qui étaient en lui. Je trouvais cela plus troublant qu'auparavant; même si je n'en étais pas vraiment responsable, je pouvais au moins faire quelque chose pour l'atténuer. L'obscurité de la mort.

« Je suis désolée pour hier soir », ai-je dit soudain en levant les yeux de sur la carte, le doigt toujours posé sur le cercle qui indiquait La Motte-d'Aigues.

« Tu n'aurais pas dû me retenir. »

Trouvant quelque hardiesse dans la lumière du nouveau jour, j'ai osé le défier : « L'aurais-tu vraiment rossé parce que tu pensais qu'il m'avait insultée?

– Il nous a insultés tous les deux », a-t-il grogné en refusant de mordre à l'appât.

Je n'ai rien laissé paraître. « Je pense que j'avais oublié que de telles choses pouvaient encore se passer.

– Tu n'as aucune raison de t'inquiéter, a-t-il dit. Tu es une femme, ils feront toujours des exceptions pour toi. » Et il a ajouté, presque à contrecœur, le visge sans expression : « Et tu es belle. Alors, ils peuvent tenter leur chance avec toi.

– Ce n'est pas facile de m'abuser, ai-je objecté. Je ne leur permets pas.

– Ce n'est pas la peine. Il leur suffit de penser qu'ils peuvent. Avec moi, c'est différent. Quand je suis avec toi, je m'interpose entre eux et toi : ils se sentent menacés par moi. Il faut tenir le " sale nègre " à l'écart.

– Pourquoi dis-tu cela? ai-je demandé, indignée.

– Parce que j'ai mes raisons. » Pour la première fois, il semblait avoir envie de parler. « Je te l'ai dit : partout où je suis allé, j'ai été déconcerté par leur hospitalité. Tant que mes hôtes étaient avec moi. Ceux des mouvements anti-apartheid et des choses comme ça. Parce qu'ils m'ouvraient leur porte. Tout le monde savait qui j'étais, d'où je venais, et cela faisait toute la différence. Surtout les femmes – je t'en ai parlé, non?

– Tu m'en as parlé. » Le souvenir me gênait. « Inutile de répéter les détails.

– Plus elles étaient blondes, plus elles étaient folles. » De nouveau, l'horrible grimace de colère; et tout à coup j'ai compris : non, il ne se vantait pas, il n'essayait pas d'en faire étalage – au contraire. C'était précisément parce qu'il trouvait cela inquiétant qu'il avait besoin d'en parler.

« Parfois, je me disais que j'aurais préféré être insulté plutôt que de les voir se jeter à mon cou comme ça, tu sais. » Il a repris après une pause : « Non pas que j'aime les insultes. Une nuit à Amsterdam... » Un autre long silence. Il semblait hésiter à continuer. « Je suis sorti dîner seul, dit-il enfin. Un sandwich sur le Leidse Plein. J'étais invité à une soirée, mais je m'étais décommandé. C'était des gens, des gens tout le temps, jusqu'à ce que je ne sache plus si j'arrivais ou si je partais. Aussi, cette nuit-là, je suis sorti seul, sans chaperon pour me garder. C'était un sentiment merveilleux d'être libre de nouveau. J'avais envie de chanter ou de faire quelque chose de scandaleux, mais, bien sûr, je n'en ai rien fait. Les Hollandais sont tellement satisfaits d'eux-mêmes que je ne voulais pas les déranger. En tout cas, quand j'ai voulu payer ma bière et mes sandwiches, je me suis aperçu que je n'avais pas assez d'argent. J'avais laissé mon portefeuille à l'hôtel. J'ai appelé le garçon et je lui ai expliqué ce qui se passait. Je lui ai dit que je pouvais être de retour dans dix minutes. Mais il est immédiatement devenu désagréable et il a fait venir le patron. Ce dernier m'a traité de " sale nègre ". J'ai proposé de laisser ma montre comme garantie en attendant que je rapporte l'argent. Mais il a continué à m'insulter. J'ai dit que le garçon pouvait venir avec moi pour s'assurer que je ne me sauve pas, mais il a refusé d'entendre raison. Aussi, finalement, je me suis énervé moi aussi et j'ai saisi le devant de sa chemise. En un clin d'œil, j'ai eu tout le café sur le dos. Heureusement, quelqu'un a téléphoné à la police, sinon ç'aurait été un sacré merdier.

– Est-ce que la police t'a laissé partir?

– Pas du tout. Ils se sont remis à hurler. Puis ils m'ont emballé dans un car et emmené au poste. Quand j'ai essayé d'expliquer au commissaire d'où je venais, il a vraiment explosé : " Alors, pourquoi est-ce que tu n'es pas resté en Afrique du Sud? Ils t'auraient remis à ta place, là-bas. " Et ainsi de suite. Après une bonne heure au poste, ils m'ont enfin autorisé à téléphoner à mes amis qui sont arrivés immédiatement. Quelle confusion, tu imagines! Excuses officielles de la police, tout le paquet. Mais c'était trop tard en ce qui me concernait. »

J'étais écœurée, mais j'ai tenté de lui parler; ce qui m'a rendue encore plus irritée envers moi-même. « Mandla, cela aurait pu arriver à n'importe qui. Le type pensait que tu essayais de voler, c'est tout. Ça n'a rien à voir avec la race.

– " Sale nègre "? a-t-il demandé, mécontent. J'étais tout à fait d'accord pour accepter l'idée qu'il se mettait en colère parce qu'il croyait que je le faisais marcher. Mais " sale nègre "? C'est la première chose qu'il a dite. Le cri du cœur, le réflexe. Pas " sale voleur ", mais " sale nègre ". Ce n'est pas la première fois que ça m'est arrivé. Et pas seulement en Hollande. Ce qui m'a frappé, c'est que j'étais venu ici pour chercher un soutien, en pensant que les gens s'intéressaient à notre lutte. Toute cette hospitalité, ces mains qu'on me passait dans le dos, l'argent – était-ce seulement pour se faire une bonne conscience?

– Il y a des gens qui s'y intéressent », ai-je répondu sans oser le regarder.

Il a continué comme s'il ne m'avait pas entendue : « Hier, quand tu m'as parlé des juifs à Avignon, comment on les a accusés de la peste et comment le pape lui-même ne pouvait pas les aider... je veux dire, merde, si *lui* ne pouvait rien faire, alors qui pouvait...? » (Je ne m'étais même pas rendu compte qu'il avait écouté, après tout!) « Tu sais, tu aurais dû voir de quelle façon royale ils nous ont traités, en août à Berlin-Est. Ils nous ont couverts d'or. Mais *pourquoi*, à ton avis? Simplement pour se débarrasser de nous aussi rapidement que possible, je t'assure. Comme ça on peut aller faire leur sale boulot à leur place : on se débarrasse du joug et on tend le cou devant nos nouveaux maîtres. Et ils parlent de liberté! J'ai rencontré plusieurs étudiants africains là-bas qui revenaient de l'université Lumumba. Et ce qu'ils m'ont raconté sur la façon dont ils étaient traités à Moscou par ceux-là mêmes qui étaient supposés les former pour la révolution!... Les mêmes salauds de racistes que partout ailleurs. » Il a secoué la tête, lentement, tristement. « Même le coup de poignard dans le dos de la part de George a été plus facile à endurer.

– Paul a une théorie là-dessus, ai-je dit calmement, sachant que c'était à moi d'éclairer son humeur très sombre.

– Tout le monde a une théorie, a-t-il grogné. Quelle est la différence pour *moi?* Je ne suis pas une putain de théorie. »

J'ai continué, bien décidée à me faire entendre. « Paul pense que nous faisons une erreur terrible en considérant la “ civilisation ” comme la conditon naturelle des gens. Nous avons eu à peine le temps de nous y habituer. Si nous nous regardons avec un peu de recul, nous nous apercevons que c'est seulement hier que nous avons commencé à quitter le règne animal. Nous ne sommes qu'une aberration, une mutation, quelque chose de contre nature. Toute notre civilisation est contre nature.

– Et alors? a-t-il répliqué durement. Il y a longtemps que j'aurais pu te le dire.

– Je sais. Mais essaie de penser au racisme de la même façon. Nous le considérons comme “ non civilisé ”, mais cela fait partie de notre condition naturelle de refuser, de haïr et de persécuter tout ce qui semble différent de nous-mêmes. Cela nous menace. C'est quelque chose qui nous reste de l'état animal : et on ne trouve d'exception que rarement, des individus ou des sociétés qui ont un peu plus progressé. Les autres sont encore “ en route ”. Il faut laisser aux gens une chance d'en venir d'abord à bout avant de pouvoir penser à faire un autre pas en avant.

– Et, en attendant, c'est très bien qu'ils me piétinent? Tu as aimé ça qu'on te mette à la porte de ce beau restaurant hier soir? Oh! Ils sont très civilisés, je sais. Et tout ce que ça a donné, c'est que nous avons été mis à la porte purement et simplement.

– C'était aussi moche pour moi que pour toi, Mandla. Pire, peut-être. »

Il m'a regardée avec un silence méfiant.

« Paul a dit un jour : “ Au Moyen Age, ceux qui avaient la peste étaient isolés. On les disait possédés par de mauvais esprits, et les victimes étaient souvent mises à mort. Aujourd'hui, nous ne tuons plus les gens, nous essayons de les soigner. ” Il en est absolument convaincu, Mandla : nous ne pourrons pas nous débarrasser du racisme en le considérant comme la peste. La seule façon c'est de considérer les gens qui en sont atteints comme des malades qu'il faut soigner avec patience. Jusqu'à ce qu'enfin nous ayons dépassé notre mentalité médiévale pour nous avancer dans un avenir un peu plus ouvert.

– Tu l'as laissé te convaincre? a-til demandé. Pourquoi? Parce que tu ne peux pas regarder la vérité en face? Ouvre les yeux au lieu d'avaler les jolies petites théories de Paul sur le racisme : imagine que ce n'est pas une maladie, mais une sorte d'animal sauvage. Tu peux essayer de le dompter. Il peut finir par venir te manger dans la main et te lécher le visage. Mais un jour il saisira l'occasion de te mettre en morceaux.

– Autrefois, les chiens étaient des animaux sauvages, ai-je insisté. Aujourd'hui ils sont domestiqués.

– Et ça te rassure? Ça te fait croire qu'on peut domestiquer *tous* les animaux? Même si c'est vrai, même si tous seront domestiqués dans cent ans ou mille ans : et moi? Moi, aujourd'hui, ici? Je ne regarde pas mille ans en avant, Andrea. Je suis ici, maintenant. C'est *aujourd'hui* que je brûle. C'est aujourd'hui que je suis en pièces. N'essaie pas de me rassurer. »

Ce fut peut-être une bonne chose que le patron ait choisi ce moment-là pour nous apporter le petit déjeuner. (Il se souvenait de la veille : un chocolat pour moi, un café pour Mandla.) Mais cela n'a pas calmé Mandla; il est resté calme quelques instants. Puis, jetant son croissant dans l'assiette, il s'est levé.

« Alors, on ne fait rien aujourd'hui? Pourquoi ne part-on pas?

– Il est trop tôt, Mandla. Nous pouvons regarder la carte et mettre quelque chose au point. Assieds-toi et finis d'abord ton petit déjeuner.

– On n'a pas le temps de manger. »

Mais il a changé d'avis et s'est rassis. « J'en ai marre, Andrea. Regarde-moi, en train de manger cette merveilleuse nourriture des Blancs. Regarde l'hôtel où j'habite... » Il a tendu le bras vers la grosse maison de pierre comme s'il avait voulu la démolir. « Et pendant que je suis couché ici... il y a tous les autres là-bas qui n'ont pas le temps de se reposer.

– Y a-t-il quelqu'un qui t'attend? ai-je demandé.

– Ils attendent tous. » Puis il s'est rendu compte de ce que j'avais voulu dire. « Non. Bien sûr que non. Et je ferai en sorte qu'il n'y ait plus jamais personne.

– Alors il y a eu quelqu'un? » Pourquoi continuai-je à le harceler? Cela ne me regardait pas; il aurait mieux valu ne pas savoir.

« O.K., j'avais une femme, a-t-il dit brusquement, comme pour me défier. Nous n'étions pas mariés, mais nous vivions ensemble. Ntsiki. Elle attendait un enfant de moi. Trois mois, et les *boere* l'ont ramassée. Pas à cause de quelque chose qu'elle avait fait : en réalité, elle essayait toujours toujours de me retenir, elle avait peur qu'il m'arrive quelque chose. On se disputait souvent à cause de ça. Je ne voulais pas lui dire ce que je faisais, ce ne sont pas des affaires de femmes. » (J'ai eu envie de l'interrompre mais je me suis contenue. Ce n'était pas le moment de discuter d'un tel sujet : il ne comprendrait certainement même pas ce qui m'avait troublée. Ce qu'il attendait d'une femme, c'était l'obéissance, la soumision.) « Donc les *boere* l'ont emmenée. Ils ont essayé de m'avoir grâce à elle. Ils pensaient qu'elle parlerait. » Un éclair de fierté. « Ils pensaient qu'elle parlerait. Ils ne connaissaient pas Ntsiki. Ils se sont acharnés sur elle pendant deux mois. Nous n'avons jamais su où ils la gardaient. Si quelqu'un lui apportait des vêtements ou de quoi manger, ils disaient : elle n'est pas là. En fait, elle était à Kingwilliamstown, mais cela nous ne l'avons découvert qu'après, quand elle est revenue.

– Et l'enfant? ai-je demandé, la gorge sèche.

– Ils l'ont gardée pendant des mois, a-t-il répété les yeux fixés droit devant lui. Le nom du *boere*, c'était Willemse. Ils l'appelaient la " broche ".

– Pourquoi? »

Il m'a regardée, ses yeux se sont durcis. « Parce

que. » Il serrait et ouvrait les mains, comme si elles avaient été engourdies.

« Et l'enfant? » ai-je insisité. Il fallait que je sache.

« Non. Après lui avoir fait perdre l'enfant, ils l'ont laissée partir. Ils n'avaient rien contre elle. »

Je sentais mes lèvres qui bougeaient. Je voulais dire quelque chose, mais rien ne sortait. J'ai serré les bras autour de mon ventre.

Il est resté silencieux quelques temps avant de reprendre : « Ensuite, son père est venu la chercher. Ils étaient du Transkei et, quand ils ont appris ce qui s'était passé, ils ont dit qu'elle devait cesser de vivre avec moi à Port Elizabeth. Je l'ai suivie pour la ramener, mais ses frères m'ont chassé à coups de nerf de bœuf. Ça ne m'aurait pas arrêté, mais elle m'a dit en face qu'elle n'en pouvait plus. Elle n'avait pas parlé devant les *boere*, mais elle ne pouvait plus continuer. Si j'avais pu être seul avec elle, elle aurait peut-être dit autre chose. Mais je pense que c'était aussi bien comme ça. J'aimais Ntsiki, je voulais l'épouser. Mais comment lui faire cela? S'ils devaient lui faire mal de nouveau, c'en serait fini de moi. Et, si je devais continuer à mener la même vie, à travailler pour les syndicats, à avoir tout le temps des problèmes avec la police, des *impimpi* partout – des espions, des indicateurs, des gens comme George – comment aurais-je pu survivre si j'avais dû m'inquiéter pour une femme et des gosses? Dans une lutte comme ça, il faut choisir. C'est tout ou rien. La lutte elle-même devient ta femme et tes gosses. Tu n'es plus une personne privée parce qu'ils peuvent atteindre tout ce qui est privé. C'est par les couilles qu'ils peuvent t'attraper. Aussi, il faut que tu t'assures qu'ils ne peuvent rien saisir. Et tu dois t'endurcir, sinon tu ne fais pas de vieux os. Tu es comme un homme nu qui court dans la nuit. Si tu t'arrêtes, ils t'attrapent. Il faut courir, courir tout le temps. C'est pour cela qu'il ne faut avoir ni femme ni enfants. Après le départ de Ntsiki, j'ai juré que je ferais une croix pour toujours sur cette partie de ma vie. Il faut être fidèle au nom qu'on porte.

– Qu'est-ce que ton nom vient faire ici?

– Quand je suis né, j'étais le premier, et les choses étaient dures pour mes parents, alors mon père a dit : « Ce fils me rendra ma force, et nous pourrons à nouveau nous mettre debout et traverser le monde avec fierté. » C'est pour cela qu'il m'a appelé Mandla. Le *pouvoir*. L'*homme fort*. Je dois survivre. Mais je ne veux pas le faire ici, je perds toute ma force. Et là-bas... » Il a secoué la tête. « Vers quoi est-ce que je vais retourner? Je sais qu'il le faut. Je le dois. Mais qu'est-ce que je vais faire là-bas? Tu penses que je veux rentrer pour tuer, pour chasser et être chassé, pour abreuver la terre de sang?

– Est-ce vraiment tout ce qui reste?

– C'est vers cela qu'ils se dirigent. Et ils en sont la cause. »

Une profonde amertume brûlait dans sa voix.

« Cela a coûté neuf guerres pour nous mettre où nous sommes maintenant. Tu connais la province de l'Eastern Cape? Les aloès, les fourrés, les euphorbes, les gorges profondes des rivières, et les chaînes de montagne. Pourquoi les aloès sont-ils aussi rouges à ton avis? C'est du sang. Pourquoi les buissons poussent-ils si dru? C'est parce que leurs racines plongent dans le sang de tous les guerriers qui y sont morts. Quand on est seul sur une montagne, tard l'après-midi, au coucher du soleil, on peut les entendre se lever dans les ténèbres, tous les grands hommes. Hintsa. Et Ngqika. Kreli. Sandile. Makana. Des guerres, des guerres, des guerres, parce qu'autrefois cette terre était à nous. La nuit, dans la clarté de la lune, leurs esprits errent. Les milliers qui sont morts, les pieds noirs de sang. Et ils ne trouveront jamais le repos tant qu'ils n'auront pas un endroit à eux. Il y a eu neuf guerres, la dernière il y a juste un siècle. L'heure de la dixième est arrivée. Celle-ci nous ne la perdrons pas. » Et il a ajouté si doucement que je l'entendais à peine : « *Nkosi sikelel' i Afrika.* »

A cause de la tristesse, de la grande violence contenue de sa voix, il m'a été impossible de parler pendant quelque temps. Mais je devais persister, autant pour moi que pour Mandla. « Il *doit* exister d'autres moyens, il n'y a pas que le bain de sang.

– Tu crois que nous n'avons pas tenté autre chose? Tu crois que je n'ai pas essayé? »

Pendant quelques instants, j'ai pensé qu'il allait être plus précis, mais je suppose qu'il n'avait pas encore assez confiance en moi. Il a simplement dit : « Ce n'est pas nous qui le voulons. Ils ne nous laissent pas d'autre choix.

– Et tu dois continuer quel que soit le prix à payer?

– Tu sais, si tu dois mourir... » Il a réfléchi un long moment. « Au moins, tu peux choisir ce pour quoi tu meurs. Tant que tu le peux, tu n'as pas perdu. »

Je me souviendrai de ces paroles plus tard. Bien plus tard.

« As-tu parlé de cela à Paul? » lui ai-je demandé brusquement comme si cela offrait une issue.

Mandla a eu un rire bref. « Nous avons à peine parlé d'autre chose ces dernières semaines. Paul comprend ce que je ressens. » Puis il a ajouté : « Mais que fait-il? C'est ce qui me tourmente.

– Paul a une conscience.

– Je chie sur sa conscience. C'est ce que tu *fais* qui compte. C'est tout. A l'heure décisive, il sera toujours blanc et moi noir. Nous ne pourrons jamais regarder quelque chose de la même façon. Il vit dans le luxe.

– Ce n'est pas sa faute.

– Je ne parle pas d'argent. Je parle du fait d'être blanc. Il peut se permettre d'être libéral.

– Pourquoi me dis-tu tout cela? ai-je demandé en me révoltant. Ne m'entraîne pas là-dedans. » Pourquoi avais-je soudain l'impression de me défendre? « S'il doit vraiment y avoir la guerre, alors faites-la entre vous. Je ne suis ni noire ni blanche.

– Exact, tu es au milieu. Cela veut dire que tu dois choisir. » (Boetie!)

« J'ai déjà choisi. Paul ne te l'a pas dit?

– Je sais pourquoi tu as quitté le pays. Mais à un moment tu as bien dû pouvoir rentrer si tu l'avais voulu.

– Je n'ai pas voulu, c'est tout. »

Si un prisonnier s'échappe de sa prison, quelque chose peut-il le persuader d'y retourner? Brian avait fait que j'avais dû m'enfuir, parfait; mais je savais très bien – sinon à l'époque, au moins plus tard – qu'il n'avait été qu'une occasion que j'avais saisie parce que la vie était devenue insupportable. En fin de compte, quelque chose s'est cassé. Et c'est le passé. C'est pourquoi je m'étais coupée délibérément du pays. Maintenant, je ne *voulais* plus savoir ce qui s'y passait. Ce n'était plus nécessaire. En fait, cela ne pouvait que me menacer, rogner ma sécurité. Tant que je m'accrocherais au passé, je ne serais pas libre.

« Tu ne t'imagines pas que je vais rentrer? ai-je dit aussi calmement que j'ai pu. Que ferais-je là-bas? Que puis-je faire? » Je suis devenue plus agressive. « Ce sont les hommes qui font l'histoire, pas les femmes. Blancs ou Noirs, tous étaient des hommes. Ce sont les hommes qui ont fait la guerre, même depuis l'époque de la Bible. Tu as vu les listes : Untel a engendré Untel. Et Machin a engendré Machin. Le père et le fils, le père et le fils, tout le temps. Vous nous avez tenues à l'écart. Maintenant, débrouillez-vous avec votre merdier.

– Le plus grand événement de l'histoire de mon peuple, a-t-il dit calmement, a été causé par une femme. Quand les esprits ont parlé à Nongqawuse et lui ont dit que le peuple devait tuer son bétail, brûler ses récoltes et attendre le jour où le soleil retournerait vers l'est à partir du milieu du ciel, le jour où les ancêtres se relèveraient et où les vivants et les morts pourraient ensemble rejeter les hommes blancs dans la mer...

– Aucun esprit ne m'a jamais parlé.

– Je te parle.

– Je préfère rester en dehors de l'histoire. »

Je ne voulais pas discuter avec lui. Même quand il était énervé ou passionné, je pouvais sentir le poids de sa tristesse; la veille j'avais été incapable de comprendre. Aujourd'hui, en ayant pris conscience, je désirais en savoir plus. Mais, même ainsi, il ne devait pas s'attendre que j'abandonne tout aussi facilement.

J'ai pensé que, si je pouvais l'inciter à revenir à des souvenirs plus personnels, cela l'aiderait à retrouver le calme. Je voulais *parler*; je ne voulais pas qu'on me fasse des discours : cela me mettait sur la défensive et même m'effrayait.

« Comment est-ce que tout a commencé, Mandla? lui ai-je demandé sans détours. Qu'est-ce qui a tout déclenché? »

Il a semblé embarrassé pendant quelques instants. Ou peut-être me jaugeait-il, une fois encore.

« C'est mon père, a-t-il dit enfin. Mais comment te faire comprendre ce qui se passe entre un père et son fils...?

– Je sais ce que mon père signifiait pour moi.

– Quand j'étais enfant, nous étions pauvres – je te l'ai dit, on était vachement pauvre – mais mon père était mon père. Qu'importait son pantalon sale avec un acccroc au derrière, ou son vieux chapeau kaki, pour moi c'était un géant, plus grand que Makana. Personne ne pouvait traverser le veld comme lui. Personne n'était aussi grand et aussi droit. Personne ne savait chasser comme lui. Personne n'avait sa façon de marcher. Et, comme j'étais son seul fils, depuis que j'étais tout petit, il me parlait de ce que nous ferions ensemble, nous deux, quand je serais grand, quand je serais un homme comme lui. »

Il est resté silencieux si longtemps que j'ai dû lui poser une question : « Et que s'est-il passé? »

Ils arrivent à la boucherie ensemble, le père et le fils, tous deux gris de poussière, parce qu'ils ont un long chemin derrière eux, plusieurs jours de marche depuis Port Elizabeth. En général, ils viennent en ville deux ou trois fois par an : juste avant l'hiver, et de nouveau avant Noël, avec l'argent mis de côté, des peaux et des œufs pour troquer, quelques poulets et une chèvre ou deux si c'est une bonne année. Quand plusieurs personnes se réunissent, il est possible de louer une voiture à âne. Mais cette fois, à cause de la sécheresse, il n'y a que leur famille et ils doivent venir à pied. Ils ont vendu et acheté quelques affaires, les femmes sont parties chercher des vêtements, et le père et le fils vont chercher de la viande : ils reprendront bientôt la route. Il y a tellement de monde dans la boucherie que le garçon – qui n'a pas l'habitude des Blancs et qui est très jeune, environ dix ans – hésite à la porte pendant que son père entre. Sur le seuil, il regarde un petit troupeau de bœufs roux qui s'approchent, suivis par un enfant aux longues jambes maigres, une badine à la main, avec pour seul vêtement un vieux tricot troué qui lui pend jusqu'aux genoux. Une voiture qui vient de sortir de derrière la boucherie klaxonne impatiemment; le petit vacher pousse ses bœufs contre une clôture, en essayant anxieusement de les maintenir hors du chemin. Ils roulent leurs yeux blancs en meuglant de peur et de rage, certains ruent et grimpent à moitié sur ceux qui sont devant, en donnant de grands coups de reins comme si, châtrés ou non, ils étaient prêts à couvrir tout ce qui est sur leur chemin. Ce n'est qu'après un bon moment que le petit vacher peut les contrôler de nouveau et poursuivre son voyage poussiéreux en direction de l'abattoir.

Une soudaine agitation dans la boutique attire brusquement l'attention du garçon resté à la porte. Inquiet et curieux, il entre. Dans la boutique, certains Blancs sont gênés par les efforts que fait son père pour atteindre le comptoir. Ce n'est que lorsque le boucher – un type énorme et chauve avec une moustache rousse et des bras parsemés de taches de rousseur épais comme des jarrets de bœuf – hurle quelque chose à propos d'une « saloperie de kaffir », que l'enfant comprend que c'est sérieux. Il garde la main sur la poignée de la porte, à tout hasard. Le boucher sort de derrière son comptoir. Les autres Blancs s'écartent, ils tournent le dos, se mettent à discuter en faisant semblant de ne pas remarquer ce qui se passe derrière eux. Le gros homme a saisi son père par sa chemise, et le secoue comme un chien joue avec un sac.

« T'as pas vu qu'il y avait une porte séparée pour les Noirs? Qu'est-ce que tu fais du côté des Blancs?

– Désolé, maître. Je ne savais pas. Je ne recommencerai pas.

– Sûrement que tu recommenceras pas. Tu te crois chez toi? Ils sont de plus en plus culottés de nos jours. J'en ai assez de ta merde, t'entends?

– J'ai dit que je suis désolé, *baas*[1].

– Ta gueule! » L'homme le gifle en plein visage et sa tête est rejetée en arrière.

L'enfant, près de la porte, s'écarte. Derrière son père et le boucher il voit la rangée de carcasses sanglantes suspendues aux crochets. Hier, sans aucun doute, elles étaient vivantes, comme les bœufs roux de tout à l'heure.

« Dehors! » hurle le boucher.

L'enfant trébuche dans sa hâte de sortir le premier. A bonne distance, il voit son père se faire flanquer

1. Maître. Terme employé autrefois par les esclaves. *(N.d.T.)*

dehors; la voix du boucher mugit derrière lui et les autres clients éclatent de rire.

Un livreur noir sort de derrière la boucherie en poussant sa bicyclette; sur le porte-bagages s'entassent des paquets enveloppés de papier brun qui contiennent de la viande – tuée, coupée en morceaux, pesée, classée, préparée.

L'homme s'éloigne. Ils sont tous les deux maintenant. Mais ils ne marchent pas côte à côte. Le fils reste à quelques mètres devant son père et il refuse même de se retourner quand le père l'appelle. Il ne veut plus jamais regarder ces yeux, ce visage.

La nuit où papa est rentré à la maison si soûl qu'il a dû s'appuyer sur le robinet du jardin pendant qu'il essayait d'ouvrir sa braguette, je suis finalement retournée dans mon lit sans savoir si je devais rire ou pleurer. Le lendemain matin j'ai dû me lever de bonne heure pour faire des courses avant de me rendre à l'université. En allant préparer le café à la cuisine j'ai trouvé papa assis à la table de la salle à manger, sa bouteille de rhum à moitié vide près de lui, les yeux rouges et gonflés. Il a essayé de dire quelque chose mais il avait du mal à contrôler sa langue. Il était évident qu'il ne s'était pas couché. Les autres nuits, quand il rentrait tard, il s'endormait immédiatement, même si cela devait durer toute la journée suivante; mais, cette nuit-là, il était resté debout.

Il a cligné douloureusement les yeux pour me regarder comme s'il avait dû chercher parmi d'innombrables souvenirs avant de me reconnaître; mais il est resté silencieux.

« Bonjour, papa, ai-je dit. Tu veux que je t'apporte un café?

– Pourquoi qu' tu dis " bonjour "? a-t-il marmonné. I' fait encore nuit. »

Ce n'était pas la peine de discuter. Je suis allée

préparer le café et je suis revenue boire le mien avec lui, mais il n'a pas touché à celui que je lui ai donné; de temps en temps, avec de grands efforts, il dévissait le bouchon de sa bouteille pour boire une lampée, ensuite il tâtonnait pour remettre le bouchon en me regardant fixement comme s'il n'arrivait pas à expliquer ma présence.

Puis il s'est mis sur ses pieds, il a traversé la pièce d'un pas mal assuré jusqu'à la fenêtre et il est resté là à regarder dehors, les yeux plus fermés qu'ouverts. « Qu'est-ce que tu connais? a-t-il dit. Tu regardes le soleil qui se lève. Mais *pourquoi?* Tu peux me dire *pourquoi?* »

Puis il s'est retourné et a recommencé à me regarder et à boire alternativement. Nous étions dans la même pièce mais pas du tout ensemble.

Nous étions là, tous les deux, d'habitude bavards comme des pies, et nous ne trouvions rien à dire. J'en étais troublée. Non parce qu'il était soûl; non parce que nous restions silencieux; mais parce que nous découvrions que nous étions dans des mondes totalement séparés. Pour moi, c'était le matin, le commencement d'une nouvelle journée; pour lui c'était encore la nuit. Nous partagions le même espace mais le temps était différent. Et, bien que nous puissions nous voir, il n'y avait aucun moyen de jeter un pont au-dessus de cet intervalle dans le temps afin de nous rejoindre.

Pourquoi ai-je été autant bouleversée?

Peut-être parce que c'est la dernière fois que j'ai vu papa en vie. L'après-midi même il est descendu au port où l'attendait le chalutier; et c'est sur le chemin du retour, six semaines plus tard, qu'une vague l'a enlevé de sur le pont.

« Ce n'est pas le jour où sont venus les bulldozers et où les camions ont emmené les gens dans le camp que j'ai perdu mon père, a dit Mandla. C'est ce jour-là, dans la boucherie. Il y a beaucoup de façons pour châtrer un homme. Et ce n'est pas tellement ce qu'ils lui ont fait qui m'a touché, mais que cela se soit passé devant moi. J'étais son fils. J'ai tout vu. »

Je n'ai pas pu me retenir. D'un geste léger de la main, j'ai touché la sienne. Il n'a pas réagi. Mais il ne m'a pas repoussée non plus.

« A partir de ce jour-là, a-t-il continué, tout ce que je voulais c'était quitter la maison afin de ne plus avoir à regarder mon père dans les yeux. J'avais toujours voulu aller à l'école. Il y avait un petit collège agricole près de chez nous, mais on n'y apprenait pas grand-chose. Et c'est comme ça que je suis allé à Port Elizabeth. Ma mère avait une sœur qui y habitait, à New Brighton, et je suis allé vivre chez elle. A cause de l'école, mais aussi pour m'éloigner de mon père. »

La petite maison à New Brighton, pleine de monde. Sa tante (je ne me souviens pas de son nom) avait une grande famille : en plus de ses quatre ou cinq enfants, elle hébergeait aussi la sœur de son mari et ses deux enfants; et, comme elle était généreuse, elle avait permis à plusieurs personnes de sa connaissance de construire des cabanes en carton et en tôle ondulée dans sa cour, un petit carré de terre rouge et durcie au soleil, que des poulets, qui la nuit dormaient dans une vieille carcasse de voiture, grattaient toute la journée. Elle tenait aussi une buvette et, le soir, la salle de séjour était remplie de chaises; des bouteilles et des cartons de boissons s'entassaient dans la cuisine et les allées et venues duraient toute la nuit. Ce n'aidait pas Mandla dans ses études. Il partageait une chambre avec les autres enfants – ils dormaient tous par terre car le seul lit était pour sa tante et son mari – et on avait besoin de la lampe à pétrole dans la salle de séjour; il devait se contenter d'une bougie. Très souvent, quand il s'endormait sur ses devoirs, la cire coulait et tachait ses livres, ce qui voulait dire que le lendemain à l'école, il devrait les dissimuler. L'école elle-même était aussi surpeuplée. Si quelqu'un n'arrivait pas exactement à l'heure, il ne pouvait plus s'asseoir que par terre ou sur le rebord de la fenêtre. Des bâtiments de préfabriqué recouverts de tôle ondulée; pas de plafond. L'été, il faisait si chaud qu'on avait des vertiges; en hiver, le vent s'engouffrait dans les classes. Mais il s'obstinait. Il voulait une bonne instruction. C'était comme une véritable faim en lui. Ce n'était qu'avec une bonne éducation, croyait-il, qu'il pourrait oublier son père. Il ne cessait de penser au jour de la boucherie.

Il eut la chance de trouver un ami qui l'aidait : Vuyizile, le fils du principal, qui régulièrement lui apportait des livres qu'il empruntait à son père. Ils dévoraient tout ce qui était imprimé sur du papier, et qu'importe ce que c'était. Vuyizile voulait entrer dans les ordres, tous les membres de sa famille étaient des catholiques fervents. Mandla ne savait pas encore ce qu'il aimerait devenir. Professeur peut-être. Ou avocat. A condition que ce soit une carrière qui lui permette de continuer à lire.

Tout marchait bien. Mais, au cours de l'année qui aurait dû être la dernière de ses études, l' « agitation », comme on disait, éclata à Soweto et se répandit dans tout le pays. Partout, à New Brighton aussi, on mettait le feu aux écoles. Pendant des jours et des nuits, pendant des semaines, on entendait les sirènes des ambulances, des cars de police et des pompiers. Au début, Mandla essaya de rester en dehors, bien déterminé à préparer ses examens. Mais il était impossible de rester à la maison quand l'agitation régnait partout. Et sa tante devenait difficile parce qu'avec la police qui grouillait elle avait dû fermer sa buvette clandestine. Tout le monde était à bout de nerfs.

Un matin – les écoles qui n'avaient pas été brûlées étaient fermées depuis longtemps – il lisait quand sa tante l'avait envoyé chercher du pain. Il avait protesté. Elle s'était mise en colère : « Tu crois que tu peux rester couché toute la journée? Qu'est-ce que tu as avec tes bouquins de merde? Tu te crois trop blanc pour nous! » Quand il était sorti en courant et en claquant la porte, il était de mauvaise humeur.

Pas loin de la boulangerie, il avait remarqué un attroupement. Un car de police était tombé dans un fossé; en voyant l'accident, des écoliers avaient accouru en riant et en poussant des cris; pris de panique, un des policiers avait tiré un coup de feu en l'air. Au lieu d'effrayer les enfants, il n'avait fait qu'attirer plus de gens et les choses commençaient à se gâter. Les policiers se sont ouvert un chemin dans la foule en tirant des coups de feu et se sont sauvés jusqu'au commissariat, à une rue de là. Quelqu'un a dévissé le bouchon du réservoir d'essence et y a jeté une allumette. Des volutes de fumée noire s'élevaient encore de la carcasse brûlée quand des renforts sont arrivés : sept ou huit voitures blindées; des hommes en tenue léopard avec des fusils automatiques. La foule s'est dispersée, consternée. Mandla a couru aussi vite qu'il a pu, mais il a dû marcher dans un trou ou buter sur une pierre et il a perdu l'équilibre; l'instant d'après il a reçu un coup de crosse de fusil.

« Laissez-moi! a-t-il hurlé. Je ne me battais pas, j'allais juste acheter du pain! »

Mais les policiers n'ont pas fait attention et l'ont traîné dans le camion le plus proche. On l'a jeté dans une cellule avec des quantités d'autres.

Il a eu de la chance. Des cours spéciales ont siégé pendant des semaines et des mois pour juger les détenus. La plupart des amis de Mandla, des garçons de quatorze ou quinze ans, tous ceux qui ne pouvaient se payer un avocat, ont été condamnés à des années de prison; plusieurs sont même allés à Robben Island. Mais le père de Vuyizile, poussé par son fils, a engagé un avocat et cela a accéléré l'affaire de Mandla. Il est passé en procès, après seulement deux mois de détention; et grâce à la défense et au témoignage du père de Vuyizile, on l'a libéré.

Il a quitté immédiatement New Brighton et est rentré à la maison, en refusant de remettre les pieds à l'école. Il en avait marre de l'éducation désespérément inférieure qu'on leur donnait. Vuyizile a fait plusieurs fois le voyage pour le persuader de revenir mais Mandla a refusé obstinément. Tout aussi obstinément, Vuyizile a continué à lui fournir des livres, un nouveau genre de livres. Il ne savait pas que de telles choses étaient imprimées; incapable de contenir son appétit, il se jetait dessus comme s'il voulait les dévorer. Pendant tout ce temps Vuyizile n'arrêtait pas de le harceler : qu'importe que l'éducation soit mauvaise, c'était mieux que rien. Mandla a résisté pendant des mois, mais, quand Vuyizile a passé son bac à la fin de l'année suivante et a parlé d'aller à l'université, il s'est décidé : très bien il en ferait autant. Lui aussi voulait aller à Fort Hare.

A ce moment, sa tante avait déjà quitté New Brighton et s'était installée dans un camp qu'on venait d'ouvrir entre Zwide (des rangées de cabanes identiques au milieu de la plaine), les marais salants et la Chatty River. Les gens l'appelaient aussi Soweto, comme à Johannesburg. Un espace nu et pelé, mais sa tante pensait qu'ils auraient plus de place. Seulement, des milliers d'autres avaient eu la même idée. En quinze jours, des cabanes se mirent à pousser comme d'étranges et d'horribles excroissances. Tout d'abord, une carcasse attachée avec du fil de fer et enfoncée de quelques centimètres dans le sol pierreux. Quelques poutres. Puis on remplissait les trous : un châssis de porte, de vieilles fenêtres « récupérées », si vous aviez de la chance, sur un dépotoir ou chez quelqu'un, des tôles ondulées, du bois, du contre-plaqué, et même du carton si nécessaire; avec des feuilles de matière plastique noires ou bleues, et des sacs donnés dans les magasins. On maintenait le toit avec des pierres. On installait des robinets de place en place, entourés de flaques de boue où les petits enfants passaient leurs journées. Des cabinets collectifs, chacun au-dessus de son trou; quand ils commençaient à déborder on se contentait de transporter plus loin la cabane branlante. Des nuages de mouches. Des chiens maigres aux côtes saillantes qui fouillaient les ordures. Et les gens qui ne cessaient d'arriver, mois après mois, année après année, comme une invasion de rats. Des chemins poussiéreux qui se transformaient lentement en bourbiers. Dans les espaces dégagés entre les cabanes, des tas d'ordures comme de petites montagnes qui fumaient jour et nuit, et dans lesquels fouillaient de vieilles femmes et des *kwediens*[1] à la recherche de quelque chose bon à manger ou à vendre. Des charrettes tirées par des ânes, remplies d'enfants et d'ordures allaient et venaient entre Soweto et les quartiers blancs.

Sur un côté, le cimetière s'étendait aussi régulièrement. Des rangées de petits monticules. Des piquets de fer ou des morceaux de bois portant des planches en forme de cœur. Des noms, des dates. Des âges : trois mois, quatre semaines, deux semaines, six mois, onze mois, huit jours, vingt jours. Les enfants. Gastro-entérite, choléra, *kwashiorkor*[2].

Mandla reprit ses études au milieu de tout ça; la nuit, une bougie à côté de lui, dans la petite chambre étouffante mais bien rangée, avec des rideaux d'indienne, tandis que les hommes buvaient de l'autre côté de la porte, dans le living-room où les faïences étaient exposées sur le vaisselier appuyé à la cloison de contre-plaqué et où des fleurs en plastique se tenaient bien raides dans des bouteilles vertes. Le jour, il allait à l'école, plus secret qu'auparavant mais aussi plus consciencieux. Si Vuyizile avait pu réussir, il n'y avait

1. Jeunes garçons (termes xhosa). *(N.d.T.)*
2. Sous-alimentation (terme d'origine ghanéenne). *(N.d.T.)*

aucune raison pour qu'il n'en fasse pas autant. Dans un an, il serait à Fort Hare. Et tout s'améliorerait enfin.

C'était moi qui l'avais incité à parler et pourtant, quand il s'est arrêté, j'étais presque soulagée. Je n'avais aucune défense contre lui.

« Pourquoi me racontes-tu tout cela? lui ai-je demandé de nouveau.

– Il faut que quelqu'un le sache. Il peut m'arriver n'importe quoi. Maintenant, dans un an ou dans dix ans. Alors, il faut que quelqu'un connaisse tout cela. »

Sans en dire plus, il s'est levé et est entré dans l'hôtel. Pour prendre quelque chose dans sa chambre ou pour aller aux toilettes? Je ne savais pas. Je suis restée sur la terrasse, déprimée. Qu'avais-je vraiment compris à ce moment? Comment aurais-je deviné ce qui existait déjà entre nous, cette présence pesante, incontournable? Je pouvais comprendre sa révolte; les élans passionnés avec lesquels il saisissait certaines idées; même le désespoir qu'il éprouvait de temps en temps. Mais pas ce qui était profondément enfoui.

Pour lutter contre mon propre abattement, j'ai feuilleté les livres, j'ai ouvert de nouveau la carte, une tache verte au-dessus des restes du petit déjeuner.

Paul. Il me manquait encore plus qu'auparavant.

« N'attends-tu pas un peu trop de ton film, Paul? Peut-il être aussi important?

– Tu sais que ce n'est pas seulement un film, Andrea. C'est une façon d'essayer d'avoir à nouveau prise sur la vie. »

Avec un brusque sentiment de révolte, je lui ai demandé : « A tes yeux, j'en fais partie?

– Non. Toi, tu fais partie de la vie. »

La peste qui éclata à Marseille en mai 1720, et qui de là se répandit dans toute la Provence, a été considérée par certains historiens comme la pire de tous les temps, et plus destructrice encore que la Peste noire au XIVᵉ siècle. Le samedi 25 mai, Marseille était encore dans les festivités données en l'honneur de Mlle de Valois qui était en route pour Gênes, où elle devait épouser le prince de Modène. Il y avait des bals dans les rues, une foire, une joie sans retenue et on tira le canon. Vers le soir, un bateau venant d'Orient, de Smyrne, de Tripoli et de Chypre, le *Grand Saint-Antoine*, chargé de coton, de soie, de mousseline et autres tissus, jeta l'ancre dans le port. Quelques marins étaient malades à bord, mais Marseille était fière à juste titre de ses installations sanitaires. On mit rapidement le bateau en quarantaine, et l'on conduisit les malades à l'hôpital. Tout semblait bien en main. Mais un des marins, un Turc, donna son linge sale à sa femme qui vint le voir à l'hôpital. Elle porta le paquet dans une blanchisserie de la rue de l'Echelle. La laveuse mourut. Du jour au lendemain, la peste se répandit dans la ville comme si elle avait attendu dans l'ombre pendant des années; fin août, il mourait mille personnes par jour à Marseille. De là, elle fit rage dans toute la Provence.

Antonin Artaud a fait une remarquable analyse de la préhistoire de cette épidémie. Vingt jours avant l'arrivée du *Grand Saint-Antoine* à Marseille, à un moment où personne à bord n'était malade, le vice-roi de Sardaigne (un homme très intéressant, du nom de Saint-Rémys) avait eu un rêve extrêmement étrange, un cauchemar dans lequel il s'était vu pesteux et son état ravagé par la peste :

Sous l'action du fléau, les cadres de la société se liquéfient. L'ordre tombe. Il assiste à toutes les déroutes de la morale, à toutes les débâcles de la psycholo-

gie, il entend en lui le murmure de ses humeurs, déchirées, en pleine défaite, et qui, dans une vertigineuse déperdition de matière, deviennent lourdes et se métamorphosent peu à peu en charbon. Est-il donc trop tard pour conjurer le fléau? Même détruit, même annihilé et pulvérisé organiquement, et brûlé dans les moelles, il sait qu'on ne meurt pas dans les rêves, que la volonté y joue jusqu'à l'absurde, jusqu'à la négation du possible, jusqu'à une sorte de transmutation du mensonge dont on refait de la vérité.

Il se réveille. Tous ces bruits de peste qui courent et ces miasmes d'un virus venu d'Orient, il saura se montrer capable de les éloigner.

Le lendemain, le *Grand Saint-Antoine* arrive dans le port de Sardaigne et demande la permission de débarquer. Mais le vice-roi refuse et le bateau est obligé de repartir vers la haute mer. Ses sujets furent révoltés par cette inhumanité, cet acte de pure folie, parce qu'à ce moment personne, même le capitaine du navire, ne savait que la peste était à bord. Ce n'est que vingt jours plus tard...

Je connaissais déjà ces textes, et pourtant j'ai continué à feuilleter les photocopies d'Artaud avec un mélange de répulsion et de fascination, en attendant le retour de Mandla. La terrifiante description de la maladie :

Avant tout malaise physique ou psychologique trop caractérisé, des taches rouges parsèment le corps, que le malade ne remarque soudainement que quand elles tournent vers le noir. Il n'a pas le temps de s'en effrayer, que sa tête se met à bouillir, à devenir gigantesque par son poids, et il tombe. C'est alors qu'une fatigue atroce, la fatigue d'une aspiration magnétique centrale, de ses molécules scindées en deux, et tirées vers leur anéantissement, s'empare de lui. Ses humeurs affolées, bousculées, en désordre, lui paraissent galoper à travers son corps. Son estomac se soulève, l'intérieur de son ventre lui semble vouloir jaillir par l'orifice des dents. Son pouls qui tantôt se ralentit jusqu'à devenir une ombre, une virtualité de pouls, et tantôt galope, suit les bouillonnements de sa fièvre interne, le ruisselant égarement de son esprit. Ce pouls qui bat à coups précipités comme son cœur, qui devient intense, plein, bruyant; cet œil rouge, incendié, puis vitreux; cette langue qui halète, énorme et grosse, d'abord blanche, puis rouge, puis noire, et comme charbonneuse et fendillée, tout annonce un orage organique sans précédent. Bientôt les humeurs sillonnées comme une terre par la foudre, comme un volcan travaillé par des orages souterrains, cherchent leur issue à l'extérieur. Au milieu des taches, des points plus ardents se créent, autour de ces points, la peau se soulève en cloques comme des bulles d'air sous l'épiderme d'une larve, et ces bulles sont entourées de cercles, dont le dernier, pareil à l'anneau de Saturne autour de l'astre en pleine incandescence, indique la limite extrême d'un bubon.

Le corps en est sillonné. Mais, comme les volcans ont leurs points d'élection sur la terre, les bubons ont leurs points d'élection sur l'étendue du corps humain. A deux ou trois travers de doigt de l'aine, sous les aisselles, aux endroits précieux où des glandes actives accomplissent fidèlement leurs fonctions, des bubons apparaissent, par où l'organisme se décharge ou de sa pourriture interne ou, suivant le cas, de sa vie.

Deux organes sont particulièrement choisis par la peste, ainsi que le dit Artaud : les poumons et le cerveau, les seuls organes qui peuvent être directement sous le contrôle de la volonté et de la conscience. Nous pouvons maîtriser nos pensées comme notre respiration, en les accélérant ou en les ralentissant – contrairement aux autres fonctions du corps comme la circulation du sang, le système digestif, etc. *La peste donc semble manifester sa présence [...] dans tous les lieux du corps [...] où la volonté humaine, la conscience, la pensée sont proches et en passe de se manifester.*

Nous sommes partis dès que Mandla est revenu. Et c'était aussi bien parce que le patron commençait à manifester son irritation à cause de ma carte dépliée qui l'empêchait de débarrasser. Je voulais parler de l'itinéraire avec Mandla. Mais ça ne l'intéressait pas. En fait, pendant la première partie du voyage, jusqu'à Cavaillon, il n'a absolument rien dit; à peine un grognement quand je disais ou demandais quelque chose. Regrettait-il de s'être ainsi ouvert quelques instants plus tôt, et essayait-il de prendre quelque distance avec ce qu'il m'avait confié?

La longue route bordée de platanes continuait pendant des kilomètres, plus exposée à la lumière qu'en été, et l'on pouvait voir les terres moissonnées et les vignobles d'automne, les champs de tournesols de cet été maintenant nus et bruns.

Juste après le premier croisement vers Eygalières, nous avons de nouveau doublé un cycliste, la tête baissée, les fesses dressées comme une cible, ses jambes musclées en pleine action, se dirigeant Dieu seul sait où. Je me suis rappelé l'histoire que Paul m'avait racontée du calife ou du sultan qui avait un rendez-vous avec la mort : il avait mal compris le message et croyait que la mort devait venir dans sa ville au coucher du soleil, aussi il s'est précipité à Ispahan, très loin de là. Où il est arrivé juste à l'heure pour le véritable rendez-vous. Qui sait, peut-être que ce pauvre homme s'était égaré lors du Tour de France et qu'il se dépêchait vers un rendez-vous avec je ne sais quoi qu'il se donnait tant de mal à éviter.

J'avais envie d'aller à Eygalières, le petit village brun au milieu des oliviers où Paul et moi nous avions passé une seule nuit dans la belle auberge en pierre (la simplicité presque médiévale du grand lit rouge et les étendards dans la chambre; les feuilles des ormes et des acacias devant la fenêtre; le dîner dans la cour où on avait dressé contre le mur des pierres de lavoir – ou des pierres d'abattage? – parmi d'anciennes fourches à foin, des râteaux de bois et un énorme piège aux mâchoires serrées dans un sourire inquiétant). La petite chapelle de Saint-Sixte sur la route d'Orgon où les victimes de la peste avaient été soignées à bonne distance du village. Nous nous servirions sans aucun doute de la chapelle dans le film, comme abri pour les réfugiés au cours de leur long voyage (lors de leur fuite d'un monde agité ou lors de leur retour?). Mais c'était un souvenir trop intime pour le partager avec Mandla : il appartenait exclusivement à Paul et à moi. Nous avions fait l'amour cette nuit-là : sa virilité infatigable, son contrôle, l'intuition qu'il avait de mon corps. Et c'est alors qu'il m'avait posé la question qui m'avait fait revenir en Provence. Non, je n'étais pas prête à retourner dans cette auberge et à assumer ma pleine responsabilité pour cette nuit inoubliable.

(« Je n'ai jamais rencontré un homme comme toi. Ce corps tumultueux. »)

Etait-ce une façon d'être infidèle à Paul que de ne pas faire un détour par Eygalières? Une évasion; un manque de loyauté? (*Je reviendrai toujours vers toi.*) Ou, au contraire, le désir impérieux de préserver quelque chose d'intact? (Il y a des années, j'avais été tourmentée par ma virginité, un obstacle entre le monde et moi : je ne m'étais pas retenue par peur, mais surtout parce que je craignais que papa s'en aperçoive à ma façon de marcher. Quand je l'ai eu perdue, elle ne m'a jamais manqué. Si Eve avait eu le choix, aurait-elle souhaité ne pas avoir mangé le fruit? Jamais, mon Dieu! Bien sûr, il y a de nombreuses formes de virginité. Et de nombreuses formes de viol. Qui peut se dire innocent? Qui veut être innocent?)

Après Cavaillon, le paysage a changé. Tout d'abord, un désordre d'immeubles modernes et d'usines, de chaque côté de la route, avec des fourrés de roseaux. Puis on est entrés dans la longue plaine, ocre pâle, avec le Luberon à droite, sombre et obscur même par un jour d'été; et à gauche les monts du Vaucluse. La transparence de l'automne. Chez moi, c'était le printemps. (J'ai été stupéfaite par cette pensée : pas seulement par le printemps, mais à cause du « chez moi »!) Les saisons brutales et soudaines de mon pays. Pas de transition lente de l'hiver au printemps comme ici; rien de la tendresse avec laquelle un amant comme Paul initierait une vierge, mais un viol coléreux, une affirmation farouche. Excessif, accablant, apportant avec lui l'odeur de la poussière qui ronge la douceur des fleurs; la certitude d'un soleil impitoyable, d'une nouvelle sécheresse, de l'herbe jaune et cassante. Un climat d'extrêmes; une violence à peine contenue, toujours à la surface. Ce qui était curieux, c'est qu'au fur et à mesure qu'on avançait dans ce paysage, ce printemps absent devenait plus réel que cet automne légèrement brumeux que nous traversions. La sensation d'une vie sauvage qui refuse d'être contrainte ou ordonnée, qui lutte contre tout ce qui est prévisible et contre l'éventuelle sécurité de la mort.

Les stratégies, les plans incroyablement compliqués, les combinaisons, les arrangements, afin de passer quelque temps ensemble, et fuir le monde. Ils vont sur la montagne de la Table par des funiculaires différents, ils se promènent pendant des heures avant de se rencontrer, « par hasard », à un endroit décidé à l'avance. (Mais, ces jours-là, il y a tant de touristes sur la montagne qu'ils ne trouvent aucun endroit pour se cacher; et, à la fin, pour éviter tout soupçon, ils doivent rentrer, frustrés et tristes.) Quand elle va dans son appartement de Rosebank, elle descend du bus plusieurs stations à l'avance pour semer d'éventuels espions et elle remonte dans le bus suivant. Au début, ils travaillaient ensemble toute la journée sans problème; maintenant la peur s'est insinuée. Chacun leur tour, ils vont se promener à intervalles irréguliers afin que personne ne se doute de quoi que ce soit. S'il la raccompagne, elle descend à quelques rues de chez elle afin qu'on ne remarque pas sa voiture.

Mais cela ne trompe pas son plus jeune frère.

« Qu'est-ce que tu as en ce moment? lui dit-il un dimanche après-midi. Tu ne peux pas rester en place. Tu as mal aux fesses?

– Je m'ennuie.

– On dirait que tu attends quelqu'un.

– Qui pourrais-je bien attendre?

– Qui c'est l'homme qui t'a raccompagnée le jour où papa est mort? »

La question comme un coup de poing dans l'estomac; elle doit faire attention pour ne pas se trahir.

« C'est... c'est quelqu'un qui fait des recherches à l'université. Il travaille dessus depuis des années. Je tape ses notes. »

Ses yeux noirs et agressifs.

« Il te baise?

– T'es malade ou quoi? Qu'est-ce qui te fait penser ça?

– Je demandais, c'est tout. »

Malgré elle, elle se détourne. « Ça te regarde ce que je fais et avec qui je le fais?

– Un Blanc! Tu n'as pas honte? »

Piquée au vif, elle fait demi-tour. « Pourquoi devrais-je avoir honte? C'est un péché d'aimer quelqu'un Et toi? Tu couches avec n'importe qui depuis que tu as quinze ans. Ne t'imagine pas que je n'ai rien remarqué.

– Je ne vais pas avec des Blanches.

– Brian ne t'a rien fait, Boetie. Laisse-le tranquille.

– Pourquoi crois-tu que nous vivons ici, dans le vent et la poussière? Qui nous a chassés du District six? Qui nous a enlevé le droit de vote? Qui nous fait chier depuis le jour de notre naissance...? » De rage il crache par terre. « Qui fait toutes les lois? Vous n'avez pas le droit de faire ci, pas le droit de faire ça...? Je te le demande.

– Brian est anglais. Il n'a rien à voir avec tout ça.

– Tu crois qu'il va t'emmener en Angleterre avec lui? Ou est-ce qu'il s'est simplement trouvé un petit cul noir pour s'occuper de la queue? Oui, *baas*. Non, *baas*. Baise-moi, *baas*, s'il te plaît.

– Boetie!... » Elle vient tout près de lui, en tremblant. « Je te tuerai.

– Essaie pour voir. »

Quand ils étaient enfants, elle pouvait le dominer comme elle le voulait; il a deux ans de moins. Maintenant, il a une tête de plus qu'elle.

« Tu sais ce que papa aurait dit de ça? réplique-t-il d'un ton méprisant.

– Tu frappes en dessous de la ceinture, murmure-t-elle. Je ne t'aurais pas cru comme ça. Laisse papa en dehors. Dans cette maison, je suis la seule qui l'ait jamais compris. Tu étais toujours contre lui. Alors ne le mêle pas à ça.

– J'aimerais pouvoir, dit-il d'un ton sec. C'est ta faute si on est tous dans le bain. On ne peut plus bouger le petit doigt parce qu'on est surveillés en permanence. A cause de toi.

– Personne n'est au courant.

– Tu crois?

– De quoi as-tu peur? Tu as quelque chose à cacher? »

A peine quinze jours plus tard, on frappe à la porte. En pleine nuit, vers quatre heures du matin. La douceur de septembre. Un groupe d'hommes sur le seuil. Ils sont venus pour fouiller la maison de fond en comble tandis que la famille est regroupée dans la salle de séjour. Grand-père, la vue faible, sans dents. Grand-mère, énorme et flasque dans sa chemise de nuit, comme un matelas de plume sans forme, posé sur une chaise, Maman en bigoudis, frêle et effrayée, convaincue que c'est le prélude au Jugement dernier. Maggie, boutonnée jusqu'au menton. Boetie, qui ronge son frein dans un coin. Andrea dans le déshabillé en soie que Brian lui a donné pour son anniversaire, en avril dernier : le menton dressé, le dos droit contre le mur.

Dans la chambre de Boetie, ils trouvent (ou du moins c'est ce qu'ils disent) les livres, les pamphlets, les polycopiés. Personne ne s'en doutait le moins du monde; certainement pas Andrea.

Deux hommes l'emmènent. Arrivé à la porte, il leur échappe, revient vers Andrea et lui crie : « C'est à cause de toi! »

Ils reviennent le chercher; cette fois un peu plus violemment.

Les autres hommes – quatre ou cinq sont encore là – prennent leur temps pour tout ranger.

« Heureusement, dit grand-mère à haute voix, qui bout de colère. Quelle impertinence! Ils sont mal élevés. »

Ce n'est qu'au moment où ils s'apprêtent à partir que l'officier, celui qui a montré le mandat de perquisition quand ils sont arrivés, se tourne vers Andrea.

« Voulez-vous nous suivre, s'il vous plaît? »

Son cœur se serre.

« Et qu'est-ce qu'on lui reproche? demande grand-mère.

– La routine, dit l'homme. Ce ne sera pas long.

– Pourquoi ne pas me parler ici? demande Andrea en contrôlant difficilement sa voix.

– Nous préférons le faire là-bas. Nous ne dérangeons personne. Voulez-vous vous habiller, s'il vous plaît, et venir avec nous?

– Vous pensez que peut-être je vais vous séduire dans cette tenue? » Mais elle retourne dans sa chambre. Maggie éclate soudain en sanglots et veut aller avec elle; mais ils l'en empêchent.

Elle revient le lendemain matin, juste après neuf heures, à temps pour aller à son travail sans avoir à chercher d'explications embarrassantes.

Ensuite, leur stratégie devient encore plus compliquée. Pour la sécurité de Brian, principalement. Quant à Andrea, il y a quelque chose de téméraire dans son attitude. Un défi. *Vous croyez que vous pouvez me dompter aussi facilement. C'est seulement pour sa sécurité...*

Chaque semaine, le voyage clandestin à Onrust; à Steenbras. Une fois ou deux, quand un de ses collègues est absent, ils empruntent sa maison ou son appartement pour une nuit ou un week-end et passent des heures à s'y rendre séparément et sans qu'on les remarque. Jamais de message au téléphone. Jamais une lettre, même pas un petit mot.

Cependant, la sensation d'étouffer lentement. Car quelle que soit votre prudence, vous *savez* qu'on vous observe. Vous le savez. On peut détecter quelque chose de suspect dans le geste le plus innocent. Alors, dans celui qui ne l'est pas! Un désespoir croissant. Et, en même temps, une joie étrange, excessive : *Nous sommes en vie! Oh! Mon Dieu, c'est si dangereux, l'abîme est si profond, nous dansons sur la corde la plus fragile; mais nous sommes en vie!*

De temps en temps, un moment de découragement, surtout chez lui : « Andrea, je ne peux pas te faire ça. C'est si humiliant de vivre ainsi. Je t'aime, je n'en ai pas honte. Je veux te montrer au monde : Regardez, voici la femme que j'aime!

– Finis ton travail, Brian. Nous aurons le temps plus tard.

– Je ne peux pas te faire courir un tel danger.

– Alors quitte-moi.

– Andrea, comment peux-tu dire une chose pareille?

– Cesse de te plaindre. Je t'aime. C'est tout ce que je veux pour l'instant.

– Je suis à toi.

– Je veux que tu sois à moi, tu ne comprends pas?

– Comment est-ce possible si te tenir dans mes bras est déjà un crime?

– Ça ira.

– Andrea, Andrea...

– Ne parle pas autant. Nous passons si peu de temps ensemble. Prends-moi. »

Peut-on imaginer faire l'amour en enfer? Oh! oui. C'est ce qu'ils font tout le temps. Cela brûle, cela dévore; tout autour d'eux il y a les flammes de ce feu obscur. Pourtant, dans leur amour, les quelques fois où ils réussissent à être seuls, il y a une violence, une extase qu'aucun d'eux n'aurait crues possibles. Nous vivons, nous aimons! Blesse-moi, marque-moi au fer rouge, que je porte tes cicatrices, déchire-moi, accroche-moi comme un drapeau à ta fenêtre, fais un abat-jour avec ma peau, consume-moi totalement. Je t'aime, je ne me lasserai jamais de toi.

La durée est impensable. Pas cette fureur. Pas ce besoin de hurler : *Regardez-nous, nous nous aimons!*

Une seule défaillance dans la concentration : une nuit chez lui, dans la vieille bâtisse pleine de coins et de recoins, au fond d'un jardin bordé d'immenses sapins. Rouge brique en bas, crème en haut. Des tuyauteries bruyantes. L'odeur des serviettes humides. Des planchers qui bougent. Des postes de radio qui diffusent de la musique derrière les murs. Un drap déchiré dans la violence de l'amour. Un fou rire incontrôlable. Puis la profondeur d'un sommeil satisfait. Et, comme un réveille-matin, au milieu de la nuit, la sonnette stridente de la porte d'entrée.

« Brian, qui est-ce?

– Ne t'inquiète pas. Sois calme. Reste ici. Je reviens. »

Les sourdes contractions de son cœur.

Dans les vapeurs du sommeil, il enfile sa robe de

chambre bleu sombre et va jusqu'à la porte en trébuchant. Des voix d'hommes dans la chambre.

« Ne bougez pas. Restez où vous êtes. »

Des flashes d'appareils photo qui l'aveuglent, encore et encore.

Elle serre le drap déchiré contre ses seins. Quelqu'un le lui arrache des mains. D'autres éclairs.

« Complètement à poil! » Des rires.

« T'as vu le drap? »

« Embarquez-les. »

L'ampoule nue au commissariat. (A l'extérieur, une lampe bleue.) Des boiseries marron, usées. Des taches d'encre sur un buvard. Un tableau d'affichage avec des feuilles de papier épinglées dans le feutre vert. Des dossiers brunâtres attachés par des rubans jaunes. Une boîte ronde en métal, pleine d'épingles et d'agrafes. Noms. Adresses. Age. Race.

Le pire – le pire de tout, de très loin – c'est dans le cabinet du médecin du district. Un homme entre deux âges, grincheux et ronchonnant, mécontent parce qu'on l'a réveillé au milieu de la nuit, après une soirée bien remplie. (Son haleine empeste le whisky.) Des dents jaunies par la nicotine, comme l'index et le majeur de sa main droite, les doigts qu'il glisse dans un gant de caoutchouc pour les enfoncer en elle. Son vagin ouvert par le spéculum en métal glacé. La spatule en bois. « Nous allons avoir besoin d'un frottis. » La lumière sur son crâne à moitié chauve. Les longues mèches raides.

« Ah! Mon Dieu, vous alors... »

Le dos tourné vers elle, il se lave les mains pendant longtemps, comme si elle l'avait infecté.

La douleur sourde à cause de l'examen brutal. (Le lendemain : une goutte de sang dans son slip.)

Brian est parti. Ils l'ont emmené alors qu'elle était chez le médecin.

« Je n'irai pas en prison comme ça. Je veux d'abord m'habiller. »

Deux policiers la ramènent à l'appartement en camion; dans la lumière du petit matin, la couleur crème est devenue un rose vulgaire. Ils entrent avec elle. L'un d'eux reste dans la salle de séjour – les assiettes, la bouteille de vin et les verres sont encore là; ils étaient si pressés d'aller au lit – et l'autre l'accompagne dans la chambre.

« Sortez. Je veux me changer. »

Il fait un grand sourire.

Elle serre sa robe de chambre autour d'elle.

« Pourquoi est-ce que tu te couvres comme ça? demande-t-il. Tu n'as pas de secrets pour moi. Tu en veux? » Il pose sa main sur ses couilles et les secoue.

Elle le regarde en silence. Puis, sans prévenir, elle se plie en deux et vomit sur la descente de lit bleue. Le repas d'hier soir qu'elle a préparé pour Brian et pour elle. Des champignons. Des morceaux de viande. Des carottes. Aigre et vert, à cause de la bile.

La route de Gordes tournait à gauche. Nous avons grimpé vers la petite ville qui semblait sortir de la montagne dans le parfum doux-amer des cyprès; à partir du pied du versant, l'odeur plus sombre des oliviers. De l'autre côté de la plaine étroite, sous la chaîne du Luberon – un animal massif et endormi – il y avait la plaine rouge sombre de Roussillon que nous avions visitée huit ans plus tôt avec Brian. Nous étions montés d'Apt, dans un vieil autocar qui rugissait et ferraillait. Ce village avait été une des plus merveilleuses découvertes de notre voyage; extasiés comme Hansel et Gretel, nous nous étions promenés main dans la main, dans les grottes couleur ocre. Je m'étais enduit le visage de poussière rouge comme une Indienne, et je m'étais cachée derrière les pins pour faire peur aux passants. Brian était très gêné mais rien ne pouvait me faire perdre ma bonne humeur. Brusquement, sans qu'on s'y attende, il s'était mis à pleuvoir, un orage terrible, qui rapidement avait enveloppé toute la montagne dans une sorte de brume liquide; et la terre rouge et ocre a semblé se changer en sang et en miel. Trempés jusqu'aux os, nous sommes revenus dans le village en courant; j'avais le visage et les cheveux tachés par la boue; nous semblions quitter une piste de sang. Pas étonnant que le patron du petit hôtel où nous avons demandé une chambre nous ait rapidement mis à la porte. Mais nous étions tellement mouillés que nous nous sommes assis sur un mur scintillant à côté de la place du village pour attendre la fin de l'orage – qui s'est terminé aussi brusquement qu'il avait commencé. Nous sommes redescendus en courant jusqu'à une pinède où, dans un endroit écarté, nous avons ôté nos vêtements pour les étendre sur des branches afin de les faire sécher, pendant que nous restions au soleil, en tremblant légèrement et en essayant de nous réchauffer. Je me suis glissée contre son corps mince et blanc : « Prends-moi dans tes bras », ai-je dit, mais il m'a serrée rapidement, avec maladresse, avant de s'éloigner, effrayé que quelqu'un puisse nous voir.

« Quelle importance si l'on nous voit? ai-je demandé.

– Je me sens trop vulnérable comme ça.

– Je te couvrirai.

– Andrea, ne sois pas stupide.

– Si nous étions au Cap tu m'aurais fait l'amour.

– Parce que nous devions profiter de chaque occasion. »

Cette nuit-là, à Montbrun où nous étions allés en auto-stop dans l'après-midi, j'ai repoussé ses efforts pour m'attendrir. Il s'est mis en colère. « A Roussillon, en plein air, tu ne pensais qu'à faire l'amour. Maintenant que nous sommes à l'abri derrière des murs...

– Nous n'étions pas en plein air, mais dans un bois. Ici, je suffoque. La chambre est trop petite.

– Tu me reproches de ne pas avoir les moyens de t'offrir quelque chose de mieux?

– Je ne te reproche rien, Brian. Simplement, laisse-moi tranquille s'il te plaît. »

Huit ans plus tard, quand Paul et moi étions revenus, en juillet dernier, nous avions aussi visité Roussillon : en partie parce que je voulais retourner dans les endroits où j'étais déjà allée – mais je ne lui en avais rien dit pour ne pas le blesser. (Cela l'aurait-il blessé? Je suis sûre que Paul aurait très bien compris.) Ce besoin de remonter dans le passé s'était installé en moi comme une fièvre. Pour rechercher – quoi? Je n'aurais même pas su le définir. Sinon que c'était quelque chose perdu depuis longtemps, quelque chose d'une importance capitale. Une forme d'innocence? Non : plutôt le sentiment des origines. On ne peut aimer de façon si absolue qu'une seule fois dans sa vie. De façon si sauvage, si exigeante, si irrésistible, si cruelle, si belle.

Je n'ai pas pu retrouver l'endroit dans la pinède. Contre toute logique, j'avais pensé que je nous retrouverais : en sortant d'une rangée de pins, je reconnaîtrais immédiatement le lieu, et j'y trouverais deux jeunes gens, lui blanc, elle métisse; et, qui sait, cette fois, ils feraient peut-être l'amour. (La beauté du mouvement de deux corps unis dans le même rythme, bougeant ensemble et l'un contre l'autre; le lourd balancement des hanches du garçon, s'écartant et s'enfonçant, le désespoir des jambes de la fille accrochées dans son dos, de ses mains sur ses épaules : j'avais vu cela dans la chambre de Paul, en nous regardant dans le grand miroir que nous avions intentionnellement placé en face du lit.) Le bois de pins était désert, à part les oiseaux – et, bien sûr, Paul et moi.

« Pourquoi marches-tu comme ça au hasard? a-t-il

fini par me demander, amusé. Tu cherches un endroit pour faire l'amour?

– Remontons au village boire quelque chose. »

Je n'ai même pas pu localiser avec certitude l'hôtel d'où nous avions été chassés sans façon. Pourtant, au cours de notre voyage, j'avais reconnu de temps en temps quelque chose avec un choc dans le ventre, même si, le plus souvent, c'était très fugitif : le mouvement des feuilles d'un châtaignier, le balancement de la jupe d'une jeune fille, un vieil homme sur le pas de sa porte, l'enseigne délabrée d'un hôtel de troisième catégorie. Dans mon esprit, je pouvais au moins revenir sur quelques-uns de mes pas : ici, il s'était passé telle chose, là, telle autre. Mais je n'avais plus aucune prise dessus. Tout avait changé. (Même le soleil : de la fin du printemps à septembre.) Des boutiques avaient fermé, des hôtels avaient disparu, de vieux immeubles avaient été démolis ou à tel point restaurés qu'on ne pouvait pas les reconnaître, les réjouissances étaient finies, des gens étaient morts. Moi aussi, j'étais différente. J'étais de retour avec Paul. Comme lui, au moins en partie, j'étais d'ici. Je parlais la langue. Je savais trouver mon chemin. J'étais plus ou moins indépendante. J'avais espoir que quelque chose en moi ne serait jamais complètement dompté, mais ce printemps terriblement lointain s'était enfui à jamais. Le romantisme brutal, la sensation d'oppression dans les petites chambres trop chaudes, deux corps qui luttent ou qui sont allongés côte à côte, immobiles. L'horrible blessure mise à nu. L'angoisse sur ce qu'était le passé, sur ce qui attendait. Le passé, le passé.

Nous ne sommes pas restés longtemps à Gordes. (En juillet, Paul avait eu du mal à me traîner hors des boutiques agréables : les orfèvres, les menuisiers, les fabricants de bougies, les potiers, les marchands de miel, de pots de citronnelle ou de lavande pour chasser les moustiques, les tisserands (malgré la chaleur, je m'étais même acheté une veste en laine de toutes les couleurs, pour un hiver que, même maintenant, j'étais encore incapable d'imaginer). Nous avons redescendu le versant odorant et nous sommes arrivés dans la plaine parmi les vignobles, les oliveraies et les champs dénudés où les moissons et la lavande s'étaient étalées sans pudeur au soleil. Au loin, la plaine s'achevait sur les falaises à pic de Lioux, sauf si l'on tournait à droite vers Apt, comme nous avions prévu de le faire. Mais d'abord, après Gordes, il y avait le petit hameau de Joucas, au sommet d'un des premiers contreforts des monts du Vaucluse.

Il faisait très beau quand Paul m'avait amenée ici la première fois. Et le luxueux mas des Herbes blanches – une route d'accès bordée de lavandes; des pierres couleur de miel, un toit de tuile, de grands cyprès, une piscine à l'eau transparente; un repas incomparable sur la terrasse – avait tellement séduit Paul que nous étions restés plusieurs jours. C'était aussi l'endroit idéal pour partir dans les montagnes voir le mur de la peste ou ce qu'il en restait, dans un endroit désert au-delà du village de Murs. Mais le premier jour nous ne sommes pas allés si loin car nous avons passé trop de temps sur la terrasse et dans la piscine. Et de nouveau. « Demain. Nous irons demain. » Et quelque chose nous avait toujours retenus.

Les questions qu'il m'avait posées, ce jour-là, sur la route de Joucas! Insatiable, comme un enfant dont la curiosité ne tarit pas.

« Que pourrais-je encore te raconter? ai-je fini par dire en riant. Tu me connais presque mieux que je ne me connais moi-même.

– Je veux tout savoir. Toutes ces années avant que je te rencontre.

– Tu es jaloux?

– Pas de Brian ni des autres hommes, si c'est ce à

quoi tu penses. Mais je suis jaloux que tant de gens aient partagé avec toi quelque chose dont je ne sais rien.

– Ce n'est pas important.

– Mais ce que tu es aujourd'hui est le résultat de tout ce que tu as été, Andrea.

– Tu n'approuverais peut-être pas toutes les Andrea que j'ai eues en moi. Je t'ai prévenu il y a longtemps. Certaines sont méchantes, garces, incapables, voraces, destructrices.

– Je les veux toutes.

– Tu es trop curieux. Parfois tu me fais peur. J'ai besoin d'espace, Paul.

– Je ne veux pas t'étouffer. Je veux seulement tout savoir sur toi : de la même façon que je connais ton corps.

– Un amant ne connaît pas vraiment celle qu'il aime. Même pas son corps. Surtout pas son corps. Tu ne vois que ce que tu veux voir; ce que tu désires.

– Tu n'as pas confiance en moi, alors?

– Non. » Je l'ai embrassé sur la joue. « Au contraire. Avec toi, je me sens bien. Je me sens femme. Mais ne fais pas de moi une histoire. Je ne suis pas une histoire, je suis moi-même.

– C'est ce que j'essaie de saisir. *Toi* en toi.

– Jouons à cache-cache, alors.

– Tu me défies?

– Peut-être. »

Et nous sommes arrivés à Joucas.

Sur la route de Joucas, Mandla a pris quelque chose dans sa poche et l'a mis à sa bouche en le tenant des deux mains. Pendant un moment, je n'ai pas réussi à savoir ce que c'était. Puis un son grave, un souffle, un bourdonnement, s'est insinué dans mon esprit, un son monotone, désincarné, étrangement familier qui me troublait et m'émouvait, parce que c'était la première fois que je l'entendais depuis des années. Un son ne passant pas par les oreilles mais absorbé par tout le corps qui tremblait jusque dans la moelle et le sang. Le son d'un *trompie*. Une guimbarde. Comme le son venant d'un rêve oublié. Et c'est le rêve lui-même qui est revenu. (La nuit dernière!) Je ne pouvais même pas me rappeler où je l'avais déjà entendu. Pas avec papa. Il avait eu un harmonica. C'était peut-être le geste des deux mains repliées devant la bouche, plutôt que le son lui-même? Mais il y avait aussi quelque chose à propos du son. Je le connaissais. Un son venu des nuits et des rêves de mon enfance. Un des amis de Boetie peut-être? Un voisin? Quelqu'un passant dans la rue très tard le soir, d'un lampadaire à un autre, les mains devant la bouche, en murmurant sa chanson triste, plaintive et sans musique. Les chaudes nuits d'été dans notre petite chambre mal aérée, les bruits étouffés des grands-parents à côté; Maggie et maman dans leur lit, la mer au loin : pas un son audible, simplement une présence. La corne de brume qui gémissait dans les ténèbres. Et la première découverte des plaisirs qu'on éveille en soi, une nouvelle connaissance du corps, la transpiration, les muscles tendus, l'odeur intime de soi. Et ce son étrange quelque part dans le creux fécond de l'immense coquille de la nuit.

Le voyage avec papa, dans un vieux tacot de location, à travers l'immense pays. Des nuits sous les étoiles, avec la lueur d'une ville lointaine qui se reflète dans le ciel. Le vent. L'espace. De nouveau, ce son venant de Dieu sait où; peut-être un vagabond anonyme et invisible dans la nuit. Dans le Karoo ou sur les plaines dénudées de l'Etat libre, le haut veld. Papa et moi; et ce son. Jamais relié à une personne ou à un nom, juste le son en tant que tel, comme si c'était la terre elle-même qui gémissait dans son sommeil, une plainte venue du sang, de la violence et de la résignation de son éternité. Le vent qui soufflait sur le veld, au travers des couches cassantes des pierres qui s'écaillaient, sur les berges et les tiges desséchées des aloès, des sisals et des euphorbes. Ta voix, grand-père Xhorê qui se lamentait à travers les temps et qui refusait de se laisser consoler.

« Où l'as-tu trouvé? » ai-je demandé à Mandla quand j'ai pu enfin parler de nouveau. (Joucas à gauche, des murs bruns et des toits de tuile, sur son petit promontoire de rocher brûlé au soleil.)

Il a continué à jouer comme s'il n'avait rien entendu, en balançant doucement son corps en rythme, un mouvement trop important pour l'espace réduit de la voiture.

« Mon *trompie*? » Sa voix semblait caresser le mot. « Je ne l'ai pas trouvé. Tu pourrais même dire que c'est lui qui m'a trouvé. C'est quand je vivais encore chez ma tante à New Brighton, peu de temps après mon arrivée. Elle m'avait donné une raclée et j'étais malheureux comme les pierres. J'avais envie de me sauver, mais où aller? Un jour venteux du mois d'août. Il faisait encore froid, avec de la gelée blanche le matin et un petit vent qui vous transperçait littéralement. Des papiers, des boîtes de conserve, des ordures dans les rues. Des ânes. Des chiens qui me reniflaient les jambes. J'ai fait un petit tour au hasard, très malheureux. J'ai buté contre un caillou et je suis tombé en m'écorchant le genou. C'était la fin de tout. J'ai pleuré, pleuré. Puis un car de police est passé. Ils faisaient toujours des rondes, jour et nuit. On n'arrivait pas à s'en défaire. Il y avait un homme à l'arrière, comme un singe dans une cage. Ils devaient se rendre au commissariat, mais en général les flics n'aimaient pas rentrer avec un seul homme et ils maraudaient pour en trouver d'autres. Je me suis collé contre un mur de briques rouges. L'homme à l'arrière m'a appelé. J'avais peur de m'approcher mais il a continué à me faire signe tandis que le car s'arrêtait au coin de la rue et j'ai fini par me glisser furtivement près de lui.

“ Eh! P’tit, prends ça ”, a dit l’homme et il a passé le *trompie* par une maille du grillage de sa cage. J’ai attendu que le car soit parti avant d’aller le ramasser dans la poussière. C’est comme ça que je l’ai eu. Il a séché mes larmes. Et il ne m’a jamais quitté depuis. »

Il s’est remis à jouer. Au croisement, nous avons tourné vers Apt.

« Je l’ai apporté avec moi, a-t-il repris. Et quand je joue je sens que je l’ai bien entre mes mains. »

Il n’a pas expliqué. Ce n’était pas nécessaire. Je savais exactement ce qu’il tenait entre les mains. Les arbustes amers, le muscat très doux, l’odeur pénétrante du *buchu* et de l’anis, le goût de sel dans le vent de la mer, les cris des mouettes, des *kiewiets*, des *hadedas*; les couchers de soleil, les nuits, les plaines dénudées, les montagnes, les os blanchis, l’Afrique. La mienne. La sienne.

Pourquoi, ai-je pensé soudain, ne pouvons-nous nous empêcher de parler de ce lieu lointain, de ce passé éloigné? Et pourtant ce n’était pas étonnant. De quoi aurions-nous pu parler autrement? C’était tellement plus réel qu’aujourd’hui, que l’Europe, ici et maintenant. Ni l’un ni l’autre nous n’étions réellement ici.

Fort Hare n’est pas l’endroit qu’il avait imaginé. Il a été trompé par les noms. Il écoutait bouche bée quand le père de Vuyizile parlait d’eux. Z. K. Matthews. Jabavu. Mda. Mandela. Sobukwe. Dennis Brutus. Mugabe. Il devait évidemment y aller! Mais l’endroit a changé du tout au tout. Au début, il ne s’en rend pas compte. Tout est trop nouveau, trop étrange. Il y a tant à apprendre, tant de nouveaux visages, tant de livres, assez pour vous faire tourner la tête. Il est heureux de se retrouver près de son ami Vuyizile.

Mais lentement un sentiment d'oppression l'envahit. « Fais attention à ce que tu dis, et à qui tu le dis, l'avertit Vuyizile. Tu te fais ramasser avant de savoir ce qui t'arrive. – Mais je n'ai rien fait de mal! – Ce n'est pas nécessaire. Ils ont peur. Donne une arme à quelqu'un qui a peur et il tire dans la foule. »

Les premières escarmouches de la nouvelle année sont causées par quelque chose d'insignifiant. Des réclamations à propos de la nourriture. Un *sit-in* dans le bureau du principal et la police arrive avec des chiens, des *sjamboks*, des bâtons, des grenades lacrymogènes et des fusils automatiques. On suspend les cours pendant une semaine. Immédiatement après la reprise, il y a un autre incident. Un maître de conférences blanc fait un rapport à la police de sécurité sur certains de ses étudiants; quand la rumeur l'en accuse, il avoue sans aucune hésitation : « Bien sûr que je l'ai fait. La sécurité nationale est plus importante qu'une bande d'agitateurs. Ils ne sont même pas sortis de la brousse et ils essaient déjà de nous donner des ordres. » Cette fois, une des résidences universitaires est mise à sac et plusieurs voitures sont brûlées. Le campus est fermé pour un mois.

Personne ne sait, même Mandla, ce qui déclenche le conflit suivant. Des rumeurs parlent d'une grande manifestation, mais il reste dans sa chambre à préparer un examen. Ce n'est qu'après qu'il apprend qu'on a adressé un message à toutes les résidences universitaires disant que les étudiants qui ne se présenteraient pas aux cours à une heure précise seraient renvoyés. Très peu d'étudiants reçoivent le message; en tout cas, pas Mandla. La première fois qu'il en entend parler c'est quand il est convoqué à l'administration où on lui donne l'ordre de ranger ses affaires et de quitter le campus dans l'heure. Beaucoup d'autres se trouvent dans la même situation et ils décident de faire une démarche auprès du doyen pour défendre leur cas : tout ce qu'ils veulent c'est la possibilité de poursuivre leurs études; aucun d'eux n'a participé à la manifestation. Mais le doyen refuse de les recevoir; à la place, on appelle la police. Ils sont tous embarqués dans les cars. A mi-chemin de Hogsback les policiers quittent la route et s'enfoncent dans le *bush*; ils font sortir les étudiants un par un et les battent. Ensuite, ils les conduisent à Kingwilliamstown où ils les laissent à la gare avec l'ordre de prendre le premier train pour rentrer chez eux.

Cette fois, Vuyizile doit utiliser toute sa force de persuasion pour convaincre Mandla de recommencer l'an prochain. Vuyizile lui-même, qui se tient complètement à l'écart de la politique, est toujours fermement résolu à finir ses études de théologie.

Mais, moins de trois mois après le début de la nouvelle année universitaire, sans avertissement préalable, c'est Vuyizile qui fait ses valises et qui s'en va. Mandla est stupéfait. Dès qu'il a réuni assez d'argent, il va à Port Elizabeth pour voir son ami. Mais Vuyizile refuse de parler; il ne veut rien dire de Fort Hare.

Mandla revient déprimé et frustré. Quelques semaines après seulement, des troubles éclatent de nouveau. Cette fois, de façon tout à fait inattendue, deux maîtres de conférences blancs se mettent du côté des étudiants, mais ils sont immédiatement renvoyés. Mandla en a assez; on ne le reverra jamais à Fort Hare.

Ce n'est qu'après plusieurs jours de questions, de menaces, de supplications que Vuyizile se laisse persuader et parle. Très bien, avoue-t-il, c'est le S.B. qui l'a convoqué et qui lui a demandé d'espionner ses camarades de classe en signalant tout ce qui est « malencontreux ». Ils font spécifiquement référence à Mandla : après avoir consulté son dossier, ils ont décidé qu'il faudrait le surveiller. Vuyizile a refusé. Il ne voulait pas se mêler de politique. Il leur a dit qu'il était chrétien, qu'il voulait rentrer dans les ordres, et qu'une telle chose ne s'accordait pas avec sa foi. Ils lui ont offert de l'argent, une somme stupéfiante. Il a refusé. Ils l'ont prévenu : il pourrait bien arriver quelque chose à son père ou à un membre de sa famille. A cause de la tension, il a craqué et s'est mis à pleurer. « Rentre chez toi, lui a dit le capitaine avec sympathie. Quand tu auras pleuré tout ton soûl, pense à ce que je t'ai dit et reviens nous voir. On t'attendra. »

C'est alors qu'il a pris ses affaires et qu'il est rentré chez lui.

Deux mois plus tard, son plus jeune frère se fait arrêter avec quelques camarades : on affirme qu'ils ont essayé de voler des pigeons dans la cour d'un Blanc à Newton Park. Ils restent en prison pendant quinze jours. Ensuite, les autres rentrent chez eux et racontent comment Khaya a été battu; comment les policiers lui ont cogné la tête contre le mur jusqu'à ce qu'il s'effondre. Le jour où on le libère enfin, juste après qu'on l'a raccompagné chez lui, il a un malaise et il meurt. Le médecin du district signe le certificat de décès disant : mort naturelle. On décide qu'une autopsie n'est pas nécessaire. (Elle n'est ordonnée que lorsque la presse se saisit de l'affaire, mais rien ne peut être prouvé de façon définitive. Et l'ordre des médecins pense qu'il n'y a aucune raison de sanctionner le médecin du district.)

Au cours de toutes ces années, le père de Vuyizile a évité les problèmes en se consacrant à son travail d'enseignant. Mais, après la mort de son enfant, il ne peut contenir ses sentiments. Beaucoup de gens viennent le voir. Une réunion de protestation est organisée pour le samedi soir, à l'école. Le matin, le principal est interpellé par la police. Il n'est retenu que quelques heures, mais quand il rentre chez lui l'officier lui donne l'ordre de bannissement. Cinq ans. Il ne peut assister à la réunion. L'ordre lui interdit aussi l'accès à tout établissement scolaire, et il ne peut plus enseigner. Une semaine plus tard, le ministère lui envoie sa lettre de licenciement. Sa femme, assistante sociale, est aussi visée : les autorités ne peuvent se permettre d'employer une personne dont le mari est soupçonné d'activités politiques clandestines.

« Pourquoi tu me regardes comme ça? a demandé Mandla. Je n'ai même pas commencé. Attends que je te parle de ceux qui étaient dedans. A Pretoria Central. Ou sur l'île. Tu ne sais rien. » Il a porté à nouveau son *trompie* à sa bouche, puis il a changé d'idée et a dit : « J'espère que tu ne t'imagines pas que je te raconte tout ça pour faire de Vuyizile, de moi ou des autres des putains de martyrs! Il n'y a rien d'exceptionnel dans ce qui nous est arrivé. Multiplie-nous par cent, mille ou un million si tu veux. Nous ne sommes pas des exceptions, je te le dis. C'est ce qui arrive à tous ceux qui refusent de continuer à dire : *oui, baas*. Ce que je t'ai raconté sur mon père dans la boucherie, tu penses que c'était quelque chose de particulier? Bien sûr que non. Je te l'ai raconté parce que c'est ce qui nous arrive à tous, tout le temps. Et si des fils voient pendant des générations leurs pères être humiliés, alors un jour tu as une race d'esclaves. Non parce que les Blancs nous oppriment, mais parce que nous leur permettons de nous couper les couilles. Et c'est seulement maintenant, à mon époque, maintenant que nous avons vu le Mozambique, l'Angola et le Zimbabwe, que nous commençons à découvrir qu'il n'est pas nécessaire qu'il en soit ainsi. Nous pouvons dire non; nous avons le choix. Nous avons, enfin, appris à haïr. C'est pour cela que 76 a eu lieu[1]. Et l'homme blanc l'a vu et a pris peur. C'est pour ça. Car, chaque fois qu'il repousse l'explosion d'un jour, il la rapproche d'un jour.

1. Les émeutes noires qui ont commencé à Soweto et qui se sont répandues dans tout le pays. *(N.d.T.)*

– C'est la seule fin que tu peux prévoir, une explosion?

– Il y a déjà eu trop de sang. On ne peut plus l'éviter.

– Alors, le seul moyen de rester en vie c'est de se sentir en dehors, ai-je dit. Comme moi.

– Tu appelles ça la vie? »

Je ne l'ai pas regardé.

« C'est à cause de Vuyizile que tu t'es engagé? lui ai-je demandé enfin, en fixant la route devant moi.

– C'est à cause de personne. C'est à cause de moi. » De nouveau, il était sur la défensive.

Je voulais qu'il continue à parler.

« Qu'est-il arrivé à Vuyizile?

– Il n'est plus là.

– Tu veux dire...?

– Il a disparu, c'est tout. » Il s'est tu un moment. « Ils sont venus le chercher une nuit. C'est tout ce que nous savons; six mois plus tard, ils ont dit qu'ils l'avaient relâché, qu'il n'était plus dans leurs mains. Mais il n'est jamais rentré chez lui. Au Parlement, le ministre a dit qu'il avait des raisons de croire que Vuyizile s'était enfui au Lesotho. Mais je sais que c'est faux.

– Comment peux-tu en être sûr?

– S'ils l'avaient libéré, il nous l'aurait fait savoir. Ses parents. Ou moi. Nous étions comme des frères. » Il a changé ses jambes de place. « De toute façon, moi aussi je suis allé au Lesotho plus tard. Et je suis absolument sûr qu'il n'y est jamais allé. »

Il m'a regardée.

« Et Vuyizile n'est pas le seul qui a disparu après avoir été arrêté la nuit. Ce sont des choses qui arrivent, c'est tout.

– Et alors tu...

– Vuyizile m'a ouvert les yeux. Au début, comme lui, je pensais que nous tentions de résoudre des problèmes moraux. Il m'a montré que c'était quelque chose d'autre. Ce sont des problèmes politiques. Cela signifie qu'on doit rechercher des réponses politiques, sinon on se fait avoir. »

Tous les *impis* vaincus et défaits de l'histoire, ai-je pensé : et pourtant l'incendie faisait toujours rage. Je me suis dit que, peut-être, Nongqawuse n'avait pas échoué comme tout le monde l'avait toujours pensé; les conclusions avaient été tirées trop rapidement. Un jour, au cours de notre vie peut-être, tous ces morts sortiraient de la terre durcie, rouge de sang, ils se dresseraient comme des aloès qui fleurissent l'hiver, et reviendraient. La dixième guerre dont Mandla avait parlé.

S'est-il douté de ce que je pensais? Soudain, sans me regarder, il a dit : « Quelque chose va se passer. Il le faut. Tout ne peut pas avoir lieu en vain. Tout le feu intérieur, la souffrance, le sang : on ne peut le supporter que si l'on croit que c'est le prix à payer pour un monde meilleur. Toutes les victimes. Les hommes. Les femmes. Les enfants. Un jour tout cela prendra un sens. »

Il a remis le *trompie* à sa bouche, a replié les mains et a commencé à jouer. J'ai dû serrer les mâchoires pour ne pas pleurer. Mon Dieu, ai-je pensé : tu parlais de haine. Mais il s'agit d'amour.

Un amour aussi terrible et immense que la mort.

C'était dimanche, jour de marché à Apt; la circulation était si mauvaise que nous avons mis une demi-heure pour aller jusqu'au centre ville. J'avais les nerfs à bout quand nous avons finalement trouvé une place sur un terrain vague, loin de la rivière, presque en dehors de la ville de nouveau. Nous n'avions envie ni l'un ni l'autre d'affronter la foule. Mais nous étions là et il valait mieux en prendre notre parti. D'une certaine façon cela me convenait également, parce qu'il était impossible aux voitures de s'approcher du marché, ce qui signifiait que les rues étaient entièrement livrées aux piétons comme cela devait être au Moyen Age. Les rues pavées d'à peine un mètre ou deux de large, depuis la rivière jusqu'au-delà de la cathédrale, étaient pleines de monde. Des gens de la ville mais surtout des gens de la campagne, des paysans des plaines et des montagnes; certains devaient même venir de loin, le père, la mère, les enfants, pour vendre et acheter au marché. Des saucisses, du fromage, des volailles mortes ou vivantes, de la charcuterie, des sacs et des paquets d'herbes; des légumes, des fruits de fin d'été, des raisins qui avaient déjà l'odeur du vin; des poteries, du bois, du cuir, du tissu, des chaussures, du poisson, des moules, des anguilles. Il y avait des prêtres et des bonnes sœurs, et des messieurs en costume gris tirés à quatre épingles, des fermiers avec de la bouse de vache sur leurs chaussures et des gitans avec des anneaux de cuivre à l'oreille. Des musiciens des rues – mandoline, flûte, violon; et un vieil homme avec un lecteur de cassettes autour du cou : tandis qu'il faisait retentir une musique militaire, il marquait le rythme en tapant sur un tambour. Perdus, décharnés, des Africains – venant du Sénégal? du Gabon? de la Côte-d'Ivoire? – vendaient des bijoux grossiers, des objets en cuir, des coquillages, des perles, des œufs d'autruche, des breloques en cuivre, des ivoires vrais ou faux, étalés sur des nattes posées à terre, aux pieds des hordes qui trépignaient. La plupart des gens faisaient un détour pour les éviter et restaient à distance comme s'il y avait eu quelque chose de bizarre, comme le cirque à Montbrun, des années plus tôt. Il ne manquait que les enfants qui tourmentaient les singes et qui jetaient des pierres au vieux lion pelé.

« Partons d'ici, a crié Mandla au bord du désespoir. Je n'en peux plus. »

De l'autre côté de la cathédrale, les rues étaient beaucoup plus calmes. Nous nous sommes assis sur le mur de pierre de l'ancienne fontaine. Des enfants jouaient autour de nous, mais cela ne nous dérangeait pas.

« Qu'est-ce qu'ils font dans un endroit pareil? a demandé Mandla en colère, comme si l'on pouvait me le reprocher. Tous ces Africains avec leur pacotille?

– Tu sais ce que c'est. Ils sont attirés par la métropole. Maintenant, ils doivent se débrouiller tout seuls.

– Des esclaves! a-t-il crié. Partout en Afrique, les gens se sont libérés... politiquement. Pas économiquement. C'est une autre chose que m'a apprise Vuyizile. C'est pour cela que nous avons organisé les syndicats. Regarde ces types. Toujours des esclaves. Rien n'a changé pour eux. Tu comprends pourquoi ça me rend fou!

– Ils étaient libres de choisir, lui ai-je rappelé.

– Ils pensent peut-être qu'ils sont libres. Mais que pouvaient-ils faire d'autre? Dans leur pays tout s'est effondré. Il ne leur reste rien. Ils ont senti le parfum de la nourriture des maîtres. Maintenant, rien d'autre ne peut les satisfaire.

– Comme grand-père Xhorê, ai-je dit doucement. Tu as raison, rien n'a changé.

– Qui est ton grand-père Xhorê? »

Je lui ai raconté.

Il n'a pas répondu. Il a sorti son *trompie* et a recommencé à jouer, très calme, mais avec une sorte de fureur silencieuse. Certains enfants se sont arrêtés pour regarder et écouter, mais aucun n'a osé s'approcher. Peut-être sentaient-ils qu'il était différent de ceux du marché : que son attitude était trompeuse; qu'à n'importe quel moment, il pouvait bondir sur sa proie.

Simplement, pour faire quelque chose et lui donner l'occasion de se calmer, j'ai feuilleté de nouveau mes livres, afin peut-être de redécouvrir à travers les mots et à travers le film de Paul la ville qui m'entourait;

comme si mes yeux avaient été trop sensibles pour la regarder directement.

Là où ce joyeux marché battait son plein, la peste avait connu son paroxysme, à différentes reprises dans l'histoire. (Et si les rues étaient aussi animées qu'aujourd'hui, comme cela avait dû être facile pour une poignée de rats de répandre leur destruction invisible!) Toutes les statistiques étaient dans Bruni. 1348, la Peste noire. Puis de nouveau en 1399, en 1427 et en 1588; et à la fin, la pire épidémie de toutes, en 1720-1721. *Une maladie cruelle,* dit Bruni, un médecin du XVIIIe siècle, *que rien ne peut soigner, qui est contagieuse, et devant laquelle les deux seuls remèdes sont le feu et la fuite.* Le résultat, c'est que tout devait être purifié. *Rien n'échappait à l'examen attentif des médecins et des consuls. Même les maisons des corbeaux (fossoyeurs) et des parfumeurs n'échappaient pas au feu purificateur; tous les vêtements et les haillons en possession d'une fripière, la veuve Daudré, ainsi que ceux d'un certain Pierre Premier furent détruits. On renforçait les précautions quand on rendait visite à un certain Meissard, un serrurier, chez qui la peste avait commencé, tuant rapidement sept ou huit personnes. Là, les doses de parfums brûlés étaient doublées, même si les haillons et les meubles avaient été détruits à l'époque de la première désinfection...*

En plus des parfums utilisés pour désinfecter les maisons, on brûla d'énormes quantités de sarments de vigne dans la ville, ainsi que des herbes aromatiques, du thym, du romarin, arrachées en grandes quantités, sur les collines voisines. Au coin des rues, on disposa de grands barils de vinaigre, dans lesquels on plongeait des linges, du papier et des registres. On a du mal à imaginer, aujourd'hui, l'odeur qui régnait dans la ville, à la fois douce et amère, et qu'on pouvait sentir « à une lieue ».

Vers une heure, les rues se sont vidées rapidement tandis que les gens s'entassaient dans les restaurants.

Comme la veille à Avignon (était-il possible qu'un jour seulement s'était passé?), nous avons acheté du fromage, du vin et du pain au marché; nous avons mangé en silence sur le mur de la fontaine, et nous avons offert les restes aux pigeons qui pouvaient à peine attendre. Comme cette visite était différente de celle que j'avais faite avec Paul : nous avions déjeuné sur une terrasse qui surplombait la rivière, le seul désagrément avait été la lenteur du service.

S'il avait été ici aujourd'hui, aurait-il pu nous trouver une table? Quelle pensée ridicule. Ce n'était ni la faute de Mandla ni la mienne si la foule du dimanche avait envahi tous les restaurants. Premier arrivé, premier servi. Et, pourtant, je ne pouvais m'empêcher de me sentir rejetée. Hier, c'était nous – moi – qui avions choisi de faire un pique-nique; aujourd'hui, c'était différent. Aujourd'hui, j'aurais aimé passer deux heures agréables à déjeuner. D'accord, on n'y pouvait rien. Nous pourrions peut-être nous rattraper ce soir, quelque part ailleurs, pas dans cette ville où l'on pouvait encore imaginer l'odeur des aromates qui flottait dans les rues peu sûres.

Au premier coin, sur le chemin du retour, les Africains venaient juste de commencer à rouler leurs nattes contenant leur marchandise non vendue (avaient-ils d'ailleurs vendu quelque chose?). En nous voyant approcher, acheteurs éventuels, l'un d'eux nous a tendu une paire de bracelets en faux ivoire, avec une grande grimace qui découvrait ses dents blanches au milieu de son visage noir; des yeux jaunâtres bordés de rouge. Mais, quand il a vu Mandla, il a hésité, son sourire s'est élargi et on a vu aussi ses gencives, il est resté figé ainsi dans cette attitude, avec les bracelets qui se balançaient toujours sur sa main tendue. Et, quand je me suis retournée au coin de rue suivant, là où nous devions traverser le pont étroit au-dessus de la rivière paresseuse, il n'avait toujours pas bougé. Seule sa grimace avait disparu. Ce que je pouvais voir sur son visage – je pense – c'était de la haine pure.

La haine dans les yeux de Boetie à travers la vitre armée. Son visage flou, déformé par le verre, comme par de l'eau. Un visage de cadavre. Au cours des sept derniers mois, depuis la nuit où ils l'ont emmené, le brun de sa peau est devenu d'un gris cendre.

« Qu'est-ce que tu fais là? Je suis de l'autre côté maintenant. On ne parle plus à des gens comme toi.

– Boetie, je suis venue te dire au revoir.

– Y a vachement longtemps que t'as dit au revoir. Mais tu le savais pas.

– Je m'en vais avec Brian. Le juge nous a condamnés à six mois, mais les gens de l'université sont venus témoigner, et le consul de Grande-Bretagne, alors ils ont levé la condamnation. A condition qu'on quitte le pays.

– Oui, pourquoi pas? Il n'y a rien qui vous retient.

– Ne parle pas comme ça, Boetie. Ne sais-tu pas...?

– Quoi? Vous m'avez grillé. Alors, pourquoi revenir? Ça t'amuse de me voir ici comme un babouin au zoo? Tu crois que je vais faire des grimaces pour toi?

– Boetie, tu es mon frère. Jésus...!

– On ne dirait pas. C'est à cause de toi que je suis ici.

– Tu ne peux pas m'en accuser.

– Tu aurais pu interdire ton cul à ce Blanc. » Aussi crûment, aussi cruellement qu'il le peut.

« J'aime Brian. Nous allons nous marier là-bas.

– Tu te moques du nombre de cadavres que tu devras fouler aux pieds pour y arriver, n'est-ce pas? »

Il a les yeux brûlants; des larmes d'impuissance et de révolte lui déforment encore plus le visage de l'autre côté de la vitre.

« Ne nous quittons pas comme ça, Boetie. Tu ne vois pas comme je souffre?

– Je sais ce qu'on ressent de ce côté-là. Ton côté, j'en ai rien à branler.

– J'avais espéré. Je ne sais pas quoi dire. Tu as toujours été différent de nous. Plus en colère. Plus révolté. Plus difficile.

– Parce que je ne supportais pas la façon dont vous vous laissiez faire. Papa...

– Papa est mort. Laisse-le hors de tout ça. »

Mais il a continué.

« Papa se foutait de tout et de tout le monde tant qu'il pouvait continuer à faire la noce. Le monde pouvait bien aller au diable, il s'en foutait pas mal.

– Je ne te laisserai pas parler de lui sur ce ton. Que sais-tu sur lui? Que sais-tu sur moi?

– Tout ce que je sais, c'est ce que tu m'as dit : que tu te tires avec ton Blanc. Et tu crois que tu vas pouvoir te débarrasser de nous comme de la merde de chien collée à tes chaussures? Fais gaffe : tu vas emporter notre puanteur avec toi. Elle t'empêchera de dormir la nuit. Elle te restera dans le nez jusqu'à ce que tu sois complètement brûlée. Tu m'entends? »

Découragée, elle se détourne de la petite fenêtre, mais elle ne peut le quitter comme ça. La fureur de ses yeux noirs semble la retenir. Seulement dix minutes, ont-ils dit, comme faveur spéciale, parce qu'il n'a pas encore le droit de recevoir des visites. Les dix minutes doivent être presque terminées. Et puis?...

« Si seulement tu essayais de comprendre! supplie-t-elle, séparée de lui par la vitre impassible.

– Je ne veux plus rien comprendre. Aujourd'hui, tu nous tournes le dos. Tu t'en vas. Tu ne veux plus qu'on t'embête...

– Je n'ai pas le choix. Sinon, on va en prison pour six mois.

– J'en ai pour cinq ans. Pourquoi? Parce qu'ils prétendent avoir trouvé quelques livres sous mon lit quand ils sont venus faire une perquisition à cause de toi. Ils auraient dû t'emmener chez le vétérinaire. D'habitude, c'est ce qu'ils font avec une chienne en chaleur. » Ses mains impuissantes se sont appuyées sur la vitre. « Mais va-t'en. Tu crois que tu peux faire ta valise et te tirer... Qu'est-ce que t'as, merde? Ecoute, si le cul te démange, tire-toi avec, et va où tu veux.

– Je ne veux plus t'écouter.

– Alors ne m'écoute pas. Va-t'en. Qui t'a demandé de venir? » Il laisse retomber ses poings serrés, attachés dans des menottes. Bouleversée, elle voit son visage se tordre. Il se met à pleurer. « Pendant toutes ces années, j'ai pensé que tu étais la seule dans la famille à être différente. Pas de qu'importe, pas de tant pis. J'ai toujours pensé qu'un jour, nous deux... Et tu t'es laissée avoir par la première queue blanche que t'as rencontrée. Oh! Mon Dieu, Andrea! Et la semaine prochaine, ils m'emmènent dans l'île. J'ai peur! »

Le gardien qui est à côté de lui s'écarte du mur sur lequel il était appuyé : parce que le temps est fini, ou parce que Boetie a dit quelque chose qu'il ne devait pas révéler?

« Allez. C'est l'heure. On vous a dit que c'était une faveur spéciale.

– Andrea, reviens. Un jour, toi et moi...

– Dépêchons! » dit le gardien.

Le soleil est aveuglant quand elle sort.

Le dos de la montagne. Le ciel incroyablement bleu au-dessus. Les feuilles des chênes qui commencent à jaunir. C'est l'automne. Dans l'air, des signes avant-coureurs du froid de l'hiver : mais elle ne sera pas là. Elle s'en va vers un printemps hors de saison.

Elle ne veut pas penser à ce qu'il a dit. Elle n'y repensera jamais, jamais. Ce qui est arrivé est arrivé, maintenant c'est le passé. Pour de bon. (Aussi passé, aussi lointain que toi, grand-père Xhorê?)

Il ne reste qu'à descendre au port. Elle a déjà acheté la couronne de fleurs; elle est posée sur le siège arrière de la Volkswagen de Brian. Elle attend qu'on la jette dans l'eau sale et huileuse. Il n'existe aucune tombe pour l'accueillir, heureusement peut-être. Une tombe serait trop petite pour papa; la mer est immense. *(Vas-tu aussi te débarrasser de moi, Nanna? Ou te souviendras-tu?)*

Brian sort de la voiture quand il la voit passer la porte de la prison. Il a des yeux moqueurs, mais elle évite son regard. Il lui ouvre la portière, mais elle hésite à monter. L'horrible bâtisse la tient sous son charme. Est-ce vraiment une vilaine façon de s'en sortir, comme l'a dit Boetie... s'enfuir? Cela aurait-il changé quelque chose si elle avait accepté d'affronter le purgatoire comme lui, dans la même prison peut-être (ou envoyaient-ils les femmes ailleurs?)? Cela aurait-il changé quelque chose pour elle? Changé : cela aurait-il été au moins plus compréhensible, sinon plus facile?

Par la vitre, elle voit la couronne sur le siège arrière.

Comme elle aimerait parler à Brian, mais, quand elle lui jette un regard furtif, il lui semble étrange, lointain. Est-ce dans ces yeux-là qu'elle pouvait se noyer? Est-ce ce visage qui respirait près du sien? Est-ce à ce corps, maintenant dissimulé dans une chemise, une veste marron et un jean, qu'elle s'est donnée, aveuglément, sans retenue – le corps qu'elle a préféré à son père, sa mère, ses frères, à tout avenir et à toute sécurité? C'est la seule personne qui lui reste maintenant. Son avenir porte le nom de cet homme. Mais c'est le sien qu'elle cherche. Une *Nanna* perdue dans l'eau noire : le masque s'est bouché, l'air a été coupé, elle flotte seule dans un monde sous-marin dans lequel elle ne sera jamais chez elle.

C'est ainsi depuis cette nuit dans le cabinet du médecin (son haleine; ses yeux derrière ses lunettes; la lumière sur sa tête chauve); le flic tenant ses couilles dans sa main; son estomac qui se soulève. Puis la cellule.

Pendant quelques heures seulement, mais à cause de l'ampoule nue, elle a eu une sensation d'éternité. Dormir était impensable. Elle est restée assise longtemps sur le bord de la couchette. Puis elle a commencé à marcher d'un mur à l'autre, de la porte métallique à la haute fenêtre fermée de barreaux, de la toilette au lavabo. Quelque part dans la prison, très loin, une femme hurlait de façon hystérique. Une porte a claqué. Elle a entendu, ou cru entendre, des bruits de pas, un murmure de voix dans les couloirs sonores. Puis le silence, troublé seulement par les cris de la femme. Ivre? Folle? En train d'accoucher? De souffrir? Ou simple perversité?

Ce n'est que quand la porte s'est refermée derrière elle que cela l'a frappée : tout contact avec l'extérieur était maintenant coupé. Ce qui se passait dehors n'avait aucun sens ici. Ce qui y était d'une importance capitale pouvait ne rien changer à l'intérieur. Même les sons acquéraient une autre signification. Et pendant combien de temps cela durerait-il? (Non : ce n'était pas ce qui l'inquiétait. Toute une vie, des années, des mois, des jours, cela ne faisait pas de différence. Elle était ici maintenant. Elle le savait.)

On lui a apporté à manger. Une assiette métallique; de la bouillie avec du lait et du sucre. Deux tranches de pain noir avec un morceau de beurre. Un pot de café. Mais elle a tout laissé par terre près de la porte, sans y toucher. Manger l'aurait fait de nouveau vomir.

Elle est retournée vers la couchette et s'est allongée, les genoux remontés sur le corps comme pour se protéger : mais rien ne pouvait effacer le souvenir de ce qui s'était passé. Le médecin. Elle ne pouvait fermer ni son corps ni sa pensée. La douleur sourde en elle. Les doigts dans les gants de caoutchouc rouge. Les poils noirs sur le dos de ses mains. Il était resté à se laver les mains comme s'il n'avait plus été capable de se débarrasser de son odeur et de son humidité. Maintenant, elle se sentait infectée par *lui*. Elle n'avait jamais été aussi totalement nue auparavant. Ni si seule. Même la pensée de Brian ne lui apportait aucun réconfort. Au contraire. Rien que son nom lui donnait la nausée.

Elle recommença à marcher de long en large, enfermée comme un animal dans sa cage. *(Jésus, Nanna, ta façon de marcher.* Papa remarquerait-il la différence? Aujourd'hui, pour la première fois, je ne suis plus vierge. Tu pensais que ce serait différent? Même Brian n'a rien changé. Cela seulement. C'est cela être violée. A partir de maintenant, je ne marcherai plus jamais de la même façon. Je ne me retrouverai jamais plus. D'une certaine façon, je me suis enfuie.)

Sur le mur, au-dessus du lavabo, on avait gravé des mots dans la peinture, le plâtre, et jusqu'aux briques en dessous. Les codes, les malédictions et les avertissements de celles qui l'avaient précédée et qui maintenant partageaient la cellule avec elle.

Le con est le roi.

Plus près de toi mon Dieu.

S.J.B.

14-3-71.

Kilroy.

Elle n'a pas réussi à déchiffrer les autres.

Mais elle ne remarqua vraiment qu'une inscription. Les autres, elle aurait pu les imaginer par la suite, comme une probabilité : celle-ci était gravée directement dans ses nerfs.

J'étais ici.

On a ouvert la porte. On l'a appelée. Quelqu'un avait payé sa caution.

Elle monte dans la voiture de Brian et ils descendent vers le port avec la couronne. Les mouettes poussent des cris en plongeant dans l'eau grasse.

J'ai peur du oui ultime, Paul. Pour toi aussi. Malgré tout ce que tu m'as demandé tout au long des années, que sais-tu vraiment de moi? Je t'ai dit que j'étais une sorcière. Je détruis tout ce que je touche. Je ne laisse derrière moi que destruction. Attention : voici Andrea. Ce que je souhaite, je ne le fais pas. Ce que je fais, je ne le veux pas.

Ce jour-là, nous faisions la partie la plus difficile de notre voyage, à partir d'Apt, au-delà de Céreste, au cœur du Luberon, en traversant des forêts de chênes, de pins et de genêts, par Vitrolles avec ses champs ocre brûlé et ses vignes claires, vers La Motte-d'Aigues. D'après les noms, il était évident que nous étions en pays huguenot : à un croisement, une route partait pour la bastide des Jourdan; une ferme s'appelait Les Roux.

« On comprend pourquoi les huguenots ont cherché refuge dans ces montagnes », ai-je dit à Mandla en m'arrêtant quelques instants après une épingle à cheveux au-dessus de Vitrolles – l'odeur pénétrante des pins tout à coup – pour reprendre mon souffle et redresser des mèches de cheveux qui me tombaient dans les yeux. « Tout d'abord les cathares, ensuite les vaudois, puis les huguenots. Là-bas, dans les plaines, tout est à découvert, mais qui pourrait trouver un fugitif dans ces montagnes?

– Ils te trouveront s'ils le veulent. On n'arrive jamais à fuir tout à fait. » Le visage sans expression, il était assis et regardait le paysage en dessous; et je n'ai pas pu savoir si l'ambiguïté de ses propos avait été ou non intentionnelle.

« Ils devaient avoir une foi extraordinaire, ai-je dit, en essayant de ramener la conversation sur un terrain moins dangereux. Tu te rends compte, continuer ainsi sans fin, contre le pouvoir des rois, des cardinaux, des armées.

– C'est justement ce qui fait continuer. »

Je me suis tue, mais la retenue avec laquelle il avait dit sa dernière phrase m'a émue d'une manière inexplicable. Pourquoi? L'impression, la sensation – oserais-je le dire? – qu'à sa façon, il avait la foi. Pas au sens habituel du terme bien sûr. Mais avec une ferveur qui lui permettrait de triompher de tous les obstacles qui se présenteraient sur son chemin : et peu importe qu'il ait conscience ou non des failles de ce en quoi il était engagé; cela ne changeait pas grand-chose. Sa foi lui permettrait d'aller au-delà.

Peut-être que ce qui m'avait émue n'était pas seulement la perception de cette foi aveugle, mais l'idée que, dans ce pays étranger, il avait atteint le bout de chemin. Ce qui expliquait peut-être cette profonde mélancolie qui était en lui : la découverte, sans aucun doute pour la première fois de sa vie, que sa foi seule n'était plus suffisante. Plus maintenant.

Et il y avait aussi autre chose : l'ombre de cette foi en moi. Car je savais qu'il y avait eu un temps où je l'avais connue également. Une approche de Dieu violemment païenne. Celle de papa, qu'il m'avait transmise. C'est pourquoi j'étais capable de la reconnaître chez Mandla. Mais qu'était devenue la mienne? Quand et comment la flamme en avait-elle été étouffée? (Ou n'était-ce qu'une simple éclipse?)

Tout ce que je sais, c'est qu'au cours de ce voyage dans les montagnes, j'ai pris conscience de la peur. Quelque chose s'approchait et je ne pourrais pas l'éviter très longtemps – quelque chose dont je m'étais crue libérée depuis des années. Cela avait-il réellement été la « liberté », vivre ainsi retirée du monde comme je l'avais fait? Oh! Cela avait été sans aucun doute plus facile, après le tumulte des premières années, surtout l'époque où j'étais avec Brian. Mais libre?... non. Une remise à plus tard, rien de plus. Cela s'était préparé au plus profond de moi; cela avait attendu tout le temps. Maintenant, tout était à nouveau en jeu. Et, cette fois, aurais-je le courage de décider?

Ce n'était peut-être pas la bonne question. On peut presque tout endurer. On peut survivre. Mais chaque chose qui arrive laisse une cicatrice. Chaque chose nous rapproche, non seulement de notre propre mort individuelle, mais de la mort en tant que telle. Et cela était différent, une certitude capitale.

Nous sommes passés devant les caves coopératives de La Motte-d'Aigues. L'odeur entêtante et pénétrante du vin nouveau. Le tabac, avec les bandes de plastique de couleurs vives dans l'entrée, où trois mois plus tôt Paul et moi nous nous étions renseignés sur M. Jaubert; nous avons grimpé la ruelle qui mène à la partie ancienne du village, jusqu'à la petite place en face de la chapelle, en haut. Nous avons laissé la voiture, et nous sommes redescendus sur l'autre versant à pied, jusqu'à la petite maison de pierre, avec la vigne au-dessus de la porte d'entrée, où, en juillet, nous avions trouvé le vieil homme assis sur une chaise branlante, avec son vieux chien aveugle à côté de lui. Le dernier représentant du clan de Paul qui avait survécu au travers des siècles.

Mais la maison était vide; les volets étaient rabattus sur les petites fenêtres et la porte fermée à clef. Nous avons frappé et personne n'a ouvert. Il n'y avait non plus aucun signe du vieux chien.

« C'est vrai, c'est dimanche, ai-je dit aussi légèrement que j'ai pu. Il doit passer la journée chez des amis. Il est peut-être allé à l'église dans un village voisin.

– Il y a longtemps que la maison est fermée », a dit Mandla impassible.

Je m'en rendais compte, bien sûr, mais je n'ai pas voulu abandonner aussi facilement. Je me suis obstinée et je l'ai emmené au tabac, sous les regards des vieillards devant le comptoir, et les voix rocailleuses se sont arrêtées pour nous observer. Je suis sûre que c'étaient exactement les mêmes que le jour où nous étions venus avec Paul.

« Le vieux Jaubert? Non, mademoiselle, il est mort il y a un mois. Pauvre homme, il prenait de l'âge, vous savez, et il n'y avait personne pour s'occuper de lui... »

Nous sommes repartis. Je ne disais rien. Mandla était calmement assis à côté de moi et ne pensait même pas à jouer de son *trompie.*

A quelques kilomètres du village, sur la route de Cucuron, nous sommes passés devant l'étang de Bonde. Sans réfléchir, j'ai garé la voiture de l'autre côté du petit lac, près de la minuscule plage de sable. L'endroit était désert. Sans prendre la peine d'expliquer quoi que ce soit à Mandla, je suis sortie de voiture et j'ai grimpé entre les buissons, jusqu'au sommet rocheux, dans la lumière jaune de cette fin d'après-midi.

Ainsi, il était mort. Le dernier des Jaubert. Je me sentais extraordinairement triste pour Paul. Sans aucune logique, bien sûr : le vieil homme ne lui était plus vraiment apparenté. Même l'orthographe du nom avait changé. Et La Motte-d'Aigues resterait le village d'origine de Paul qu'il y ait ou non d'autres Jaubert. Mais qu'est-ce que la logique avait à faire là-dedans? La mort était intervenue et Paul avait perdu quelque chose à quoi se raccrocher. (Ou cela me causait-il de la peine parce que c'était moi qui, bien plus que lui, avais besoin en ce moment même de me raccrocher à quelque chose?) Une partie de sa solidité avait disparu. Comme si une chose comme celle-là avait des implications avec nous deux : pour notre avenir, pour la question à laquelle je devais toujours répondre.

J'ai vu Mandla qui montait entre les arbres. Tout d'abord, j'ai cru qu'il allait passer sans s'arrêter, mais il a changé de direction et il est venu droit vers moi. Je ne voulais pas de lui en ce moment. J'avais besoin d'être seule. Ne pouvait-il pas le sentir? Je lui en voulais pour son manque de compréhension. Il aurait pu m'accorder ces quelques précieuses minutes de solitude.

Le soleil était exactement derrière lui. Je le regardais s'avancer vers moi, en poussant son ombre devant lui : une ombre sinueuse, immense, allongée qui avançait entre les pierres, les buissons et les souches et que rien ne semblait pouvoir arrêter.

Je me suis détournée. S'il voyait mon dos, il se rendrait peut-être compte que je voulais qu'on me laisse seule.

En me tournant, j'ai aperçu mon ombre devant moi, étalée sur le sol, et qui allait de mes pieds à une crête de rochers blancs au loin. C'était comme si je ne l'avais jamais remarquée auparavant et, ainsi qu'un enfant qui joue à faire des silhouettes sur le mur de sa chambre, j'ai levé les bras et j'ai regardé mon ombre qui m'imitait.

L'étrange découverte : *J'ai une ombre!* La mienne, exclusivement à moi. Je la revendique. C'est la mienne. Regardez-moi ici. J'ai suffisamment de substance pour arrêter le soleil et projeter une ombre. La mienne.

Il n'y avait rien de particulier dans mon ombre, absolument pas. Mais d'être là, dans ce soleil couchant, dans un paysage étranger qui bientôt ne serait plus qu'obscurité, j'avais conscience d'une nouvelle force, d'une nouvelle certitude qui grandissaient en moi. Moi et mon ombre : comme nous avions parcouru un long chemin ensemble. Le District six. Les rues du Cap. La main dans la main avec papa. La descente vers les jardins. Le musée. Le chemin vers la montagne. Notre voyage dans le pays. Mon ombre sur la terre dénudée et les arbustes rabougris du Karoo, dans les villes. Un réseau de routes à travers la Provence. Londres. Paris. Et maintenant, dans ces montagnes, aujourd'hui.

Je n'avais pas fait tout ce chemin simplement pour être une femme qui pouvait obtenir tout ce qu'elle voulait en se couchant devant un homme ou un autre. Je devais plus que cela à mon ombre. Je ne pouvais dire encore ce que ce serait, mais je savais qu'il devait y avoir plus. Après tout, je ne manquerais peut-être pas mon rendez-vous.

Il s'approchait derrière moi. J'entendais ses sandales sur les graviers. Je ne voulais plus le rejeter : il ne menaçait plus ma solitude. J'ai vu son ombre qui glissait sans bruit sur moi. Il s'est arrêté. Son ombre recouvrait entièrement la mienne.

Quelle était cette impulsion en fin de compte? Ce besoin irrésistible de tendre la main et de toucher quelqu'un, quelque chose, une substance : pour reconnaître la volonté de continuer ensemble, jusqu'à la fin. La fin de quoi? Il y avait la terre, il y avait le ciel et l'enfer, il y avait la vie; il y avait la vérité. Il y avait même, peut-être la mort.

Je ne lui ai pas parlé. Je ne pouvais pas. Pas à ce moment-là. Je suis passée près de lui et, seule, je suis repartie entre les buissons vers la voiture, petite tache blanche devant l'étendue grise de l'étang.

Nous avons pris une autre route pour rentrer, au sud du Luberon, par Pertuis vers Cavaillon et Saint-Rémy. Il n'y avait aucune raison pour faire ce détour; je pensais seulement qu'une autre route – une que je n'avais pas encore prise, même pas avec Paul – nous ferait du bien.

Qu'était devenue mon idée de pèlerinage, un geste sincère de contrition envers Paul? Peut-être plus que je ne pouvais en saisir pour l'instant. Que juge-t-on au bout du compte : l'acte ou sa motivation?

Nous restions silencieux. Il a repris son *trompie.* Le son mélancolique et triste est apparu presque comme un soulagement. Notre conversation avait atteint un point au-delà duquel, pour l'instant, les mots n'avaient plus cours. Je pensais à ce que je lui avais confié, surtout sur Brian; les derniers mois fiévreux et anxieux en Afrique du Sud. (Et aussi, évidemment, à ce que j'avais gardé pour moi, ce que je *devais* encore garder secret, non pas dans son intérêt mais dans le mien.) Les points de repère de son univers qu'il m'avait révélés. Nous étions devenus très vulnérables tous les deux.

Pourtant, cela nous avait aussi armés, d'une façon différente. Ce que je lui avais dit, ce qu'il m'avait confié, n'avait pas été sentimental comme une confession. Chacun s'était réinventé. Parce que cela était devenu nécessaire pour nous deux. Ensemble nous avions refait ce pays lointain, en lui donnant une nouvelle forme et une nouvelle signification.

Pour le moment, nous avions d'abord beaucoup de choses à mettre en ordre, chacun séparément. Non pas l'histoire. Non pas la biographie. Mais tout ce que nous avions osé inventer ou reconnaître ou affirmer à propos de nous-mêmes. Pour nous en souvenir; pour nous en souvenir irrévocablement. Et aucun de nous ne pourrait plus jamais s'en libérer.

Mais il restait si peu de temps. Beaucoup moins qu'on le pensait.

A Saint-Rémy, nous sommes allés au restaurant. Je pense qu'il a été irrité de passer autant de temps pour dîner; il voulait rentrer à l'hôtel. Ce que précisément je voulais retarder en flânant dans la salle à manger charmante et vieillotte du Castelet des Alpilles tendue de velours, où Paul et moi avions si souvent pris nos repas en juillet.

Nous sommes enfin rentrés chez nous.

(Chez nous?)

Nous avons pris nos clefs dans les cases derrière le comptoir (le patron et sa femme regardaient déjà la télévision, dans leur salle de séjour, derrière la porte vitrée : on pouvait voir les reflets tremblants de l'écran sur les petites vitres, à travers le rideau de dentelle).

Quand j'ai ouvert ma porte, Mandla était derrière moi. Je me suis retournée pour lui dire bonsoir. C'était comme cet après-midi quand il m'avait suivie sur la colline. Il n'a rien dit. Dans la faible lumière du palier, il était immense et sombre. Il m'a suivie dans ma chambre. Je n'ai pas essayé de l'en empêcher. Mais il s'est arrêté à la porte.

Je n'osais pas le regarder.

« Andrea?... » J'ai entendu sa voix derrière moi, comme un grognement, à peine audible.

J'ai croisé les bras et je ne me suis pas retournée.

« Tu as peur? »

J'ai approuvé d'un signe de tête.

« De moi? »

Je me suis tournée lentement vers lui. « Non, de moi. »

Il est resté à me regarder longuement en silence. Puis avec un léger sourire – il faisait trop sombre pour en être vraiment sûre, la seule lumière était celle du palier – il a dit : « Bonne nuit. Dors bien. »

A la porte, son ombre s'est étalée sur le plancher et a effleuré le mur opposé.

« Bonne nuit, Mandla. »

J'ai fermé la porte sur lui; sans allumer les lampes de chevet – un peu de lumière venait de l'entrée de l'hôtel, à l'extérieur –, j'ai enlevé la couverture du lit et je l'ai pliée soigneusement. Puis je me suis déshabillée et je suis allée prendre un bain dans l'obscurité.

Ce n'est qu'après que j'ai pu affronter de nouveau la lumière. J'ai allumé et, toujours nue, je me suis assise sur le lit pour prendre mes notes de la journée. Puis je me suis relevée pour me brosser les cheveux devant le miroir. Maman aurait été fière de moi.

Le mouvement m'a procuré une douce chaleur. Mais tandis que j'étais à nouveau assise sur le lit à feuilleter sans but les notes et les livres de Paul, refusant encore de m'abandonner au sommeil, je me suis rendu compte qu'il faisait froid. J'ai résisté pendant quelque temps, puis je suis allée chercher ma chemise de nuit dans la grande armoire rustique. Sur l'étagère du bas, avec le linge sale que je voulais laver, il y avait le drapeau déchiré et fripé. Surprise, comme si je le voyais pour la première fois, je l'ai pris et l'ai tenu à bout de bras. Un étrange assortiment de taches et d'odeurs. Je pouvais reconnaître celles du tabac, de la fumée et du vin. Mais les autres?

Pauvre bougre. J'avais été très injuste avec lui. Avait-il été vraiment nécessaire de se moquer de lui ainsi?

Le rouge sombre, le blanc sale, le bleu passé. Ma gorge s'est serrée brusquement. La France que j'avais fini par aimer si profondément, à laquelle je m'étais attachée, que signifiait-elle réellement pour moi? Un sanctuaire, un refuge, un asile, la sûreté, la sécurité? L'amour...? Frank, Gérard, Serge, Paul; les autres plus anonymes, les intrus occasionnels. Etait-ce absolument nécessaire, même pour rester en contact avec le pays, d'avoir toujours besoin d'un homme comme intermédiaire?

N'y avait-il pas là quelque chose de désespéré? Sans aucun doute. Depuis le début. Même depuis la première nuit quand j'avais dit à Frank : « J'espère que tu peux m'aider. Seulement, je veux que ce soit très clair avant toute chose : je ne coucherai pas avec toi. »

Sous conditions; à chaque fois. Pour garder mon « intégrité ». Pour survivre.

Et pour cette raison, si j'osais regarder la situation loyalement, même maintenant, pas plus qu'un hôte, un voyageur, un enfant adopté, en transit.

(Paul...?)

Qu'y avait-il ici que je pouvais vraiment considérer comme à moi, si indiscutablement à moi que j'aurais pu mettre ma vie en jeu pour lui? Si merveilleusement à moi que j'aurais été prête (comme aurait dit Mandla) à mourir pour lui?

J'ai étalé le drapeau déchiré et humide sur le pied de mon lit presque avec compassion, mauvaise protection contre le froid de la nuit. Je me suis glissée dans le lit, nue, j'ai éteint, et je suis restée assise, appuyée contre le grand oreiller, et j'ai attendu que mes yeux s'habituent à l'obscurité.

Au loin dans la nuit, j'ai entendu de nouveau le son grave et étouffé qui m'a donné la chair de poule : un bruit contre lequel aucune couverture ni aucun drapeau ne pouvait me protéger, et devant lequel j'étais entièrement vulnérable : le son du *trompie* de Mandla.

QUATRIÈME JOUR

Ils n'ont jamais été aussi près de la réalité de la peste. En revenant de La Motte-d'Aigues cet après-midi-là, Paul quitte la route qui va de Cavaillon à Saint-Rémy pour faire un détour par Eygalières et la petite chapelle de Saint-Sixte dont il a si souvent parlé. Cela ne la surprend pas. Partout où ils sont allés au cours de ce voyage, il n'a cessé de s'écarter des routes prévisibles. C'est un des jours les plus chauds de cet été brûlant et, dès qu'ils entrent dans le village, Paul s'arrête dans l'ombre d'un arbre devant l'hôtel de ville et l'emmène à la terrasse du café le plus proche pour boire quelque chose de frais. Ensuite, un peu reposés mais suant toujours, ils vont se promener dans la partie ancienne du village. Habité pendant quatre mille ans avant les Romains, lui dit Paul. (Elle accepte sans un murmure, comme elle se soumettait aux enseignements de Brian, il y a quelques années. Des hommes et des faits.) Au sommet de la colline blanche, ils contournent l'église du XIe siècle, et Paul découvre pour sa plus grande joie que le bâtiment de pierre assez mal restauré a été transformé en une sorte de petit musée du village, essentiellement consacré à la peste. Il y a même – une découverte qui la fait frissonner malgré la chaleur suffocante – une table sur laquelle s'entassent des ossements et des crânes humains, décolorés et effrités, dont certains portent encore une croûte de terre, comme d'énormes pommes de terre qu'on vient d'arracher : d'après une carte manuscrite, on les a presque tous trouvés dans une fosse commune des victimes de la peste de 1720.

Refusant de s'approcher de la table macabre, elle s'éloigne et passe devant des outils et des objets du néolithique, pour arriver à une exposition de photos et de dessins sur lesquels les instituteurs et les élèves ont raconté, en lettres d'imprimerie, l'histoire du village. Assis sur une marche de pierre près des crânes, Paul ouvre son petit carnet vert et, presque incapable de contenir sa joie, il commence à noter des faits et des commentaires, tandis qu'elle continue son chemin dans le reste du musée. Quand elle a bouclé la boucle et qu'elle revient à l'entrée, il est toujours en train d'écrire fiévreusement. Par la porte ouverte, elle regarde le paysage chauffé à blanc et un peu brumeux. Des pierres et des arbres rabougris. La plaine couverte d'oliviers. Le bruit assourdissant des cigales. Ici, en Provence, leur chant est différent des cris stridents des cigales de chez elle : on dirait des oies qui cacardent très fort; c'est comme une vibration, une pulsation de tous les arbres.

Elle se retourne et le regarde debout près de la longue table, un crâne brun et grimaçant dans une main. Il sourit en voyant l'écœurement qu'elle manifeste sur son visage; alors il prend une pose théâtrale et déclame : « Hélas! pauvre Yorick!

– Pose ça, Paul.

– Il est mort depuis longtemps, ma chérie.

– Il est mort de la peste. Il peut encore te contaminer.

– Après tant de siècles? Viens voir. Essaie d'imaginer...

– Je ne veux pas. Ce n'est pas du roman, Paul. Ces gens sont vraiment morts. Tu aimerais qu'un jour quelqu'un tienne ton crâne comme ça? Tu devrais avoir un peu de respect.

– Tu deviens superstitieuse, Andrea. »

Mais il repose quand même le crâne sur la table où il continue à leur sourire avec un regard de supériorité, de défi et de sagesse.

« Allons-nous-en. Cet endroit me tape sur les nerfs.

– Incroyable. Tout ça en un seul jour : tout d'abord La Motte-d'Aigues et le vieux M. Jaubert, maintenant ceci. »

Elle n'arrive pas à se débarrasser d'un sentiment d'horreur et elle lui envie presque son enthousiasme. Mais au moment où ils atteignent la porte, prêts à affronter la violence du soleil, il s'arrête un instant pour ôter ses lunettes et, d'un geste qui lui est habituel, il les essuie avec le bas de sa chemise : la brusque vulnérabilité de ses yeux la désarme et l'apaise, comme si souvent auparavant. Il est sans défense et il a besoin qu'elle le protège du monde et de ses propres impulsions. Quand ils redescendent, elle le laisse bavarder avec une joie enfantine; elle pose même gaiement sa tête contre son épaule.

En revenant vers la voiture, il remarque le magnifique mur de vieilles pierres de l'auberge, juste à droite de la place, et sans réfléchir ils franchissent le vaste porche pour regarder dans la cour. Des lauriers-roses, des géraniums et des pétunias dans des pots. Quelques rangées de tables à l'ombre d'un grand orme au tronc noueux et noir.

« Restons ici pour la nuit, dit-il spontanément.

– Nous n'avons pas nos bagages.

– De toute façon, nous dormons nus. »

Dans la nuit, une de leurs plus intenses, alors qu'il lui fait l'amour, elle est soudain prise d'une peur qui la paralyse presque : *Mon Dieu, il y a quelques heures, avec ces mêmes mains, il a tenu les crânes de gens qui sont morts de la peste!* Mais ce qui est curieux cependant, c'est que, contrairement à ce qui s'est passé dans le musée, elle n'éprouve aucune répulsion : dans sa terreur même, elle découvre un abandon et un plaisir plus violents que ceux qu'elle a connus avant. Ensuite, à peine sortie d'un profond sommeil, elle entend vaguement un frôlement quelque part (le matin, elle comprend que ce sont sans aucun doute les feuilles à l'extérieur) et pense avec résignation : évidemment, quoi d'autre? – ce doit être une souris, ou peut-être même un rat.

Cette nuit-là, j'ai été réveillée par une sorte de grattement, quelque chose qui semblait venir de mon enfance, comme une souris ou un rat sous les lames du parquet. Mais, tandis que le sommeil s'éloignait, j'ai compris que c'était quelque chose de tout à fait différent : quelque chose, ou quelqu'un à la porte qui tournait la poignée. J'avais fermé la serrure et le verrou; aussi bien, loin d'avoir peur, j'ai ressenti à la fois de l'amusement et de la pitié : que pouvait bien essayer de faire Mandla? Mais je me suis ravisée. Mandla ne reviendrait pas si furtivement. Il frapperait clairement, ou il appellerait ou il enfoncerait même la porte pour prendre ce qu'il veut. C'était peut-être le patron avec sa moustache triste, repoussé par sa femme et tentant sa chance avec moi? (Comme il est dur d'être un homme et d'être toujours conduit par un besoin ou par un autre. Comme est fragile son amour-propre, qui ne fait pas plus de vingt centimètres.) Le bruit s'est arrêté au bout d'un moment. Je me suis levée et me suis glissée sans bruit jusqu'à la porte, mais il n'y avait rien; aussi je suis allée aux toilettes avant de revenir dans mon lit. Pendant environ un quart d'heure, j'ai attendu que le bruit recommence, mais tout est resté silencieux. C'était peut-être une souris, après tout? Je me suis abandonnée à des pensées incohérentes puis au sommeil.

Au matin – ce quatrième jour décisif – je me suis réveillée tout à fait reposée, l'esprit tranquille et le corps en forme. Aucune passivité. Plutôt le sentiment d'être prête. (Mais à quoi? Je n'aurais su le dire. Et c'était peut-être aussi bien.)

Après mon bain, j'ai passé un long moment à me maquiller. Pas plus long que d'habitude, je pense; mais, si je suis vraiment honnête, avec un but différent de celui de la veille. Parer mes yeux et ma bouche, mes sourcils, mes joues, mes ongles, mes orteils, n'était pas destiné à empêcher le monde de croire à une concession à la vanité : aujourd'hui je voulais être belle. Je me sentais belle. Je voulais qu'on me reconnaisse comme belle, comme quand papa était à la maison. (Au cours de notre voyage dans le pays, il devenait fou si je me regardais dans le rétroviseur du camion emprunté; et il faisait semblant de me réprimander, mais comme il était fier : « Nom de Dieu, Nanna, t'es épatante. »)

Au moment où j'ouvrais la porte pour descendre, le téléphone a sonné. J'étais tellement préoccupée, en pensant déjà au petit déjeuner avec Mandla sur la terrasse en bas – et, au moins au début, la communication était si mauvaise – que je n'ai pas reconnu immédiatement la voix.

« Andrea? Allô, allô?

– Qui est à l'appareil? »

D'autres voix; brusquement la ligne s'est dégagée et je me suis rendu compte que c'était Paul.

« Mon Dieu! » s'est-il écrié. Il essayait de plaisanter mais dissimulait mal une véritable horreur. « Je n'arrive pas y croire. Tu as déjà oublié ma voix?

– Salut, Paul. » Malgré moi, je restais prudente. (Mais pourquoi? La veille, j'avais été si triste de ne pouvoir le joindre.)

« Tu vas bien, ma chérie?

– Evidemment. Je vais très bien.

– Tu es sûre?

– Pourquoi est-ce que je n'irais pas bien?

– Tu étais tellement énervée l'autre soir quand je t'ai parlé de Mandla. Je me demandais...
– Le premier jour a été terrible. Nous sommes allés à Avignon. Tu sais que je ne m'y suis jamais sentie à l'aise. Nous nous sommes querellés toute la journée.
– J'aurais aimé t'épargner ça.
– Tout va très bien maintenant. Hier, les choses se sont mieux passées. J'avais peut-être tort à son sujet après tout.
– Je te l'avais dit! » (Tous les hommes devraient porter cette phrase comme une devise sur leur veste.) « Simplement, je n'avais pas eu l'occasion de le connaître avant. Il n'est pas très ouvert, surtout avec les femmes.
– Ne le sous-estime pas. » Il y avait une sorte de désinvolture dans sa voix mais qui manquait de conviction. « J'espère qu'il n'a rien tenté avec toi. »
Je me suis sentie irritée et provoquée. « Je peux m'occuper de moi, Paul.
– Je m'inquiétais pour toi.
– Je le comprends beaucoup mieux maintenant. » Mais je me suis crue obligée d'ajouter : « Je ne sais pas ce qu'il pense de moi. Même quand il se met à me parler, comme hier, il ne confie pas beaucoup de secrets.
– Comme toi?
– Nous sommes allés à La Motte-d'Aigues », ai-je dit, en ignorant sa question : il ne devait pas vraiment attendre de réponse. « Ton M. Jaubert est mort. » Et j'ai dit non sans une pointe de malice : « Maintenant, tu es seul au monde. »
Il s'est tu pendant quelques instants. Puis, presque froidement : « J'espère que tu ne m'as pas déjà abandonné.
– Que de questions! Je t'ai dit que j'allais très bien. D'où téléphones-tu?
– Je suis toujours à Strasbourg. J'espère rentrer à Paris demain soir. Je te rappellerai.

– Si tu veux. »

Une pause.

« Andrea, il y a quelque chose qui ne va pas?

– Bien sûr que non. »

D'une voix plus gentille : « Est-ce que tu as déjà pris ta décision... à propos de nous?

– Ne me demande rien encore. »

Il a été suffisamment intelligent pour ne pas insister; et son tact était réconfortant. Il connaissait si bien mon état d'esprit et mes dispositions. Que pouvait-on attendre de plus d'un mariage? Ou était-ce cela qui me faisait encore hésiter, sa prévenance, sa sécurité, ses soins et ses attentions?

« Où en es-tu de la peste?

– Nous allons voir le mur aujourd'hui.

– Très bien, je t'envie. Je ne me pardonnerai jamais de ne pas y être allé. Nous en étions si près. Il va falloir que tu regardes pour moi.

– Mandla sera là pour m'aider.

– Tu as des espoirs? »

Je n'ai pas compris le sens de sa question et j'ai eu peur. « Quels espoirs?

– Pour le film, évidemment. Tu as trouvé des lieux intéressants?

– Trop. Mais tu sais... » Non. Comment aurais-je pu lui parler des doutes que je commençais à ressentir? Je savais ce que cela signifiait pour lui. (Mais pourquoi doit-il toujours être prêt à se mettre en jeu dans son travail? Pourquoi cette insistance à vivre vers l'extérieur, par des projections, des signes, des références? Ou ma révolte était-elle injuste?)

« Perdrais-tu confiance en moi? a-t-il demandé doucement.

– Pas du tout. Simplement, tu avoueras que c'est une véritable épreuve de perdre son temps et son énergie à travailler sur un film alors que la vie s'écoule. Ton Moyen Age me semble bien loin.

– Tu as écouté Mandla.

– Il n'a pas obligatoirement tort.

– Pour moi, " mon Moyen Age ", comme tu l'appelles, est peut-être plus réel que le monde d'aujourd'hui. Je m'y sens plus chez moi, malgré la peste.

– Parce que tu as peur d'affronter le présent?

– Pourquoi dis-tu cela?

– C'était simplement une question.

– J'ai l'impression que Mandla a fait plus de mal que je ne m'y attendais. »

Manifestement, il voulait donner l'impression de plaisanter, mais en fait il semblait mécontent.

« Comment se passe ta conférence? » ai-je demandé, en espérant que l'intérêt que je lui montrais le rassurerait.

« C'est épuisant. Mais très agréable. Quelques Suédois ont déjà mis le feu aux poudres avec leurs idées. Je ne peux plus attendre de te revoir. J'en ai assez à te raconter pour que tu n'en dormes pas de la nuit.

– J'espère que tu ne feras pas que parler toute la nuit.

– Attends que je te mette la main dessus.

– Je pourrai peut-être te battre, ai-je dit en riant. Au revoir, Paul.

– Je voudrais... » Déçu mais amoureux : « Au revoir, ma chérie. »

J'ai reposé le téléphone. La conversation, même si elle avait été très gaie, ne s'en révélait pas moins plus troublante que la frustration d'hier quand je n'avais pas pu le joindre. (Le problème était peut-être de le « joindre »?)

Quand j'ai frappé à sa porte, Mandla n'était plus dans sa chambre. Il était déjà sur la terrasse, vêtu d'un tee-shirt rouge sang et portait le même jean délavé et les mêmes sandales qu'avant. Je l'ai vu qui m'observait attentivement, avec une lueur d'approbation dans les yeux. Mais il n'a rien dit.

« Bien dormi? ai-je demandé d'un ton aussi neutre que possible.

– Pas mal. Qu'est-ce que tu faisais à ma porte cette nuit?

– Moi? » J'étais stupéfaite.

« Ce n'est pas toi qui as tripoté la poignée? » Et d'un ton moqueur : « Tu n'aurais pas dû abandonner si vite. »

J'avais le visage en feu. « Tu as du toupet! » Puis me souvenant que j'avais été dérangée pendant la nuit, j'ai froncé le sourcil. « Il y avait aussi quelqu'un à ma porte. J'ai pensé que c'était le patron. » J'ai fait un geste dans la direction du gros homme à moustache portant un tablier blanc qui s'approchait avec un plateau chargé. « En tout cas, je suis soulagée de savoir que ce n'était pas toi.

– Tu n'as pas cru que... » Il semblait indigné, et se rendant compte que je plaisantais, il m'a fait une grimace. « Sans doute quelqu'un qui s'est trompé ou qui marchait dans son sommeil. » Puis avec une exagération forcée et un accent épouvantable, il s'est tourné vers le patron. Et lui a dit : « Merci, monsieur.

– De rien. » L'homme a souri avec une bienveillance sans méfiance. « Bon appétit, messieurs-dames.

– Paul vient de téléphoner, ai-je dit en tournant mon chocolat. Il t'envoie ses amitiés.

– Hum. » Il avait la bouche pleine de pain. « A-t-il dit quelque chose?...

– Non. Il a seulement parlé du film.

– Evidemment.

– Ne le juge pas trop durement, Mandla. » (Oh! Dieu, pourquoi ce changement éternel de fidélités?)

« Je ne le juge pas du tout. Il est au-delà de mon jugement.

– Vous vous entendiez si bien à Paris.

– Bien sûr. Il est très bien. Et il m'a beaucoup aidé.

Mais est-ce que ça change quelque chose à ce qu'il est?

– Tu veux dire qu'il est blanc? »

Il n'a pas répondu directement.

« Tu n'as jamais remarqué à quel point c'est étrange?... si un Sud-Africain blanc veut avoir une conversation normale avec un Noir, c'est plus facile pour eux de venir en Europe. Là-bas, c'est absolument impossible.

– As-tu vraiment essayé?

– Quand es-tu partie de là-bas? » Comme un coup de *sjambok*.

« Pourquoi es-tu venu en Europe? lui ai-je finalement demandé, après une longue pause. Je veux le savoir.

– Tu le sais déjà. Nous avions besoin d'argent.

– Seulement d'argent? »

Il a haussé les épaules, le visage fermé.

« De l'argent pour quoi faire?

– Tout coûte de l'argent. C'est la seule langue qu'ils comprennent aux Etats-Unis et en Europe. Je te l'ai déjà dit : nous ne nous faisons aucune illusion sur la morale. L'Occident non plus. Leur seul souci c'est de soutenir les vainqueurs. Le nôtre c'est de nous assurer d'être les vainqueurs. Nous avons un avantage : l'histoire est de notre côté.

– Tu es très confiant.

– Oui. Depuis que j'ai découvert à quel point les *boere* avaient peur. Et un chien qui a peur mord toujours. Il ne peut entendre raison.

– Pourquoi es-tu si sûr qu'ils ont peur? Ils ont le pouvoir.

– Je l'ai vu de mes propres yeux. Très souvent. Mais il y a un jour que je n'oublierai jamais. Ils sont venus raser un autre bidonville au bulldozer. Après Green Bushes, en dehors de Port Elizabeth. Comme d'habitude, ils avaient attendu l'hiver : en été c'est inutile, car les gens se moquent de dormir à la belle étoile. Cette fois-là, ils avaient bien préparé les choses. Ils avaient confisqué la nourriture et les médicaments que le Back Sash et Women for Peace avaient envoyés aux squatters. Ils ont entouré le bidonville avec du fil de fer barbelé. Puis ils sont entrés. Ils avaient l'habitude de squatters qui échappaient à leurs chiens, aux gaz lacrymogènes et aux fusils. Pourtant, ce jour-là, il s'est passé quelque chose. Les gens ont reculé quand la police est entrée; mais brusquement, ils se sont avancés. Les *boere* ont commencé à tirer dans la foule et les gens ont continué à marcher, au-devant des balles. D'accord, à la fin, tout a été rasé et tout le monde a été obligé de fuir. Mais, je te le dis, certains flics et certains officiers ont chié dans leur froc kaki ce jour-là. Effrayés par une bande de pauvres gens affamés qui souffraient tellement que tout leur était égal. Ils n'avaient plus rien à perdre. Une armée de malades et de misérables, des rebuts, des déchets, des gens qui avaient déjà la mort dans les yeux, certains n'avaient plus que la peau sur les os, des gens à moitié pourris. Mais des gens quand même. Des gens, je te le dis, avec de la haine dans les yeux, la haine la plus pure que j'aie jamais vue dans ce monde. Et c'est ce qui a fait peur aux hommes avec leurs fusils. Ils ont eu peur des morts vivants. Peur d'affronter leur propre culpabilité. Peur d'eux-mêmes. Parce que ce qu'ils ont vu ce jour-là, c'est leur mort qui s'avançait vers eux. Ils n'avaient jamais pensé que cela pouvait arriver. Ils étaient incapables d'imaginer que leur pouvoir puisse avoir une fin. Qu'un jour, la lie de la terre se dresserait devant leurs fusils et leur dirait : " Vous êtes allés trop loin. Maintenant nous nous relevons. C'est le début de la dixième guerre. " C'est ce que j'ai vu ce matin-là, le peu que j'ai pu voir à travers les gaz lacrymogènes, avant d'être obligé de faire demi-tour moi aussi, avec Vuyizile et ceux de Pebco[1] et des syndicats. »

1. Port Elizabeth Black Community Organisation. *(N.d.T.)*

J'ai fini mon petit déjeuner en silence. (Comme la paix de ce matin avait été trompeuse!) Ensuite, sans plus discuter, nous sommes partis. Je n'avais pas prévu d'itinéraire. Je connaissais la destination que je voulais atteindre, ainsi que je l'avais dit à Paul, car c'était le seul endroit vers lequel je m'étais dirigée, depuis le jour où j'avais quitté Paris; mais les détours que nous avions faits n'étaient pas prémédités.

Les platanes qui bordaient la route de Cavaillon semblaient encore plus dénudés que la veille. Devant nous, la fumée de la centrale d'Orgon, le soleil qui essayait de percer la brume.

« Si on ne connaissait pas mieux la région, on pourrait croire que c'est une *township*[1], a soudain remarqué Mandla. Les petits marins. Quand je me levais de bonne heure, la fumée de la nuit enveloppait encore tout, un banc épais et noir. Des bougies ou des lampes à gaz devant les fenêtres. Des voix. Les rues encore vides. Le soleil se lève d'une façon particulière là-bas, tu sais. Il brille sur les bouteilles cassées et sur les tôles ondulées, une tache rouge dans le brouillard. »

Etait-ce mon imagination ou l'ai-je entendu dire : *Pour vous c'est l'enfer. Mais c'est beau à sa façon; c'est chez moi!*

« Des gens partout. Les maisons accotées les unes aux autres, toutes débordant de vie. Vous entendez toujours quelqu'un. Même la nuit. Surtout la nuit. Vous n'êtes jamais seul. Et quand vous rentrez au crépuscule et que les premières fumées s'élèvent des feux en plein air, il y a quelque chose qui se gonfle dans votre cœur. Vous vous dites : ce sont *les miens.* Nous sommes nés dans ces cabanes et ces baraques. Dans l'ombre épaisse de fumée, à des endroits impossibles, nous faisons l'amour, nous faisons des enfants. Dans ces masures et ces taudis, nous rions, nous pleurons, nous pansons nos blessures, nous nous soû-

1. Ghettos noirs près des grandes villes sud-africaines. *(N.d.T.)*

lons, nous apprenons nos leçons. Nous tous. Les miens. Ici, nous mourons, et la mort a des formes innombrables, mais aucune ne nous semble étrange. Loin des villes des hommes blancs. Ils nous maintiennent hors de leur vue, parce qu'ils ont peur de nous. » Il s'est tu brusquement, comme s'il était mécontent de ce qu'il avait dit. Mais il a repris de sa voix grave et sombre : « Puis on va se coucher. On va au lit très tôt si on n'a que des lampes à pétrole ou du gaz. Sauf pendant les fins de semaine quand la soirée s'allonge. Tout le monde dans la maison, une telle foule qu'on croit que les murs reculent. On boit. On discute. On fait de la musique. On rit. Tu sais, même si je vis cent ans, je me souviendrai toujours de leur façon de rire. Qu'importe ce qui se passe, ils rient. Parce qu'ils n'ont pas peur. La vie est de leur côté.

– Tu parlais à Paul des réunions que vous teniez le soir? » ai-je dit pour essayer de retrouver ce que j'avais manqué à Paris.

« Oui, les réunions. Les syndicats. C'était autre chose. » Il a souri avec une sorte de satisfaction secrète. « Tu sais, quand je suis parti à Fort Hare, les syndicats les plus anciens étaient déjà assez forts. Mais la plupart étaient dirigés par des libéraux blancs du bon vieux temps, par des intellectuels. Ils n'étaient jamais allés dans les masses rurales. Et ils s'intéressaient principalement aux usines; les salaires, les horaires de travail, tout ça. Mais il y avait quelque chose d'autre qui apparaissait. La conscience noire. Et quand le gouvernement a décidé de légaliser les syndicats, de plus en plus de gens ont dit : " On ne peut pas couper un homme en deux, avec une moitié au travail et l'autre moitié avec son peuple. Les deux moitiés sont ensemble. " Alors la lutte a commencé : contre le Fosatu[1] et les autres, ceux qui

1. Federation of South African Trade Unions : Fédération des syndicats sud-africains; agréée par le gouvernement. *(N.d.T.)*

étaient enregistrés et qui disaient qu'ils allaient améliorer nos conditions de travail de l'intérieur, par la négociation, par le marchandage et ainsi de suite. Nous avons dit : au diable tout ça. Maintenant que vous êtes enregistrés, les *boere* ont une meilleure prise sur nous. C'est alors que les meetings ont commencé. Nous avons essayé de reprendre le Naawu[1], mais cela n'a pas marché. Aussi nous avons démarré autre chose. Tu aurais dû être là le soir où le Macwusa[2] a été mis sur pied. Nom de Dieu! Juste après, je suis revenu pour de bon de Fort Hare. C'est Vuyizile qui m'a emmené à ce meeting; il était au Pebco à l'époque. Huit mille personnes. Depuis des écoliers jusqu'à des vieillards avec une canne. T'as jamais vu un truc comme ça. Il y avait même un chanteur. Nous avons chanté des chansons de liberté. Dans l'intervalle, on faisait des discours. Cela a duré pendant des heures. « Camarades! Nous allons triompher, du Cap à Limpopo! » Des phrases comme ça. J'avais l'impression qu'un nouveau soleil se levait. Mais ce n'était que le début. Parce que les ennuis ont commencé. Les coups de couteau dans le dos, les luttes internes, toute la merde. Certains voulaient discuter, d'autres voulaient négocier, d'autres voulaient le boycottage, d'autres encore voulaient tout casser. De Port Elizabeth à Vitenhage, à Kingwilliamstown, à East London. Même au Cap et à Johannesburg. Certains d'entre nous avaient à peine le temps de faire leur travail à l'usine. Autrement, on travaillait toute la journée, puis on se levait à trois ou quatre heures. C'est à ce moment-là qu'on avait les vraies réunions, en pleine nuit. On n'était jamais en sûreté, tu sais : les *impipi* étaient partout. Du jour où le Macwusa a commencé, on a eu les *boere* sur le dos. Ils nous offraient des syndicats d'une main, et en

1. National Allied Workers Union : Syndicat national des travailleurs unis. *(N.d.T.)*
2. Motor Assembly Components Workers Union of South Africa : Syndicat de l'industrie automobile; violemment opposé au gouvernement. *(N.d.T.)*

prenaient la direction de l'autre. A tout bout de champ, ils embarquaient nos copains. Mais à chaque fois qu'un homme était arrêté, il y en avait deux nouveaux pour prendre sa place. Cela a continué ainsi nuit après nuit. A l'aube, on sortait pour voir le soleil se lever à nouveau, rouge dans la brume et l'on se demandait quel serait celui qui verserait son sang dans la journée. Mais il y a quelque chose que l'on savait par-dessus tout : un jour, quand ce serait fini, ce sang n'aurait pas coulé en vain. »

Au début, les patrons ne les prennent pas au sérieux. Si le travail d'un ouvrier ne satisfait pas le contremaître, il est immédiatement flanqué à la porte. Faut pas se foutre du monde, *kaffir.* Tire-toi, et ne me casse pas les oreilles pour qu'on te signe ton *dompas.*

Mais, un matin, la cour de l'usine est vide. Personne ne s'est présenté au travail. Quelques heures plus tard, les responsables syndicaux arrivent et demandent à parler aux patrons. Les patrons sont occupés. Très bien, nous parlerons demain. En attendant, le travail peut attendre.

« Ce n'est pas la peine de revenir, fait-on savoir aux ouvriers. Il y a plus de chômeurs qu'il n'en faut dans l'Eastern Cape, nous pouvons engager des remplaçants. »

Mais la consigne a déjà fait le tour : celui qui se proposera comme remplaçant aura des problèmes. Encore une semaine, et l'usine est obligée de fermer entièrement. Cette fois quand les responsables syndicaux viennent discuter, les patrons ne sont plus aussi occupés. Seulement, les syndicats sont plus intransigeants maintenant. Ce qu'ils veulent c'est tant de plus par heure. Et les retraites? Et les assurances? Et, bien sûr, l'ouvrier licencié doit être réintégré.

Impossible, disent les patrons : ils ne peuvent permettre aucune insubordination.

C'est vraiment dommage, parce que nous n'avons plus rien à dire.

C'est alors que la police arrive. S'il y a la moindre possibilité de manifestation, la police arrive aussitôt. Si tout est calme, elle vient la nuit. L'heure qui lui convient le mieux, c'est quatre heures du matin : une peste qui marche dans les ténèbres. Un par un, deux par deux, par cinq, par groupes, les syndicalistes sont embarqués. Ceux du Macwusa, du Gwu[1], du Saawu[2]. Ils arrêtent aussi en dehors des syndicats : ceux du Pebco, ou du B.P.O.[3]. C'est ainsi que Vuyizile disparaît.

Des réunions, des réunions tout le temps. Chaque nuit. Certains matins, le lever du soleil est plus rouge sang que d'autres : des matins où il faut faire le compte. Combien se sont fait rafler cette nuit? Combien ont été emmenés? Combien se sont échappés?

Qu'importe! Il y en a de nouveaux, nous sommes plus nombreux qu'eux. A la fin nous l'emporterons.

Les tarifs des bus augmentent. Très bien, décide-t-on en réunion, les gens iront à pied. Que les bus crèvent de faim. Levons-nous plus tôt, deux ou trois heures du matin s'il le faut, afin de faire les vingt kilomètres ou plus pour aller travailler; et le retour l'après-midi. Laissons les bus vides. Etranglons-les lentement. Nous avons des jambes, nos pieds ont l'habitude de marcher, nous n'avons pas besoin d'aller en bus. Il y a des voitures pour les plus faibles; les femmes enceintes, les vieux. Des taxis pirates. Il y a même des Blancs qui offrent des moyens de transport privés, pour être sûrs que les bus resteront vides. La police est là aussi, elle arrête les voitures et les marcheurs et les embarque par pleins camions. C'est une bande de sales agitateurs, des

1. Garment Workers Union : Syndicat des ouvriers du vêtement; antigouvernemental. *(N.d.T.)*

2. South African Allied Workers Union. Opposé au Fosatu. *(N.d.T.)*

3. Black People's Organisation : Organisation culturelle pour le pouvoir noir. *(N.d.T.)*

communistes infiltrés, des agents de l'A.N.C. Les taxis sont arrêtés et les conducteurs battus. Les Blancs vont au tribunal. Les routes sont barrées.

Mais les gens continuent de marcher à pied.

Au bout de quatre semaines, on abaisse un peu les tarifs. Pas entièrement, mais c'est quelque chose. « La situation sera examinée avec soin », promet un porte-parole quelconque. Beaucoup pensent qu'ils doivent continuer à marcher, mais d'autres en ont assez. La grève tombe à l'eau. Victoire? Défaite? Il n'est pas facile de répondre à la question. Les gens ont au moins montré leur force. Et ils sont trop nombreux pour qu'on les élimine. Il n'y a pas assez de place en prison. La prochaine fois, la compagnie d'autobus devra réfléchir à deux fois. Comme les patrons de l'usine. Eux aussi ont ressenti le premier frisson de la peur.

Cela reste difficile. Et encore plus difficile si vous avez passé la moitié de la nuit à lire, simplement pour vous tenir au courant. On trouve des livres sur les syndicats dans les bibliothèques. Mais il y en a d'autres qui sont interdits mais qu'on se passe quand même. Cleaver. Malcolm X. Stokely Carmichael. Il y a Marighella et Fanon. Il y a Slovo. Il y a Biko. D'où viennent les livres? Personne ne dit rien : ils sont là, c'est tout. Quand il fait sombre, on les sort des boiseries et des cachettes.

Certains soirs, il y a un spectacle. Quand le temps le permet, il a lieu en plein air : sinon ils trouvent une brasserie, la salle de la communauté, une église, n'importe quoi. Un groupe de Soweto prés de Johburg[1]. Mdantsane. Ou d'ici, de New Brighton ou de Kwazakele. On monte une pièce. On réunit des gens. Le matin, c'est fini, parti en fumée. La semaine ou le mois suivant, on apprend que l'auteur a été arrêté : il est en détention et ils le gardent six mois; quand ils le libèrent, il est malade et fiévreux. Mais sa pièce est

1. Abréviation courante en Afrique du Sud pour Johannesburg. *(N.d.T.)*

toujours jouée. Elle réunit les gens. Quelque chose d'étrange : dans le public, personne ne pleure ni ne retient son souffle devant les choses terribles qu'on présente. Les gens rient. Ils rient en levant la tête quand les *boere* arrivent pour arrêter un homme, ou lui mettent des électrodes ou lui enferment la tête dans un sac humide. Ils se donnent de grandes claques sur les cuisses quand quelqu'un est battu. Ils roulent dans les allées quand on le pend. Le rire est contagieux; il apaise la douleur. Et quand on y pense, c'est drôle non? – que les *boere* fassent de telles choses sans se rendre compte que ça va leur arriver un jour, à eux aussi. C'est vachement marrant. A mourir de rire.

Après, vous rentrez chez vous, et la pesante nuit retentit de bruits et de rires; et dans vos tripes vous sentez quelque chose qu'il n'est pas toujours facile de saisir, quelque chose qui n'a pas encore de nom, mais qu'on peut, peut-être, appeler liberté.

Mais, cette nuit-là, des gens sont arrêtés et emmenés. Car les patrons ont peur du rire. Et demain matin, on fera de nouveau un appel silencieux pour savoir qui... qui... qui...

Et une nuit, ils viennent chercher Mandla.

Nous avons traversé la Durance, encore presque à sec après l'été, et nous sommes entrés dans Cavaillon. La circulation était très ralentie comme toujours, à cause des camions qui allaient vers le marché. La première ville de la journée, et en imagination je voyais les drapeaux noirs qui pendaient immobiles et qui, comme autrefois dans toutes les villes et les villages du Midi, disaient de loin au voyageur : *Eloigne-toi, la peste est parmi nous.* L'air est si épais qu'on ne voit pas le moindre mouvement.

« Est-ce qu'on n'est pas déjà passé ici hier? a demandé Mandla. On ne prend pas la même route, n'est-ce pas?

– Seulement jusqu'à Joucas.
– C'est le seul itinéraire?
– Non, on peut tourner ici. » En réalité, cela me convenait aussi. Prendre cette route hier, en pèlerinage de contrition vers La Motte-d'Aigues – et qu'en avais-je retiré? –, avait une signification; c'était différent aujourd'hui, même s'il m'était difficile de m'expliquer ce qui avait changé. « On peut prendre vers le nord, par Carpentras. »

Ce n'était pas sans risque de suivre de si près une route que j'avais empruntée autrefois avec Brian pour aller à Montbrun. Mais, bien sûr, il n'était pas nécessaire de la suivre jusqu'au bout; pas jusqu'au bout. J'ai attendu qu'il recommence à parler, mais il ne l'a pas fait. Peut-être s'était-il lui aussi trop approché de quelque chose qui n'était qu'à lui. (L'aurait-il confié à Paul? Je comprenais de moins en moins leur relation. Si toutefois c'était le mot qui convenait : pourtant, à Paris, c'était parfaitement clair. A moins que je me sois complètement trompée. Cela n'avait peut-être été qu'un signal de détresse, quelque chose de dangereux et d'urgent : quel désespoir l'avait poussé à ouvrir son cœur à Paul?)

Le paysage de Carpentras était accueillant. Cela n'avait rien à voir avec mon travail. Nous ferions semblant d'être des touristes. Soudain, je m'en réjouissais à l'avance, même avec en tête l'avertissement d'Avignon, deux jours plus tôt. Nous avons laissé la voiture sur la place à l'entrée de la vieille ville, dans laquelle les rues sont trop étroites et trop encombrées pour pouvoir y circuler facilement. Nous avons pris un café à une terrasse – la brume se levait; la journée s'annonçait particulièrement belle – puis nous sommes partis dans les rues. En juillet, au beau milieu du festival d'été, Paul et moi, nous n'avions pas pu aller jusqu'à la cour du palais de justice où il voulait me montrer l'arc de triomphe romain. Aujourd'hui, le passage était libre.

En chemin, en passant devant la façade effondrée de l'église Saint-Siffrein, j'ai emmené Mandla jusqu'à l'entrée nord, la porte des juifs, que Paul m'avait montrée en juillet : il m'avait raconté qu'au Moyen Age, Carpentras qui était un centre commercial était au premier rang pour la persécution des juifs. Et cette entrée en portait témoignage : un vendredi saint, les juifs y avaient brûlé une effigie; les représailles étaient prévisibles. Ce que Paul n'avait pas remarqué – ce qui était étonnant, car cela lui arrivait rarement –, c'était une énorme boule de pierre qui surmontait le porche d'entrée, et recouverte de rats. Mandla l'a vu immédiatement.

« C'est pour cela que tu m'as amené ici? »

Mais je n'ai pas vu immédiatement ce qu'il me montrait. « Quoi?

– Tu vois la peste partout. Ce n'est pas la terre qui grouille de rats? Tu crois qu'ils essayaient de se protéger eux-mêmes de cette façon? Ou est-ce ce qu'ils pensaient des juifs?

– Et si cela n'a rien à voir avec la peste? » Pourquoi est-ce que je m'obstinais ainsi? Paul aurait été ravi de l'apprendre. Note, note. Il ne m'avait parlé que de la relique qui était à l'intérieur : un morceau de la croix, attaché à deux clous et qui avait abouti ici sans qu'on sache pourquoi, après que la mère de l'empereur Constantin l'eut rapporté de Jérusalem. Malheureusement, le morceau de la croix était enfermé dans une boîte, une vraie boîte de Pandore, derrière une vitre opaque, aussi il fallait faire confiance. Ce dont j'avais été incapable, je suis désolée de le reconnaître; et le morceau de la croix n'avait rien signifié pour moi, bien qu'il m'eût assuré que pendant des siècles on l'avait promené dans les rues pour éloigner (devine quoi?) la peste.

Je n'avais aucune envie d'y aller. A ma plus grande surprise, Mandla est entré (j'avais fait mon devoir et je lui avais parlé de la boîte) tandis que j'attendais dehors au soleil. D'une certaine façon, je me sentais trompée par cet emblème au-dessus de la porte des juifs : j'étais venue là pour m'éloigner de rencontres visibles avec le passé, et non pour me souvenir de mon travail (et de Paul?). Pour respirer librement. Pour montrer à Mandla quelque chose qui n'avait rien à voir avec le film; peut-être pour lui montrer que je n'étais pas entièrement irrécupérable. (Le morceau de la croix n'avait pas vraiment d'importance, il était invisible.) Mais j'aurais dû savoir. Nous étions toujours en Provence.

Il n'a fait aucun commentaire en sortant. Nous sommes allés jusqu'au palais de justice. L'arc de triomphe, rapetissé par les immeubles qui l'entouraient, n'était pas très impressionnant. Il ne devait pas célébrer une très grande victoire. Les décorations étaient presque usées et on pouvait à peine distinguer les deux silhouettes principales sous un étendard, un en tunique, l'autre dans ce qui ressemblait à une peau de bête. Sans doute un Gaulois, un barbare. L'autre un officier romain? (Ou étaient-ils tous deux des prisonniers? Cela ne faisait peut-être pas beaucoup de différence?)

« Très bien! » a dit Mandla en riant, avec une insouciance inattendue dans la voix, comme si la vue de l'arc de triomphe avait libéré quelque chose en lui. « Qu'y a-t-il ici? Maître et serviteur? Chrétien et juif? Catholique et huguenot? Ou Noir et Blanc? »

La plaisanterie m'a rendue prudente et je ne lui ai pas répondu immédiatement.

Il a repris : « Tu as remarqué comme ils vont toujours par paires? Jamais l'un sans l'autre.

– Tu trouves ça drôle? »

Cet homme en tunique – ce barbare vêtu de peau. Le sculpteur qui les avait façonnés dans la belle pierre provençale couleur de miel, ou celui qui avait commandé le travail, avaient dû être fiers. Pour la plus grande gloire de Rome. Aux dépens des barbares. Ce centurion, ou qui que ce fût, avait-il jamais pensé qu'un jour, deux mille ans plus tard, deux barbares viendraient contempler ses emblèmes, bien après que Rome eut été ensevelie sous ses propres ruines? Auraient-ils été plus circonspects s'ils avaient pu prévoir? Ou auraient-ils taillé et buriné avec plus d'ardeur pour que le travail soit achevé avant la prochaine victoire? Les lances et les frondes gauloises contre les techniques sophistiquées des Romains; les sagaies de Blood River contre les fusils des Boers.

Même alors, ils avaient peut-être ressenti une légère peur. C'était peut-être pour cela.

(Mais nous, aujourd'hui, à Carpentras, exilés dans un pays étranger : n'avions-nous pas peur, nous aussi?)

Nous avons retraversé le palais de justice avec sa lumière sans couleur, pour revenir sur la place et dans les rues. La brume s'était totalement dissipée, et le ciel était d'un bleu parfait.

Un samedi matin, sous le figuier, dans la petite cour : elle a la bouche pleine de pinces à linge et elle prend la lessive humide dans un seau de plastique jaune pour l'étendre sur le fil. Elle entend la trompette d'un marchand de poisson, dans une rue au loin. Elle rejette la tête en arrière et regarde le bleu terrible du ciel entre les feuilles vertes, un bleu si absolu que des larmes lui montent aux yeux, si violent que cela lui fait mal. Elle est si nue pendant un instant qu'elle sait qu'il lui faudra toute une vie pour en venir à bout. Une sensation de faim, une soif impossible, une flamme, une joie, une tristesse si insupportable qu'elle serre les poings et ses ongles entaillent ses paumes. A cause de ce bleu parfait. Parce qu'il est sans fin. Et à cause de cette lessive étendue à ce moment précis, ce figuier qui pousse ici, cette trompette : parce qu'elle est ici. Parce qu'elle est *ici.*

« Ce qu'il y a de pire dans la peste, avait dit Paul, même si c'est un cliché : on essaie de nier ce qu'on ne connaît pas. On ne peut accepter comme vrai ce sur quoi on ne sait rien. »

Je me suis attardée dans l'entrée du palais de justice de Carpentras en attendant que mes yeux s'habituent à la lumière sans intérêt de la place et j'ai regardé Mandla qui, devant moi, sortait dans le soleil. Comme en de précédentes occasions, mais dans un état d'esprit différent, j'ai observé son corps alors qu'il se déplaçait. Ses larges épaules, le mouvement de ses muscles sous sa chemise légère, ses biceps détendus, la contraction de ses fesses qui accompagnait le balancement de ses jambes : une démarche liquide, traînante, féline. Impossible de le nier. Tandis qu'il traversait la place, il y avait en lui une *vérité* incontournable. Qui aurait osé ne pas le reconnaître? (Je l'avais fait, deux jours plus tôt!) Il n'était pas prisonnier de Rome ni de rien d'autre. Il marchait comme s'il avait dirigé la place, comme s'il avait été heureux qu'on le voie là. Que lui était-il arrivé pour qu'il devienne l'homme qu'il était? Pour l'empêcher de devenir quelqu'un d'autre? J'avais une conscience écrasante de sa virilité, de sa jeunesse – il était plus jeune que moi! – et de quelque chose en plus : une sagesse, une liberté, un feu obscur latent en lui, une facilité, une pesanteur, un défi, un orgueil. Il s'est arrêté et s'est retourné pour me regarder.

« Tu ne viens pas? »

Son visage. Le poids de ses sourcils, la ligne de sa mâchoire. Dieu, comme il était beau! Ç'aurait pu être un centurion.

« Je viens. »

Sans attendre, il est reparti; dans sa poche arrière il a pris son *trompie* et l'a porté à sa bouche et tout son corps a épousé le rythme d'une danse. Les gens s'écartaient quand il s'approchait et certains se retournaient sur lui, gênés : comme s'ils se refusaient à admettre que l'air leur avait plu; craintifs, comme on hésite à taquiner un lion même quand il a envie de jouer. Mais aussi comme si, d'une certaine façon, ils n'approuvaient pas ce qu'il faisait, comme s'ils le blâmaient pour oser jouer et danser alors qu'il y avait tant de choses importantes à accomplir (acheter un kilo de tomates, un poulet, une bouteille d'huile d'olive). Même le gendarme du coin, là où la rue étroite débouchait sur la place, s'est collé contre le mur quand Mandla est passé; et ce n'est que quand il s'est senti de nouveau en sécurité qu'il a osé enguirlander un piéton qui avait traversé devant une voiture.

« Et maintenant... on revient au travail? On revient à ta peste? a-t-il demandé quand nous sommes montés en voiture.

– C'est la peste de Paul, pas la mienne. » Ma voix était plus autoritaire que je ne l'avais voulu.

« Oh? » Il a eu un petit rire étouffé et a cessé de jouer de la guimbarde.

« Et si l'on allait d'abord sur la montagne? On a tout le temps.

– Quelle montagne?

– Le mont Ventoux. Là où est né le vent. De là-haut, on peut voir très loin. Par temps clair, on peut même voir la mer.

– Tu as déjà dit ça à Avignon.

– Par temps clair. Il y avait de la brume, tu te souviens?

– Très bien, allons-y. Il y a longtemps que j'ai vu la mer pour la dernière fois.

– C'était à Port Elizabeth? »

Il m'a regardée et a approuvé d'un signe de tête. « Oui, à Port Elizabeth. » Puis il a repris : « A Swartkops. Le coucher de soleil à marée basse; le sable à l'infini. C'est dangereux, mais c'est une sensation agréable.

– J'avais l'habitude d'aller à la mer avec mon père. Ensuite Brian m'y a emmenée; et papa est mort.
– Il s'est noyé, n'est-ce pas?
– Comment le sais-tu?
– Je crois que Paul en a parlé.
– Je ne suis pas sûre qu'il se soit noyé. On nous a dit qu'une grosse vague l'avait emporté par-dessus bord. Mais on n'a jamais retrouvé son corps. Peut-être qu'il est encore en train de nager. Il aimait la mer à la folie.
– Et s'il revient un jour, et que tu n'es pas là?
– Mandla, tu donnes des coups bas en te battant.
– Je ne me bats pas.
– Qu'est-ce que tu fais alors? »
Il ne me regardait pas et, quand il a parlé, il avait une voix sombre : « C'est toi qui as dit qu'il était peut-être encore en train de nager. »
Je gardais les yeux fixés sur la route : nous sortions de la ville avec les replis bleus de Montmirail qui s'élevaient sur notre gauche, et nous allions vers Malaucène où l'on tourne vers le mont Ventoux. Je pensais qu'il valait mieux rester silencieux; mais je n'ai pas pu me taire.
« Le premier samedi après que nous avons appris sa mort, il y a eu un service pour lui dans notre église. C'est maman qui avait insisté, elle était convaincue que sans cela il ne serait jamais en repos. Grand-mère était absolument contre cette idée; elle pensait que c'était tenter le destin que d'avoir un service sans même de cercueil. Mais pour une fois maman a été inflexible; ce n'était que pour la famille, une petite cérémonie privée. Mon frère Arie a pris un congé à son hôtel de Hermanus. Il n'y a que mon frère Sonny qui n'a pas pu venir : Oudtshoorn était trop loin et il pensait peut-être que ce ne serait pas bien de venir. Grand-père, grand-mère et ses sœurs. Et nous pensions que ce serait tout. Mais quand nous sommes arrivés à l'église, il y avait une foule comme tu n'en as jamais

vu à un enterrement. Tous les copains de papa. Ceux des bateaux. Ceux des chalutiers. De tous les coins du Cap et même de plus loin. Certains, je ne pouvais pas le croire mais c'était l'exacte vérité, avaient roulé toute la nuit, depuis Dorigbaai et Strandfontein où papa avait vécu quand il était enfant. L'église était pleine à craquer, même les bas-côtés. On voyait bien que le *dominee* était mal à l'aise; il n'avait accepté que pour faire plaisir à maman. Il n'arrêtait pas de feuilleter la Bible, en lisant des passages qui n'avaient rien à voir avec papa ou avec la mort; complètement décousu; il a même parlé de Jonas; puis il a enfin terminé.

« Après le service, tout le monde est venu à la maison avec nous. Des autobus entiers. Maman était au comble de la joie et elle ne savait pas comment faire; elle ne valait rien pour la multiplication des pains et des poissons, dit-elle. Mais les invités ne s'inquiétaient pas pour la nourriture et chaque homme avait apporté de quoi boire. Je ne sais pas comment ils se sont débrouillés car tout était correct et convenable – mais dès qu'on a mis le pied à l'extérieur, les bouchons ont commencé à sauter. Sur le chemin du retour, jusqu'à Bonteheuwel, dans l'autobus on pouvait entendre les bouteilles qu'on vidait. La foule a cnvahi la maison, a piétiné dans la poussière de la petite cour et dans les rues.

« Je suis restée assise en espérant pouvoir fuir tout cela, en pensant à Brian; parce que le jour où nous avions appris la nouvelle, il m'avait emmenée à Steenbras, et c'était la première fois que... de toute façon, j'étais encore toute retournée et troublée, j'avais un peu mal, j'étais heureuse et triste en même temps, et je ne supportais pas la foule.

« Si tu les avais vus boire! Pesamment, sérieusement, comme des hommes qui sont venus terminer un travail très important. Personne ne disait un mot. De profonds soupirs de temps en temps seulement, puis ils levaient de nouveau les bouteilles vers leurs bouches.

Le soleil se couchait quand, finalement, un des hommes s'est mis sur ses pieds en titubant : un des copains de papa qui était avec lui lors du dernier voyage. " *Ag*, David, a-t-il dit comme si papa était parmi nous, comment peux-tu nous faire ça? Ah! Mon salaud!" Et il a éclaté en sanglots. Mais ce qu'il y a d'étrange, c'est que soudain tout le monde s'est laissé aller, comme si c'était le signal qu'ils attendaient.

« Un homme s'est mis à rire. Au début très doucement, pour lui tout seul; il avait le corps secoué. Puis il a fini par tomber de son siège. Et ce n'est qu'après un long moment que, toujours secoué par son rire, il a réussi à dire : " Vous savez, les gars, si vous nous regardez bien tous ici... il n'y en a pas un qui avait mis le pied dans une église depuis des années... et David, qui avait l'habitude de se torcher le cul avec toutes ces bondieuseries... et regardez comment il a réussi à nous faire tous aller à l'église aujourd'hui... C'est pas marrant?"

« Il a dû boire une gorgée à sa bouteille avant de continuer : " Hé! Ecoutez, a-t-il dit, écoutez : je vous jure que, si David l'apprend, qu'importe l'endroit où il se trouve, il va en crever de rire. Peut-être qu'il est toujours en train de nager quelque part : mais s'il l'apprend, il va tellement rigoler qu'il va se noyer sur place."

Mandla s'est mis à rire aussi. Et je l'ai accompagné. Mais je devais me concentrer pour voir la route à travers mes larmes.

« C'est ainsi qu'a commencé la fête, ai-je dit. La plus extraordinaire veillée funèbre que j'aie vue de ma vie. Je ne sais pas d'où venait la boisson. Toute la nuit, de petits garçons apparaissaient à la porte avec des bouteilles enveloppées dans du papier, et ils s'enfuyaient si maman ou grand-mère les apercevaient. Le lendemain matin, au lever du soleil, certains tenaient encore le coup. Mais la cour était pleine de gens allongés qui cuvaient, un vrai champ de bataille.

Même maman, qui n'avait jamais bu une seule goutte d'alcool de toute sa vie, était si éméchée qu'elle chantait des psaumes en hurlant à tue-tête; et grand-mère titubait un peu en allant de la cuisine à la salle de séjour pour servir à manger. Parce qu'à ce moment-là il y avait aussi de quoi manger. Tous les voisins avaient apporté des plats. Même grand-père s'est mis à manifester des signes de vie inhabituels, en ricanant et en pinçant les veuves, tandis que les hommes riaient, parlaient et chantaient de terribles chants de marins, de quoi vous faire éclater les tympans. Ils ne se sont calmés un peu que lorsque l'un d'eux s'est souvenu d'une histoire à propos de papa et a arrêté le bruit pour la raconter : et ils ont éclaté de rire en se roulant par terre, en cassant des bouteilles et en piétinant les planches de légumes. Même moi, et pourtant j'avais mal en pensant à papa, je t'assure, je riais tellement que j'ai fait pipi et que ça me coulait le long des jambes. De joie. Parce qu'ils aimaient tellement papa. Parce que c'était le genre d'homme qui ne nous en aurait pas voulu de nous soûler pour célébrer sa mort. Grand-mère elle-même a dû admettre – deux jours plus tard quand tout le monde a fini de cuver – qu'elle n'avait jamais vu un tel enterrement de toute sa vie. Et cela voulait dire quelque chose parce qu'elle vivait pour la mort.

« Ce fut vraiment une nuit formidable quand nous avons enterré papa dans nos cœurs. Et depuis il est toujours en train de nager dans mes souvenirs. »

Toutes les histoires. Il revient de pays et de lieux incroyables – Shanghai, Hanoi, Singapour, tout ce qu'on peut imaginer – les bras chargés de cadeaux. Pour sa femme, des dessous de la soie la plus fine. Qu'elle est obligée d'essayer immédiatement. Qu'importe ses protestations – « Mais, David, tu ne peux pas attendre que nous soyons seuls? » –, il n'y a rien à faire et elle le sait : si elle refuse il est tout à fait capable de la déshabiller lui-même sur-le-champ. Et quand elle revient, les joues rouges, il la prend dans ses bras et il l'emmène dehors pour que les voisins puissent la voir. Elle crie, elle pleure de honte et lui martèle le visage avec ses poings délicats; mais il semble que cela ne fait que l'encourager et il hurle de rire en dansant dans les rues pour la montrer à tous. Jusqu'à ce qu'enfin il la ramène à la maison, directement dans la chambre, dont il ferme la porte d'un coup de pied; le choc se répercute dans toute la bâtisse et grand-mère se précipite pour réunir les enfants et les envoyer faire des courses.

Puis il repart – impossible de dire si c'est pour un mois ou pour un an; une fois, il reste absent pendant trente-six mois – et brusquement la maison est vide et triste. Grand-mère la dirige d'une main ferme; maman essaie de résister, il y a de violentes prises de bec, puis lentement elle redevient amorphe. Mais même ainsi, il n'est jamais totalement absent de leurs vies. Andrea garde sa photo – prise sur le pont d'un cargo dans un port lointain – sous son oreiller. Les murs sont recouverts de ses cadeaux – des papillons bleus du Brésil; des conques marines avec leurs courbes féminines troublantes; des coquillages; des coraux; des plateaux peints; des tapisseries multicolores; des plumes de perroquet. Et sa couverture bien-aimée. Même quand il n'est pas là, il occupe le premier plan, comme une ombre fantastique. On ne le sait que trop bien : quoi que vous fassiez, papa le saura. Papa est comme Dieu, il sait tout.

En décembre, juste avant Noël d'une manière ou d'une autre, il faut emprunter ou louer une voiture – c'est un ordre de papa – et remonter la côte ouest pour aller entretenir les tombes de sa famille. Là-bas, près de Strandfontein dans la ferme du bord de mer où il est né, et où, quand il était enfant, il attrapait des harengs et des écrevisses, les ancêtres de son père reposent depuis très longtemps, bien avant l'époque où grand-mère est venue au Cap. (« Nom de Dieu, nous étions pauvres quand j'étais petit, aime-t-il leur raconter, si pauvre qu'à Noël maman devait découdre les poches des pantalons des garçons afin qu'ils aient quelque chose pour jouer. ») Car à Noël les morts doivent se sentir bien, chaque homme, chaque femme, chaque enfant. On désherbe, on bêche, on ratisse; des fleurs, de nouveaux pots pour remplacer ceux qui sont cassés. Puis la longue route du retour. Papa sait si ses morts ne sont pas en repos à Noël.

Un jour, une nuit, sans le moindre avertissement, il est de retour parmi eux, comme s'il revenait d'entre les morts; comme une résurrection. Pour aucun d'eux, la joie n'est aussi grande que pour Andrea.

S'il en a envie, elle ne va pas à l'école (« Ma petite Nanna est très intelligente, elle rattrapera tout ça; ce que je lui donne, ils ne peuvent pas lui apprendre à l'école ») et il l'emmène en ville avec lui. (Sans doute son premier souvenir : papa qui la porte sur ses épaules, qui marche dans les rues, qui chante à tue-tête.) Ils descendent dans les jardins. Au port. Au musée où il découvre qu'il y a des jours de visite pour les métis. Là, il lui fait voir les Boschimans[1], dans les grandes vitrines, qui lui font peur car on les dirait empaillés comme des animaux; ils sont nus comme des vers et ça ne lui semble pas bien. (Heureusement qu'ils ne t'ont pas attrapé, grand-père Xhorê, pour te mettre dans une vitrine d'exposition.) A Hout Bay. A Kalk Bay, dans tous les coins du Cap. C'est lui qui lui ouvre le cœur et l'esprit au Cap, un amour éperdu et sans fin. Le Sud-Est en été. Les longs hivers avec la pluie qui tombe pendant trois semaines de suite. Le vert le plus vert.

Puis il se met en tête de l'emmener en voyage à travers le pays à la recherche de parents éloignés. Il a

1. Ethnie nomade vivant de chasse et de cueillette. *(N.d.T.)*

toujours eu un faible pour la famille. Le vieux tacot qu'il emprunte à un ami douteux est un vrai tas de ferraille sur roues, mais il sait tout faire de ses mains. Sur la route, dès que quelque chose se casse, il le répare. Si la courroie de ventilateur saute, Andrea doit enlever son collant pour la remplacer. Autrement, elle est à côté de lui et lui passe ce dont il a besoin, et elle finit par devenir aussi bon mécanicien que lui.

Ils n'ont aucun plan, aucun itinéraire. Tout dépend des caprices de papa; si une brusque inspiration leur fait faire un détour de cent ou deux cents kilomètres, quelle est la différence? Quand il ne peut pas retrouver de parents, il recherche d'anciens amis, ou s'en fait de nouveaux. On peut lui faire confiance pour trouver un endroit où dormir. Ils passent plusieurs nuits dans le veld : dans la voiture si le temps est mauvais, ou à la belle étoile si la nuit est calme. Des broussailles et des branches en guise de lits. Des couvertures aux pieds en cas de besoin. Le matin, il fait le café. Une braise dans la timbale, et on tourne avec une brindille spécialement choisie, pour le goût. Pas de sucre. Très noir. Adossé à la roue arrière, il lui parle, il lui raconte des histoires, il lui apprend le pays, il l'encourage à goûter, à toucher, à sentir. Voici un *kiewiet*; écoute cet *hadeha*; nom de Dieu, voici un aigle pêcheur (dans le Tsitsikamma, ils campent sur le bord d'une falaise rouge et noire). Tu entends ce grincement? C'est une pintade, elle fait le même bruit qu'une brouette qui manque d'huile. Sens : c'est un olivier sauvage. Du *buchu*. De la massette. Un eucalyptus bleu. Regarde une vipère heurtante. Approche-toi et observe les fourmis quand je casse un coin de la fourmilière. Fais attention aux scorpions quand tu soulèves une pierre. Tu t'es enfoncé une épine dans le pied en t'accroupissant derrière un buisson pour faire pipi? Papa va te l'enlever avec son couteau. Serre les dents, ma petite Nanna. Papa ne te fera jamais mal.

Ils se promènent dans le pays, elle a le son de sa voix dans les oreilles.

Un homme sans instruction. Avant la fin de l'école primaire, il a dû aider à la ferme et sur les bateaux de pêche. Il a de la saumure dans les veines. Quand sa mère a amené toute la famille au Cap, les caboteurs sont devenus sa vie. Pas les très gros : neuf ou dix mille tonnes, allant de port en port, et vous débarquant quand votre contrat était terminé douze ou vingt-quatre mois plus tard. Parfois, cinquante jours de haute mer avant d'arriver dans un port. Et puis deux ou trois jours d'une escale à l'autre. Cinquante-cinq hommes sur un bateau, moitié blancs, moitié métis. Vous avez votre cabine. Et la paie est bonne. Assez pour en rapporter à votre famille et avoir quelque chose pour vous. Vous êtes nourri et logé; vous fournissez les vêtements. Le reste, c'est du bénéfice : nourriture, boisson, femmes. Vous transportez votre marchandise sur la mer – sel, charbon, soja, riz, n'importe quoi, cela dépend d'où vous venez et où vous allez – et vous continuez tant que ça marche. Il y a toujours quelqu'un pour vous prendre comme partenaire si vous jouez bien aux cartes. Puis c'est le retour à la maison et un peu de repos avant que l'envie de repartir vous reprenne. Puis à nouveau chez vous. On dit que, quand de nouvelles feuilles poussent sur la vigne, le vin pleure dans les bouteilles. Et quand il y a des problèmes à la maison, on vous rappelle. Un endroit pour jeter l'ancre. Une femme, des enfants, une mère et un père. Des amis. Mais par-dessus tout sa petite Nanna, celle pour qui il est prêt à aller en enfer. (Celle pour qui, un jour, il ira effectivement en enfer.)

Tout de suite après Malaucène, là où la route commence à gravir le mont Ventoux, quelques centaines de mètres en dessous du terrain de camping, nous avons revu le cycliste. Incroyable. Mais cette fois, la rencontre a été un véritable choc. Au lieu de pédaler comme d'habitude, il était allongé sur le bas-côté, par-dessus sa bicyclette, et sa casquette rouge et noire était à dix mètres dans l'herbe.

« Tu as vu? a dit Mandla. Il est tombé, ce con. Tu devrais t'arrêter, il a peut-être besoin d'aide. »

Je n'en avais pas très envie – « Je suis sûre que ce n'est pas sérieux » – mais il a insisté et, quand je me suis rangée, il est immédiatement sorti de la voiture et a couru où l'homme était maintenant assis en train de frotter ses genoux écorchés. Dans le rétroviseur, j'ai regardé Mandla s'agenouiller près de lui et commencer à lui tâter les jambes pour voir s'il avait une fracture. Après quelques instants il a levé les yeux et m'a fait un signe. Evidemment, il n'avait aucun moyen de communiquer avec le cycliste.

Ce n'est pas qu'il y eût beaucoup de choses à traduire. L'homme était si blême qu'il ne pouvait que jurer et crier. Il a fini par dire : « Putain de bagnole! Elle a klaxonné juste derrière moi et quand je me suis retourné ma roue a heurté une pierre. Tout ce qu'ils ont été capables de faire, c'est de rire de moi! Ces salauds de conducteurs français...

– Vous n'êtes pas français? » ai-je demandé. Ma question était parfaitement inutile parce que j'avais reconnu son accent.

« Bien sûr que non. Je suis italien.

– Qu'est-ce qu'il fait si loin de chez lui alors? » a demandé Mandla, quand je lui ai expliqué.

J'ai traduit.

« De la bicyclette, bien sûr, a dit l'Italien. Maintenant, ils sont à des kilomètres devant. Je ne les rattraperai jamais.

– Nous vous voyons depuis le mois de juillet, lui ai-je dit sans réfléchir. Une route différente chaque jour. »

Il m'a regardée bouche bée comme si j'avais été folle.

Mandla examinait toujours ses blessures, mais il n'avait pas l'air de trouver ça très sérieux. C'était touchant de le voir faire.

Mandla s'est relevé. « Tout va bien. » Et il m'a chuchoté : « C'est une poule mouillée. » Puis il lui a tendu la main pour l'aider à se remettre sur ses pieds. « Vous voulez qu'on vous descende au village?

– Non, ça ira. » L'air mécontent, il a ramassé sa casquette et l'a secouée, puis il a examiné sa bicyclette et l'a enfourchée sans un mot de remerciement.

Nous sommes revenus vers la voiture. « L'imbécile, a dit Mandla. Maintenant, il accuse la voiture.

– Tu avais l'air très intéressé.

– Je ne pouvais quand même pas le laisser comme ça, n'est-ce pas? »

Nous sommes repartis sur la route sinueuse qui semblait plus raide après chaque virage. Toute la montagne sentait l'odeur des pins. Mais il y avait aussi d'autres arbres, à feuilles caduques, rouges, bruns, et jaunes, en cette fin d'automne. L'effort était presque trop dur pour la petite voiture. Après quelque temps nous avons franchi la limite des arbres et nous nous sommes retrouvés devant les versants dénudés et blancs du sommet; il faisait plus froid. En dessous de nous, le monde disparaissait au loin, comme une photo prise de l'espace. Et brusquement je me suis sentie saisie, pas seulement de vertige, mais d'une terreur si primitive et si profonde que je pouvais tout juste continuer à avancer, centimètre par centimètre, en calant presque le moteur : mais je savais que, si je m'arrêtais, je perdrais l'équilibre et je tomberais dans le vide comme une étoile filante. L'espace en dessous m'attirait, une force presque physique qui me faisait haleter et suer. Il n'y avait rien dans le voisinage pour nous protéger, pour nous offrir le moindre abri : rien que le vide, la pureté terrifiante de l'air.

Avait-il remarqué ma peur? Sans aucun doute. Mais il n'a rien dit. Peut-être ressentait-il lui aussi la menace de ce dénuement total.

Je ne sais toujours pas comment nous avons atteint le sommet, défiguré par de monstrueuses installations radar et météo. Il est sorti et je suis restée dans la voiture, les yeux fermés, tremblante, avec une telle nausée que j'aurais pu vomir de peur. Ce n'est qu'après un très long moment que je me suis sentie suffisamment remise pour sortir et aller le rejoindre. Il était près d'une table d'orientation.

En grelottant de froid, nous avons regardé dans la transparence incroyable du jour. Les crêtes et les replis blancs de Montmirail, le cours gris du Rhône, le vague contour des Cévennes au loin à l'ouest, les Alpes au nord-est et les Alpilles au sud. Au-delà des Alpilles, la plaine – qui ressemblait à s'y méprendre aux environs du Cap – qui descendait jusqu'aux marécages de Camargue. Et, si l'on plissait les yeux en fixant jusqu'à en avoir des larmes, on pouvait distinguer, en y ajoutant un peu de bonne volonté, la mer, une tache d'un bleu plus foncé sur le bleu pâle du ciel.

« Et au-delà de la mer, a dit brusquement Mandla, comme s'il reprenait sa respiration, est-ce que c'est l'Afrique?

– Oui, mais elle est beaucoup trop loin pour qu'on puisse la voir.

– Pas si loin, si tu penses à elle. »

Autour de nous, il y avait les rochers blancs comme du quartz au sommet, comme des pellicules sur le crâne chauve de la montagne. Et parmi les rochers, des touffes d'une herbe assez dure pour supporter le froid et très odoriférante. De petites fleurs rustiques. Des arbustes rabougris et cassants. Seule une végétation coriace peut survivre si haut, parmi ces pierres arides. Et dessous, je sentais la terre dure et essentielle : il ne restait que la pureté de cette pierre dans le vent qui, ici, devait souffler éternellement et qui arrachait tout ce qui dépassait pour ne laisser qu'un *moi,* le plus nu et le plus intact.

« Oui, c'est l'Afrique. » Il semblait satisfait.

La pierre. Le vent. Une conscience nouvelle et angoissante de nous deux, loin du reste du monde; lui et moi; un homme et une femme. Et l'Afrique au loin.

Nous sommes revenus vers la voiture. Pendant un moment, parce que le vent m'a soudain fait perdre l'équilibre, il m'a entourée de son bras. Je sentais la chaleur de son corps dans le vent qui était maintenant si fort que j'avais du mal à respirer. Ce n'est que quand nous sommes arrivés près de la voiture qu'il a retiré son bras.

J'avais déjà ouvert la portière pour m'asseoir, mais je l'ai refermée. L'intérieur était trop petit. Dans l'extrême innocence du vent quelque chose m'attirait vers cet espace vide qui m'avait effrayée quelques minutes plus tôt. J'ai descendu le versant en m'éloignant des installations du sommet et je me suis assise sur un monticule de rochers blancs. Il m'a suivie et s'est arrêté juste derrière moi sans rien dire. Le vent était très froid, très pur. J'avais besoin de ce froid, de cette pureté. Je voulais savoir jusqu'où je pouvais vraiment voir. Pour la première fois depuis Dieu seul savait combien d'années j'étais prête à regarder ce que j'avais essayé d'oublier pendant si longtemps.

« Andrea, dit le gros homme avec du ventre et une jambe estropiée, je veux que tu restes après cinq heures pour m'aider à ranger. Il est temps que je te mette au courant. »

Sa voix est sans expression particulière et ne trahit absolument rien, cependant certaines filles ont un petit rire nerveux et s'arrêtent brusquement quand il se retourne pour les regarder.

« On m'attend à la maison, monsieur Wiese », dit-elle. Sa mère est de congé cet après-midi.

« Ce ne sera pas long, dit-il sèchement. Je t'ai observée. Tu apprends vite, n'est-ce pas?

– Je ne comprends pas, répond-elle prudemment.

– Tu comprendras, tu comprendras. Maintenant reprends ton travail, tu perds ton temps. »

Il est comme ça. Personne ne prend de risque avec lui. Il vient chaque matin vérifier les livres; et le mercredi après-midi, il reste là pour que sa femme puisse aller faire des courses. C'est la coiffeuse; le salon est à Kenilworth, à côté de la grande route. On dit qu'il était maçon, mais il s'est blessé à la jambe dans un accident et depuis il n'a plus jamais eu de travail régulier, sauf sa visite tous les matins et le mercredi après-midi. Tout le monde fait attention avec lui, il a un caractère épouvantable. Ça ne le gêne pas de frapper sa femme devant n'importe qui.

C'est seulement pour ne pas avoir d'ennuis avec sa mère qu'Andrea a accepté de venir donner un coup de main quelques après-midi par semaine. Cela a commencé quand elle préparait son bac; maintenant, dans sa seconde année à l'université de Western Cape ce n'est pas facile de s'en sortir, avec le travail et les cours, mais pour maman...

Sa mère s'est mis dans la tête qu'Andrea serait coiffeuse. Cela a posé des problèmes quand elle a parlé d'aller à l'université; et sans son frère Sonny – maman n'ose pas s'opposer à lui, il est sa conscience – rien n'aurait été possible. « Tu as des mains de coiffeuse, Andrea. Ces longs doigts. Ton destin est tout tracé. Tu auras moins de mal que moi. Je peux te le dire.

– Mais, maman, je croyais que toi aussi tu avais voulu faire des études. Et tu as dû abandonner parce que...

– C'était aussi bien. Je m'en suis passée et tu en feras autant. Une fille n'a rien à faire à l'université. Elle y prend de mauvaises habitudes, c'est tout. »

Tu as pris les tiennes avant même d'y être allée. Mais elle ne le dit pas à haute voix, c'est inutile. Si vous voulez que maman se taise, vous n'avez qu'à parler de l'université. Elle semble tirer fierté de ne compter que sur ses mains; c'est devenu sa façon de voir le monde. Un seul coup d'œil et elle sait exactement ce qu'il faut pour chaque tête dont elle doit s'occuper. Le visage au-dessus de la cuvette blanche. Une mesure de shampooing d'un seul geste adroit avec la bouteille. On fait mousser. On rince. On sèche légèrement avec la serviette. Puis c'est la coupe ou la permanente ou la mise en plis. Pour faire des mèches, il y a le bonnet de caoutchouc, on tire des mèches par les trous, juste assez à la fois. Les bigoudis. Le fer. Sous le séchoir. Quand il faut bavarder avec une cliente, elle est imbattable. Pas un mot de trop : juste assez pour indiquer qu'elle aussi est une femme, qu'elle comprend, que rien ne lui est étranger. Ensuite, il suffit d'écouter, en glissant un *oui* ou *non,* ou *bien sûr, madame* au bon moment. Ils font aussi les ongles. Personne ne peut lui en remontrer question manucure. Toute femme qui franchit cette porte doit être une publicité vivante pour le salon Jemina. Le bouche à oreille, c'est la seule façon.

Andrea déteste s'occuper des cheveux des gens. Avec ceux de maman ou de Maggie, le dimanche, il n'y a pas de problèmes; c'est différent. C'est la famille. Et surtout ceux de papa quand il n'est pas en mer : elle peut lui laver les cheveux, le peigner ou lui frictionner la tête pendant des heures, tout ce qu'il lui demande. Mais les dames de Kenilworth avec leurs rinçages, leurs mèches, leurs coiffures fantaisie, quelque chose de nouveau chaque semaine dans des journaux de l'étranger, c'est vraiment trop. Si ce n'était pas pour maman... Mais c'est sa dernière année. L'an prochain, elle devra se consacrer à plein temps à ses études pour finir sa licence. Elle l'a promis à son frère Sonny; elle l'a solennellement promis à papa. Maman appellera sans doute les feux de l'enfer sur leur tête, mais tant pis. Seulement un an de plus. Elle avait espéré rentrer tôt ce soir. Johnny doit venir. Il a dit qu'il l'emmènerait au cinéma à Mowbray. Johnny est en troisième année, ils sortent ensemble depuis un an. Au début, elle ne voulait pas, intimidée à la pensée de papa; mais elle n'a pas pu s'empêcher d'avoir un faible pour lui. Très calme, timide, correct; son père est professeur à Hewatt College. Au commencement, elle le taquinait, mais Johnny était sérieux et elle s'est aperçue qu'elle lui faisait mal. Elle refusait à cause de son père : s'il avait été à la maison, elle n'aurait jamais osé; mais il est reparti pour un autre voyage et elle est restée sans défense. L'éveil de la chair : touchée, ouverte, surprise. Les accouplements furtifs dans l'obscurité. L'odeur du caoutchouc.

Et maintenant, ce contretemps imprévu. Qu'a-t-il voulu dire par « la mettre au courant »? Tout ce qu'elle a besoin de savoir à propos de la coiffure, sa femme et maman le lui ont appris il y a longtemps. Les regards entendus des autres la mettent mal à l'aise, mais quand, quelques minutes avant cinq heures, elle essaie d'en arrêter une au passage, dans les toilettes, la fille s'esquive avec un ricanement triste : « T'en fais pas, c'est rien. »

Quand la porte du magasin est fermée – « Bonsoir, monsieur Wiese », « Au revoir, monsieur Wiese », « A bientôt, monsieur Wiese » – il continue à fouiller dans la caisse pendant quelques instants.

« Monsieur Wiese, vous m'avez demandé de rester.

– Oui. Tu peux vérifier si tous les peignes ont été lavés et si tout est bien à sa place pour demain. Ma femme attend des clientes de bonne heure. »

Elle est soulagée. Ce ne sera pas long, quelques minutes seulement, et cela lui laissera le temps de prendre un bain et de se préparer pour Johnny. Tandis qu'elle range rapidement et soigneusement, Wiese termine ses additions et ses soustractions sur la caisse, il met l'argent dans un sac de la banque, puis, en traînant sa mauvaise jambe, il s'en va dans l'appartement derrière. La porte reste entrouverte.

« Tu peux venir », dit-il au moment où elle a fini : il a dû l'observer par la fente.

Elle vient sur le pas de la porte.

« Monsieur Wiese...?

– Entre. »

Elle entre en hésitant.

« Il y a un peigne là-bas, près du divan. »

Elle y va directement. Quand elle arrive près du petit placard, il va jusqu'à la porte – avec une rapidité étonnante pour un homme qui a une jambe infirme – et il la ferme.

« Ce n'est pas bien, dit-elle dans un murmure. Laissez-moi partir. Maman m'attend.

– Ça fait un an que tu es avec nous et je n'ai pas encore eu le temps de te mettre au courant.

– Je ne fais pas partie du personnel. Je donne juste un coup de main pour maman.

– C'est pareil. Toutes les filles qui travaillent pour nous sont traitées de la même façon. »

Elle recule en tenant le peigne sale dans ses mains qu'elle serre contre sa poitrine. « Ce n'est pas mon genre, monsieur Wiese.

– Allez. N'essaie pas de me raconter que tu es encore vierge. » Il s'approche en traînant sa jambe droite. « Vous, les métisses, vous commencez de bonne heure. Et je t'ai observée. »

(Est-ce vrai ce qu'a dit papa sur la façon de marcher?)

Elle respire lentement. « S'il vous plaît, ne me créez pas d'ennuis, monsieur Wiese. »

Son visage devient plus rouge. « Allez, tu me fais perdre mon temps. Déshabille-toi. »

Un autre pas en arrière, jusqu'au bord du divan.

« *Meid* boschiman! hurle-t-il soudain. Tu n'as pas entendu ce que je t'ai dit?

– S'il faut ça pour travailler ici, je préfère m'en aller.

– Très bien, tu pourras t'en aller. Demain. Et ta mère aussi.

– Ma mère n'a rien à voir là-dedans! dit-elle, stupéfaite.

– Ça dépend de toi. » Il la regarde d'un air féroce pendant quelques instants, puis il se met en colère. « Tu as entendu? Remue-toi. »

Elle secoue la tête. Il s'élance vers elle pour la coincer sur le lit, mais elle réussit, en roulant dessus, à lui échapper. Il a déchiré le devant de son chemisier et l'on peut voir son soutien-gorge; elle se redresse mais trébuche et perd une chaussure puis elle court vers la porte. Il ne peut pas la rattraper, pas avec cette jambe.

« Putain de Hotnot! » hurle-t-il par la porte du magasin.

A une rue de là, elle s'arrête pour la première fois pour enlever sa seconde chaussure et elle la contemple, le regard perdu, avant de se rendre compte qu'elle a laissé son sac à main. Ce n'est que maintenant qu'elle ressent le choc de ce qui s'est passé. Elle va en chancelant jusqu'à la porte d'un café où elle s'appuie, incapable de contrôler ses sanglots.

« Hé! Costas! » C'est une voix de femme qui crie à l'intérieur. « Viens chasser cette putain soûle; elle n'a rien à faire là! »

Elle s'éloigne avant que le patron du café n'ait pu sortir.

Elle se calme lentement. Il commence à faire sombre. C'est vraiment très loin d'ici au District six. Elle va demander de l'aide.

Mais les gens qu'elle essaie d'arrêter dans la rue la regardent avec un mélange de soupçon et de dégoût, et font un grand détour pour l'éviter. Elle ne peut pas vraiment les en accuser; elle ne doit pas être belle à voir. Son chemisier déchiré et sa chaussure à la main ne font qu'empirer les choses. Elle prend son courage à deux mains, entre dans un immeuble, monte au dernier étage par l'ascenseur et commence à frapper aux portes. Deux ont des chaînes de sécurité et on ne fait que les entrouvrir avant de les refermer. A la troisième, une femme entre deux âges se met à hurler avant même qu'elle ait pu dire un mot. C'est un jeune homme qui ouvre la quatrième; elle entend des bruits de fête derrière lui.

« Excusez-moi, monsieur... »

Il fait un large sourire et se retourne pour crier par-dessus son épaule : « Pete, viens voir un peu. Entre, ma chérie. »

Leurs rires et leurs voix résonnent derrière elle tandis qu'elle s'enfuit par l'escalier de secours. Son collant commence à se déchirer aux pieds.

Au bout d'un kilomètre, la lumière des rues s'allume; la nuit descend vite.

Elle décide d'essayer de faire de l'auto-stop; du trottoir, elle fait des signes aux voitures qui passent, mais aucune ne ralentit. Au bout d'un moment, elle descend sur la chaussée où ils sont obligés de la voir. Ils font un écart pour l'éviter ou freinent brusquement à cause d'une voiture qui vient en face; des têtes apparaissent aux portières pour hurler. Une voiture fonce droit sur elle et elle doit se jeter sur le côté, en s'écorchant les genoux sur le trottoir; son collant est en lambeaux.

Elle n'a plus de larmes. Elle n'est plus que vide et lassitude.

Dans l'obscurité qui descend, elle reconnaît la lampe bleue d'un poste de police. Sans prendre le temps de réfléchir, plus par désespoir que par nécessité, elle gravit les marches rouges et sans voir la pancarte : *Réservé aux Blancs,* elle entre dans la lumière violente et hostile du bureau.

« Hé! dit le policier blond derrière un comptoir, en la regardant d'un œil soupçonneux. Qu'est-ce qu'il t'arrive?

– Je veux rentrer chez moi.

– Ah! Vous alors! » Il secoue la tête. « Ecoute, pourquoi est-ce que tu ne vas pas cuver ton vin d'abord? Si tu en as encore envie, tu pourras revenir demain matin pour me raconter tout ça. D'accord?

– Je veux seulement...

– Dehors, hurle-t-il. Tu crois que j'ai du temps à perdre avec toutes les putains soûles qui viennent ici? »

Elle fait demi-tour en tenant toujours sa chaussure à la main et s'en va dans la nuit.

Une demi-heure plus tard, alors qu'elle a abandonné tout espoir de faire du stop, une voiture s'arrête à côté d'elle; les pneus crissent et deux roues montent sur le trottoir. Un vacarme de voix masculines à l'intérieur. Les portières qui sont de son côté s'ouvrent.

« Terrible, crie quelqu'un tandis qu'un bras la saisit par la taille. Regardez, les mecs. Vous avez vu ce cul? »

Elle réussit à se dégager, mais l'homme s'élance à sa poursuite. Elle lui jette sa chaussure, il se baisse et le projectile passe au-dessus de sa tête. Des éclats de rire dans la voiture.

« T'as du culot, ma minette! crie l'homme sur ses talons. Hé! Donnez-moi un coup de main. »

Mais elle tourne dans une ruelle latérale et, après avoir traversé une haie, elle se réfugie dans un jardin où elle attend accroupie qu'ils soient partis. Ils ne tardent pas à abandonner.

Elle en entend un qui dit : « Laisse tomber, Ag. De toute façon, je te parie qu'elle en a eu assez pour la nuit. On s'en va. »

Elle laisse encore passer dix ou quinze minutes pour être absolument sûre qu'ils sont partis et elle revient dans la rue principale; maintenant elle se tient le plus loin possible de la chaussée.

Il fait très sombre maintenant. Mais elle a conscience d'une nouvelle lumière en elle, une possibilité de voir d'une grande intensité qu'elle retrouvera bien des années plus tard, en Provence; cette découverte, pour la première fois de sa vie : *Il n'y a personne. Je suis toute seule.*

De Waal Drive. Et si des *bergies,* ces vagabonds insaisissables qui vivent dans des montagnes, descendaient pour la prendre?

Tant pis. Cela n'a plus d'importance. Ils auraient peut-être même plus de pitié que les autres.

Elle arrive chez elle un peu avant minuit.

« Mon Dieu, Andrea, où as-tu été? Regarde-toi! Johnny t'a attendue pendant des heures, tu n'es vraiment pas gentille avec lui, tu sais. »

Elle n'essaie même pas de répondre. Elle écarte sa mère, va dans sa chambre et referme la porte. Quelques instants après, Maggie entre et s'assoit sur son lit.

« Andrea, tu devrais avoir honte!

– Oh! Va te faire foutre! crie-t-elle en jetant un oreiller vers sa sœur.

– Je prierai pour toi, dit Maggie, vexée.

– Prie pour toi! »

Ce n'est que quand la maison est redevenue silencieuse qu'elle va dans la salle de bain où elle s'enferme; elle se glisse dans la baignoire pour se frotter comme si elle ne pouvait jamais plus être propre.

Le lendemain matin, avant de partir travailler, sa mère entre pour lui dire bonjour (elle a passé la nuit avec Maggie dans la salle de séjour; ou peut-être dans l'autre chambre avec les grands-parents) mais elle s'arrête à l'entrée quand elle voit Andrea en chemise de nuit assise devant la fenêtre; son lit n'a pas été défait.

« Tu n'as pas dormi?

– Non.
– Pourquoi?
– Ça ne te regarde pas.
– Pourquoi es-tu si dure avec moi, Andrea? » Un soupir. « Personne ne pense jamais à moi.
– Laisse-moi tranquille, maman.
– C'est facile de dire ça. Tu sais que je vais me rendre malade en pensant à toi toute la journée. Où es-tu allée la nuit dernière?
– Nulle part.
– Tu es rentrée à minuit en ressemblant à Dieu sait quoi et tu me dis que tu es allée nulle part?
– J'ai oublié mon sac à main au salon de coiffure et je n'avais pas d'argent pour prendre le bus.
– Tu pouvais aller le chercher. Il y a toujours quelqu'un. Tu sais bien qu'ils habitent dans l'appartement qui est derrière le salon.
– Je n'y retournerai jamais.
– Comment peux-tu dire ça? Mme Wiese a toujours été très gentille avec nous.
– Je ne parle pas de Mme Wiese. Elle n'était pas là hier après-midi. »
Brusquement, sa mère reste silencieuse. Après un long moment, elle murmure : « C'était lui...?
– Et alors?
Sa mère se met à parler avec une sorte d'angoisse profonde : « Andrea, il ne faut pas... je veux dire, il fait ça avec tout le monde. Seulement, je pensais que, comme tu ne travailles pas à plein temps, il ne... Mais si tu n'y penses plus, est-ce que c'est vraiment si grave...? »
Elle lève la tête, les yeux secs, et contemple le visage fatigué de sa mère. « Avec tout le monde? demande-t-elle.
– Il ne t'a pas fait mal, n'est-ce pas?
– Je ne l'ai pas laissé. Tu sais, je suis comme un chat, je retombe toujours sur mes pattes.
– Andrea, j'espère que tu ne t'es pas mal conduite

avec lui? » Elle a une voix soupçonneuse, effrayée. « Tu ne vas pas me faire perdre mon travail, n'est-ce pas? C'est tout ce que j'ai jamais eu. La seule chose qui ait jamais été à moi. Maintenant, tu veux me l'enlever...

– Je n'enlève rien à personne. Laisse-moi seule. »

Sa mère fait un pas en avant, cédant un instant à l'inquiétude. « Tu es sûre que tu vas bien, ma petite fille?

– Ne t'en fais pas pour moi. »

Elle tourne la tête. Le jour sort de la brume. Au loin, dans le port, on entend la sirène d'un bateau, un son rauque, comme un animal qui souffre.

Quand maman est revenue très tôt, cet après-midi, avec mon sac, j'ai su immédiatement que c'était arrivé. Je n'ai pas essayé de lui parler; elle ne me l'aurait pas permis de toute façon. Elle est entrée et s'est enfermée dans la chambre de grand-mère.

Le lendemain matin, j'ai pris le bus pour Kenilworth. Je n'avais rien de précis dans la tête; simplement, je ne pouvais plus voir maman pleurer. Je ne pensais pas qu'il serait retourné à ce point-là en me revoyant. Il a bondi du comptoir où il vérifiait les livres, il a jeté un coup d'œil pour voir si sa femme regardait – elle travaillait sur une cliente qui était sous le séchoir, devant le miroir le plus éloigné – et, immédiatement, j'ai vu qu'il était terrifié.

« Qu'est-ce que tu fais là? a-t-il demandé.

– Je suis venue chercher ma deuxième chaussure, monsieur Wiese.

– Je l'ai jetée.

– Vous feriez mieux de la retrouver. La police en a besoin.

– Qu'est-ce qu'elle a à faire avec la police?

– Je suis venue vous parler de ma mère, monsieur

Wiese. Vous ne pouvez pas la mettre à la porte comme ça.

– Elle n'a pas bien travaillé ces derniers temps. » Il reculait vers le mur.

« Vous l'avez renvoyée parce que vous avez essayé de me violer. »

Un autre coup d'œil angoissé dans la direction de sa femme.

« Toutes les filles vous connaissent, monsieur Wiese. Si vous le préférez, nous pouvons en parler avec votre femme. Sinon, nous allons être obligées d'aller à la police. »

Il avait la gorge serrée. « Ecoutez, mademoiselle Malgas, ne faites pas n'importe quoi. Qu'attendez-vous de moi? Je ne peux pas reprendre votre mère comme ça.

– Et je suis sûre qu'elle ne veut pas revenir. Mais vous pouvez lui faire une lettre de recommandation. Je crois qu'elle pourra s'en sortir avec un bon certificat. »

Honnêtement, je ne pensais pas qu'il le ferait. Je n'ai jamais vu un homme écrire aussi vite; il ne s'arrêtait que pour s'essuyer les mains de temps en temps.

Il en était à la moitié quand sa femme est venue vers le comptoir.

« Mon Dieu, Andrea, je croyais que vous nous aviez quittés.

– Je suis juste venue chercher une lettre pour ma mère, madame. » Et, sans réfléchir, j'ai décidé de tenter ma chance. « Et l'argent de son préavis.

– Je croyais qu'on lui avait donné hier?

– Non, ai-je menti sur le même ton. M. Wiese lui a dit d'envoyer quelqu'un le chercher aujourd'hui. »

Je suis sûre que, s'il l'avait pu, il m'aurait tuée. Mais il était tellement effrayé qu'on pouvait sentir sa peur.

J'avais une sensation étrange dans le bus du retour. Un goût amer dans la bouche. Mais aussi quelque chose d'autre. J'avais découvert que je pouvais faire ce que je voulais avec cet homme. Je n'avais jamais cru qu'une telle chose était possible. Je n'avais jamais imaginé, ne fût-ce qu'un instant, que je pouvais avoir, moi aussi, une forme de pouvoir sur les autres; sur les hommes. J'essayais désespérément de me convaincre que papa aurait été fier de sa petite Nanna.

Alors pourquoi ce retour me faisait-il peur?

Je n'ai rien dit à personne de ce qui s'était passé. Je me suis seulement coupé les cheveux très court car je ne pouvais plus supporter de voir dans le miroir la fille que j'avais été. Le Chat avait commencé une nouvelle existence. Et j'ai rompu avec Johnny. Comment aurais-je pu l'affronter de nouveau après cela? Il était désespéré, mais j'ai refusé de lui donner une raison. Je n'ai rien dit non plus à papa quand il est rentré un mois plus tard. Evidemment, il s'est très vite rendu compte que quelque chose n'allait pas; et pas seulement parce que maman travaillait ailleurs, à Wynberg.

Au début, j'ai essayé de l'ignorer, mais papa n'était pas quelqu'un qui acceptait facilement qu'on lui batte froid. A la fin je n'ai pas pu ne pas lui raconter.

Tout ce qu'il a dit a été : « Nanna! Oh! Mon Dieu, ma petite fille. » Puis il a regardé droit devant lui, comme si jamais il ne devait plus rien voir ni croire.

« Oublie tout ça, papa. C'est fini. Il n'a rien pu me faire. »

Si j'avais su ce qu'il avait en tête j'aurais fait tout ce que j'aurais pu pour l'empêcher. Ça n'aurait pas servi à grand-chose; au moins, j'aurais essayé. Mais je ne m'en suis rendu compte qu'ensuite.

Il a attendu le mercredi pour être sûr qu'il serait à la boutique; puis il a pris le bus pour Kenilworth.

Papa lui a vraiment réglé son compte. Mais M. Wiese lui a aussi réglé le sien. Pourtant ça n'a pas marché car c'est M. Wiese qui est allé porter plainte, pas papa. Et la police est venue le chercher.

Au procès, comme il a voulu me protéger, il a refusé tout net de dire ce qu'il avait fait. J'étais là et je l'ai entendu mentir pour me tenir à l'écart. Jusqu'à ce jour-là, je n'en avais pas soufflé mot à quiconque; cela concernait mon dernier reste d'amour-propre. Mais je ne pouvais accepter que papa en subisse les conséquences. Pour lui, j'étais prête à me jeter aux hyènes, même si cela signifiait mentir.

Pendant une suspension de séance, j'ai parlé à son avocat (il n'en avait pas voulu; Arie et Boetie l'avaient engagé), et j'ai été appelée à la barre des témoins. Je n'ai pas regardé dans la direction de papa tandis que je débitais au juge l'histoire que j'avais inventée : comment M. Wiese m'avait entraînée chez lui et comment il m'avait violée.

Les gardes ont dû maîtriser papa dans le box. J'avais l'impression de mourir. Je l'ai juré : jamais plus de ma vie. C'était une trop grande souffrance. Et quelle en a été l'utilité? Nulle, parce que M. Wiese a raconté sa propre version, comment cet après-midi j'étais venue lui demander une augmentation, ce qu'il avait refusé parce que je n'étais là que de façon temporaire; si je passais à plein temps il reconsidérerait mon cas. Et comment je m'étais déshabillée pour lui offrir quelque chose en échange de son argent; et comment il m'avait immédiatement mise à la porte, étant un citoyen honorable et un mari fidèle.

Ils ont donné douze mois à papa : agression avec préméditation. Pour moi, six mois avec sursis pendant que je ne sais plus combien d'années.

On l'a libéré quelques mois plus tôt pour bonne conduite. Mais il n'a plus jamais été le même. Avant, il buvait parce qu'il y avait toujours quelque chose à fêter, pour être avec ses copains, pour rire et passer un bon moment. Maintenant, il buvait différemment, d'une façon pesante, dans un silence sinistre, et tout seul. Il n'avait plus de goût pour la mer. Ni pour rien d'autre. Cela nous épuisait. Brusquement, trois ou quatre mois plus tard, il y a eu un autre choc quand nous avons été chassés du District six pour faire de la place pour les Blancs, et nous avons dû aller à Bonteheuwel dans le vent et la poussière. Papa a bu encore plus qu'avant. J'ai essayé de le persuader de continuer à aller faire son petit tour au Cap, comme dans le passé, mais il secouait la tête et me disait que maintenant je devais passer tout mon temps à mes études. Je n'ai pas osé lui dire que j'avais quitté l'université quelques mois plus tôt pour suivre des cours de secrétariat en ville; je ne voulais pas lui rendre les choses plus pénibles. Cette amertume déprimante suffisait. Des accès de culpabilité et des tirades larmoyantes. Ou, pire, les soirées où il restait assis là, en suivant des yeux tous mes mouvements. Ses yeux injectés de sang, brisés, hébétés, qui me regardaient fixement comme si ma façon de marcher le blessait au plus profond de lui-même.

Tout cela – la journée au tribunal quand j'avais dû me mettre nue devant tout le monde pour le sauver, en vain; et la façon dont il me contemplait par la suite – était comme des charbons ardents qui blessaient ma chair la plus sensible. C'était comme du sang qui ne s'arrêtait pas de couler. Une souffrance si terrible que plus tard je n'en ai jamais parlé à Brian (une des deux choses que je n'ai jamais pu lui confier). Je n'avais jamais ouvert mon cœur à personne, qu'à Paul; la nuit où j'étais rentrée de Chartres après la mort de maman, et seulement parce que tant d'années s'étaient écoulées, et parce que rien sauf la mort ne pouvait me libérer de notre terrible complicité. Je ne suis pas sûre que même Paul pouvait comprendre tout à fait cette douleur qui m'avait liée à elle pendant si longtemps; et comment cela nous avais unies à papa. Mais je lui avais dit, en espérant peut-être me décharger d'une partie de mon fardeau sur lui. Et, maintenant, je le disais à Mandla mais pour des raisons différentes.

J'ai tout confié et ensuite je me sentis complètement vide. J'ai pris une cigarette légèrement écrasée dans mon sac et j'ai cherché mon briquet. Mandla s'est brusquement accroupi à côté de moi et a posé sa main sur la mienne. J'ai frissonné. Puis il a pris le briquet et l'a allumé. Mais la flamme s'est éteinte aussitôt. Il a recommencé en faisant un écran avec ses mains et cette fois nous avons réussi à allumer ma cigarette.

Il est resté assis près de moi tandis que je fumais en silence. Un peu plus tard, il a sorti son *trompie* et s'est mis à jouer, avec une tristesse semblable à la mienne. J'avais envie de poser ma main sur son bras – comme si c'était lui qui avait besoin d'être réconforté! – mais je ne l'ai pas fait car j'ai eu peur qu'il ne comprenne pas.

Il s'est relevé au bout d'un long moment. J'ai jeté mon mégot.

« Allons-y », a-t-il dit et il est parti devant moi en direction de la voiture.

Nous sommes redescendus par l'autre versant; à la station de sports d'hiver nous avons pris la route de Sault. Comme si souvent auparavant, ce n'était pas seulement un voyage au cours duquel je parcourais une certaine distance, je traversais une géographie particulière, mais aussi un voyage dans le temps, qui me ramenait à Brian. Quand nous sommes arrivés dans la plaine, en dessous de Sault, au milieu des champs qui quelques mois plus tôt étaient recouverts de lavande bleue et de coquelicots rouges, j'ai eu envie de tourner vers des paysages plus accidentés dans la direction de Montbrun. Est-ce que le premier hôtel était toujours là, avec la vieille sorcière qui nous avait mis à la porte? Et l'autre qui nous avait offert un refuge dans lequel nous nous étions serrés l'un contre l'autre sous un parapluie tandis que de l'eau tombait du plafond sur le lit? Le cirque triste : la crinière mangée aux mites du pauvre lion, les singes aux pouces coupés et les enfants cruels qui les taquinaient. Et brusquement j'ai su : non, je ne pouvais pas y retourner. Pas seulement parce que le souvenir était insupportable; mais parce que Brian, lui aussi, était dans mes souvenirs. Pour la première fois, je savais avec certitude qu'il était relégué dans le passé.

Il y avait peut-être longtemps que cela était arrivé mais je n'avais jamais été capable de l'accepter consciemment. Peut-être même que mon amour pour Paul avait été une tentative pour rechercher un Brian irrévocablement perdu. Mais, maintenant, je savais que ce n'était pas Brian que j'étais venue retrouver en Provence; même pas des vestiges de lui. Si je devais le rencontrer de nouveau, en chair et en os, il n'éveillerait plus aucune réponse en moi. Alors, étaient-ce de tels endroits qui m'avaient hantée – la géographie de tant de bonheur et de tourment? Même pas. Ces villes et ces paysages du Midi n'étaient en eux-mêmes que des souvenirs qui portaient les traces d'autres paysages, d'autres espaces, d'autres plaines et d'autres montagnes, plus lointains et plus insaisissables. Un monde que j'avais connu autrefois avec papa. Un monde qui avait été à moi, car je savais que j'en faisais partie. C'est ce qui avait maintenu mes liens avec Brian; grâce à la Provence – nos petites chambres qui avaient été témoins de nos violents débordements amoureux, tant de semence stérile et de sueur; et les paysages qui les séparaient – je pouvais maintenir l'illusion de quelque chose qui avait été à moi et que je n'avais pas osé considérer comme perdu. Et c'est pourquoi j'avais ressenti comme une trahison la découverte que, pour lui aussi, ces endroits n'avaient été rien d'autre que des haltes qui offraient un accès vers un bonheur ancien, perdu depuis longtemps.

En étais-je enfin libérée? Bien sûr que non. Mais j'avais peut-être trouvé un moyen plus direct et plus immédiat d'atteindre le passé. Au moins, je commençais à accepter qu'une telle issue était possible.

Non, il n'était pas nécessaire d'aller à Montbrun.

Nous sommes remontés à Sault. Dans une petite épicerie du vieux quartier, derrière l'église – des rues moyenâgeuses et sinueuses, des ponts de pierre, de magnifiques portes, des tourelles –, j'ai acheté les provisions habituelles pour notre déjeuner tandis que Mandla attendait dans la voiture. Pâté, jambon, fromage, un *pain de mie*[1], des tomates, du raisin doux. J'étais encore dans la boutique quand une bizarre procession m'a fait lever les yeux. Je n'étais pas la seule : un brusque silence s'est abattu sur le village et à toutes les portes et derrière les rideaux de dentelle des fenêtres sont apparus des visages qui regardaient avec un mélange de suspicion et de curiosité le petit groupe qui se dirigeait vers un minibus garé sur la place en dessous. Ce devait être les pensionnaires d'une institution ou d'un hôpital (le nom d'un établissement d'Aix était écrit sur les côtés du bus), des gens en excursion accompagnés par des infirmiers et des infirmières avec des manteaux blancs. La plupart étaient âgés et tous étaient handicapés d'une façon ou d'une autre : certains étaient dans des petites voitures, d'autres marchaient avec des béquilles ou des cannes; dans leur majorité, ils semblaient séniles ou débiles mentaux; la bouche ouverte et baveuse, la tête penchée sur l'épaule, les mains molles et pendantes, avec des sourires idiots sur leurs visages blêmes. Les gens de la ville les regardaient passer en traînant les pieds, dans un silence absolu (j'ai vu une vieille femme faire le signe de la croix); on les a aidés à monter et le bus a démarré et a disparu. Personne n'a rien dit. Tous semblaient fuir leurs voisins et ils s'enfermaient chez eux, coupables et honteux de ce qu'ils avaient vu; comme si nous avions aperçu un abîme en nous-

1. En français dans le texte. *(N.d.T.)*

mêmes, que nous aurions préféré ne pas connaître, quelque chose de comique, de grotesque et d'obscène qui se serait échappé de notre subconscient pour aller dans la lumière de la raison et pour nous prendre au dépourvu. J'étais si bouleversée que je n'ai pas vérifié mes achats. J'ai payé rapidement ce que j'avais et je suis revenue à la voiture.

« Tu as vu le cirque? » m'a demandé Mandla quand je suis montée.

J'ai fait un signe de tête tout en cherchant mes clefs parmi les paquets.

« Un beau ramassis de monstres, hein?

– Ce n'est pas leur faute, ai-je dit irritée.

– Je ne parle pas des vieux. Je parle de la façon dont les gens de la ville les ont contemplés. »

J'ai trouvé mes clefs.

« Allons-y.

– Tu as tout ce qu'il faut?

– Je crois. »

Il a regardé les paquets.

« Il n'y a rien à boire. » Il a ouvert sa portière. « Je vais acheter du vin. »

Quand il est revenu quelques instants plus tard avec une bouteille à la main, il avait l'air furieux.

« Vieille salope! a-t-il hurlé. Elle pensait que je ne m'en apercevrais pas!

– Qu'est-ce qui s'est passé?

– Elle a essayé de me rouler en me rendant la monnaie. Et bien sûr, elle ne comprend pas un mot d'aucune putain de langue civilisée du monde.

– Mandla, tu dis n'importe quoi. Nous sommes en France.

– Et alors? Elle pensait qu'elle pouvait me rouler parce que je suis noir. Salauds de racistes!

– Il peut y avoir cent raisons différentes. Mais le plus probable c'est qu'elle ne t'a pas compris parce que tu ne parles pas français. Ils n'aiment pas les étrangers.

– Surtout les Noirs. »

Cela m'a énervée.

« C'est évidemment la première chose à laquelle tu penses.

– Et c'est la dernière à laquelle tu oses penser.

– Sois raisonnable.

– Pourquoi est-ce que *moi,* je devrais toujours être raisonnable? » Il a mis la bouteille de vin sur le siège arrière, d'un geste coléreux. « Tu sais ce qu'elle m'a dit?

– Quoi?

– Tout ce que j'ai compris, c'est *idiot.* Cela m'a rendu fou. »

Je n'ai pu m'empêcher de sourire. « Très bien, nous savons une chose : ici, on n'aime pas les idiots.

– Ce n'est pas seulement ici. » Il est resté silencieux tandis que je prenais la route qui allait au sud, vers Carpentras, en contournant la montagne. Au bout d'un moment, il a changé de position sur le siège afin de pouvoir me regarder et il a posé le bras sur mon dossier.

« Je ne sais pas ce qu'il y a de pire : ceux qui insultent les idiots ou qui leur tournent le dos, ou ceux qui essaient de les aider en s'empressant autour d'eux seulement pour soulager leur conscience.

– Tu n'es pas un peu injuste?

– Tu crois? Sais-tu combien de fois j'ai écouté les gens d'Eglise dans les ghettos noirs? Il y avait des gens bien parmi eux. Des Blancs qui essayaient de “ partager nos souffrances ”. Certains avaient eu les pires emmerdements avec les *boere;* plusieurs avaient été arrêtés et mis en détention. Alors ils savaient de quoi il s'agissait. Et pourtant, il y avait un abîme entre eux et nous. Je veux dire, pourquoi se battaient-ils à nos côtés? Parce qu'ils se sentaient coupables, ou parce qu'ils étaient en colère, ou même parce qu'ils compatissaient avec nous. Mais nous, nous luttions parce que nous n'avions pas d'autre moyen de survivre. Tu vois ce que je veux dire? Pour eux, c'était un choix d'idées; de causes. La " liberté ". L'" oppression ". La " justice ". Pour nous, c'était une question de chair et de sang. D'os, de dents, de cheveux, d'ongles. Nous ne sommes pas seulement des hommes parce que nous rêvons de liberté; nous sommes des hommes parce que la liberté habite nos corps, parce que nous saignons quand nous sommes blessés, parce que nous avons froid quand il pleut et parce que nous suons quand il fait chaud. Parce que nous avons faim et soif. Et qu'essayaient-ils de nous dire, ces braves gens d'Eglise? " Tends l'autre joue. N'emploie pas la violence. Bénis soient les humbles, bénis soient les pacifiques. Un jour, quand vous serez morts et assassinés, vous aurez votre récompense au paradis. " Et le seul résultat, c'est que les patrons étaient plus forts. Notre problème n'est pas au Ciel, Andrea : il est ici et maintenant. C'est dans ce monde que mes enfants sont supposés grandir un jour.

– Tu aimerais avoir des enfants?

– Bien sûr. C'est pour eux que je continue la lutte. Tu sais ce que ma femme a dit aux *boere* le jour où ils l'ont prise? Spike a hurlé : " Qu'est-ce que t'as dans le ventre? C'est un salaud de terroriste! On va le faire sortir! " Et Ntsiki lui a répondu : " Alors, on en fera un autre pour qu'il prenne sa place. Nous en ferons toujours d'autres. " C'est ce qu'elle lui a dit.

– Quelle sorte de monde vas-tu leur donner, si tu as les mains couvertes de sang?

– Personne n'a jamais rien eu qui en vaille la peine sans un peu de sang.

– S'il te plaît, Mandla! Epargne-moi ces clichés.

– La souffrance est le plus grand des clichés. Ce n'est pas pour ça qu'il est moins réel. »

Dans les gorges de la Nesque la route est devenue de plus en plus tortueuse. Des précipices si profonds qu'on ne voyait pas le fond du gouffre; on avait l'impression de regarder dans les entrailles interdites de la terre.

« C'est aussi ce que tu penses de Paul? lui ai-je demandé brusquement.

– Quoi?

– Ce que tu as dit à propos des Blancs qui essaient de vous aider.

– Je n'ai rien à dire sur Paul, a-t-il répondu sèchement.

– Il a fait tout ce qu'il a pu pour toi.

– Pourquoi ne m'a-t-il pas laissé tranquille? Je ne lui ai rien demandé. Je n'ai besoin de la putain d'aide de personne. »

Et tout à coup j'ai été frappée de voir avec quelle violence il réagissait chaque fois que le nom de Paul était mentionné. Très émue, en fixant la route qui ne cessait de tourner, j'ai dit : « Tu l'aimes beaucoup, Paul, n'est-ce pas?

– Qu'est-ce que tu veux dire?

– Tu réagis si violemment à chaque fois qu'on parle de lui. Cela aurait été plus facile pour toi s'il n'avait pas été là, s'il ne t'avait pas aidé. Alors, la lutte aurait été simple, Noirs contre Blancs. N'est-ce pas? Mais maintenant tu es obligé de tenir compte de lui. Et il représente plus pour toi que tu ne veux bien l'admettre. »

Il n'a pas répondu mais, quand je me suis tournée vers lui, j'ai remarqué ses mâchoires serrées; et j'ai senti en moi une telle chaleur, une telle tendresse à son égard que je n'ai pu m'empêcher de poser une main sur son genou.

Cela s'est révélé l'expérience la plus étrange de la matinée; car, finalement, c'est moi qui ressentais le besoin de le réconforter.

« Pour l'amour de Dieu, Mandla, ne perds jamais espoir, lui ai-je dit avec passion.

– Pourquoi?

– Parce que je le sens; tout ce qui t'est arrivé, le cul-de-sac dans lequel tu te trouves ici, et ce que tu as connu là-bas. Pourtant tu dois continuer à espérer. Pour moi comme pour toi. »

Nous sommes restés silencieux longtemps. Je devais me concentrer sur la route; il a recommencé à jouer de la guimbarde, mais sans l'insouciance et l'abandon des fois précédentes, peut-être le faisait-il délibérément afin de ne pas parler. Le son n'avait plus sa monotonie rassurante. Il semblait vouloir m'obliger à lui répondre. Mais quoi? Je n'en avais aucune idée. (Et si j'avais su, aurais-je osé faire ce que j'ai fait à peine une heure plus tard?)

Plus pour faire taire ce bruit que pour autre chose, je lui ai demandé de prendre le guide Michelin dans la boîte à gants et de lire la carte, parce qu'il devenait de plus en plus difficile de s'y retrouver parmi toutes ces petites routes qui se croisent dans la montagne. Nous avons tourné juste avant Mazan et nous sommes arrivés au hameau de Malemort. Le nom, bien sûr, m'a fascinée.

« Malemort. Qui sur terre peut bien vivre dans un village avec un nom pareil? »

Il a fait un geste vers un fermier d'un certain âge et un jeune garçon qui poussaient une charrette sur une pente. « Ils m'ont l'air heureux. L'endroit où l'on vit a-t-il vraiment d'importance?

– La peste a dû frapper durement et d'un seul coup, sinon ils n'auraient pas choisi un tel nom. »

Il a haussé les épaules. « Tu sais, c'est un nom qui ira très bien à la forteresse dans laquelle Paul veut enfermer les gens de son film.

– Bonne idée. Je le lui dirai.

– C'est le nom que les *boere* devraient donner à leur quartier général.

– Voilà que tu fais de l'humour. »

Le rôle du sang dans la lutte contre la peste. La saignée était, bien sûr, un des remèdes les plus populaires. Dans les villes affligées, on tirait des bols et des bains de sang. Ziegler : *Habituellement, le sang qui sortait des personnes contaminées était noir et épais; cela était pire pour la victime si une fine mousse verte se formait sur la surface. Si le patient s'évanouissait, indiquait Ibn Khatimah sans pitié, jetez-lui de l'eau froide et continuez comme avant. La plupart des chirurgiens saignaient pour saigner sans beaucoup se préoccuper de l'endroit où était faite l'incision...* Et il y avait les flagellants, à l'origine un mouvement de gens pieux et respectables, qui a dégénéré progressivement en folie collective. *Au fur et à mesure que montait la ferveur, les prétentions messianiques des flagellants devinrent plus marquées. Ils commencèrent à affirmer que le mouvement devait durer trente-trois ans et ne finir qu'avec la rédemption de la chrétienté et l'arrivée de l'âge d'or. Possédés par ces convictions, ils en vinrent à se considérer, non plus comme des mortels, souffrant pour expier leurs propres péchés et ceux de l'humanité, mais comme une armée de saints... Mais en allant d'un centre de la peste à un autre, ils apportaient souvent l'infection à ceux qu'ils étaient censés secourir.* A certains endroits, dit Ziegler, ils apportaient un renouveau spirituel, quoique marqué de fanatisme; c'était en tout cas suffisamment efficace pour amener les amants adultères à se repentir et les voleurs à rendre ce qu'ils avaient dérobé. Ailleurs, hélas! les flagellants inspiraient la plus barbare des persécutions contre les juifs. Du sang, du sang, du sang. Et d'après plusieurs sources de Paul, il peut être intéressant de voir la peste comme signe avant-coureur de la grande révolution sociale du même siècle. Levett : *La Peste noire ne causa pas, au sens strictement économique du terme, la révolte paysanne qui marque la fin du servage, mais elle donna naissance, dans bien des cas, à un sentiment enfoui de mécontentement, un désir non dit de changement, qui s'exprima dans le soulèvement de 1381.*

« La première fois que la Special Branch m'a arrêté, a dit Mandla, c'était à Kingwilliamstown. Nous devions avoir une réunion avec ceux du Saawu, quelques jours après la disparition de Vuyizile. Cette fois-là, ils ne m'ont pas gardé longtemps, une semaine, je pense. Mais pendant trois jours j'ai dû rester debout; et tu n'avais qu'à chier et pisser dans ton pantalon, parce qu'il n'y avait pas de pause. Des questions, des questions, des questions. Toutes au sujet de Vuyizile. Comment je l'avais rencontré? Que fait-il? Quels livres lit-il? Quels sont ceux avec qui il s'associe? Et ainsi de suite, jour et nuit. Et soudain, tout a été fini. Ils m'ont ramené dans ma cellule pendant quelques jours, puis ils m'ont laissé partir. J'ai trouvé ça vachement étrange. Ce n'est qu'après que j'ai compris que ce devait être le moment où il était arrivé quelque chose à Vuyizile, sinon ils auraient continué à me poser des questions. Maintenant, ce n'était plus nécessaire; et il n'est jamais revenu.

« A partir de ce moment-là, j'ai su qu'ils m'avaient à l'œil. Aussi, j'ai fait attention. En général ce n'est guère plus qu'un jeu, simplement pour que tu sois inquiet. Si tu voyages – à ce moment-là j'allais et venais, entre Port Elizabeth et Kingwilliamstown – tu es constamment arrêté. Ils fouillent toute la bagnole, ils cherchent du *dagga*[1], disent-ils. Sinon, ils trouvent quelque chose à propos des freins, de la direction, des feux de position ou des plaques minéralogiques. S'ils n'arrivent pas à trouver quelque chose, ils le font

1. La drogue. *(N.d.T.)*

eux-mêmes. Ils cassent un feu rouge d'un coup de pied. Ils arrachent une plaque. Ils attendent que tu protestes. Alors c'est porter atteinte à la justice. Mais on comprend vite. C'est la seule façon de survivre. Il te faut sourire et prendre les choses comme elles viennent. Sinon tu es fichu. Et il y avait des choses plus importantes à accomplir que de se faire arrêter pour rien.

– Quelles choses à accomplir? Est-ce que c'était...? » J'ai hésité. « Je veux dire, est-ce que c'était du sabotage et des choses comme ça?

– Non. C'était le Macwusa. Je peux te le dire. Il fallait organiser les gens. Il y avait quelque chose en route qui, si ça avait marché, pouvait nous donner prise pour la première fois sur le pouvoir. Ils n'auraient pas pu continuer à nous faire taire. Mais ils arrêtaient les hommes si rapidement qu'on devait faire gaffe où on mettait les pieds, ct tout le temps. Et avec toutes les arrestations, je me suis retrouvé dans le comité de direction. C'est à ce moment-là que mes ennuis ont vraiment commencé.

– Ils t'ont de nouveau arrêté?

– Pas qu'une fois. A tout bout de champ. Sept fois en tout. En général, c'était pour très peu de temps, une semaine ou deux. Ils me bousculaient un petit peu, ils me posaient des questions; leur façon d'avertir quelqu'un. Mais quand les bulldozers ont rasé le quartier de mes parents et qu'on les a conduits au Ciskei, ils sont revenus me chercher et ce n'était plus pour plaisanter. Qu'est-ce que je faisais au camp où on les avait installés? Je leur ai dit que c'était à cause de mes parents. Ils n'avaient rien à manger, ils mouraient de froid, je devais les aider. »

« C'est des menteries, dit l'homme au visage bronzé. Tu es allé là-bas pour créer des troubles. Tu as amené la presse.

– Je voulais aider mes parents.

– Vous vous servez des syndicats comme d'une couverture, et vous vous cachez derrière pour faire le sale boulot de l'A.N.C. Vous êtes une bande de communistes. Tu crois qu'on ne le sait pas? On sait tout.

– Si c'est vraiment ce que vous pensez, alors vous ne connaissez rien.

– Tu sais à qui tu parles, *kaffir*? »

C'est à ce moment-là qu'ils sont passés aux choses sérieuses. Une nuit, quand ton corps frissonne encore sous le choc du traitement à l'électricité, ils te jettent dans le coffre d'une voiture et t'emmènent sur un chemin défoncé. Puis, quelque part, ils te traînent dans la nuit et éclairent une tombe avec une lampe-torche. Quelque chose est écrit sur la pierre. Tes yeux ont du mal à accommoder, mais finalement tu reconnais un nom. *Steve Biko.* « Regarde bien, disent-ils. Tu sais ce qui lui est arrivé, hein? Il va t'arriver la même chose. Et ne t'imagine pas qu'il y aura quelqu'un pour t'entendre. »

Ils te ramènent à la voiture. Tu t'évanouis à moitié dans le coffre, mais c'est encore mieux que ce qui t'attend ensuite. Surtout quand ils appellent Spike. Il n'est pas très gros, blond, avec une petite moustache et des favoris rouquins. Des mains anormalement larges pour quelqu'un de sa carrure. Et ce sont des mains qui connaissent leur boulot. On pourrait même dire que cet homme est un artiste à sa manière. Un de ses trucs préférés, c'est d'utiliser une planche garnie de clous. Tu poses ta queue sur le bout de la table et il frappe. C'est garanti, dit-il, pour te faire pisser comme un arrosoir.

Deux photocopies que Paul a jointes aux autres. Une citation tirée d'un discours de Hitler : « *Ainsi vous êtes venus aujourd'hui, de vos petits villages, de vos villes commerçantes, de vos cités, des mines et des usines, ou vous avez abandonné la charrue. Vous avez quitté le petit monde de votre lutte quotidienne pour la vie, et de votre lutte pour l'Allemagne et pour notre nation, afin de connaître ce sentiment : maintenant nous sommes ensemble, nous sommes avec Lui et Il est avec Nous, et nous sommes l'Allemagne.* » Et l'auteur continue (Paul a écrit Norman Stone, en rouge sur la première page) : *Derrière toutes ces réjouissances, il y avait la sinistre réalité de la police politique, des camps de concentration et l'exode des Juifs. Hitler avait toujours promis que, quand il aurait le pouvoir, il ne le lâcherait jamais plus. La conséquence, c'était une police forte, et une police pour contrôler cette police... Hitler méprisait les formes constitutionnelles et, bien que parfois il trouvât à redire à la « Peste brune » des SS, il ne fut jamais un obstacle sérieux au développement de l'empire de Himmler... Le nazisme est arrivé au pouvoir parce qu'il promit l'ordre. Mais l'ordre qu'il apporta détruisait tout ce qu'il touchait...*

« Cette fois-là, ils m'ont gardé pendant cinq semaines. Vers la fin, c'était très dur. Je commençais à me dire que je ne ressortirais jamais. » Une pause. « Je crachais du sang. Je pissais du sang. La seule chose qui me faisait tenir, c'était le souvenir de la nuit au cours de laquelle ils m'avaient emmené dans le coffre de la voiture. L'éclair de la lampe qui brillait sur le nom de Biko. Ils pensaient que cela me ferait peur. Mais c'est au contraire ce qui m'a donné le courage de continuer. Je ne pouvais m'empêcher de penser aux paroles de Pityana qu'il avait citées si souvent : *Homme noir, tu es seul.* Je me souvenais de tout ce qui m'était arrivé et comment cela s'était passé. Je voulais étudier et ils m'en avaient empêché. J'étais entré dans l'action syndicale, ils m'en avaient de nouveau empêché. D'accord, il faudrait que j'aille plus loin. D'une autre façon. C'est ce qu'ils m'avaient appris : avec la non-violence, vous n'arrivez nulle part. Ils vous empêchent de tout faire. Ils ne vous croient pas. Ils n'ont pas de place pour vous, parce qu'ils ne connaissent que la violence. Je ne pense pas qu'ils m'auraient laissé la moindre chance de faire ce que j'avais en tête : à la fin, j'aurais disparu comme Vuyizile. Mais brusquement, il y a eu des troubles dans le Transvaal – en un week-end, deux détenus sont morts en cellule; on posa des questions au Parlement – et ils m'ont libéré sans prévenir. Parfois ils prennent peur. C'est ce qui m'a sauvé.

– Et tu as quitté le pays?

– Pendant un mois ou deux, je suis resté chez moi. Je ne savais plus où j'en étais. Je ne tenais plus debout, j'avais des crises. Ce n'est qu'au bout d'un certain temps que je me suis senti mieux. Je suis retourné au Macwusa. Mais, une nuit, un des nôtres est venu chez ma tante et m'a réveillé en me disant de me sauver aussi vite que je le pouvais, parce qu'ils faisaient des descentes et qu'ils arrêtaient tous les responsables des syndicats non officiels. Il m'a emmené avec lui. Je n'avais jamais commis de crime, exactement comme Ntsiki. Notre seule faute avait été d'être noirs. Mais pour les *boere* c'est la pire de toutes. Nous sommes des millions, tous criminels. C'est pour cela que j'ai dû quitter mon pays.

« Nous sommes passés au Transkei. Cela nous a pris une semaine parce que nous avons dû nous cacher tout le long de la route. Du Transkei, nous sommes allés au Lesotho. Des membres de l'A.N.C. se sont occupés de moi; il y avait beaucoup de réfugiés. J'espérais toujours rester là quelque temps puis revenir. Mais les *boere* ont fait un raid sur Maseru. J'ai vu les morts, y compris ceux qui dormaient paisiblement, des gens comme mes parents qui ne connaissaient rien à la politique et à des trucs comme ça, de pauvres gens très simples. Ça a été la goutte d'eau qui a fait déborder le vase. J'avais toujours espéré que ce serait différent. Je voulais que ce soit différent. Mais tu arrives à un point où tu sais : maintenant, il faut que je fasse quelque chose, sinon je serai comme mon père dans la boucherie et je dois offrir quelque chose de différent à mes enfants. Alors, je suis allé au Mozambique par le Swaziland.

– Et, là, tu étais à l'abri?

– Je n'y suis pas allé pour être à l'abri! a-t-il dit, irrité. J'y suis allé parce que c'était le seul moyen de rester en vie et de continuer la lutter. »

Une nouvelle dureté dans sa voix.

« Mais, de toute façon, j'étais loin d'être à l'abri. Peu de temps après mon arrivée à Maputo, une bombe a explosé à Pretoria en réponse au raid sur Maseru. Il y a eu beaucoup de morts et de blessés. Les *boere* se sont de nouveau vengés en frappant Maputo. Tu vois comme c'est simple quand c'est commencé. Les Noirs et les Blancs. Le bien et le mal. Œil pour œil. Mais ils ne cessaient de prétendre qu'il s'agissait d'une lutte morale. " Des repaires de terroristes détruits ", disaient les journaux. C'était exactement comme pour l'Angola. Appelez votre ennemi " terroriste " ou " idiot et vous pouvez lui faire tout ce que vous voulez. Des camps de réfugiés entièrement balayés. Des femmes et des enfants. Et leur propre population n'en sait rien, leurs journaux ne sont pas autorisés à en faire état. Mais *nous*, nous savons. Vous seriez stupéfaits de ce que nous savons dans les ghettos.

« De toute façon, ces raids n'étaient pas que des représailles. Il y avait aussi du désespoir en eux. Et rien n'unissait autant les nôtres. C'était un autre pas en avant, après Sharpeville et Soweto. Un pas de plus à chaque fois. Il y a une logique terrible dans le langage de la violence.

« En surface, quand le monde pouvait les voir, ils ne cessaient de parler de " négociations " et de " réformes ". Mais derrière, là où c'était vraiment important, là où ils pouvaient nous mettre la main dessus dans l'obscurité, il n'y avait que la violence. »

Il a changé de position; manifestement le siège était trop petit pour son grand corps.

« C'est à ce moment-là que je suis venu en Europe pour chercher de l'argent. George et moi.

– Et ils t'en ont de nouveau empêché. »

Il regardait fixement la carte posée sur ses genoux. Puis il a dit : « Oui. C'est vraiment le merdier. Si je rentre maintenant, certains vont me soupçonner de complicité avec George. Sinon, ils vont m'éviter en pensant que je porte malheur. » Une pause. A ma grande surprise, il a ri rapidement et pourtant il n'y avait aucune joie dans son rire. « Mais tu sais, d'une certaine façon c'est presque un soulagement. Je ne pouvais pas continuer à aller de ville en ville comme un mendiant à la con. Que se passerait-il s'ils nous traitaient comme des rois? Ce n'est pas fait pour moi, Andrea. Je ne veux pas être à l'abri et loin de tout. Je veux être là où cela arrive à mon peuple. Je veux faire quelque chose. Je veux courir dans la nuit. Aveuglément, dangereusement, mais vite, bien et franchement. »

Nous continuions d'avancer péniblement dans les effondrements des montagnes, au-delà de Venasque. Les immenses forêts de chênes. Les branches noueuses et tordues montraient combien les racines avaient du mal à s'accrocher dans ce sol dur comme la pierre; combien les hivers devaient être rigoureux. Le bois lui-même avait la dureté de la pierre. Mais les arbres étaient là, et ni le mistral ni la chaleur ou le froid le plus extrême ne pouvaient les détruire. La route était étroite, les virages en épingle à cheveux se succédaient et conduire exigeait une concentration totale. C'était aussi bien. Nous en avions besoin tous deux.

« Qu'est-ce que tu en dirais? » a-t-il demandé brusquement quand nous avons atteint la dernière crête et que nous avons commencé à redescendre vers un plateau en pente douce, dans la direction de Murs.

« De quoi?

– De courir avec moi dans la nuit.

– Est-ce que tu te rends compte de ce que tu me demandes?

– Oui. Et toi? »

Je n'ai pas répondu. Mais il ne m'a pas laissée m'en tirer à si bon compte.

« Je te pose la question, Andrea.

– Non! ai-je crié sauvagement, en fixant la route des yeux. Je ne veux pas qu'on me pose de question.

– Mais *moi,* je le fais. Et tôt ou tard, il faudra que tu répondes. »

Nous avons gravi la dernière côte avant Murs, qui avait été le but de notre voyage cet été avec Paul, mais nous ne l'avions jamais atteint. Les branches dénudées des figuiers qui passaient au-dessus des murs de pierre. Des lampes de fer au coin des rues. Des maisons aux volets gris ou rouges. Un village qui sentait la merde de poule, bien qu'il n'y eût aucune poule en vue. Je me suis arrêtée là où la rue débouchait sur une place carrée avec un monument aux morts, au-dessus de la vallée. En face de nous, il y avait une fontaine ancienne avec des grilles métalliques. Sur les murs, des restes d'affiches annonçant les fêtes à demi oubliées de l'été. Un petit groupe de vieilles personnes étaient assises au soleil, sur deux bancs, à côté de la fontaine; toutes les femmes en noir (des veuves?) avec un tricot sur les genoux, les hommes avec un béret et une pipe ou un mégot aux lèvres. Je me suis dit que, pour eux, il ne devait y avoir aucune terreur dans la pensée de la mort. Tout ce qu'un être humain pouvait connaître ils l'avaient déjà vécu il y a longtemps. Rien ne pouvait plus surprendre leurs vieux yeux, noyés et sages. Il y a dix ans, dix siècles, ils étaient déjà assis au même endroit. Toutes les pestes du Moyen Age étaient venues et parties; les huguenots et les catholiques s'étaient dévasté réciproquement leurs villes et leurs forteresses, et avaient poursuivi leurs satanées vengeances; des maisons s'étaient effondrées et étaient redevenues pierre et poussière : ils étaient restés. Ils avaient tout vu et avaient survécu.

Je les ai salués. Certains ont marmoné quelque chose en guise de réponse, sans grande chaleur. Des yeux apathiques qui regardaient les intrus.

« Nous voudrions trouver le mur de la peste », ai-je dit en essayant de déplier ma carte.

Les femmes ont repris leur tricot dans un silence glacial.

« Vous pourriez peut-être nous indiquer le chemin? » ai-je continué. Mandla restait sur le côté, mais je voyais bien qu'ils l'observaient, la tête penchée, comme des poulets prêts à caqueter.

« Le mur de la peste? a enfin répété une vieille femme sans dents en détournant les yeux. Non. Jamais entendu parler d'une chose comme ça. Et toi? a-t-elle demandé en donnant un coup de coude à sa voisine.

– Je ne connais pas », a dit la seconde femme.

Ça n'avait pas l'air prometteur. J'étais prête à abandonner quand un vieil homme a retiré sa pipe de sa bouche à contrecœur. « D'où venez-vous? »

J'ai fait un geste. « Par les montagnes, de Venasque.

– Hum. » Il a craché du jus de tabac entre ses dents. « Alors vous êtes passés devant. A deux ou trois kilomètres de là. »

J'ai regardé Mandla, mais inutilement : il ne comprenait rien de ce que nous disions. « Je n'ai rien remarqué, ai-je reconnu.

– Vous ne pouviez pas, a grogné le vieil homme. Sauf si vous savez où regarder. Il ne reste pas grand-chose du mur. Pas là-haut. Seulement des ruines.

– Connaissez-vous quelque chose à propos du mur?

ai-je insisté, sachant que je pouvais tenter ma chance. Est-ce que les gens d'ici en parlent encore?

– Non. Que pourrait-on savoir? C'était avant notre époque.

– Je vous l'ai déjà dit, nous n'en avons jamais entendu parler, a dit la première vieille mécontente. Qu'est-ce que c'est de toute façon?

– Apparemment, on l'a construit en 1721 pour écarter la peste.

– Et alors?

– D'où venez-vous? » a demandé une vieille femme qui était restée silencieuse jusqu'ici. De la moustache sur la lèvre supérieure. Une lueur agressive dans ses yeux en vrille.

« De très loin, ai-je dit sans m'engager.

– Qu'est-ce que ça veut dire? C'est loin partout.

– D'Afrique.

– C'est ce que je pensais. » Ses aiguilles à tricoter cliquetaient. « Ne me dites pas que vous avez fait tout ce chemin pour voir un vieux mur en ruine dans nos montagnes.

– On aimerait en savoir plus à son sujet.

– Ça me semble étrange. Pourquoi est-ce que quelqu'un voudrait construire un mur pour arrêter la peste?

– Il fallait qu'ils arrêtent les voyageurs et les vagabonds.

– On a bien d'autres choses à s'occuper, a dit la vieille femme sur un ton sévère. Tous ces nouveaux impôts. Les prix qui montent. Et qu'est-ce que ça nous donne? Ils ont assez d'argent pour acheter des camions de vin et des fruits d'Italie ou d'Espagne, mais les agriculteurs de chez nous crèvent la faim. S'ils veulent vraiment construire des murs, ils devraient les construire sur les routes nationales pour empêcher les étrangers de passer. »

Les autres ont grogné en signe d'approbation.

« Bien, je pense qu'il vaudrait mieux qu'on y aille,

ai-je dit. On va revenir sur nos pas et on va essayer de trouver quelque chose.

– Vous trouverez rien, a dit la première femme. Il n'y a jamais eu de mur là-haut. C'est encore une histoire du gouvernement. »

Nous étions déjà à mi-chemin de la voiture quand le vieil homme qui avait parlé a crié : « Hé! Mademoiselle! »

J'ai tourné la tête.

« Si vous prenez cette route » – d'un geste, il a fait un demi-cercle vers la droite du village – « vous trouverez des morceaux de mur encore complètement intacts. Mais roulez doucement, parce que la route est mauvaise. Vous ne pourrez pas les rater.

– Merci beaucoup. Nous y allons.

– De quoi avez-vous parlé? » a demandé Mandla quand nous sommes montés en voiture.

Je lui ai fait un résumé rapide.

« Tu crois vraiment qu'ils ne savent pas? Ou est-ce qu'ils veulent le garder pour eux?

– Je n'en sais pas plus que toi. » Je n'ai pu m'empêcher de secouer la tête.

« On pourrait croire qu'ils seraient plus intéressés. C'est quelque chose qu'ils pourraient montrer.

– Un vieux mur en ruine de plus de deux cents ans?

– Il y a eu une époque où son importance était vitale. »

Nous roulions très lentement. Et cette fois, nous l'avons trouvé, parfois assez loin de la route, parfois tout à côté. De longs morceaux du mur gris et épais, effondré par endroits, à d'autres étonnamment intact et de deux bons mètres de hauteur. Nous nous sommes arrêtés pour aller l'inspecter de près. Une fois, il m'a donné la main pour que je puisse grimper dessus.

« Très bien, a-t-il dit d'un ton moqueur. Tu l'as trouvé ton mur : et alors?

– Je l'ai enfin vu des mes propres yeux.

– Alors tu peux y croire?
– Je n'ai jamais eu aucun doute. »

Bruni : *Le 14 février 1721, le comte de Médavy et le vice-légat conclurent un accord qui définissait le tracé de la seconde ligne : de la Durance à la tour de Sabranm sur les contreforts des monts du Vaucluse, Bourbourin, Haute-Pouraque, Corneirette, Picol Blanc, en traversant pour finir les communes de Monieux, Sault, Aurel et Montbrun. Quand le tracé fut défini, il fallut imaginer différents procédés en fonction des sections successives : des barrières, des obstacles naturels, des murs, des fossés... Les soldats français et ceux du vice-légat se répartirent les zones de garde...*

Quant aux maçons, ils durent apporter avec eux leurs marteaux, leurs cordes, leurs bêches et leurs pioches. Chacun travaillait pendant une période douze jours et recevait un maximum de dix sols par jour, « afin d'avoir quelque chose à manger pendant ladite période, car la plupart de ceux que vous nous aviez envoyés durent s'en aller faute de nourriture ».

Malgré cela, les problèmes empirèrent par manque de direction intelligente et efficace : il y avait une désorganisation manifeste sur les lieux de travail; le montant de l'argent envoyé dépassa bientôt toutes les estimations. Les travailleurs abandonnèrent plusieurs fois leur travail à cause du manque de provisions; les soldats envoyés garder le mur étaient fatigués car il n'y avait pas de relève régulière. Certains, au bord de l'épuisement, se sauvèrent. On ne recrutait pas seulement des adultes, mais aussi des enfants... « Le mur mesurait facilement six pans de haut, toutes les pierres étant disponibles sur place, ainsi par bonheur notre pays sera sauvé... »

Le travail fut achevé en août 1721. Mais à cette date, malgré toutes les précautions, la ligne de défense avait été rompue : la peste était déjà dans le Comtat Venaissin.

Nous avons pris à gauche un sentier forestier qui traversait un bois de pins puis un autre de chênes rabougris. Bientôt, il n'y a plus eu signe du mur. Il s'était peut-être éloigné de la route : cette section avait peut-être été entièrement détruite. Je voulais en être sûre.

Mais nous avions faim. J'ai quitté l'étroit sentier de terre rouge pour conduire la voiture à l'abri des arbres; nous avons pris les provisions et la bouteille de vin et nous avons descendu la pente assez raide. Il n'y avait aucun signe d'un être humain, d'un animal ou du mur. Nous avons continué ainsi pendant quinze ou vingt minutes; puis Mandla s'est arrêté.

« Ça suffit comme ça. Je n'irai pas plus loin à la recherche d'un putain de tas de pierres.

– Nous pouvons pique-niquer ici. »

Nous avons dégagé un petit coin d'herbe au soleil entre les arbres, et nous nous sommes assis. J'ai coupé le pain; il a ouvert la bouteille de vin. Il avait heureusement apporté son couteau de poche, pour le pâté et le fromage.

Nous parlions peu. La sérénité des arbres et de la montagne pesait sur nous. Aucun signe de vent dans les branches. J'ai pensé : il y a tant de sortes de silence. Il y en a une, oppressante et épaisse, qui empêche de s'échapper ce qui est sous la surface : la peur, le mal, le soupçon, l'effroi : même la possibilité de l'amour. Et une autre sorte, comme en ce début d'après-midi : un silence d'avant le bruit et le monde, qui laisse tout immaculé, impensable, pur.

Il existe encore une autre sorte de silence, je le sais maintenant : celui qui est au centre de la tempête.

Il a enlevé sa chemise pour sentir le soleil sur sa peau. J'ai été bouleversée par la beauté de son corps, comme dans la lumière, devant le palais de justice de Carpentras. Le mouvement de ses bras. La douceur de sa poitrine et de son dos, légèrement plus clairs que son visage et ses bras. Les ondulations paresseuses de ses muscles, comme quand un souffle de vent caresse la surface de l'eau.

Nous avons fini de manger; de temps en temps, nous nous passions la bouteille de vin jusqu'à ce qu'elle soit vide.

« Tu ne m'as toujours pas répondu », a-t-il dit brusquement. Des miettes restaient accrochées au coin de sa bouche. Il les a fait tomber avec la pointe de la langue. Le bref éclair de ses lèvres humides. « J'espérais que tu me dirais quelque chose maintenant. »

J'étais appuyée sur les bras et j'ai levé le visage vers le soleil en fermant les yeux. Mais était-ce pour me contenir, ou pour l'exclure?

« J'ai peur, Mandla. Tout ce qu'on dit est tellement définitif. Tu comprends? »

Sa voix est devenue plus grave. Je fermais toujours les yeux.

« Je ne suis pas sûr de comprendre. Je devrais peut-être dire : je ne suis pas *surpris*. J'espérais... Mais j'aurais dû savoir.

– Quoi? »

Chaque mot comme une petite marque sur le silence; un caillou plat qui glissait à sa surface en refusant de plonger dans ses profondeurs.

« Je sais que tu ne peux vraiment comprendre ce dont je parle. Pour toi, ça ne pourra jamais être plus qu'une " histoire ". Quelque chose qui t'est extérieur. Même si tu essayais, ça ne pourrait jamais te toucher véritablement. Comme on ne peut pas parler à un poisson : il vit dans l'eau et on est en dehors. »

J'ai ouvert les yeux. « Qu'essaies-tu de me dire, Mandla? Que tu es noir et que je suis... autre chose? Que j'ai passé toute ma vie " au milieu ", sans jamais être vraiment quelque part?... Ni noire ni blanche, " métisse ", quoi que cela puisse vouloir dire?

– Je crois que tu peux comprendre en partie ce que signifie être noir. Nous en avons déjà parlé. Mais si tu veux comprendre... c'est une autre question. Mais tu peux. De toute façon, en ce moment, je ne parle pas du fait d'être noir ou blanc, Andrea. Je parle d'autre chose.

– De quoi?

– Tu vois? Tu continues à poser des questions. »

Je me suis dit qu'il ne donnerait jamais d'autres explications; pendant quelques instants, j'ai même pensé qu'il était en colère. Mais il ne l'était pas. Quand je l'ai regardé, j'ai vu dans ses yeux quelque chose qui était presque de la compassion; de la compréhension. Comme si son regard, venu de très loin, me traversait entièrement.

« Il y a quelque chose que vous ne pouvez découvrir que quand ils vous arrachent aux vôtres, à la vie. Quand la Special Branch vient vous arrêter. Vous ne pourrez jamais partager entièrement cette expérience avec les autres. Vous pouvez la leur raconter, ils peuvent vous écouter. Mais la comprendre, la comprendre vraiment, c'est impossible. C'est une sorte de solitude que vous transportez en vous. C'est comme ce type dans la Bible, comment est-ce qu'il s'appelle – Lazare –, qui est revenu à la vie : qu'est-ce que les autres auraient compris s'il avait essayé de leur parler de la mort? Il y a un mur entre les vivants et les morts, entre ceux qui y sont allés et les autres, et rien ni personne ne peut le franchir. »

J'ai murmuré : « Exactement comme un homme ne peut jamais savoir vraiment ce que c'est que d'être une femme? » Puis je l'ai de nouveau regardé dans les yeux. « Tu vois? Ton mur n'est pas le seul. Et en fait, cette mort dont tu es revenu ne m'est pas non plus tellement étrangère. J'y suis allée moi aussi. »

Il a secoué la tête.

« Je ne parle pas de la torture, ai-je ajouté. Ils ne m'ont pas fait mal. Mais je ne pense pas que c'était à ce genre de souffrance que tu pensais toi non plus. Ce dont tu parlais, c'était une sorte de viol, un viol de l'esprit, de la pensée, des souvenirs, de l'espoir en l'avenir; le viol de tes propres possibilités, de ton humanité. Et je connais cela. Je l'ai vécu, comme toi. »

Dans la pièce vide – une table brune avec un numéro blanc peint sur le côté; deux chaises; un classeur gris; des plaques d'insonorisation sur les murs –, sous la lumière violente, les voix qui se succèdent pour cajoler et menacer, pour menacer, pour hurler.

« Ce n'est certainement pas trop te demander.

– Je ne peux pas faire une chose semblable.

– Que représente cet homme pour toi? C'est un étranger, un Anglais, tout ce qui l'intéresse c'est de déterrer des scandales sur notre pays.

– Il est historien. Il fait des recherches, c'est tout. Je tape ses notes pour sa thèse.

– Très bien. Alors, s'il est inoffensif, tu peux nous en dire plus à son sujet.

– Pourquoi ne lui demandez-vous pas vous-mêmes? Il n'a rien à cacher.

– Nous lui avons déjà parlé. Il n'est pas très coopératif.

– C'est votre problème.

– C'est *toi* que nous interrogeons.

– Je travaille pour Brian Everton. Je ne peux pas l'espionner.

– Tu es sûre qu'il ne s'agit que de travail?

– Qu'est-ce que ça pourrait être d'autre?

– On ne sait jamais. Vous passez de longues heures ensemble. Seuls, tous les deux.

– Pourquoi ne nous faites-vous pas surveiller? Faites votre sale boulot.

– C'est à toi que tu crées des problèmes. Et à ta famille.

– Ma famille n'a rien à voir là-dedans. Ils ne le connaissent même pas.

– Nous avons arrêté ton frère ce soir. Tu étais là, tu as vu.

– Vous devez le libérer. Il n'a rien fait.

– Et les livres que nous avons trouvés dans sa chambre?

– Ses affaires sont à lui.

– Il peut aller en prison pour ça. Et pour un sacré bout de temps. Nous l'avons surveillé. Lui et ses amis à l'université. Ne va pas croire que nous dormons.

– Pourquoi m'interrogez-vous sur Brian – sur M. Everton – à un moment, puis sur mon frère à un autre? Ils n'ont rien à voir ensemble.

– Mais tu es proche des deux.

– Et alors?

– Vous voulez qu'on vous dise les choses clairement, mademoiselle Malgas? » Un *mademoiselle Malgas* très énergique.

« Allez-y. Je vous écoute.

– Vous allez nous rendre compte régulièrement de tout ce que dit, fait et lit Brian Everton. Et on libérera votre frère. Sinon...

– Vous essayez de me bluffer. Vous ne pouvez rien faire.

– Tu crois?

– Vous ne pouvez pas faire une chose comme ça!

– Tu veux parier? »

Elle a l'impression qu'il se passe des heures avant qu'elle puisse répondre, avec une voix qu'elle reconnaît à peine : « Si vous voulez savoir quelque chose sur Brian Everton, alors cherchez vous-mêmes. Ne comptez pas sur moi.

– Très bien. » L'homme se lève. « Nous ne pouvons pas vous forcer. Mais vous vous rendez compte que vous venez de signer la condamnation de votre frère? »

Il fait le tour de la table et s'arrête juste en face d'elle, les yeux à quelques centimètres des siens. Elle ne peut se contrôler. Avec un mouvement brusque de la tête, elle lui crache en plein visage.

Pendant un instant, elle pense qu'il va la frapper. Mais il lève lentement la main jusqu'à sa joue et la touche avec une expression d'incrédulité sur le visage. Il a même un soupçon de sourire sur les lèvres. « Emmenez-la, dit-il. Et amenez-moi son frère. »

« En as-tu parlé à Brian? » a-t-il demandé après un long silence.

J'ai secoué la tête. « Tout ce que je lui ai dit, c'est ce qu'ils m'avaient demandé sur mon travail. Il n'a jamais rien soupçonné; en fait, il pensait que ça s'était passé dans l'autre sens : il n'a jamais compris que c'était à cause de lui que j'avais été arrêtée. Il pensait qu'ils avaient déjà un dossier sur Boetie, et qu'ils vérifiaient toutes ses relations pour confirmation. Il pensait qu'on me soupçonnait, *moi.* Et si tu veux tout savoir... » – elle a eu du mal à continuer – « si tu veux tout savoir, il pensait... je n'en suis pas sûre, nous n'en avons jamais parlé, mais j'avais l'impression qu'il trouvait très bien de sa part de rester avec une fille qui avait des problèmes avec la Special Branch. »

Mandla s'est levé et s'est éloigné entre les arbres. Le soleil sur les épaules. Je l'ai entendu qui urinait. Je ne voyais plus son corps, mais le soleil brillait sur le jet. Je n'ai pas détourné le regard. Je voulais qu'il revienne et qu'il ne me laisse pas seule.

J'ai cru qu'il allait continuer à marcher dans le bois. Affolée, je me suis levée et j'ai appelé : « Mandla! »

Tout était calme. Puis j'ai entendu des brindilles qui

craquaient et je l'ai vu qui revenait. « Que se passe-t-il?

– Rien. Je pensais... » Je me suis tue, gênée.

Il était loin de moi – en fait à quelques mètres, mais la distance semblait très grande, tant de soleil nous séparait – et je le regardais fixement dans la lumière qui tombait sur lui en diagonale.

« On repart chercher le mur? » a-t-il demandé.

J'ai fait non de la tête.

« Tu crois qu'on est déjà de l'autre côté? Ou encore de celui-ci?

– Où est la différence? La peste est partout.

– Viens près de moi », a-t-il dit. Il m'attendait. Dans cette lumière insupportable.

J'ai défait les boutons de mon chemisier, très lentement, un par un, je me sentais enfin très calme, dans ce terrible silence qui nous entourait, dans cette lumière; j'ai enlevé mon chemisier et mon soutien-gorge; je suis allée vers lui, sans me presser, en sachant que ce qui devait arriver arriverait, et qu'il y avait d'innombrables barrières à franchir, mais je me suis avancée sans réserve, dans la liberté de tout ce que nous étions et de tout ce que nous avions toujours été.

La terre dure et lourde, d'une profondeur insondable.

La conscience illimitée dans l'immédiateté de cet acte simple.

J'ai pensé : oui, bien sûr, il avait raison, c'était ainsi, évident et complexe; la vérité du corps, qui est fait d'os et de chair, qu'on peut blesser, qui saigne, qui souffre de faim et de soif, du désir d'être humain, qui affirme son humanité inéluctable : telle était notre réalité, la connaissance que nous avions, que nous pouvions avoir, du monde et de l'existence, une connaissance jusqu'à la mort. Jamais dans ma vie je n'avais été aussi proche de la mort.

Autour de nous la liberté absolue de la montagne, des bois, du ciel bleu; et une cigale hors de saison, qui poussait sa note aiguë de façon excessive, dans ce qui serait sans aucun le dernier jour de sa vie. Nous étions comme les arbres : avec des branches et des feuilles qui ne réagissaient pas seulement au vent mais qui lui répondaient, qui se révoltaient contre lui, qui coexistaient avec lui et qui dans cet acte même affirmaient leur existence d'arbre – même quand le vent les dénudait.

(Tu aurais approuvé, grand-père Xhorê : toi non plus tu n'as pas accepté les murs.)

« Tu n'as plus besoin de me donner de réponse, a-t-il dit ensuite. Je crois la connaître. »

J'ai pensé qu'en vérité, dans la relation d'une personne avec une autre, il n'y a que deux choix possibles : *Veux-tu rester avec moi? Ou veux-tu me trahir? Que m'accordes-tu en fin de compte : la vie ou la mort?*

Des heures plus tard, quand la fraîcheur du soir qui descendait nous a obligés à nous rhabiller, il a mis son bras autour de moi et nous sommes revenus ensemble. A la lisière de la clairière herbue où nous avions fait l'amour, j'ai regardé en arrière en ressentant – étrangement – non de la tristesse, mais une nouvelle assurance.

J'étais ici.

Puis nous sommes repartis.

Nous sommes rentrés en passant par Murs; et ce n'est qu'à ce moment que je me suis rendu compte combien il était étrange qu'on ait donné un tel nom à ce village plusieurs siècles avant la peste. Une sorte de prémonition? Comme si de nombreuses années et de nombreux murs, ordinaires ceux-là, avaient été nécessaires pour préparer l'endroit à ce mur final. Qui maintenant, de toute façon, était en ruine. Je savais au moins que les murs pouvaient être détruits. Même ceux de Jéricho étaient tombés.

Nous avons descendu pendant quelques kilomètres, jusqu'à Joucas. Je n'avais pas l'habitude d'arriver dans ce village en venant de cette direction. Les fois précédentes – plusieurs fois en juillet, avec Paul; et la veille quand Mandla et moi y étions passés en allant vers Apt – j'étais toujours arrivée à Joucas en venant de Cavaillon, et pour moi le village avait toujours marqué la fin de la plaine : un petit groupe de maisons brunes sur un promontoire de rochers qui indiquait le début des monts du Vaucluse, le grand Au-delà. Mais aujourd'hui, en venant de derrière, par les montagnes profondes et boisées et les forêts de chênes de Murs, le village était la *fin* d'un monde sauvage, un dernier avant-poste avant d'atteindre, en dessous, la plaine plus calme et cultivée. Et cela n'a pas seulement changé l'image que j'avais de Joucas qui est devenue plus complexe qu'auparavant, mais a aussi modifié la connaissance que j'avais du lieu : maintenant, il devait se reconnaître et se maintenir devant le monde avec la claire conscience de cette région montagneuse tout en regardant vers la plaine.

Sur la route de Cavaillon, dans la faible lumière, Mandla a dit, à propos de rien : « Tu sais, j'étais très injuste quand je parlais des Blancs qui essayaient de nous aider dans les syndicats. Certains étaient différents. Je n'ai jamais rencontré Neil Aggett, mais quand il a été tué en détention j'ai compris que nous ne pourrions plus faire les mêmes distinctions faciles qu'auparavant. D'autres formes de solidarité commençaient à prendre corps. Une fois, une femme est venue nous parler, très vieille et très petite, elle devait avoir au moins quatre-vingts ans; avec des cheveux blancs, clairsemés et décoiffés. Des bras et des jambes comme des bâtons. Mais un visage étonnamment jeune. Ils l'avaient amenée à Johannesburg, au moment où les *boere* nous en faisaient voir de dures. C'était tout de suite après la disparition de Vuyizile. Elle n'avait pas le droit d'être là, elle était assignée à résidence depuis quelque chose comme quinze ans, mais elle était prête à prendre le risque. Elle parlait d'une voix très douce. Rien ne pouvait la troubler. Ce n'est pas qu'elle disait quelque chose de très particulier; c'était seulement sa façon de parler. Comme s'il y avait eu une sorte de lumière qui brûlait en elle. Je sais que ça a l'air stupide, mais j'ai pensé : si jamais il y a une sainte, c'est elle. " Je n'ai jamais commis de crime de ma vie, a-t-elle dit. Ce que j'ai fait de pire, c'est que j'ai lutté pour que les gens soient traités comme des êtres humains. " Elle ne se plaignait pas. A aucun moment, elle n'a essayé de faire étalage de ses souffrances. Et à la fin, ellc a seulement dit : " Si je regarde aujourd'hui tout ce qui est arrivé, je pense toujours que ça en valait la peine. Si je devais recommencer, en sachant à l'avance le prix à payer, je recommencerais. Parce que ce n'est jamais en vain. Rien n'est jamais perdu. "

– Pourquoi me dis-tu ça? lui ai-je demandé, sans être sûre de vouloir une réponse.

– Parce que c'est toujours plus dur pour les femmes.

– Pas plus dur que pour vous.

– Quand ils ont arrêté Ntsiki, a-t-il dit en ignorant ma remarque, une fois, ils se sont acharnés sur elle pendant quatre jours et quatre nuits sans arrêt. Quand ils l'ont ramenée dans sa cellule, elle les a suppliés de ne pas l'enfermer seule, parce que sa grossesse était très avancée et qu'elle avait peur. Ils se sont contentés de rire et ils l'ont mise en isolement. Le soir, elle a commencé à hurler. Elle a continué, mais personne n'est venu. Elle a hurlé toute la nuit. Ils n'ont rien fait. Quand ils lui ont apporté à manger le lendemain matin, ils ont vu le sang qui coulait sous la porte. C'était une fausse couche. »

Je ne pouvais rien dire. Mes mains serraient le volant.

« Il y avait une autre femme de Mdantsane, a-t-il continué sans pitié. Une vieille femme de plus de soixante-dix ans. Son fils s'était enfui au Botswana après les émeutes de 76. Un jour, il est venu rendre visite à sa famille et sa mère l'a laissé dormir sous son toit pour la nuit. Ils l'ont arrêtée ensuite. Elle a été condamnée à cinq ans pour avoir hébergé un terroriste.

« En prison, il y avait une jeune femme qui a entendu parler de ce qui était arrivé à la vieille mère. Un matin, la jeune femme lui a laissé un message dans la salle de bain, dans le robinet, en sachant qu'elle passait tout de suite après. Même pas un message, un seul mot. *Courage.* A cause de cela, ils ont condamné la jeune femme à deux ans d'isolement. Pas de visites, pas de lettres, rien à lire. Deux ans.

– Je veux savoir *pourquoi* tu me racontes cela. Mandla! » ai-je répété. Il m'était difficile de parler.

« Parce que tu dois savoir », a-t-il dit.

Nous étions assis et nous écoutions une de mes cassettes de reggae. A Saint-Rémy nous sommes allés dans le même restaurant que le jour précédent. Nous avons bu beaucoup de vin. J'ai commandé les meilleurs plats dont je me souvenais de mes visites avec Paul. Puis nous sommes revenus à l'hôtel. Il était inutile de discuter ou d'arranger quelque chose à l'avance. J'ai ouvert et il m'a suivie dans ma chambre.

Mais au moment où il fermait la porte derrière nous, un téléphone a sonné tout près, de l'autre côté du palier – nous sommes restés immobiles et nous avons écouté, pris au dépourvu; soudain les murs semblaient se refermer sur nous. Il n'y avait aucun doute : la sonnerie venait de sa chambre.

« Ce ne peut être que Paul, a-t-il dit, ennuyé, mais non sans une pointe d'amusement. Il est le seul à savoir que je suis ici.

– Il rappellera demain.

– Non, je vais répondre et ce sera fini.

– Si tu veux. Je laisse la porte ouverte pour toi. »

Il est revenu plus vite que je ne m'y attendais. Je venais de me déshabiller et j'allais à la salle de bain.

« Ce n'était pas Paul, a-t-il dit en ouvrant la porte.

– Un faux numéro?

– Non. Un étranger. Avec l'accent sud-africain. Il a simplement dit : " J'espère que vous passez un séjour agréable! "

J'ai ouvert la bouche pour dire quelque chose, mais que pouvais-je répondre?

Il s'est retourné vers la porte encore entrouverte.

« Ne t'en va pas, s'il te plaît, ai-je dit. Reste avec moi, Mandla. Ne me laisse pas seule cette nuit. »

Il hésitait. Je pouvais voir dans ses yeux qu'il avait envie de rester. Mais il a fini par secouer la tête, comme de tristesse. Je savais qu'il était inutile de le retenir, pas avec ces ténèbres en lui. Et je savais aussi que, pendant toute la nuit, alors que je serais éveillée, je l'entendrais : le bruit de son *trompie*, ou celui plus pesant, plus lourd, de ses soupirs.

CINQUIÈME JOUR

Se lever et affronter le jour ou rester encore un peu au lit? Non pas que le lit fût si tentant, à cause de sa chaleur, ou de l'illusion très agréable de sécurité, parce qu'après m'être finalement endormie – fatiguée, seule et frustrée –, j'avais été importunée par une démangeaison. Une puce. Cela m'avait pris une heure pour l'attraper, mais à la fin j'avais éprouvé une certaine satisfaction à tuer cette petite saleté entre mes ongles et à la faire partir dans l'eau du lavabo. Une piqûre à l'aine. En juillet, nous avions été la proie des célèbres moustiques de Provence, mais Paul avait finalement réussi à les éloigner en faisant brûler des produits aromatiques dans la chambre. La puce était plus inattendue, plus astucieuse. Des années auparavant, avec Brian, dans les gargotes, minables dans lesquelles nous descendions, elle faisaient partie de notre vie de chaque jour, ou de chaque nuit; mais dans un hôtel de cette classe, c'était une surprise désagréable.

Ensuite, j'ai traîné au lit. (Une fois, Paul, dans un cynisme endormi – mais à propos de quoi? : « L'immobilité est notre tentation; le mouvement notre vocation ».) Ce n'était pas que j'hésitais à faire face à cette nouvelle matinée, mais la solitude m'était insupportable et je n'étais plus aussi certaine de la veille. Je n'ignorais pas que cela était arrivé (avec une brève contraction des cuisses ou du muscle circulaire de l'amour au plus profond de moi, je pouvais encore le sentir) : mais je ne savais plus quelle signification y attacher. Le seul besoin d' « interpréter » me troublait. Je ne voulais pas. Ne pouvait-on pas, simplement pour une fois, en accepter et en assimiler le fait purement physique? Ce ne serait pas la seule relation d'une nuit dans ma vie (et nous n'avions même pas eu une nuit!) : mais dans les occasions précédentes, je n'avais eu aucun doute; il n'était resté aucune illusion, aucune ambiguité non résolue : chaque fois nous avions su tous les deux à quoi nous nous exposions. Ce qui s'était passé hier était différent. (N'est-ce pas?) Bien sûr, ça l'était. Notre engagement avait été autre; total. C'est ce qui avait rendu la solitude de la nuit si intolérable, si inexplicable. Etre pelotonnée dans un lit, les genoux relevés, serrés dans mes bras, Andrea comme un paquet ardent sous la couverture bien-aimée et déchirée, ce n'était ni indulgence ni plaisir, mais affirmation simple et nécessaire. J'étais toujours là! Je portais toujours en moi quelque chose de lui! C'était la seule certitude qui avait émergé des derniers jours (aujourd'hui c'était le cinquième).

La veille au soir, j'avais pris ma pilule par habitude, tout à fait machinalement. Ce n'est qu'après l'avoir avalée que je m'étais soudain révoltée : et si je m'enfonçais un doigt dans la gorge pour m'en débarrasser? Mais l'idée ne semblait pas fameuse. J'arrêterais demain soir; ce soir. Ce n'était pas du tout la bonne période : c'était à peine une semaine avant mes règles. Oh! Pourquoi se poser tant de problème? Pourquoi ne pouvais-je pas simplement absorber sa semence en sachant qu'elle se transformerait en enfant? Mais, stérile ou non, je savais que j'arrêterais la pilule; à partir de ce soir.

Paul? *(Mais je reviendrai toujours vers toi.)* Non, je m'étais trompée. Quoi qu'il puisse arriver à partir de maintenant – et que pouvait-il arriver d'autre que de rester avec Mandla? –, cela au moins avait été résolu.

Paul appartenait au passé. Même si Mandla devait faire ce qui me semblait impensable et m'abandonner, je ne pourrais pas retourner avec Paul. Ce n'était pas seulement une question d' « infidélité » : c'était à la longue pardonnable, acceptable, je ne le savais que trop bien. Mais quelque chose d'entièrement nouveau avait commencé, quelque chose de si différent de tout ce qui avait existé auparavant qu'il était impossible de comparer. Paul lui-même – et Dieu sait comme je l'avais aimé, comme j'avais été attachée à lui –, Paul lui-même, maintenant que j'avais fait mon choix, appartenait au passé. Mandla était la conclusion et l'aboutissement de toutes mes tentatives précédentes. C'était la véritable signification de mon amour. Mandla. La liberté. L'homme fort. Vaste comme une montagne; beau comme un arbre; profond comme l'intérieur d'un pays inconnu. A moi. Tellement mien que, dans ma pensée, j'osais lui donner mon nom, comme quand pendant mon enfance j'avais baptisé tout ce qui m'était le plus cher : *Nanna, tu es à moi, tu fais partie de moi, tu es moi.* Et même s'il ne devait plus me toucher à nouveau de toute ma vie, c'est ce qui resterait. Même si en sortant de cette chambre je trouvais la sienne vide. (Oh! Mon Dieu! Pas ça!) Même s'il devait retourner dans ce pays lointain qu'il portait en lui comme on porte un enfant, nous marcherions toujours tous les deux sur le versant d'une montagne, dans un monde sans murs, d'où même les traces et les signes des ruines auraient disparu, un monde plus ancien que les chênes noueux, aussi vieux que la pierre, aussi jeune que la toute nouvelle feuille d'herbe. S'il y avait eu des « coïncidences » dans ma vie, cela n'en était pas une. Tout ce qui existait maintenant n'aurait pas pu être différent. C'était prédestiné bien avant la Peste noire; bien avant que le premier couple eût été chassé du paradis dans le désert, marqué par le Dieu blanc et sa loi sur les Group Areas. Prédestiné : mais vers quelle fin? – toute une vie de désir, tourmentée par la faim, l'envie et la souffrance, condamnée à porter tous les péchés d'un pays, à être constamment ramenée à la plus fruste humanité, les miettes dans un coin sombre, brûlant d'un feu inextinguible? – même cela nous le partagerions, Mandla et moi, ensemble, main dans la main; et ce paradis nous suffirait, le seul qu'on nous accorderait jamais.

Dans un calme triste, vide de l'absence de Mandla, mais pourtant étrangement complète dans la conscience de moi-même, ramassée en un petit paquet, dans la forme d'un œuf (et cependant si vulnérable, si pénétrable, si accessible, dans cette position même!), j'ai glissé de nouveau dans le sommeil, dans la première lumière du jour. Un rêve. Ce dont je me souviens est déformé par d'autres souvenirs : je nageais sous l'eau, mais sans masque ni lunettes, comme si j'avais été dans mon élément naturel; un mouvement sans effort au-dessus des rochers et les paysages sous-marins s'ouvraient en dessous de moi : mais un décor terriblement familier! – la vallée de l'Hex River qui devenait le Karoo au-delà de la Towns River; non, c'était le Sand Veld; non, la plaine étroite entre les monts du Vaucluse et le Luberon, en dessous de Joucas et de Murs – et Mandla était avec moi, comme s'il avait toujours été là (mais je savais que c'était faux), et nous faisions l'amour sous l'eau, et son sexe, doux comme un poisson, nageait en moi; puis la voix de papa me résonnait dans les oreilles venant de très loin, comme des bulles qui auraient crevé dans ma tête, un bruit mélancolique. « Ne t'inquiète pas, ai-je répondu, je serai bientôt avec toi, papa. » Puis je me suis retournée vers Mandla pour recommencer à faire l'amour. Mais, brusquement, j'ai encore entendu la voix, non plus lointaine et mélancolique, mais terriblement proche, un cri de peur ou un avertissement.

Le téléphone à côté du lit.

Mon cœur battait d'effroi – je savais que je passerais

la journée à tenter de retrouver mon rêve inachevé – et j'ai mis un certain temps à tendre le bras pour prendre l'appareil, encore complètement perdue; jusqu'à ce qu'enfin je reconnaisse la chambre dans la lumière qui entrait par les volets à demi fermés. J'ai gardé la main sur le téléphone en appuyant très fort comme pour étouffer le bruit de la sonnerie et je ne me suis détendue que quand elle s'est arrêtée. Je savais que c'était Paul, mais je ne pouvais absolument pas l'affronter maintenant; je me sentais trop nue et le bruit avait été comme la voix de Dieu appelant dans l'Eden. Je savais que derrière les arbres, Eve se cachait en tremblant et la semence d'Adam s'écoulait encore d'elle, une création entière dégouttait de ses entrailles. (Pandore? – qui avait laissé s'échapper de sa boîte la peste qui avait infesté le monde avec la vie en ne laissant derrière elle peut-être que l'ombre de l'espoir?) Eve, pauvre Eve. Je comprenais pour la première fois. Oh! Dieu, laisse-moi seule.

Ensuite, je n'ai pas pu me rendormir. Encore tout étourdie par le choc du réveil brutal, j'ai dû rester au lit quelques minutes avant d'aller me faire couler un bain. Une fois dans l'eau, j'ai commencé à me détendre, comme si je m'étais glissée à nouveau dans mon rêve : mais je me sentais encore plus seule que pendant mon sommeil, plus vide. Avec mes doigts – un geste ancien et familier –, j'ai essayé de fermer la blessure ouverte de mon sexe, jusqu'à ce qu'il ne reste plus qu'une cicatrice, une suture cachée par les poils. Mais ce n'était qu'une illusion. Le vide intérieur est demeuré réel et intact.

Je me suis vigoureusement frottée avec une serviette. On a frappé à la porte avant que j'aie fini.

De nouveau ce sentiment d'être prise au piège. Je suis allée jusqu'à la porte de la salle de bain en tenant la serviette devant moi et en laissant la marque sombre de mes pieds sur le tapis.

« Andrea, tu es réveillée? »

Je me suis mise à frissonner. J'ai avalé ma salive, mais j'avais la gorge trop sèche pour parler. Humble et prête, je lui ai ouvert la porte.

Manifestement, il ne s'attendait pas à me voir comme ça.

« Je pensais que...

– Viens. »

Il a fermé la porte derrière lui et s'y est adossé comme pour empêcher le monde d'entrer. Il avait les épaules aussi droites et carrées que d'habitude, mais j'ai remarqué aussitôt ses traits tirés. De petites veines dans le blanc des yeux.

« Mandla, que s'est-il passé?

– Rien, je suis venu te dire bonjour, c'est tout.

– Tu n'as pas dormi de la nuit. »

Il a haussé les épaules.

« Pourquoi?

– Je suis coincé ici.

– A cause du coup de téléphone d'hier soir? »

Un geste qui pouvait signifier n'importe quoi.

« Pourquoi n'es-tu pas venu me voir si tu ne pouvais pas dormir?

– Je ne voulais pas te déranger.

– Je ne dormais pas non plus, Mandla.

– Ce n'est pas ce que je voulais te faire. » Il est passé près de moi dans la direction du lit, puis il s'est arrêté pour se retourner vers moi.

« Laisse-moi te regarder », a-t-il dit calmement.

Sans protester, presque avec humilité, j'ai laissé tomber la serviette sur le sol. Il m'a contemplée de la tête aux pieds, comme s'il n'avait encore jamais vu de femme. Ou m'observait-il pour être sûr qu'il se souviendrait toujours de moi? Mais ce n'était pas nécessaire! J'étais à sa disposition. Il pouvait me prendre, j'étais prête à rester avec lui.

Embarrassée? Non, je ne l'étais pas. Mais ce qui me troublait c'était l'expression de ses yeux : ni désir ni fièvre, rien d'aussi franc qu'une approbation; au contraire, c'était la douleur la plus pure que j'avais jamais vue dans un regard.

« J'aimerais être assez belle pour toi, ai-je murmuré.

– Ne répète jamais cela! » Il m'a serrée contre lui, si fort que je pouvais à peine respirer; et nous sommes restés ainsi longtemps, en silence, jusqu'à ce que je sente son corps se secouer, et j'ai compris qu'il pleurait.

« Mandla, Mandla, mon Dieu, non. Qu'y a-t-il? Qu'est-ce qui ne va pas? »

J'étais impuissante devant la violence des sentiments qui le mettaient dans cet état.

Je suis restée ainsi quelques minutes avant qu'il s'éloigne de moi et qu'il aille près de la fenêtre pour regarder dehors : pas d'une façon neutre, insouciante, mais avec une telle férocité que tout son corps semblait tendu comme la corde d'un arc : comme s'il avait voulu mettre ce jour en morceaux.

Faible et troublée, je me suis assise sur le lit.

« Quelque chose a dû se passer. Dis-le-moi s'il te plaît.

– Quelle question! » Il s'est retourné vers moi. « Tu demandes ce qui est arrivé? C'est *toi* qui est arrivée, merde!

– Mais...

– J'étais prêt à tout. A tout, tu entends? N'importe quoi. Tu le sais. Je t'ai tout dit. Qu'est-ce que je vais faire maintenant? »

Ses paroles ont pénétré lentement en moi. Comment avais-je pu être si bête?

« Mandla, je ne te demande rien. Je n'exige rien, je n'attends rien. Tu es toujours aussi libre.

– Je ne voulais pas tomber amoureux de toi, a-t-il dit. Qu'est-ce que je peux faire de l'amour? Comment est-ce que je peux te ramener dans cet enfer?

– Tu le voulais hier.

– Hier...! » Il est revenu vers moi en tremblant.

« Pourquoi ne m'as-tu pas dit de foutre le camp? Qu'y a-t-il en toi qui *veut* retourner dans ce merdier? »

Je regardais au-delà de lui.

« Une sorcière. Tu sais, très souvent dans ma vie, j'ai pensé que je devais être une sorte de sorcière. Personne n'a jamais voulu me croire. Maintenant, je sais que j'ai toujours eu raison. Tout ce que je touche est condamné.

– Ça n'a rien à voir avec toi! » Il m'a saisi le bras avec une telle violence que j'ai poussé un cri; mais je me suis arrêtée en me mordant la lèvre. *(Oui : blesse-moi. Tue-moi si tu le veux.)* « C'est moi, Andrea, tu ne comprends pas? » Désespéré, il est tombé par-dessus moi sur le lit, en m'écrasant sous lui.

« Tu ne comprends pas? Ce n'est pas une époque pour l'amour.

– Nous ne l'avons demandé ni l'un ni l'autre, Nanna. »

Il m'a regardée d'un air soupçonneux.

« Pourquoi est-ce que tu m'appelles comme ça?

– Je ne l'ai pas fait exprès. » Bien sûr que si! « Je me parlais à moi-même. »

Pendant tant d'années un souvenir m'était resté présent à la mémoire : ces gens à Londres, ces exilés que Brian avait tant voulu me faire rencontrer alors que je ne le voulais pas. Ils m'avaient choquée parce que j'avais l'impression qu'ils faisaient étalage de leurs blessures les plus intimes : comme des putains; comme des malades qui exposent aux passants leurs ulcères, leurs plaies, leurs boutons et leur chair noire et gangrenée. Cela m'avait scandalisée, révoltée. Parce que, accablée par ma propre souffrance, je n'avais pas su quoi faire devant la leur; même après ce qui m'était arrivé, je n'avais encore compris. Je me disais : pourquoi ne peuvent-ils pas garder leur vie pour eux-mêmes? Pourquoi ne peuvent-ils pas aimer, vivre et avoir leur intimité comme tout le monde? Maintenant, enfin, je comprenais, en regardant dans les yeux de Mandla pour y voir mon propre reflet : ils étaient devenus comme ça, non pas parce qu'ils l'avaient voulu, mais parce qu'il ne leur restait rien à eux. Parce qu'on les avait traînés hors des murs, qui les avaient toujours protégés, et jetés parmi les hyènes et les vautours d'un monde où dominait l'odeur de la mort et de la pourriture. Quand vous subissez la peste, il ne vous reste plus de vie privée. N'importe quel charlatan, n'importe quel entrepreneur de pompes funèbres, n'importe quel passant curieux ou soupçonneux peut vous arracher vos vêtements du corps pour observer la progression de la maladie – un jour, deux, trois, quatre, puis le cinquième quand les abcès crèvent – et vous donner en spectacle. Même s'ils font cela par compassion : la pitié elle-même devient cruelle quand elle doit tout exposer au grand jour. Après tout, c'est pour votre bien. Cela vous offre peut-être votre seule chance de guérison. Alors enlevez-moi mes haillons, mettez-moi nue, inspectez mes seins et mes aisselles, que vos ongles grattent dans ce que recouvrent mes poils, ouvrez ma chair la plus secrète et enfoncez-y vos doigts, faites-moi saigner, que le sang épais et noir sorte de mon corps, blessez-moi : et soignez-moi, pour l'amour de Dieu, essayez de me soigner, sauvez-moi, car je ne peux plus continuer ainsi.

« Ce sera peut-être plus facile à supporter si nous sommes ensemble, ai-je murmuré. Si je t'aide. Si je rentre avec toi.

– Le résultat, ce serait que chacun devrait supporter les blessures de l'autre.

– Je veux courir dans la nuit avec toi. Comme tu me l'as demandé.

– Je ne savais pas ce que je demandais. On ne sait jamais avant que ce soit trop tard.

– Tu regrettes, alors? »

Il m'a frappée si violemment que j'ai eu la tête rejetée en arrière. J'ai senti qu'une dent m'avait coupé l'intérieur de la joue. Le goût de mon sang. La douleur m'a fait venir des larmes aux yeux. Je l'ai vu qui se passait la main sur le visage, refusant de croire ce qu'il avait fait ou ce qu'il voyait. Puis il a fait demi-tour, comme pour se sauver; mais, après quelques instants, il a serré sa tête contre la mienne.

« Oh! Mon Dieu, Andrea, je ne voulais pas, a-t-il dit.

– Ne me demande pas pardon. Je l'ai mérité. Je n'aurais pas dû te dire une chose semblable. Je ne m'excuse pas non plus. »

Il m'a regardée fixement, en me dévisageant avec intensité, je l'ai regardé dans les yeux sans ciller. Il a fini par s'asseoir, le regard perdu vers la fenêtre et la lumière.

« Il y a deux façons de mourir », a-t-il dit; je ne sais pas s'il se rendait compte que je l'écoutais. « On peut mourir parce qu'on ne peut plus continuer, parce que c'est trop pour vous. Et l'on peut mourir parce qu'on le choisit. Parce qu'on n'a pas peur. Parce qu'on n'a rien à perdre : parce qu'on est libre; parce qu'ils n'ont aucun moyen pour vous atteindre ou vous mater.

– Pourquoi parles-tu de la mort?

– De quoi d'autre parler?

– Je t'aime. Tu m'aimes. » J'ai décidé de prendre le risque. « Nous pouvons parler de nos enfants.

– Pourquoi revenir là-dessus? Je t'en prie, Andrea; s'il te plaît.

– Nous devrons apprendre à y croire. C'est notre seul espoir. »

De nouveau, il a secoué la tête, avec lenteur, mécontent, sans me regarder. « Qu'importe ce que m'ont fait les *boere* – debout sur des briques, faire le " Boeing " sur un manche à balai, des coups de genou dans les couilles, les électrodes... » Il s'est arrêté un instant. « ... Même Spike : j'ai tout supporté. On peut s'y préparer. Ils ne peuvent pas vous atteindre. Mais ça... » Il a encore secoué la tête. « Je ne peux pas.

– Je ne te demande rien. Simplement de ne pas nier ce qui existe. »

Il s'est allongé près de moi en me serrant contre lui. Toujours nue, je sentais à travers ses vêtements la lourde chaleur de son corps. Il m'a serrée très fort et, pendant longtemps, et nous n'avons bougé ni l'un ni l'autre.

« Andrea, Andrea », l'ai-je enfin entendu murmurer, mais si doucement que je n'étais pas sûre qu'il s'agissait bien de mon nom. Puis il s'est détendu et a roulé sur le côté. Les yeux fixés au plafond, il s'est mis à parler, plus calme qu'auparavant, mais avec un tel désespoir dans la voix que j'en ai eu la chair de poule comme si j'avais eu physiquement froid. « Il n'y a qu'une limite au pouvoir d'une oppression, c'est la patience de l'opprimé. Je suis sa limite, tu comprends?... Je suis la ligne qui peut l'arrêter. C'est pourquoi je ne peux laisser quelque chose m'embarrasser. Je ne peux me permettre d'avoir une faiblesse où il peut m'atteindre. Si tu es avec moi, tu seras le bas-ventre, les couilles par lesquelles il pourra me saisir. Tu ne crois pas? »

Je lui ai pris la main et je l'ai pressée contre mes lèvres; puis je l'ai posée sur mes seins. « Je suis de la même couleur que toi. Tu l'as dit toi-même, rappelle-toi, l'autre jour à Avignon; et bien avant, rue du Four. Je ne l'avais jamais su. Pendant des années, je n'avais pas voulu le savoir. Maintenant, je ne veux rien savoir d'autre. Je ne vis plus “ entre ”, Mandla. Je ne suis plus dans un *no man's land.* »

Sa main me caressait presque machinalement. Je n'ai pas pu m'empêcher de gémir sous la violence de mon désir. Tout mon corps se tendait sous sa caresse. J'ai serré sa main contre moi, et je me suis ouverte à sa pression. « Aime-moi », l'ai-je supplié.

Il a repris son souffle. Il s'est levé et j'ai pensé que c'était pour se déshabiller. Mais il est allé jusqu'à la porte. Puis il s'est arrêté, la tête lourde et penchée. Et j'ai reconnu le bruit que j'avais entendu dans la nuit, le grognement profond du lion.

« Habille-toi, Andrea, a-t-il dit. Je vais t'attendre sur la terrasse. »

Stupéfaite, je me suis relevée sur les coudes, mais il avait déjà ouvert la porte et était parti.

Je ne pouvais penser à rien. Je me sentais toujours brûlante de désir. En colère? Non. Je n'étais pas non plus « déçue »; et certainement pas troublée; j'avais au contraire une lucidité insupportable : un vide; une désolation, une angoisse, une terrifiante libération : parce que maintenant c'était à moi seule de résoudre le problème – douloureux et réconfortant à la fois parce que je savais qu'en ce moment même, dans la lumière aveuglante du jour, il ressentait exactement la même chose, à propos de lui et de moi.

Ce n'était pas un supplice. De façon étrange et ridicule, c'est la piqûre de la puce qui m'a ramenée aux choses de ce monde. Quelquefois on est sauvé par la banalité. Même si c'est irritant.

Je me suis levée et je suis allée me passer de l'eau froide sur mon visage brûlant; puis j'ai choisi une robe d'été légère et sobre.

Pas seulement des puces : le petit hôtel dans la rue écartée de Saint-Rémy, loin du centre où seules quelques portes des remparts médiévaux sont restées, est infesté de cafards et de punaises. La nuit, dès qu'on éteint la lumière, ils sortent avec un léger bruissement des fentes, des plinthes et du papier déchiré (des hommes démodés en chapeau haut de forme, et de délicates petites dames avec des crinolines et des ombrelles, dans des roses passés au soleil). Des heures de recherche furieuse sur le plancher et dans le lit, une chaussure ou un oreiller à la main, prête à tuer le premier insecte qui se montrera. Parfois c'est à mourir de rire. Pas quand on est fatigué. Encore moins quand on sent une tempête qui monte en soi et qu'on ne peut en parler à personne : parce que c'est une semaine avant ses règles et elle doit garder pour elle toute l'angoisse qui finalement explosera à Aix après la visite chez le médecin.

Pendant la journée, épuisée par le manque de sommeil, une fatigue d'autant plus déprimante qu'il n'y a aucune issue, Brian insiste pour qu'elle l'accompagne dans toutes ses explorations. Il ne rate rien : les fouilles dans l'ancienne cité romaine de Glanum à quelque distance de la ville, où la route principale entre dans les Alpilles et se dirige vers Les Baux; en face, l'arc municipal et le cénotaphe sur la grande route de Rome en Espagne; les musées, les églises, les chapelles de Saint-Rémy; le prieuré de Saint-Paul-de-Mausole, où pendant un an Van Gogh a été soigné par des bonnes sœurs après que les habitants d'Arles eurent signé une pétition pour se débarrasser du « rouquin fou ».

Andrea est particulièrement attirée par le prieuré, surtout à cause du merveilleux livre de reproductions de Van Gogh que Brian lui a donné (avec un mois de retard), à Arles, pour son anniversaire. Mais leur première visite est un échec car la mère supérieure, ou quelque chose comme ça, refuse de les laisser entrer dans la grande bâtisse glaciale. « C'est un hôpital, monsieur, pas un musée. – Seulement dix minutes, madame », dit Brian. (C'est peut-être son insistance à l'appeler « madame » qui la braque irrémédiablement contre eux.) « Nous sommes venus à Saint-Rémy spécialement pour voir la chambre de Van Gogh. »

Elle reste inflexible. « Nous ne pouvons encourager l'adoration pour de simples humains, monsieur.

– Madame » – Andrea remarque que le mot séculier fait tressaillir de douleur le visage de la vieille femme grise, comme si on l'avait giflée; puis un pli résolu marque sa bouche comme si elle se résignait à accepter son martyre – « madame, nous avons traversé la moitié de la terre pour venir ici, nous venons d'Afrique du Sud. »

Une vague lueur d'intérêt dans ses yeux sans couleur, mais elle reste ferme. « Je suis désolée, monsieur. »

Brian joue son va-tout : « Nous serions heureux de faire une donation au prieuré, madame, comme marque de reconnaissance. »

La mère semble héstier. « D'accord, puisque vous venez de si loin. Mais seulement cinq minutes. »

A gauche de l'entrée, elle les conduit en bas de quelques marches dans un couloir long et sombre avec des portes de chaque côté. Elle s'arrête devant l'une d'elles, jette un coup d'œil aux visiteurs comme si elle allait de nouveau changer d'avis, puis elle ouvre.

Une cellule blanche et nue, avec une table grossière et un pot blanc posé sur le bois rugueux. Dehors, par une petite fenêtre sans rideau, on peut voir le soleil dans un flamboiement de couleurs; à l'intérieur, cette sérénité muette, comme si toutes les couleurs avaient quitté ce lieu après le départ du peintre.

Andrea se rend compte bien vite que même cela est illusion, tandis que Brian regarde autour de lui, tout à fait perplexe, et qu'il sort de sa poche un petit carnet qu'il feuillette.

« Si vous avez fini, nous pouvons sortir, dit la sœur.

– Comment pourrions-nous avoir fini? demande Brian d'un ton accusateur. Ce n'est pas la bonne chambre.

– Monsieur! » proteste la vieille dame raide et digne. « Voulez-vous suggérer que je vous ai menti?

– La chambre de Van Gogh était en haut. Je l'ai lu.

– Croyez-vous tout ce que vous lisez?

– Ma source est au-delà de tout soupçon, madame. »

Ses narines frémissent, mais elle conserve merveilleusement son sang-froid. « Monsieur... »

Puis une volte-face inattendue. « Et même s'il a dit que sa chambre était en haut, quelle est la différence? Toutes les chambres sont identiques.

– Une seule a été celle de Van Gogh.

– Si vous y alliez, qu'y verriez-vous? Des murs, un plancher, un plafond, rien de plus. Vous ne semblez pas vous rendre compte, monsieur, que Van Gogh n'était qu'un pauvre fou comme les autres. »

Brian a beau discuter, ça ne sert à rien; ils repartent les mains vides, après une dernière altercation car il refuse de donner l'argent promis.

De retour dans la chambre avec les puces et les punaises, il sort de sa valise la traduction des lettres de Van Gogh qu'il a achetée chez un brocanteur d'Avignon pour lui montrer le passage qu'il a souligné la veille :

« *J'ai une petite chambre aux murs recouverts de papier gris-vert et des rideaux d'un vert d'eau avec des dessins de roses très pâles, éclairés par quelques taches rouges... Par la fenêtre fermée de barreaux, je peux voir un champ de blé enclos par un mur, une perspective comme dans un Van Goyen, et au-dessus je vois le soleil du matin s'élever dans toute sa gloire...* »

Andrea a ouvert elle aussi son livre pour regarder la reproduction. « La voilà.

– C'est ça. Tu vois? La vieille menteuse!...

– Nous devons y retourner, dit-elle. Maintenant, je veux la voir, qu'importe ce qui se passera.

– Cette vieille sorcière ne nous laissera pas passer. C'est inutile de chercher des ennuis. Après tout, nous avons les peintures.

– Comment peuvent-elles compter plus que l'homme qui les a peintes? Brian, je veux aller dans cette chambre. Je veux être où il a été. Je veux sentir ce qu'il a senti.

– C'est absolument impossible d'entrer, Andrea.
– Très bien. Si tu as peur, j'irai seule. »

Deux jours de suite, elle l'oblige à redescendre toute l'avenue Pasteur à pied, jusqu'au prieuré, et ils rôdent autour du bâtiment comme deux criminels en cherchant un moyen d'y pénétrer. Derrière l'hôpital, des hommes en salopette bleue font des réparations. Le second jour, quand Brian et Andrea reviennent à l'heure du déjeuner, les ouvriers sont en train de manger et de boire sous un grand platane juste après le coin. Ils ont laissé leurs échelles contre le mur. Ça ne leur facilite pourtant pas les choses car la plupart des fenêtres du premier ont les volets fermés; d'autres ont des barreaux. Mais après un rapide calcul, Brian transporte l'échelle jusqu'à une des rares fenêtres accessibles.

« Tu peux grimper, dit-il. Essaie une des chambres de ce côté-là.
– Et toi?
– Je monte la garde.
– Parce que tu t'inquiètes pour moi ou parce que tu as trop peur pour venir?
– Tu perds ton temps, Andrea. »

Quand elle était petite, parmi tous les enfants du quartier, quand Boetie était présent, elle était toujours la première à faire ce qui était dangereux ou interdit; aussi, d'une certaine façon, elle n'est pas mécontente que Brian l'envoie là-haut.

Le couloir est désert, il n'y a que les pots de peinture des ouvriers et tout leur matériel. Selon les instructions de Brian elle va vers une des chambres les plus éloignées et regarde entre les barreaux de la fenêtre. Puis une deuxième, une troisième jusqu'à ce que le paysage commence à ressembler au tableau dont elle se souvient : le mur; la petite vigne et les oliviers et, à l'arrière-plan, la forme accidentée des Alpilles. Mais il n'y a pas de miracle. Elle essaie de dominer sa déception, elle essaie de se persuader que cela signifie effectivement quelque chose de se trouver là et de regarder par la même fenêtre un monde inchangé éblouissant de soleil. Mais rien ne peut la convaincre. Elle reste isolée : pas seulement de Van Gogh, mais, d'une façon déconcertante, de ses propres sensations.

Voyant que dehors Brian lui fait signe, elle revient vite vers la fenêtre par laquelle elle est entrée. Avant le dernier barreau de l'échelle elle saute et grimace de douleur en se tordant la cheville. Elle doit saisir le bras de Brian pour s'appuyer. Les ouvriers reviennent et tournent le coin. L'un d'eux crie quelque chose. Brian lui répond par-dessus son épaule en aidant Andrea qui marche à cloche-pied; ils font un grand cercle autour du bâtiment et gravissent la petite montée qui conduit aux ruines de l'ancienne ville romaine de Glanum, dans laquelle ils passent une heure parmi les pierres à rassembler l'énergie nécessaire pour la longue route du retour.

« Tu n'as pas vu l'intérieur, dit-elle avec un sourire. Pourtant cela aurait été plus important pour toi que pour moi. »

Il hausse les épaules.

« Tu aurais dû venir avec moi.

– Il fallait bien qu'un de nous deux reste à monter la garde. Et j'ai pensé que ça te faisait plaisir. » Un silence. « Cela avait une signification particulière, n'est-ce pas?

– Je n'en suis pas sûre. Je n'ai pas pu imaginer ce qu'il a ressenti. J'ai eu le sentiment qu'après avoir peint, il en était tellement débarrassé qu'il ne restait aux autres que des pensées sans intérêt.

– Tu crois vraiment que quelque chose peut être aussi définitif?

– A quoi sert quelque chose qu'on doit refaire sans cesse?

– Comme faire l'amour? » (Il en revient toujours à ça; elle ne peut s'empêcher de se souvenir de la nuit précédente et aux effets des punaises sur la passion.)

« Peut-être.

– Si quelque chose en vaut la peine, c'est sans aucun doute très important de ne pas cesser de le faire et de le reconfirmer autant de fois que cela est possible.

– Il doit exister quelque chose de tellement important en soi que ça restera toujours important, dit-elle. De telle façon qu'on n'a pas besoin de se satisfaire tout le temps avec des imitations inférieures. » (Un matin dans une petite cour sous un figuier, la lessive blanche, le ciel bleu?) « Quelque chose qu'on ne perdra plus jamais. Mais, alors, ça ne peut absolument pas être quelque chose qu'on fait pour passer le temps. Je pense à quelque chose de tellement important qu'on est prêt à risquer sa vie pour lui, parce que toute son histoire, tout ce qu'on a toujours été ou espéré être y est impliqué. Ce n'est pas quelque chose qui arrive, mais quelque chose qu'on *veut* qui arrive. Quelque chose – comment t'expliquer? je ne le connais pas moi-même – qui brusquement vous fait voir clairement ce que vous faites ici et pourquoi vous êtes ici.

– Le jour où nous étions dans la grotte à Steenbras Mouth, dit-il, nous savions très précisément? »

Elle ne dit rien; elle a les yeux fermés.

« N'est-ce pas? insiste-t-il.

– Si c'était vraiment le cas, tu n'auras pas besoin de me le demander.

– Andrea. » Il se lève, bouleversé. « Essaies-tu de nier...? »

Elle s'assoit, penchée en avant, les coudes sur les genoux, entourant l'étrange lourdeur de son ventre. A-t-elle un enfant en elle? Elle a cinq jours de retard aujourd'hui. La peur peut-elle vous alourdir ainsi? Et s'il s'en rendait compte...? Que se passerait-il si elle lui disait maintenant, dans ce soleil aveuglant, dans cette ville sans âge qu'on a déterrée, avec les taches rouge sang des coquelicots parmi les pierres? Comment peut-elle être si effrayée d'une chose qui devrait être si naturelle?

Elle se lève juste devant lui et le fixe droit dans les yeux.

« Qu'est-ce qui t'arrive? demande-t-il. Depuis qu'on a posé le pied en Provence, tu n'es plus la même. Nous l'avions tant désiré. Tout ce qui est arrivé au Cap appartient au passé, tu ne comprends pas? Nous sommes libres. Rien ni personne ne peut plus nous créer d'ennuis. Nous pouvons agir comme nous l'entendons.

– Tu veux dire que nous pouvons faire l'amour du matin au soir.

– As-tu besoin d'être aussi brutale?

– C'est tout ce qui t'intéresse ces derniers temps. Comme si quelque chose te poursuivait.

– Tu deviens très injuste, Andrea. Nous avons passé l'essentiel de notre temps à aller en excursion, à faire des choses, à voir le monde. Devant toi, il y a une ville construite par Agrippa dont tu ne connaissais même pas l'existence. Il y a une demi-heure nous étions dans la chambre où Van Gogh a vécu et peint.

– Je suis désolée, Brian, dit-elle, soudain calmée. Je ne voulais pas me montrer ingrate.

– Qu'est-ce qui ne va pas, ma chérie?

– J'en ai marre de moi. N'y fais pas attention, s'il te plaît.

– Rentrons, dit-il en l'embrassant légèrement sur la joue.

– Je suis sûre que les punaises nous attendent. »

Il rougit d'indignation. « Je suppose que c'est aussi ma faute?

– Ce n'est pas ce que je voulais dire. Oh! Mon Dieu!... »

Désespérée, elle lève les mains et les laisse tomber. « Je suis absolument incapable de savoir ce que je voulais dire. Rentrons. Je te promets que je serai très gentille. »

En passant devant l'allée qui conduit au prieuré, elle dit avec un vague regret : « Peut-être, s'il y avait la plus petite trace de sa peinture sur le mur. S'il avait gravé son nom dans le plâtre, ou quelque chose comme ça. Ç'aurait été plus facile à croire.

– Nous avons ses toiles. Est-ce que ce n'est pas assez? Misérable, pauvre et rejeté comme il l'était, il a tout exprimé dans ses peintures. Grâce à lui, ça en vaut la peine. Pas seulement pour lui, mais pour nous deux, et à jamais.

– Ce que j'ai vu là-bas m'est absolument inutile. Je ne peux revivre sa vie. Il savait peindre, pas moi. J'aurais bien pu ne pas exister, le monde s'en moque. »

Je me souviens d'un petit dialogue que Mandla m'a appris ce matin-là :

« – *Ndisaphila, Kune?* – Ça va, et vous? *Kunjani?* – Comment allez-vous?

– *Ndingatsho ndithi nam ndiyaphila kuba ndizibona udivuka ndibhinge.* – Je vais bien aussi, parce que je me lève toujours et j'attache ma ceinture. »

Quand je suis descendue sur la terrasse, il avait sans doute bien attaché sa ceinture. Il semblait avoir retrouvé son calme, mais il avait toujours les yeux rouges et fatigués. J'espérais qu'il dirait quelque chose – que j'étais belle; qu'il avait remarqué que je ne portais pas de maquillage (la seule façon que j'avais d'être nue pour lui en public) –, mais il est resté silencieux; il avait pourtant tout remarqué ne laissant rien de ce qui me concernait lui échapper.

« Je t'ai fait attendre? »

Il a haussé les épaules. Le patron, qui sans aucun doute nous guettait derrière la fenêtre, nous a apporté le petit déjeuner. Il faisait la tête, comme seul un homme peut le faire; comme s'il avait tout deviné à propos de Mandla et de moi. (Si seulement c'était comme ça, *monsieur*[1] : si seulement j'avais passé la

1. En français dans le texte. *(N.d.T.)*

nuit dans ses bras. Et vous l'avez sans doute fait payer à votre pauvre femme sans raison. Ou est-ce elle qui vous l'a fait payer? Tout ce qu'on fait, ou qu'on oublie de faire, implique les autres. *Pardonnez-moi, monsieur*[1].)

« Où allons-nous aujourd'hui? » a demandé Mandla.

J'ai repoussé les cartes et les livres que j'avais pris avec moi. « Nulle part. Aujourd'hui, nous pouvons rester où nous sommes.

– Et ton travail?

– Nous pouvons visiter Saint-Rémy. Nous sommes fatigués tous les deux. »

Il m'a regardée fixement, j'ai soutenu son regard, avec mon visage nu, mais je n'ai rien dit non plus. J'ai été prise au dépourvu quand il a tendu le bras en travers de la table pour me saisir la main et la serrer. Un rapide sourire a adouci son visage sombre, comme pour dire : *Ne t'inquiète pas, nous sommes ensemble.*

Un peu plus détendus, nous avons terminé notre petit déjeuner; c'est à ce moment-là que, presque gaiement, il m'a appris quelques mots de xhosa. Nous avons laissé les livres à la réception, puis nous avons franchi le large portail de pierre et nous nous sommes dirigés vers le centre ville. Les platanes perdaient leur écorce et leurs troncs étaient un patchwork de couleurs. Ils avaient perdu leur feuillage et le boulevard qui entourait la ville était totalement exposé au soleil et au vent.

Nous sommes entrés dans les rues tortueuses du centre par une des quelques portes médiévales qui restent encore. A l'extérieur il y avait au moins une tentative vers le linéaire, un essai banal peut-être, mais volontaire de rivaliser avec le reste du monde – des garages, des vitrines, des immeubles droits, la grande

1. En français dans le texte. *(N.d.T.)*

place en face de Syndicat d'initiative où des hommes jouaient à la pétanque l'après-midi –, mais dans la partie ancienne de la ville, tout était merveilleusement, humainement imprévisible, sans la sensation oppressante, que j'avais si souvent éprouvée dans d'autres vieilles villes, d'être enfermée dans des murs. Saint-Rémy était une cité détendue, sans contrainte, méditerranéenne, généreuse. Devant les portes ouvertes, des rideaux de perles se balançaient comme les jupes d'une femme voluptueuse quand quelqu'un entrait ou sortait. Des nappes rouges et blanches dans les restaurants; des chaises paysannes au dossier droit avec des cannages de paille, comme celles qu'avait peintes Van Gogh. Des fenêtres et des volets recouverts des affiches déchirées de cet été : un concert de musique de chambre dans une chapelle; le festival d'Avignon, de Carpentras ou d'Aix; une corrida à Nîmes ou une course de vachettes; un marathon cycliste (où pouvait bien être notre coureur aujourd'hui?); une fête votive dans un village quelconque. Tout l'été résumé dans des lambeaux colorés – parfois quatre ou cinq couches d'affiches les unes sur les autres, un morceau de chacune très lisible – exactement de la même façon qu'on pouvait imaginer la chaleur de l'été toujours intacte dans les vieux pavés sans aucun doute enfouis sous le goudron des rues. De la musique sortait de certaines boutiques d'où des femmes – vieilles et desséchées, ou jeunes et éclatantes de santé – sortaient avec des filets ou des pains ronds ou longs sous le bras : la langage international du rock and folk, une chanson française; une fois, frais et lointain comme un souvenir, Mozart.

La place Jules-Pélissier, derrière l'église, était calme et tranquille sous les arbres; un petit groupe de vieillards était réuni autour de la fontaine, de petits enfants jouaient sous l'œil attentif de leurs mères tricoteuses et des pigeons volaient devant une fenêtre où une vieille femme leur donnait les restes du petit déjeuner. C'était exactement les mêmes personnes que nous avions rencontrées la veille autour de la fontaine de Murs; ou dimanche à la Motte-d'Aigues, ou un jour plus tôt à Avignon. Des gens qu'on rencontrait partout, comme le cycliste.

L'odeur de la ratatouille venant d'une rue latérale arrosée par un balayeur – algérien, marocain? – qui ramassait tout ce qui était sur son chemin en parlant tout seul à voix haute. Des chats qui dormaient sur des murs ou qui se glissaient dans de petites cours comme des souvenirs ou des rêves lascifs : un simple frémissement au coin de l'œil qui a disparu avant que vous ayez tourné la tête pour voir. Les chats de Saint-Rémy : ils étaient déjà là, certains avec toute une portée de petits, quand Paul et moi nous avions erré dans ces rues; et dans l'hôtel minable où nous étions descendus avec Brian, leurs cris de guerre et d'amour s'étaient mêlés aux nôtres : bien après qu'il m'eut tourné un dos plein de reproches, ils avaient continué à pousser des cris comme des âmes en peine, tandis que je fixais les yeux dans l'obcurité ou que j'essayais avec ma main d'apaiser ma frustration ou une peur que je ne pouvais, ou ne voulais, encore nommer.

La petite boutique de céramiques sur le boulevard Gambetta, après la statue de Nostradamus et sa fontaine, et la place Flavier sentent encore le marché au poisson de la semaine précédente. La vieille femme voûtée qui attend en souriant patiemment tandis que Paul et moi nous regardons, que nous soulevons les objets sur les étagères, que nous nous accroupissons pour voir de plus près les pots et les cruches couleur d'ambre posés à terre.

Il choisit un service à dîner, où sont peints à la main les emblèmes du Midi, surtout des cigales, avec le jaune des blés et le bleu de la lavande, un ensemble exubérant où l'on retrouve toute l'insouciance de l'été.

« Si vous aimez tellement la Provence, dit la vieille femme en faisant le compte, vous ne croyez pas que ce serait mieux de venir y vivre?

– J'y ai déjà pensé.

– Vous parlez sérieusement?

– Oui, tout à fait.

Alors, si vous voulez vous installer, dit-elle, en prenant son temps pour envelopper chaque pièce dans une page de journal, je connais un mas, pas très loin d'ici. C'est à louer en ce moment, avec la possibilité de le vendre dans un an ou deux.

– Ce sont des amis à vous? »

Avec un léger embarras, elle avoue : « C'est à moi. Mon mari est mort l'hiver dernier, vous savez. Je deviens vieille... » Puis elle ajoute brusquement : « Pourquoi n'allez-vous pas le visiter? Il vous plaira.

– Vous avez dit que ce n'était pas loin?

– Dix kilomètres. Dans la direction d'Eygalières. »

Pour les encourager, elle sort une vieille carte et, dans un élan de générosité, elle leur offre une cruche à eau.

« Revenez me dire si ça vous plaît, ajoute-telle quand ils sortent. Je reste ici toute la journée. »

C'est une vieille ferme pleine de coins et de recoins, construite en pierre de Provence, dorées dans le soleil d'après-midi; un toit de tuile. Des volets verts à la peinture décolorée ombragés par un jardin luxuriant et laissé à l'abandon : des cyprès, des roses trémières, des roses. L'herbe est parsemée de coquelicots. A l'arrière, un puits en pierre, quelques oliviers, une vigne, une autre rangée de cyprès, chacun d'eux résonnant du chant des cigales qui pénètre la tête comme une aiguille qui crisse sur un plat de cuivre.

« Tu ne crois pas qu'on devrait venir vivre ici?

– Tu plaisantes.

– Peut-être pas. »

(La nuit dernière à l'auberge d'Eygalières.)

« J'ai été effrayé quand j'ai vu le mas, hier, lui confie-t-il le lendemain à la terrasse d'un café à Saint-Rémy. C'était comme quelque chose échappé, d'un rêve oublié depuis longtemps : et, brusquement, c'est devenu vrai.

– Le vieux rêve chauvin des Sud-Africains, de son petit coin de terre?

– Non. » Il est grave, sérieux. « Quand j'étais dans le Schloss Judenau, à l'époque où nous venions en aide aux réfugiés hongrois... » Il s'arrête, en se demandant s'il doit continuer ou non. « Je t'ai parlé de cette fille, tu te souviens? Eva Jelačić...

– Très peu.

– Avec le mauvais allemand qui nous servait à communiquer, nous parlions d'une maison comme celle-ci, un mas en Provence exactement comme celui que nous avons vu hier. Où nous pourrions nous installer quand la guerre serait terminée dans son pays, quand le monde redeviendrait vivable. Elle se souvenait d'un voyage qu'elle avait fait avec ses parents dans le midi de la France, quand elle était petite. Cela l'avait frappée. Nous avons parlé de la pierre chaude et accueillante, des géraniums rouges sur l'appui des fenêtres, de la vigne derrière, des oliviers. Nous rêvions de faire notre vin, de presser notre huile. » Presque sur un ton d'excuse, il revient à la réalité et vers elle : « Les rêves de jeunes amoureux romantiques. Nous avions besoin d'une chose semblable pour pouvoir en parler, pour avoir chaud dans ce froid effrayant. Pour nous aider à oublier.

– S'était-elle enfuie seule de Hongrie? Il n'y avait pas d'autres membres de sa famille avec elle?

– Non, elle était seule. Elle n'a jamais parlé de quelqu'un d'autre. Plus tard seulement », il hésite, « juste à la fin de mon séjour, après son départ, nous avons appris par de nouveaux arrivants qu'elle avait de la famille. Un père, une mère, deux ou trois frères.

Ils avaient essayé de s'enfuir ensemble, mais ils avaient été arrêtés tout près de la frontière. Elle avait eu aussi une jeune sœur, mais les Russes l'avaient tuée. »

Maintenant, il faut qu'elle connaisse le reste de l'histoire. « Comment a-t-elle quitté le camp? Quand? Où est-elle allée? » Il y a une sorte d'urgence dans sa voix, le besoin de découvrir tout sur cet épisode de son passé à propos duquel il a toujours été si prudent – même si elle a conscience aussi d'une résistance inexplicable contre ce désir de savoir. (Comment puis-je nier tes souvenirs qui me permettent de vivre? Cependant, connais-tu l'insupportable jalousie que je ressens parfois envers ton Eva inconnue?)

Paul lui répond en hésitant, sans la regarder : « C'était juste après Noël. Nous avions une fête au château. Des sapins, des cadeaux en provenance du monde entier, même une fanfare venue de Vienne : des hommes gros et petits avec des joues rouges et un glaçon au bout du nez. Nous faisions tous de notre mieux, pour être gais. Nous débordions de bonne volonté. Mais c'était absolument insupportable, un des jours les plus tristes de ma vie.

– Et Eva? » Elle le ramène calmement à ce qui la concerne le plus.

« J'étais allée à Vienne le week-end précédent. Je lui avais acheté une boîte à musique avec le peu d'argent que j'avais pu mettre de côté. Un petit objet délicat avec une incrustation. Quand on l'ouvrait, elle jouait le *Là ci darem la mano* de Mozart. » Il se reprend lui-même, presque sur un ton de colère : « Il faut se souvenir, j'étais éperdument amoureux. Rien n'était trop sentimental pour moi.

– Elle a aimé?

– Eva adorait la musique. A Budapest, elle étudiait le piano. C'était toute sa vie. Quand les Russes ont brûlé sa maison... » Il se tait en secouant la tête comme s'il s'en voulait de se souvenir. « Mais ce n'est pas la question.

– Je veux tout savoir sur elle, Paul. »

Un autre mouvement impuissant de la tête. « Quand je lui ai donné la boîte à musique, elle s'est mise à trembler. Elle avait parfois des choses comme ça, des sortes de crises d'épilepsie, je suppose. J'ai eu très peur. Mais elle est revenue à elle, et elle m'a remis la boîte dans les mains en répétant : " Non, non. Je ne veux pas. Je ne veux pas. – Mais je t'aime, c'est pour toi. "

« Elle a tendu ses deux mains vides et les a pressées contre moi, m'obligeant ainsi à reconnaître qu'elle n'avait rien pour moi en retour. Dans mon allemand maladroit, j'ai essayé de la convaincre que ça n'avait aucune importance. Je lui ai embrassé les mains et je lui ai redonné la petite boîte dont j'ai ouvert le couvercle. Elle est restée ainsi en serrant la boîte à musique contre elle tandis que ses larmes coulaient.

– Je ne vois toujours pas le rapport avec son départ.

– Ce soir-là, après dix heures, quand on a éteint les lumières, elle est venue me rejoindre. Elle savait que j'étais de service. Elle m'a trouvé dans un des longs couloirs vides alors que je faisais ma ronde. Elle était très énervée et avait encore plus de difficultés que d'habitude à s'exprimer en allemand. Dans ce qui semblait un véritable désespoir, elle a tendu la main et m'a saisi ici » – il montre son sexe – « de la façon la plus maladroite que tu peux imaginer. Avec un petit sourire, désespéré et courageux dans son visage blême. " Je te donne, disait-elle nerveusement. Oui? Oui? " Elle ne voulait plus me laisser partir. A la fin j'ai dû la repousser de façon énergique.

– Tu l'as refusée?

– Comment pouvais-je accepter un sacrifice comme ça?

– Et si c'est tout ce qu'elle avait? J'aurais fait la même chose. »

Il la regarde, presque tristement.

« Je le sais. Et peut-être qu'aujourd'hui, je m'en sortirais mieux; mais à l'époque... C'était sans doute mélodramatique et ridicule, mais je ne pouvais absolument pas, Andrea. Parce que je l'aimais trop. Si nous faisions l'amour, ce n'était pas pour me remercier pour une misérable petite boîte à musique. Je n'étais ni puritain ni rien. Si ç'avait été Lise ou une autre... Mais pas Eva. J'ai fait tout ce que j'ai pu pour lui expliquer dans mon allemand presque inexistant. Mais, bien sûr, elle n'a pas compris. A la fin, elle a fait demi-tour et elle est partie, nu-pieds sur les dalles froides. Je la voyais frissonner. Mais ce n'était pas seulement de froid. »

Elle hoche la tête calmement.

« Elle m'a évité pendant quelques jours. J'ai essayé de la voir seule afin de lui expliquer de nouveau que ce n'était pas une façon de la rejeter. Bien au contraire! Mais elle me fuyait. Une semaine plus tard environ, la première fois que je suis retournée à la frontière en ambulance, elle est partie; elle s'est sauvée.

– Et tu ne l'as pas recherchée, tu n'as pas entendu parler d'elle? »

Il hésite, puis secoue la tête fermement. « Non. Jamais.

– Pourquoi refuses-tu de me le dire, Paul?

– C'est du passé. Personne ne peut plus rien y faire désormais. Il y a si longtemps. La moitié d'une vie. »

Elle pose la main sur son genou, et elle caresse le jean délavé.

« Tu vois pourquoi je ne t'en ai jamais parlé. Je ne voulais pas t'ennuyer avec ça; ce n'est pas beau.

– Je suis si heureuse que tu l'aies fait. Tu ne te sens pas plus libre?

– Je ne serai plus jamais tout à fait libre. Mais j'ai peut-être finalement appris à vivre avec ma faute.

– Et maintenant tu as trouvé ton mas. »

Il approuve de la tête, machinalement.

« Mais sans Eva.

– Cette fois, c'est avec toi. Cette fois, c'est pour de bon. Rappelle-toi ce que je t'ai demandé.

– Je ne t'ai pas encore répondu.

– Je sais. Mais j'attendrai patiemment. Nous ne pouvons pas laisser ce mas nous attendre pour toujours.

– Peut-on vivre dans un rêve?

– Eva appartient au rêve. Maintenant, c'est toi et moi. Et la pierre et le bois d'une vraie maison.

– Nous devrions peut-être consulter un oracle. Que penses-tu de ton bien-aimé Nostradamus? » Elle sait avec quelles délices il revient constamment au vieux prophète. « Crois-tu qu'il aura un remède pour nous?

– Il avait un remède pour tout. Même pour la peste. Le seul problème, c'est qu'en général les gens ne comprennent ces prophéties que trop tard.

– Quel dommage!

– C'est peut-être une chance. »

Le Guide noir : *En 1546 éclata la peste terrifiante dont Aix se rappellerait comme du « charbon provençal » parce qu'elle rendait ses victimes noires comme du charbon. Les souffrances étaient horribles... Nostradamus combattit l'épidémie avec une poudre au parfum de « générosité parfaite et d'excellence », pas une odeur étrange mais une de celles qui apportent une heureuse langueur qui dure fort longtemps. Pour préparer cette poudre, Nostradamus mêlait de la sciure de bois de cyprès, des iris de Florence, de l'ambre gris, des gousses d'ail, de l'aloès et du musc. A ces ingrédients soigneusement mélangés, il ajoutait le jus de pétales de roses rouges cueillies au lever du soleil. Cette poudre, « excellente pour chasser les odeurs de pestilence », se révéla si bonne comme prévention que les habitants d'Aix, délivrés de la peste, honorèrent son auteur avec de grandes festivités.*

Ziegler : *Avec les saignées, il était aussi utile d'ouvrir et de cautériser les abcès ou les bubons de la peste. Des substances variées et curieuses y étaient appliquées pour en retirer le poison. Gentile utilisait un emplâtre fait de résine, de racines de lis blancs et d'excréments humains desséchés, tandis que Maître Albert était en faveur d'un vieux coq ouvert dans le dos...*

On prescrivait différentes potions apaisantes, en particulier un mélange de sirop de pomme, de citron, d'eau de rose et de menthe. Ce devait au moins être agréable à boire. Même cette consolation était ôtée quand on ajoutait des poudres minérales à la mixture.

Defoe : *Mais il y avait encore une autre sorte de folie... et c'étaient les charmes, les philtres, les exorcismes, les amulettes et je ne sais quelles préparations, pour fortifier le corps contre la peste; comme si la peste n'était pas la main de Dieu, mais une sorte de possession d'un esprit du mal; et comme si on pouvait l'écarter avec des signes de croix, des signes du zodiaque, des papiers attachés avec tant de nœuds et, écrits dessus, certains dessins et certains mots, en parculier le mot Abracadabra... D'autres avaient la marque des jésuites sur une croix. D'autres cette seule marque :*

« Tu vois, ai-je dit à Mandla, la mort n'était pas absolument inévitable. Certaines victimes furent sauvées grâce à des gens comme Nostradamus. Même si lui aussi fut diffamé dans ses vieux jours – tu te rends compte? – tout d'abord en tant que juif, ensuite en tant que protestant. »

Nous étions devant le buste du prophète et je tenais la main sous l'eau claire qui coulait dans la fontaine, en la regardant glisser sur ma paume et entre mes doigts. « C'est peut-être ce qui compte vraiment. Non pas le fait de la peste, mais que des gens essaient de trouver des remèdes, en gardant vivant au moins un espoir d'y échapper. En refusant de perdre la foi.

– Il peut y avoir différentes façons d'être sauvé. Pour certaines choses dont souffrent les gens, il ne peut y avoir qu'un seul remède, et c'est la mort.

– Il y a toujours une autre solution, ai-je dit avec passion.

– Elle n'est pas forcément meilleure.

– Qu'essaies-tu de dire, Mandla? »

Un sourire soudain : « Parfois on n'a pas de bâton pour mesurer la profondeur de l'eau avant de s'y engager.

– Qu'est-ce qu'un bâton vient faire ici?

– Quand mon grand-père était vivant, il avait l'habitude de dire : " Avant de traverser un cours d'eau tu dois toujours mesurer l'eau avec ton *udon-dolo*. C'est ton bâton. "

– Et si tu n'as pas de bâton?

– Tu dois toujours avoir ton *udondolo* avec toi. Sinon, tu dois t'engager comme tu es.

– Même si c'est dangereux?

– Même si c'est dangereux. »

Il a saisi ma main que je tenais sous l'eau et s'est penché pour boire dans ma paume. Tout en me regardant, il a pris mes doigts un à un dans sa bouche. La simplicité de son geste m'a littéralement bouleversée.

Des mains. Paul prenant ma main dans la rue Carnot pour la caresser, sur les articulations, de la base jusqu'au gras du doigt, dans la paume et le creux de la main, en suivant la ligne du cœur et la ligne de vie, avec tant de délicatesse et tant d'intensité que j'en ai le souffle coupé. Brian, s'arrêtant devant l'hôtel de Sade – la lumière aveuglante de l'extérieur après la fraîcheur de l'intérieur où nous avions passé une heure parmi les vestiges d'un très lointain passé – et me pressant contre le mur tout en promenant le dos de ses mains, la dureté de ses articulations, sur mes joues, mes mâchoires, ma bouche, jusqu'à ce que je lui saisisse la main et que j'en morde la paume, avec en moi une violence et une passion qui se dissiperont bientôt, quand il me ramènera très vite dans notre chambre infestée de punaises où je la repousserai de nouveau sans que ni l'un ni l'autre nous ne puissions dire pourquoi. Et maintenant Mandla. Tout ce qui arrive arrive par une multitude de façons. Je suis caressée par la main des morts...

Cette pensée m'a effrayée. Brian était toujours vivant; Paul encore plus. Mais pour moi ils étaient morts, passés comme les Andrea successives qu'ils avaient connues. Le seul qui était encore vivant – et, Dieu, avec quelle force terrifiante! –, c'était Mandla, maintenant, ici, avec la chaleur de sa respiration et sa salive sur mes doigts.

Nous avons erré dans les rues jusqu'à ce que la circulation du boulevard Gambetta nous arrête comme une rivière en crue et nous oblige à revenir vers le cœur de la vieille ville. Il n'y avait pas de marché ce matin-là, un mardi. C'est peut-être pour cela que j'ai continué à me promener, à la recherche de quelque chose qui me manquait. Le jour où, avec Brian, nous avions acheté des fruits et du fromage pour le déjeuner, j'avais vu pour la première fois un marché provençal; il se répandait dans tout le village, en envahissant les rues, les trottoirs, les places, en imprégnant tout; avec des souvenirs du Cap et de mon enfance, les vendeurs sur la Parade, les camelots du District six, la trompette du marchand de poisson. Lors de mon retour avec Paul, nous avions acheté des ronds de serviette en bois d'olivier et d'adorables petites salières; et dans une boutique, le Souleïado, dans une des rues les plus animées du marché, il m'avait offert une robe d'été, du pourpre le plus violent que nous avions pu trouver avec de petites fleurs bleues et roses. Aujourd'hui, la ville était plus calme, on pouvait entendre l'eau de la fontaine sur la place Jules-Pélissier, et des moineaux dans les grands arbres dénudés : comme si la ville s'ouvrait à nous sans les réserves d'avant; comme si la foule était repartie d'où elle était venue pour nous laisser explorer comme nous le voulions.

Nous ne sommes entrés nulle part. Je savais que les musées ennuieraient Mandla et je n'avais aucune envie d'y retourner : mais je m'en souvenais parfaitement (des tablettes romaines, les bustes des empereurs, les étranges dieux gaulois, et les colonnes sur lesquelles on avait accroché les têtes des condamnés le long des grandes routes; des fragments de poteries, des outils, des mosaïques, des fresques de Glanum et les objets de toilette de femmes mortes depuis longtemps : des boîtes minuscules pour le mascara et le rouge, des petites cuillers, des flacons de parfum; et même des bigoudis, maman) – et je les emportais avec moi partout où j'allais, comme un univers inconscient qui ajoutait sa dimension au monde ordinaire dans lequel nous marchions au hasard, la main dans la main.

De l'église, nous sommes allés jusqu'à la place de la République et nous avons remonté le boulevard Pasteur. Mandla ne posait pas de questions; s'il l'avait fait, j'aurais été incapable de lui donner une explication claire. Quand je m'en suis rendu compte, nous étions déjà à moitié sortis de la ville. Nous nous sommes reposés quelques instants sous les cyprès de Saint-Paul-de-Mausole; je lui ai montré l'intérieur du cloître où les géraniums rouges étaient toujours en fleur dans la verdure. Cette fois, je n'ai pas essayé de trouver des gardiens et d'entrer dans l'hôpital; je ne voulais plus rien voir à l'intérieur. (Van Gogh, lui aussi, avait, au cours de sa vie, passé la plus grande partie de ses jours à regarder vers l'extérieur.)

Nous sommes revenus vers la route et les Antiques, de l'autre côté. Le haut cénotaphe élégant des petits-enfants de César Auguste; et l'arc municipal avec ses frises encore étonnamment intactes. Pas à la gloire du souvenir de Rome cependant, ai-je pensé, comme la veille à Carpentras : mais une autre procession d'hommes et de femmes conquis, des esclaves enchaînés. Ce qui avait été les signes de la grandeur de l'empire rappelait maintenant celui de sa chute.

Contrairement au jour précédent, Mandla ne faisait aucun commentaire. Non pas qu'il fût devenu plus humble; nous avions seulement besoin de moins de mots et de gestes pour communiquer.

Je n'étais pas sûre qu'il manifesterait un intérêt quelconque devant les ruines de Glanum à une cinquantaine de mètres plus loin, mais il s'en alla dans cette direction de lui-même. Il n'y avait pas d'autre visiteur, contrairement à cet été quand Paul et moi nous avions été obligés de suivre la foule. Le cœur de la vieille cité était exposé avec ses pierres dans une symétrie stupéfiante. Les maisons des patriciens. Les rues avec des canalisations d'eau. Les grands bains publics. Les boutiques, les maisons, les colonnes, les arcades. Le magnifique autel « grec » d'Agrippa au-dessus de la vieille fontaine sacrée des Salyans (aujourd'hui un bassin d'eau verte et de vase avec des bouteilles de plastique et des cartons de boissons fraîches). Les nombreuses inscriptions parfaitement lisibles en lettres latines. (*Agrippa est venu ici!*)

J'étais tentée, comme des années plus tôt aux Baux, de céder à l'envie enfantine de suivre leur exemple. J'ai ramassé un caillou pointu, j'ai vérifié que le gardien à l'entrée ne regardait pas et je me suis glissée derrière le mur des bains publics.

Mandla m'a suivie et m'a regardée faire d'énormes

efforts pour tracer dans la pierre le premier jambage de la lettre A.

« Tu n'y arriveras jamais comme ça, a-t-il dit. Tu ne peux pas creuser aussi profond que les Romains.

– Donne-moi du temps.

– Il y a un autre moyen. » Il a ri, de façon insouciante.

« Fais-moi voir. »

Je ne m'attendais pas à ce qu'il allait me montrer. Sans hésiter, il a ouvert sa braguette, a sorti son pénis et a dirigé le jet en haut du mur; en lettres un peu tordues et liées entre elles, il a écrit d'audacieux A.M. et M.M. qu'il a soulignés d'un trait. Puis, avec une grâce toute masculine, il a secoué son membre et d'un coup de reins il l'a remis dans son pantalon.

« Voilà! D'autres ne pourraient peut-être pas le lire, mais nous, nous savons ce que c'est. »

Une image soudaine, douloureuse et ridicule, venant d'autrefois : un homme trébuchant dans la clarté de la lune et s'appuyant sur un robinet pour faire pipi : *Que Ta volonté soit faite.* Et le lendemain, il était parti pour de bon.

« Quand j'étais petite, lui ai-je dit, mon père me mettait contre le mur du couloir lorsqu'il revenait de voyage pour voir de combien j'avais grandi pendant son absence. Je pense que beaucoup de pères le font. Mais papa ne se servait jamais d'un crayon. Il faisait la marque avec de la salive. Au début, il avait utilisé un crayon, mais maman s'était plainte. " C'est un code secret, disait-il toujours. Ne t'en fais pas, petite Nanna. Même si personne ne voit la marque, *moi* je la vois. " Chaque fois qu'il me mesurait, il gardait un visage impassible pour me monter où était exactement la marque précédente. Et je le croyais. Je lui faisais autant confiance qu'à Dieu. Quand nous avons été mis à la porte de notre maison pour aller sur les Flats, c'est ce que j'ai le plus pleuré. J'ai eu l'impression de perdre brusquement toute mon histoire personnelle.

– Ton père avait raison. Ces marques seront toujours là. »

J'a eu un sourire forcé. « Aussi longtemps que celles de monsieur Agrippa et des autres?

– Plus longtemps. Ils n'avaient que la pierre. Nous avons... » Dans un geste simple et spontané, il a croisé les mains au-dessus de son sexe. « Tout ce que nous avons pour écrire c'est la pisse, la semence, le sang, la salive, et la merde. Mais c'est le genre de choses qui durent. Les hommes durent plus longtemps que la pierre.

– Un jour nous enverrons nos enfants ici, ai-je dit en plaisantant. S'ils ont tes yeux, ils découvriront nos noms.

– Ils n'auront pas besoin de venir, a-t-il répondu avec une sévérité feinte. Là-bas nous écrirons plus de choses qu'ils pourront en lire. » Puis comme s'il se rendait compte soudain de ce qui se passait, il a dit sur le ton de la remontrance : « Mais je t'ai déjà dit de ne plus parler d'enfants, Andrea!

– Comment pourrais-je ne pas parler d'enfants? Je suis une femme.

– Le seul enfant qui aurait pu être à moi est mort, a-t-il dit d'une voix grave et menaçante. Et c'était ma faute.

– Mandla, comment peux-tu dire ça?

– C'est à cause de moi qu'ils ont arrêté Ntsiki. Tu crois que je peux faire ça de nouveau à une femme? Je ne parle pas seulement de ce que les *boere* lui ont fait. » Il avait du mal à dire ce qu'il avait en tête. « Tu vois, il y avait ce mur entre elle et moi, un mur que j'ai construit moi-même. Parce que je pensais qu'il y avait des choses qu'une femme n'a pas besoin de savoir. Tu m'as fait comprendre quelque chose ces derniers jours : c'est inutile de parler de murs comme ceux de la race et de la religion. Il y en a aussi d'autres.

Tout ce qui écarte une personne d'une autre est un Mur de la Peste. Et si l'on veut tout casser, c'est là qu'on doit commencer. Dès le début, avec un homme et une femme. Un père et son fils. Le frère et le frère. » Il me regardait à travers d'innombrables souffrances. « Je ne mérite pas d'avoir des enfants. Tu comprends maintenant?

– Je veux porter tes enfants, Mandla. »

Il m'a serrée contre lui et m'a embrassée avec une telle violence qu'il m'a fait mal aux lèvres. Puis il a posé ma tête contre son épaule; je sentais la sienne qui tremblait avec force.

« C'est la dernière fois, tu entends, jamais plus. »

Je pouvais à peine bouger dans son étreinte, mais j'ai secoué la tête et j'ai protesté d'une voix adoucie : « Je continuerai à en parler. Je te le dis, je continuerai. Je ne m'arrêterai jamais. Parce que je t'aime. Tu peux dire ce que tu veux. »

Je m'attendais qu'il se mette de nouveau en colère, comme ce matin dans ma chambre. Mais il m'a simplement écartée de lui pour me regarder avec intensité; puis il a levé les deux mains et avec ses doigts a suivi les contours de mon visage, pas une caresse mais une exploration, comme un aveugle lit un texte en braille : mon front, mes sourcils, mon nez, mes yeux; mes pommettes, la ligne de ma mâchoire, ma bouche; puis ma gorge, le creux entre mes clavicules, mes épaules, jusqu'à ce qu'enfin ses mains s'arrêtent sur mes seins. Il a dû en sentir l'extrémité se contracter sous son contact, mais il n'a pas réagi. Et tout le temps nous nous sommes regardés dans les yeux et c'était comme si chacun essayait d'absorber l'autre en lui-même : peut-être qu'un prisonnier, libéré après des années de détention solitaire, réagit ainsi lorsqu'il voit son visage pour la première fois depuis des années dans un miroir. (Sur la montagne près du mur, nous n'avions pas pu trouver : *Resteras-tu avec moi? Ou me trahiras-tu? Que m'accorderas-tu finalement : la vie ou la mort?*)

Il a fini par laisser retomber ses bras, il m'a prise par la main et m'a conduite de derrière les ruines des bains jusqu'aux grandes dalles de ce qui, autrefois, avait été une rue principale. De hautes herbes cassantes se dressaient sur le bord avec des plumets blancs dans la lumière; parmi elles, de minuscules fleurs mauves et jaunes. De petits lézards se faufilaient hors de notre chemin. Il y avait des corbeaux dans le ciel, un ciel d'un bleu très profond avec seulement quelques traînées de nuages dans la direction des Baux. L'odeur forte des cyprès dans le soleil.

On avait creusé le sol près du forum et les trous et les tas de terre étaient recouverts de plastiques verts. De nouvelles fouilles archéologiques d'après le guide que nous avions acheté à la porte. Car, en dessous de la ville romaine, on avait découvert les vestiges d'un établissement salyan encore plus ancien. Et en dessous, qui sait, il y avait peut-être encore des ruines plus anciennes, datant du néolithique ou de Dieu sait quand. Des couches successives, l'une sur l'autre, même si elles étaient séparées par des abîmes de temps infranchissables.

Nous nous sommes assis sur les restes d'un mur bas, en face de trois fines colonnes de l'autel d'Agrippa, où son nom est gravé dans une fissure, sur la tranche d'une pierre. Mandla a sorti son *trompie* de sa poche et s'est remis à jouer, les yeux fermés, en balançant légèrement le corps; il a continué ainsi pendant longtemps. Je me suis abandonnée au son et au soleil, en attendant avec une infinie patience. Jusqu'à ce qu'enfin, avec un geste d'irritation – pour une fois la petite mélodie monotone était insuffisante pour apaiser son agressivité – il pose son *trompie* à côté de lui. Machinalement, il a ramassé une poignée de petites cailloux et s'est mis à les jeter vers les colonnes de l'autre côté de la rue, en les regardant ricocher dans toutes les directions, en riant doucement de temps en temps comme un enfant qui joue. Mais aux mouvements de son corps, je voyais qu'il était toujours tendu; le jeu n'était qu'une tentative pour contrôler à nouveau ses pensées.

« Regarde leur histoire, a-t-il dit en balançant les bras et en lançant ses cailloux. Partout dans toute l'Europe. Chaque ville, le plus petit village. Il y a des ruines même dans le veld. Ils vivent avec des signes de leur civilisation tout autour d'eux. C'est écrit partout, et si ce n'est pas sur les pierres, c'est dans les livres. En Azanie aussi. Les mêmes livres. Je les ai lus. J'ai été élevé avec ces livres. Comme toi. C'est la nourriture qu'ils nous ont donnée : leur histoire. » Un autre caillou, en touchant cette fois la fente qui traverse le nom d'Agrippa. « Et la nôtre? Aucun signe d'elle. Ils l'ont avalée, balayée. Ce n'est pas de quitter le District six qui t'a volé ton histoire : ils l'avaient fait bien avant. Ce que tu pensais être à toi, c'était seulement quelque chose qu'ils t'avaient donné pour que tu te tiennes tranquille. »

Sous le calme apparent de sa voix, je pouvais entendre la passion plus profonde qui revenait comme une marée : je m'y attendais.

« Ils sont venus d'Europe dans notre Azanie. Et ça ne leur suffisait pas d'être nos patrons, de nous faire travailler dans nos mines et nos usines, d'apprendre à nos femmes à récurer leurs planchers, à laver leurs vêtements et à manger les restes de leurs tables : ils ont dû mettre aussi la main sur notre histoire. Ils le savaient bien : enlevez à un homme son histoire, et ce n'est plus un homme. Alors, vous pouvez l'obliger à se plier à votre volonté. Regarde ce qu'ils ont fait à mon histoire : dans leurs livres, on lit toujours ce qu'ils disent de l'endroit qu'ils appellent l'Eastern Frontier, et qu'est-ce que c'était pour nous, l'Eastern Frontier? Tu vois, nous n'utilisons même pas les mêmes mots.

– Je sais, Mandla. C'est aussi ce qu'ils m'ont appris.

Sur les “ Hottentots ” et les “ Boschimans ”. Ce n’est que lorsque j’ai rencontré Brian... »

Il a continué sans même écouter. « Une longue histoire de défaite après défaite, c’est tout. Mon peuple était une bande de voleurs et d’assassins. Si les Xhosas franchissaient la frontière c’était pour voler et piller leurs maisons. S’ils la franchissaient, ils disaient que c’était pour punir les voleurs et leur donner une leçon. Ensuite, ils ont essayé de nous amadouer avec la Bible. Même les plus grands de nos guerriers – Hintsa, Makana – n’étaient rien d’autres à leurs yeux que des barbares et des vagabonds. Et le pire, c’est que nous-mêmes nous avons fini par croire que ce n’était qu’un ramassis de sauvages, trop paresseux ou trop abrutis pour faire quelque chose en dehors de putasser, de boire de la bière et de se battre. Nous avons aussi fini par croire que l’histoire de l’Azanie ne commençait qu’en 1652 quand les Blancs sont arrivés. Nous avons accepté d’être chassés de leurs trottoirs à coups de pied, de porter un passeport intérieur ou d’être mis à la porte de leurs boucheries. Nous les avons laissés transformer nos queues en arrosoirs. C’est ce qu’ils ont fait; c’est ce que nous leur avons permis de faire. Mais maintenant, c’est fini. Cet Agrippa et toute sa bande... » Un autre caillou dans la fente et un lézard s’est sauvé sans queue. « Qui a détruit ces anciennes villes? Est-ce que ce n’était pas des barbares, comme nous? Les mêmes esclaves écrasés par les sabots des conquérants sur le monument qui est là-bas... »

Il s’est remis sur ses pieds, m’a aidée à me relever. Il a ramassé son *trompie* et nous avons recommencé à flâner.

« Ce que je ne comprends pas, ai-je dit déprimée, c’est pourquoi on doit refaire les mêmes choses épouvantables de si nombreuses fois. Est-ce que les gens n’apprennent jamais rien? Doit-il toujours y avoir du sang et des mots avant que les choses changent?

– Regarde comme le sol est sec. Cette terre n’aura

jamais assez de sang. Elle est brûlée. Là-bas, en Azanie, c'est encore pire. » Il s'est retourné pour me regarder. « C'est pourquoi je ne cesse de te le répéter, Andrea! – ne parle pas d'enfants. Le sang d'un homme, d'accord. Même celui d'une femme s'il n'y a pas d'autre issue. Mais je ne peux massacrer mes propres enfants. Et si j'en arrive à devoir mourir moi-même... »

J'ai frissonné dans le soleil comme si un nuage venait de passer. Je pouvais entendre les corbeaux croasser au loin, de petits points paisibles dans le ciel bleu.

« Ne parle pas de la mort; Mandla. »

J'aurais dû savoir qu'il ne ferait pas attention à ce que je dirais. « En vérité, c'est un choix très simple. Soit tu vis, ce qui est impossible, s'ils t'ont coupé les couilles : tu vis avec ton orgueil, ton amour-propre... Soit tu meurs.

– Tu ne peux pas toujours choisir la façon dont tu veux mourir.

– Je sais. Bien sûr, tu ne peux pas. Tu ne peux pas choisir non plus ce que les autres veulent faire de ta propre mort. Mais il y a une chose qu'ils ne peuvent pas t'enlever : au moins, quand ton heure est venue, tu peux choisir ce pour quoi tu veux mourir. Ce n'est peut-être pas beaucoup. Mais c'est quelque chose. Et pour moi c'est assez.

– Pourquoi parles-tu de cela, Mandla? » ai-je demandé brusquement. Il y avait quelque chose en lui que je ne pouvais toujours pas saisir, quelque chose qui me faisait une peur insupportable. Mais il ne m'a pas répondu.

Nous avons pris le chemin du retour. Devant le mur sur lequel Mandla avait écrit nos noms. Sous la porte, devant les Antiques. Entre le cénotaphe et l'arc, un groupe de jeunes enfants jouait – ils sautaient, gambadaient, tombaient, poussaient des cris, hurlaient et riaient à en mourir. Mais comme si souvent au cours de ces derniers jours, je me suis retrouvée en train de contempler une tout autre dimension de la réalité : non pas le jeu de ces enfants qui étaient devant mes yeux, mais une autre danse, un cercle autour du figuier dans notre petite cour, en se baissant sous la lessive étendue sur le fil – une fête pour un anniversaire? Ou une manifestation spontanée de vie exubérante et violente?

Sonne, sonne mon cœur
Poche pleine de fleurs
Hou, hou, tout le monde TOMBE...

et dans un petit jeu stupide, nous jouions toute la vie et toute la mort.

En redescendant la longue avenue qui conduisait en ville, le bruit des enfants d'aujourd'hui s'est mêlé pour toujours dans mon esprit à ceux d'autrefois. Nous ne parlions pas. Il jouait du *trompie*, très doucement, un air sans fin, soutenu, mélancolique, qui nous accompagnait comme une conscience, qui restait avec nous comme une ombre, qui nous réunissait dans son rythme simple et qui nous faisait continuer. Impossible de nous arrêter : ce qui s'était mis en marche devait aller jusqu'à son terme.

« *Quelqu'un doit savoir. Il peut m'arriver n'importe quoi. Qu'importe que ce soit maintenant, dans un an ou dans dix ans. Quelqu'un doit tout savoir.* »

Nous avons mangé quelque chose sur le chemin du retour. A l'hôtel le patron a eu l'air surpris de nous voir revenir si tôt. J'ai repris les livres et les cartes que j'avais laissés au comptoir et nous sommes montés. Nous n'avions rien prévu de particulier pour l'après-midi : après le déjeuner dans un petit restaurant près du centre, j'avais dit fortuitement que je me sentais fatiguée et que ce serait peut-être une bonne idée de rentrer faire une sieste. Tous nos mouvements, nos gestes, même les dernières paroles que nous avons prononcées semblaient avoir été décidées à l'avance pour nous. Je ne lui ai pas demandé d'entrer quand j'ai ouvert ma porte; je ne me suis même pas retournée – trop effrayée, non pas d'essuyer un refus, mais de voir une fois encore cette angoisse dans ses yeux – tandis que j'attendais pendant quelques secondes un pas, un contact, le son de sa voix. Plus j'ai poussé ma porte et je l'ai entendu tourner sa clef dans sa serrure en face. (*Regarde, papa, je ne pleure pas. Ta petite Nanna est extraordinairement courageuse aujourd'hui.*)

« Repose-toi bien. »

Le ton insouciant de sa voix m'a surprise. Je me suis retournée : « Toi aussi. Essaie de dormir. Je sais que tu es fatigué après la nuit dernière. Après tout cela. Nous avons voyagé tout le temps.

– Ne te casse pas la tête pour moi.

– Tu viendras me voir si tu...

– A tout à l'heure. » Puis avec un petit rire : « Ma sœur. »

Et j'étais à nouveau dans ma chambre, seule. Je me suis déshabillée et j'ai mis mon peignoir rouge foncé. Pour la première fois, j'ai osé reconnaître à quel point j'étais épuisée. Après Dieu sait combien de temps – dix jours? quinze jours? – de voyage, allant d'un endroit à un autre, j'étais soudain arrêtée. Un silence qui me faisait tourner la tête. J'ai dû m'asseoir sur le bord du lit, sentant toute résistance en moi s'effondrer. C'était comme de se tenir nue devant un miroir, comme je l'avais fait si souvent – le premier soir quand j'avais mis le pied dans cette chambre – en étudiant mon reflet dans chaque détail, en inspectant chaque membre, tout ce qui faisait partie de moi, même ce qui était le plus intime. Seulement cette fois, je n'avais pas besoin de miroir.

« *Tu dois m'aider à voir, grand-père Xhoré. Quand*

on est allé aussi loin – où peut-on aller à partir d'ici? Tu as peut-être la réponse?

– Raconte-moi, Nanna. »

J'ai pensé à tout ce qui était arrivé depuis que j'étais partie de Paris. (Comme Paul m'avait éveillée avec gentillesse, avec amour, avec désir! Le referait-il s'il apprenait ce qui s'était passé dans l'intervalle? Inévitablement, il l'apprendrait bientôt. C'est le moins que je lui devais. S'il téléphonait de nouveau, comme ce matin, je n'ignorerais pas le téléphone, et je n'essaierais pas d'étouffer le son. Il devait apprendre à vivre avec cette amère nouvelle, comme moi.) Le tout premier écart de l'itinéraire qu'il avait prévu pour moi et que j'avais accepté sans hésiter : le détour impromptu à Chartres. A l'origine, avec l'intention de suivre la vallée de la Loire en hommage à la naissance de notre amour; puis j'avais simplement répondu à la cathédrale qui m'avait attirée dans sa pure obscurité derrière ses vitraux en feu. Où j'avais découvert ce qui était vraiment en jeu tandis que j'essayais de trouver une réponse à la question de Paul; et où ce que j'avais tenu écarté pendant tant d'années était revenu me tourmenter. Le voyage sous-marin par des villes inconnues, des villages sans nom, une errance dans un pays immense et perdu : jusqu'à ce qu'enfin je reconnaisse le nom de Carcassonne et que je remonte pour respirer dans un monde plus familier mais aussi qui m'était plus menaçant. Mes efforts acharnés pour retrouver Brian. (A ce moment-là, je pensais encore que Brian était la clef de tout!) La prise que j'avais sur tout ce que j'avais toujours considéré comme organisé, accessible et mien, se relâchait lentement; une nouvelle façon de voir ce que je croyais trop évident pour qu'on s'interroge dessus.

Tant de voyages ont commencé ici, grand-père Xhorê : chaque nouveau jour, chaque paysage est le point de départ pour un autre. Te souviens-tu du vieil homme près de la mer, grand-père Xhorê, la sordide vieille créature sur la plage brumeuse qui a ouvert sa braguette pour moi et contre qui je me suis battue avec tant de fierté. Pourquoi? Pour sauver mon « honneur »? Quel honneur nous reste-t-il, grand-père Xhorê? Puis je suis partie en voiture avec la moitié de son misérable drapeau, en le laissant avec une colère vaine. Et, pourtant, il n'avait perdu qu'un drapeau. Et moi? Ou y a-t-il des façons de perdre par lesquelles quelque chose est véritablement atteint? Est-ce que ce que vous abandonnez peut vous exposer à la possibilité, soit de quelque chose de nouveau, soit de quelque chose d'oublié?

Des questions, des questions, laissées sans réponse. L'hôtel chic d'Avignon où j'avais été effrayée par ces vieilles femmes révoltantes qui ne se rendaient même pas compte qu'elles chancelaient au bord de la tombe. Est-ce que les choses auraient été différentes si je m'étais résignée à leur présence et si j'avais accepté tout ce qui m'était « destiné »? Si j'y étais restée au lieu d'aller à Saint-Rémy? A chaque croisement sur la route : toutes les autres possibilités qui étaient tapies dans l'ombre autour de moi. Rétrospectivement, tout semble si clair et si évident : j'ai pris cette route, puis celle-là et encore celle-là; ici, j'ai tourné à gauche, là j'ai continué tout droit – et cependant chaque choix le plus simple en éliminait des quantités d'autres, et modifiait toute la suite du voyage qui restait à faire. Que serait-il arrivé si j'avais fait ceci, ou cela, si j'étais allée ici, ou là-bas? Même ceci est une simplification. Il me semble que la vraie question, grand-père Xhorê, ce n'est pas : que se serait-il passé si j'avais fait des choix différents ici ou là? Ce qui importe c'est ceci : de quelle autre option étais-je *consciente* d'un instant à l'autre? Parce que comme toi, grand-père Xhorê, je porte en moi non seulement les décisions prises mais toutes les possibilités de moi-même que je n'ai pas choisies. Elles font autant partie de moi que n'importe quel choix fait par hasard à n'importe quel moment.

Pour l'histoire, grand-père Xhorê, tu n'es que le peu de chose qui a été retenu. Pour ceux qui me connaissent, je suis seulement ce qu'ils ont appréhendé en moi de complet et d'accompli. Que savent-ils – même Brian, même Paul, même Mandla – de tout ce qui est resté non réalisé, les si et les peut-être, et qui pourtant fait partie de moi comme mes pieds, mes mains, ma bouche? Dans le dessin que quelqu'un fait de moi, le monde ne voit que les quelques lignes finalement retenues, noires et sans ambiguïté; seulement je connais les efforts innombrables et moins visibles effacés et gommés, tous les échecs, les attentes, les désespoirs, les frustrations, les colères, les faux-semblants? Le dessinateur lui-même n'en a pas conscience : car il y en a plus d'un. Chaque fois qu'on détourne les yeux, qu'on se fatigue, qu'on ne s'intéresse plus, un autre prend la suite; quand ils abandonnent, je me dessine. Je m'invente. Je m'espère, je me pense. Essayer, essayer. *Xhorê va chez lui, va au Cap, va à Saldanha, va chez lui.*

Puis j'étais revenue chercher Mandla à Avignon. Cette première apparition, quand il avait jailli du petit ascenseur, en balayant tout sur son passage. Et cette sensation d'étrangeté avec laquelle je m'étais éveillée en pleine nuit, sens du tout savoir où j'étais; et la profondeur de son gémissement dans l'obscurité; et cette perception de l'étranger sur le palier. (Aujourd'hui encore : plus étranger que jamais.)

Te souviens-tu de tous les conflits que nous avons eus, grand-père Xhorê, ce jour-là, à Avignon? (Plus réels que ce qui nous est arrivé aujourd'hui : le souvenir d'un morceau de papier jeté entre les barreaux de la fenêtre d'une cellule et emporté par les courants chauds dans une rue lointaine et sans nom. *Que cherches-tu?*) Jusqu'à ce que le soir, en quittant le luxueux hôtel du val d'Enfer, je découvre que ce contre quoi je luttais ce n'était pas tant Mandla que moi-même. Quand j'avais dû le retenir d'attaquer un étranger parce qu'il pensait que j'avais été insultée. Car je savais que sa présence ne me permettrait plus de fuir ce que sans cela j'aurais pu affronter. (Mais ce rendez-vous que j'avais toujours pressenti : était-il derrière moi, ou m'attendait-il toujours? Se pouvait-il que quelque chose m'attende encore?)

A Apt, il y avait les vendeurs noirs sur le marché, avec leurs marchandises de pacotille. Et, à La Motte-d'Aigues, nous avions appris que M. Jaubert était mort, et je n'avais pu être au rendez-vous avec le passé de Paul. Ce que j'avais découvert en échange, c'était mon ombre. Cela t'est-il arrivé à toi aussi, grand-père Xhorê, dans ton pays étranger? T'avait-elle réconforté, toi aussi, en t'offrant un peu de foi, la certitude que tu avais encore suffisamment de substance pour créer une ombre, que tu n'avais pas encore été vaincu, que tu étais toujours – comme un pauvre diable anonyme gravant ses initiales dans le mur d'une cellule –, que tu étais toujours *là*?

Te souviens-tu des débiles, le défilé des pauvres idiots dans les rues de Sault, grand-père Xhorê? Les rejetés de la terre qui voyageaient en minibus pour faire leurs excursions? Et tout le monde qui fuyait à leur approche en se protégeant avec des signes de croix furtifs contre la dernière manifestation de la peste. Il est plus facile de prétendre que ceux qui vous menacent avec leurs écarts au normal n'existent pas. Les vieillards de Murs ne connaissent pas l'existence du mur. Ou faisaient-ils seulement semblant? Ou ne voulaient-ils pas savoir? (Qu'arrive-t-il quand on ne peut plus se satisfaire de la sécurité de sa propre ignorance?)

Puis nous sommes partis seuls à la recherche du mur. (Grand-père Xhorê, peux-tu imaginer que tout d'abord nous sommes passés à côté de lui sans le voir?) Et nous en avons trouvé les vestiges. Mais seulement pour en perdre la trace dans la forêt de chênes. C'est là que je lui ai raconté la nuit au cours de laquelle ils m'avaient arrêtée et donné à choisir : la nuit au cours de laquelle j'avais trahi Boetie. Et il a dit : « Viens vers moi. »

Ce matin, dans l'ancienne ville romaine, il a écrit nos initiales, en lettres sombres sur un mur dans le soleil.

C'est un long voyage, grand-père Xhorê, d'innombrables voyages, que j'ai faits pendant ces cinq jours. Maintenant je suis fatiguée. Je ne crois pas pouvoir aller plus loin.

J'étais fatiguée. Je ne pouvais pas supporter de rester seule plus longtemps. Sans réfléchir je me suis levée et je suis allée jusqu'à la porte, j'ai ôté le verrou, prête à aller le retrouver.

Et si j'y allais? Que pourrais-je faire? Le supplier – pour quoi faire? Et comprendrait-il? Que je ne lui demandais pas de me faire l'amour, de prendre possession de mon corps, mais simplement d'être avec moi? Bien sûr, il comprendrait. Ce n'était pas la simple peur de n'être pas comprise qui me retenait: mais peut-être, au contraire, le pressentiment qu'il comprendrait trop bien. Et cela entraînerait une répétition de ce qui était arrivé ce matin. Son intégrité était aussi précaire que la mienne; peut-être plus encore. Je ne pouvais lui faire encore cela. Parce que je l'aimais. J'avais au moins cette certitude, une certitude aussi profonde qu'un bassin dans lequel je pouvais me changer en poisson.

J'ai repoussé le verrou, j'ai fait demi-tour, et je suis allée vers l'armoire dont j'ai ouvert et fermé les portes pour rien. Puis la fenêtre. Dehors, le silence absolu d'un jour d'automne. Les platanes presque totalement dénudés. Les feuilles sur le gravier ratissé. J'ai regardé au-delà du jardin, très loin, aussi loin qu'avait regardé Mandla la veille sur le mont Ventoux : jusqu'en Afrique, le pays qu'il appelait l'Azanie, un nom étrangement voluptueux sur sa langue, un amour plus profond et plus immense que moi ou aucune autre femme ne pourrait jamais espérer l'être pour lui. Mon Dieu, c'était le printemps là-bas.

J'étais si faible, si sentimentale, si fragile que j'ai éclaté en sanglots. Ce n'était pas de tristesse; et cela n'avait rien à voir non plus avec moi-même. Les larmes coulaient de mes yeux; je débordais au-delà des limites de moi-même. Je ne pouvais m'arrêter. Je me suis mise à pleurer comme grand-mère; mais pour bien plus que les morts. Je pleurais pour les vivants. Pour Mandla. Pour sa Ntsiki. Pour Boetie. Pour maman. Aujourd'hui, je pouvais pleurer pour elle sans retenue : une femme pour qui rien n'avait jamais marché et qui ne savait absolument pas pourquoi. Je pleurais pour une femme qui lavait les cheveux des dames élégantes, qui leur faisait des shampooings, des teintures, qui les séchait, et qui croyait que cela pouvait remplir une vie. (*Je veux dire, il fait ça avec tout le monde.*) Je pleurais pour mon frère Aric, le serveur, avec une fine moustache et de la brillantine dans les cheveux. Pour Maggie, qui pensait pouvoir se protéger du mal en se boutonnant jusqu'au menton, en priant et en chantant dans le chœur de l'église. Je pleurais pour une petite métisse qui se sauvait à la nage d'une plage réservée aux Blancs dans la mer verte et libre, préférant se noyer plutôt que d'être prise; et pour un garçon qui à la porte d'une boucherie regardait comment son père était jeté dehors. Je pleurais pour ceux que j'avais rencontrés à Londres et que j'avais fuis parce que je n'avais pas compris pourquoi ils éprouvaient le besoin de montrer au monde leurs maladies et leurs abcès ouverts. Même pour ceux qui, comme George le compagnon de Mandla, n'avaient rien contre l'idée de vivre de la trahison, parce qu'eux aussi n'avaient pas d'autre moyen pour survivre. Je pleurais pour une génération, pour un pays, pour un monde plein de gens, tous frappés par une peste invisible.

Si j'avais été grand-mère, je ne me serais plus jamais arrêtée de pleurer : parce qu'elle savait l'exacte mesure pour chaque personne et chaque événement, et ce sur quoi je pleurais n'avait pas de fin. Je pense que j'étais simplement trop fatiguée pour m'arrêter. A la fin, je me suis traînée vers le lit et je m'y suis laissée tomber, trop épuisée même pour tirer sur moi ma couverture bien-aimée. Je l'ai simplement serrée en paquet contre mon corps, comme un enfant. Un enfant avec l'odeur de ma vie entière. Si seulement j'avais pu dormir! Pourtant j'ai résisté à l'envie. Il était important de rester éveillée, d'être consciente de tout, de sentir la douleur; je n'étais pas en mesure de faire l'effort nécessaire pour l'exclure ou le nier. Je devais être prête – plus jamais vierge, mais au moins, mon Dieu, un peu plus sage qu'avant – et je pouvais en expliquer le but : prête à quoi, pour qui, pour quel prétendant? Qui pouvait bien se foutre d'une *jentoe* d'occasion, en pleurs, morveuse, les yeux rouges, comme moi?

Epuisée, oui. Mais en même temps, grâce à tant de larmes, complètement lavée à l'intérieur. Je n'avais jamais été du genre pleureuse. Quand c'était inévitable, cela devenait invariablement salubre et nécessaire. Je me sentais, vidée, purifiée. Lisse comme un poisson. Aussi, je ne suis pas restée longtemps au lit. J'avais l'étrange besoin d'y voir clair. (Une prémonition? Une appréhension? Et pourtant je jure que si j'avais eu la moindre idée de ce qui allait arriver, j'aurais été totalement paralysée.)

Je me suis relevée et je me suis lavé le visage à l'eau froide. Puis je me suis assise les jambes croisées sur le lit et j'ai commencé à trier mes notes (la nuit précédente, j'avais échappé à la corvée). J'ai ouvert la chemise rouge du scénario de Paul et je l'ai feuilleté de nouveau en m'arrêtant de temps en temps pour lire un passage ou pour étudier une note en marge, et pourtant je le connaissais presque par cœur. Sur les pages blanches en regard du texte tapé à la machine, j'ai griffonné des notes sur des lieux possibles d'après les voyages et les observations des derniers jours; Paul n'aurait aucune raison de m'accuser de négligence. Parfois je posais le scénario pour regarder dans les livres et les photocopies que j'avais apportés avec moi. Une page de Dostoïevski; je n'avais aucune idée de quel roman elle était tirée car ses livres m'avaient toujours semblé trop épais pour que je les lise; et Paul l'avait simplement agrafée aux photocopies d'Artaud, de Kundmann, de Chauliac et des autres. Mais elle s'enfonçait dans le cœur comme un poignard.

Il rêva que le monde entier était ravagé par une peste étrange et terrible qui était venue du cœur de l'Asie en Europe. Tous, à part quelques élus, étaient destinés à mourir. De nouvelles espèces de germes attaquaient le cou des gens, mais ces créatures microscopiques étaient douées de raison et de volonté. Les gens qu'elles attaquaient devenaient immédiatement fous et violents. Cependant jamais les hommes ne s'étaient considérés aussi sages et inébranlables dans leur recherche de la vérité que ces victimes, jamais personne n'avait considéré ses décisions, ses découvertes scientifiques, ses convictions morales aussi indiscutables. Des villages, des villes, des nations entières furent touchées et devinrent folles. Elles étaient dans un état de totale confusion. Personne ne pouvait plus comprendre quelqu'un d'autre. Chacun d'eux croyait que la vérité résidait exclusivement en lui-même.

Paul, Paul, ai-je pensé : toi et ta peste. Depuis le tout premier jour, la toute première nuit (et que se serait-il passé si sa pouliche blonde ne nous avait interrompus?) : son implication totale dans cette histoire. Au début, je l'avais même sous-estimé et parfois je le taquinais ou je l'écoutais avec, en fait, une sorte d'amusement maternel. Et, graduellement, j'avais commencé à comprendre le besoin que cela remplissait dans sa vie, surtout quand j'en avais découvert plus (jamais beaucoup : c'était le seul épisode de sa vie sur lequel il était toujours resté discret) sur son aventure hongroise. Ces mois d'isolement dans une chambre ronde en pierre d'un château entouré par la neige (des enfants qui patinaient en chantant des airs de *Don Giovanni*!), avec un flot jamais interrompu de réfugiés qui avaient laissé derrière eux une terreur trop immense pour qu'ils puissent l'exprimer avec les quelques mots qu'ils avaient à leur disposition. Son Eva. Un simple baiser dans un grenier parmi les tas de vêtements usagés. (Cela pouvait-il être vrai? Pas une seule nuit dérobée? Pourtant je le croyais. Il n'avait aucune raison de me mentir. Seulement, j'étais jalouse même de ce qui n'était pas arrivé!) Comment aurait-il pu s'en sortir autrement? C'était la seule chose de sa vie, je le sais, qui avait une réelle signification pour lui : tout le reste avait été évasion, fuite, nostalgie, ou espoir romantique. (Je me souvenais d'une conversation brève et cruelle entre lui et Mandla; généralement c'est Mandla qui parlait, pas lui : « C'est le seul moment de l'histoire contemporaine que je peux saisir, parce que j'y ai été impliqué. » Mandla : « T'as grandi dans la pire tornade de ton époque : et tu essaies de me dire que tu n'y étais pas impliqué? » Paul, avec une franchise désarmante : « Je n'ai jamais été vraiment " là ", Mandla. En Afrique du Sud, si tu veux survivre, tu n'as jamais les moyens d'être " là ". » Mandla : « Tu veux dire, si tu es blanc! Moi, je le sais. Je sais ce qui m'est arrivé à chaque instant de ma putain de saleté d'existence. » Ce qui m'avait frappée, c'est que jusqu'à un certain point ils avaient raison tous les deux.) Quel meilleur moyen pour ce moment terrible de sa vie que cette histoire de la Peste noire? Si seulement il pouvait trouver le courage d'en faire un roman plutôt que de se contenter avec l'option plus sûre d'un film pour lequel ce seraient les autres qui finalement seraient condamnés ou loués.

« Tu ne fais que te rendre les choses plus difficiles, Paul. (Combien de fois avions-nous eu cette conversation?) Tous ces discours à propos de ton grand roman, un jour : c'est ce dont rêvent les adolescents, c'est du romantisme, c'est démodé; tu as cinquante ans, merde! Tu ferais mieux de te mettre à en *faire* quelque chose. Un roman n'est pas un rêve, c'est un sacré boulot. Et tu es trop paresseux.

– Je ne suis pas paresseux, Andrea; je suis effrayé. Si j'échoue avec cela... eh bien, tout aura été en vain. Alors cela signifiera que je n'aurai pas été capable de faire quelque chose qui en vaille la peine, de toute ma vie. Qu'est-ce que je deviendrai alors?

– Tu essaieras de nouveau.

– C'est facile à dire quand on n'a pas encore trente ans. Après, tout ne peut être mesuré qu'en degrés d'échec.

– Paul, pourquoi ne crois-tu pas plus en toi?

– J'ai besoin de ton aide.

– Ecoute, mon amour, je peux coucher avec toi, manger avec toi, vivre avec toi, mais croire en toi il faut que tu le fasses seul. Si tu essaies de m'en confier la charge, tu deviens très injuste pour nous deux.

– Tu ne crois pas en moi? »

J'ai pris son visage entre mes mains et je l'ai embrassé. « Bien sûr, je crois en toi. Nous n'en avons jamais douté ni l'un ni l'autre. Ce qui nous préoccupe c'est ta propre confiance en toi. »

Cela aussi, pensions-nous, serait d'une certaine façon réglé par le voyage. Et maintenant...? En plus de tout ce que je devais résoudre, devrais-je aussi apprendre à vivre avec l'idée que je lui avais enlevé son soutien? Quand on a jeté sa pierre, comme les cercles sur l'eau sont infinis! Comme ils sont merveilleux! Comme ils sont horribles!

Paul, je connais maintenant des formes de peste qui te surprendraient; même toi.

Etait-ce mon imagination ou un téléphone était-il en train de sonner de l'autre côté du palier? Dès que j'en ai pris conscience, j'ai dressé la tête pour écouter plus attentivement, mais il s'était arrêté. Je pouvais m'être trompée; ou c'était peut-être ailleurs dans l'hôtel. Cela m'a pourtant inquiétée. Pendant quelque temps, j'ai essayé de me concentrer sur mes notes; puis, trop nerveuse pour continuer, j'ai empilé mes livres sur la table de chevet.

Cette fois, il n'y avait pas à s'y tromper : la porte de sa chambre qui s'ouvrait. Je me suis contractée en attendant qu'elle se referme. Mais rien. Je l'aurais entendue, car il fallait la tirer fort. Etaient-ce des pas dans le couloir?

J'étais si tendue que je me suis mise à trembler; la tête me tournait, j'avais même la nausée. Il était peut-être debout devant ma porte en ce moment, en se demandant s'il allait frapper ou non, hésitant à me déranger si je dormais.

Cette idée m'a fait réagir immédiatement. Je me suis précipitée sur la porte que j'ai ouverte. Le palier était vide. Je suis allée jusqu'au garde-fou pour regarder dans la cage d'escalier. Personne.

Sa porte était entrouverte.

Peut-être n'était-il pas sorti, après tout; il avait peut-être changé d'avis.

J'ai traversé le palier en me demandant si j'allais frapper ou non; je suis entrée, la bouche déjà ouverte pour dire : « C'est moi. »

Mais la chambre était vide. Ou plus exactement Mandla n'était pas là. (Ni dans la salle de bain; la porte était grande ouverte et je voyais à l'intérieur.) Ses affaires n'avaient pas bougé. Son sac bleu marine, décoloré et taché avec l'âge, l'ouverture un peu usée. Le contenu – quelques chemises et quelques slips, un blouson – était éparpillé sur le lit. Une paire d'espadrilles sur la descente de lit. C'était tout.

J'ai pensé tout à coup au voyage avec papa, et à sa suite avec Brian : aux gens que nous avions croisés sur la route entre les deux villes, parfois une famille, parfois une femme seule, marchant avec une caisse en carton ou une valise en équilibre sur la tête; et dedans, on le savait, il devait y avoir tout ce qu'elle possédait, tous ses objets et ses vêtements. Mandla était évidemment différent; c'était un réfugié. Ce n'était pas la quantité de ce qu'il possédait qui me troublait, mais la facilité avec laquelle tout pouvait disparaître. Je me suis assise sur son lit, j'ai ramassé ses vêtements un par un et je les ai examinés comme s'ils avaient été de la plus haute importance pour moi. Un résumé de l'homme? Dans ce cas, le résultat était l'anonymat absolu. Même pas une étiquette avec un nom sur un col de chemise.

Presque découragée, j'ai essayé de me convaincre qu'il serait de retour dans quelques minutes. A n'importe quel moment, maintenant. Après tout, il avait tout laissé derrière lui. Il n'avait même pas fermé la porte.

Il n'y avait aucune raison pour que je ne l'attende pas ici.

Mon anxiété a diminué. Je me suis allongée sur le lit – le large creux là ou il s'était couché peu de temps avant, la place de sa tête encore visible sur l'oreiller – en essayant de me glisser exactement dans le contour de son corps. J'ai fermé les yeux, la tête rejetée en arrière. C'est ici qu'il avait dormi ces dernières nuits. C'est ici qu'il s'était allongé il y avait quelques minutes. Il était possible d'imaginer encore un reste de chaleur de ses membres. Une sensation à la limite du perceptible, une simple suggestion, une possibilité; mais qui progressivement s'est amplifiée, pour devenir certaine, indiscutable, irrésistible.

C'est ici qu'il s'était allongé, c'est ici qu'il avait laissé des signes et des traces. L'homme dont j'étais tombée si éperdument amoureuse sans m'en rendre compte et sans du tout l'avoir voulu. Cet homme entièrement étranger : même son lit m'était étranger; je n'avais encore jamais mis les pieds dans cette chambre. Rien ici qui m'appartînt ou qui me reconnût : tout était exclusivement à lui.

Il m'avait tant parlé de lui; et c'était si peu. J'ai essayé de m'en souvenir, chaque détail : le jour dans la boucherie avec son père. Son installation à Port Elizabeth, attiré par la passion d'apprendre. La buvette de sa tante. Les nuits bruyantes. Les rues sales, les égouts, les chiottes, les fumées du petit matin. New Brighton. Soweto. Les écoliers en grève; les immeubles et les autobus en flammes, l'odeur des gaz lacrymogènes; le car de police. Fort Hare. Le renvoi de Vuyizile. Mandla de retour à Port Elizabeth. La lecture, la lecture des nuits entières à la lueur de la lampe à pétrole. Les meetings. Les syndicats. Le quartier de ses parents rasé. Les *boere*. Ntsiki : du sang qui coule sous la porte de sa cellule. Jamais d'autre enfant, avant que le soleil n'éclaire une aube nouvelle. Spike. Dans la lueur d'une torche, une nuit, un nom sur une tombe. *Steve Biko*. Lesotho. Mozambique. La mission avec George. L'appartement de Paul (*Mandla est différent de tous ceux que tu as rencontrés. – Hé! Ma sœur!*) Un repas rue du Four : « Ma sœur, tu es noire. Tu es de la même couleur que moi. Alors qu'est-ce que tu fous ici? »

Homme noir, tu es tout seul.

(Une nuit, cette marche interminable pour rentrer de Kenilworth. *Il n'y a personne. Je suis toute seule.* Etait-ce cela, ce que chacun de nous avait reconnu dans l'autre?)

Voudras-tu courir avec moi dans la nuit?

Mon Dieu, grand-père Xhorê, que s'est-il passé, que va-t-il encore se passer?

Pour l'amour de Dieu, grand-père Xhorê, *que se passe-t-il?*

Les pensées, prévisibles au début, qui commencent à se fondre en nouvelles configurations, comme si je les avais contemplées au travers d'une vitre ou comme si j'avais vu leurs formes séparées se réunir dans l'eau et changer tout le temps. Cet homme que j'aimais, qui avait écrit nos noms sur un mur en pissant. Qui m'avait écrasée sur le sol avec le poids de son corps et qui m'avait aimée sur la terre.

Cet étranger que je ne connaissais pas du tout; je connaissais sa façon de rire ou de faire l'amour; comment il soupirait la nuit quand il était seul; et comment il jouait du *trompie*. Quoi d'autre? Mon Dieu, il n'y avait rien d'autre. L'Etranger. Et j'étais couchée dans l'espace qui était le sien, cette chambre d'un hôtel anonyme qu'il avait envahie, son goût, son odeur, sa présence, son absence, son étrangeté. Ce lit qui était le sien. Dans lequel il pouvait avoir répandu une semence qui légitimement m'appartenait.

Mandla, Mandla, Mandla.

Je ne savais pas ce qui se passait ni comment cela était arrivé: mais cela ne s'était jamais produit dans ma vie. J'étais allongée là, les yeux fermés, abandonnée à lui en son absence. Ai-je vraiment dormi? Mais comment peut-on s'endormir avec un corps si tendu que ses muscles font mal? Ce qui se passait était quelque chose que je n'aurais jamais cru possible, même pas au sens le plus physique. En fait, c'était comme si j'avais été endormie, comme si cela avait été un rêve, mais le rêve le plus précis, le plus écrasant de ma vie. J'étais abandonnée à lui en son absence : et dans cette absence, il a dû me prendre. Sans une main sur moi, sans même le contact d'un doigt, j'ai senti mon corps se tendre de plus en plus, jusqu'à ce que je tremble entièrement, abandonnée à un homme qui n'était pas près de moi – mais tout à fait convaincue qu'il reviendrait très vite, oh oui! très vite, qu'il reviendrait à n'importe quel moment, qu'il me trouverait là, qu'il me prendrait, qu'il reviendrait – et soudain j'ai senti le sang monter à mon visage et une chaleur dans mon ventre, et le premier frémissement en moi, comme une pierre jetée dans un bassin sans fond, et j'ai joui avec une violence que je n'avais jamais connue ni imaginée, soit avec un homme soit seule.

Pendant un long moment, je suis restée immobile, épuisée, en sentant l'humidité du plus profond de moi qui s'écoulait lentement. Etourdie, honteuse, que penserait-il s'il rentrait maintenant et me trouvait dans cet état? (Maggie m'avait surprise ainsi quelquefois pendant notre enfance. *Dieu te dessèchera la main si tu n'y prends pas garde. Il te frappera du ciel avec la foudre.* Oh! Ça va, Maggie.)

Puis je me suis apaisée. La chaleur a décliné lentement, me laissant exténuée, molle, rassasiée. Toujours incrédule, abrutie peut-être par le sommeil, j'ai secoué la tête, puis je me suis redressée en m'appuyant sur les coudes et en me demandant si je devais rester ici ou retourner dans ma chambre. (Et si le patron passait et me trouvait là...?)

Sur la petite table devant la fenêtre, j'ai remarqué d'autres objets appartenant à Mandla. Une ceinture de cuir avec une grosse boucle de cuivre. Deux ou trois livres de poche. Son passeport (faux sans aucun doute, fait au Mozambique). Son *trompie.*

Je l'ai regardé quelques instants, presque amoureusement : le son faisait tellement partie de nos relations. Puis une brusque anxiété m'a fait reprendre mon souffle : si Mandla avait l'intention de partir quelque temps, d'aller se promener, s'il n'était pas sorti pour une minute ou deux seulement, il aurait sans aucun doute pris son *trompie* avec lui. Il ne s'en séparait jamais.

Maintenant, j'avais peur. Trop peur pour bouger. Pour la première fois, je savais sans aucun doute possible que Mandla n'était pas seulement parti quelque part : *cette chambre était vide.* Je sentais mon cœur qui battait. Et dans cette chambre je reconnaissais toutes les chambres vides de ma vie. Un sorte de vide que seule une femme peut reconnaître, je crois.

J'ai fait un effort pour me lever, revenir dans ma chambre, enlever mon peignoir rouge et m'habiller. Je n'ai pas pris le temps de me brosser les cheveux. En fait, j'ai même oublié de mettre mes chaussures.

J'ai descendu l'escalier nu-pieds.

Il y avait plus de gens que d'habitude à la réception. Le *patron*[1] avec sa moustache triste, deux *femmes de chambre*[1] et quatre ou cinq étrangers, des hommes dont deux *gendarmes*[1].

Quand je suis arrivée dans le vestibule, leur conversation animée s'est arrêtée brusquement et ils se sont tous retournés pour me regarder. J'avais conscience du murmure de mes pas sur les dalles de terre cuite.

« La voici », a dit la femme du patron, avec quelque chose de triomphant dans la voix, comme si elle avait attendu ce moment : femme contre femme.

Son mari avait l'air mal à l'aise. Il est sorti à moitié de derrière le comptoir en s'excusant auprès des gendarmes tandis qu'il les écartait et en souriant bêtement dans ma direction.

« Ah! Mademoielle. Vous allez peut-être pouvoir nous aider. »

Kundmann : *A Ludwigsdorf, où la peste faisait rage avec la plus grande violence, une jeune paysanne a été contaminée. Dès que son amoureux l'a appris il est allé la voir dans la nuit et il lui a fait l'amour si longuement qu'il en a rapporté chez lui un abcès de peste. Mais cela ne s'était pas passé avec assez de discrétion pour que les parents des deux jeunes gens ne soient pas au courant; ils réprimandèrent très dure-*

1. En français dans le texte. *(N.d.T.)*

ment leurs enfants pour leur crime, mais ne purent empêcher le couple de se revoir chaque nuit à partir de là. Le Dr Eggerdes vint à passer chez les parents et ils le supplièrent au nom de Dieu de faire venir un prêtre d'Oels afin de marier leurs enfants avant qu'ils meurent de leurs péchés, car tous deux étaient contaminés par la peste et cependant on ne pouvait les empêcher de se retrouver chaque nuit pour s'abandonner à ce qu'ils n'avaient pas le droit de faire. Quelques jours plus tôt les abcès s'étaient ouverts. Le médecin dit à la mère : « Puisque les abcès de vos enfants se sont déjà ouverts en leur laissant assez de force pour continuer à se rencontrer et à faire l'amour, ils ne mourront certainement pas de la maladie. »

Il n'y a personne. Je suis toute seule.

De retour dans ma chambre. A l'intérieur, il fait sombre. Dehors, le soleil vient de se coucher.

Je suis seule. Rien ne bouge, même pas les rideaux, même pas une mouche.

L'après-midi a été très long. Il y a des heures déjà, je pensais que j'étais fatiguée! Si je l'étais, il n'y a pas de mot pour désigner ce que je ressens maintennt. Et pourtant, bien que mon corps soit exténué, j'ai une étrange clarté dans mes pensées.

Etre présent là où l'on se trouve : avec tout le poids de sa propre histoire, de son moi, toutes ses possibilités. (Est-ce que je savais vraiment ce que je disais un dimanche lointain, dans un magnifique hôtel des bords de Loire? – *Dans chaque instant on vit toute sa vie.*)

Voici donc le rendez-vous que j'ai attendu tout le temps : il y a une heure dans cette pièce froide; maintenant ici, de retour dans ce qui depuis quelques jours a été « ma » chambre. (Jamais vraiment autant à « moi » que le petit appartement de la rue Bonaparte. Et bien moins à moi que la chambre que je partageais autrefois avec Maggie, dans un autre monde, la seule qui ait vraiment été à moi : là où nous étions dérangées la nuit par la toux et le bruit des grands-parents à côté; où nous pouvions être réveillées brusquement par le tapage de papa qui rentrait; où, de sous le figuier, dans une petite arrière-cour, on pouvait être réveillées en sursaut par la trompette du marchand de poisson.)

Combien de personnes différentes, les autres avaient essayé de faire de moi au long des années. Grand-mère qui croyait pouvoir m'apprendre tout ce qu'elle savait sur le tricot et la cuisine; maman qui essayait de m'apprendre la coiffure. Si Boetie avait pu faire ce qu'il voulait, il m'aurait transformée en révolutionnaire; Brian aurait fait de moi une révoltée en exil luttant pour la « cause ». Pour Frank, j'étais une protégée, parfois un modèle. Un de ses successeurs m'employait comme photographe-assistante; au bureau, mon patron m'employait comme secrétaire le jour et maîtresse la nuit. Pour Serge, j'étais scripte. Pour Paul...? Assistante pour les recherches, compagne, soutien, prostituée bien-aimée; sa femme pour finir. Attirée à chaque fois dans l'existence de quelqu'un d'autre. Un caméléon, blasé par des années de lectures effrénées, dirigées par Brian et ses successeurs, par Paul; dévorant leurs univers (ou dévorée par eux?); une causeuse agréable et facile – les films, la mode, la philosophie – qui ne fait jamais honte à ses partenaires : mais toujours caméléon, adaptée à survivre. C'était avec papa que je m'étais le plus approchée de la possibilité de devenir quelqu'un par moi-même. Sa fille vierge, oh! assurément. Mais il savait qui j'étais, qui je pouvais devenir, qui j'aimerais être. *Nanna.*

Moi, Andrea Malgas. Car c'est ce qui reste au bout du compte quand on se retrouve aussi nue et aussi seule que je le suis maintenant. Pas vierge, et depuis longtemps, grâce à Dieu. Pas complète, ni entière ni impeccablement achevée. Moi, seulement.

(Grâce à Mandla? L'ironie ne m'échappe pas. La différence c'est qu'il n'a jamais réclamé pour lui seul.

Au contraire. Il savait comment me délivrer de moi-même. *Courir dans la nuit.*)

C'était si facile de prendre la décision quand il était à côté de moi : j'irai avec toi partout où tu voudras m'emmener, même si cela signifie errer dans le désert ou marcher dans le feu de l'enfer. Il y avait quelque chose de merveilleusement simple, l'assurance logique et totale de tout ou rien. Maintenant, c'est beaucoup plus compliqué. Non pas obscur ou confus – en fait d'une douloureuse luminosité - mais plus compliqué et d'une façon inexprimable.

Tous les innombrables voyages menant à ce point.

Dans le pays avec papa, avec la vieille guimbarde empruntée. Les gémissements de son harmonica dans l'obscurité. Le bruit de sa voix quand il arrivait à la maison la nuit, Sindbad le marin, avec sa couverture chargée de cadeaux. Son odeur. Ses bras maigres autour de moi; son menton mal rasé contre ma joue.

L'odeur de l'air conditionné, du shampooing, la forte odeur de brûlé des fers à friser. Un mercredi après-midi avec M. Wiese. *Je vais te mettre au courant.* La route interminable pour rentrer à la maison. Le visage de maman. Maggie lisait la Bible. *Va te faire foutre avec ta Bible, tu es seulement jalouse!* Johnny qui n'arrivait pas à comprendre pourquoi. Sa seule réaction, amère assurément : *les femmes!*

Le jour où Maggie a téléphoné pour donner la nouvelle que papa avait été emporté par une vague. Les falaises à Steenbras Mouth. L'eau marron et lumineuse, comme du Coca-Cola. *Il est blanc.*

Boetie est embarqué. *Vous allez nous rendre compte régulièrement de ce que dit, fait et lit Brian Everton. Alors on libérera votre frère. Sinon...* Son visage derrière le verre armé. Maintenant, il est parti sur l'île.

La nuit où ils sont venus pour nous. Les draps, tout. La fille stupide qui vomit sur le tapis.

A une époque comme celle-là, on a le pied incertain : c'est comme s'il l'on avait de la glu sous les semelles, on reste les pieds collés sur la piste, terrifié par l'escalier étroit qui conduit à l'avion. Quand nous atterrissons à l'autre bout, il y a le passage troublant à la fois étranger et familier; il est assis à côté de moi, épuisé; il dort la tête sur mon épaule, la bouche entrouverte; un mince filet de salive coule sur son menton. Quand le train s'arrête, c'est Avignon, où nous sommes renvoyés de l'hôtel. (Parce que nous ne sommes pas mariés. Non, j'ai pensé au début, à cause de la couleur. Dans le val d'Enfer toutes les tables étaient réservées, *je m'excuse, messieurs-dames*[1].)

Un petit cirque misérable à Montbrun. Des animaux trempés jusqu'aux os dans des cages puantes. Le bruit du vieux lion malade dans la nuit.

Londres, une tache grise sur la terrre, des couleurs tristes qui bavent dans la pluie. Des gens, des querelles, des accès de passion désespérée. Des journées à sangloter dans Hyde Park. Le visage de Frank quand il m'ouvre sa porte, dans l'immeuble gris de la rue Mouffetard. *J'espère que tu peux m'aider. Seulement, je veux que les choses soient claires avant d'entrer : je ne coucherai pas avec toi.*

Paul. A qui j'ai été infidèle des années avant que rien de sérieux ne commence entre nous. Pouvions-nous lui et moi, et qu'importe comment nous nous aimions, prévoir une fin différente? Nous avions besoin l'un de l'autre; nous nous sommes rendus disponibles l'un pour l'autre. Et cela était bon. Il y avait une profonde compassion. Nous nous plaisions. Mais en regardant en arrière comme je le fais maintenant...? Les traces délicates des oiseaux dans la neige, dans le jardin du Luxembourg. Pour qu'on s'en souvienne, mais impossibles à retenir.

Mandla.

Ce n'est pas facile de penser son nom. Tout est

1. En français dans le texte. *(N.d.T.)*

encore trop exposé, trop brutal, trop immédiat. Ce n'est que beaucoup plus tard que je serai capable d'affronter ou de digérer cela. Ce n'est pas que je serai jamais capable de m'en sentir détachée; il y aura toujours quelque chose d'infiniment précaire dans cette pensée. Beau et dangereux : c'est ainsi qu'il était. Ses soupirs et ses gémissements profonds quand il se promenait dans la nuit comme un grand prédateur. La voix murmurante de la terre dans sa musique.

Il parlait souvent de haine. Il devait savoir autant que moi que ce n'étaient que les tentatives maladroites d'un jeune garçon pour donner le change. Il n'avait jamais été destiné à la haine. L'amour était son état naturel. Depuis le début. Même quand il pensait qu'il haïssait, ce n'était qu'une autre manifestation de son amour. La haine est enterrée avec soi et c'en est la fin. Mais l'amour est indestructible, à plus forte raison quand c'est l'amour d'un homme pour la terre, son Azanie, son Afrique, plus immense et éternelle que lui, que moi, que nous. Il était trop profondément blessé, il avait trop souffert, il en avait vu d'autres souffrir trop, même pour prendre le risque d'avoir un enfant. Dans quelques jours, sa dernière semence s'en ira avec mon sang stérile. Mais l'amour ne pourra jamais être détruit.

La Bible près de mon lit. (Depuis combien d'années n'avais-je pas feuilleté une bible? Comme mon père mécréant réunissant ses amis païens à l'église!) Je savais exactement ce que je cherchais. L'Ecclésiaste :

Pour chaque chose il y a une saison, et un temps pour chaque dessein sous le ciel :

Un temps pour naître, et un temps pour mourir; un temps pour planter et un temps pour récolter ce qui est planté;

Un temps pour tuer et un temps pour soigner; un temps pour détruire et un temps pour reconstruire;

Un temps pour pleurer et un temps pour rire; un temps pour s'affliger et un temps pour danser;

Un temps pour jeter les pierres et un temps pour les réunir; un temps pour étreindre et un temps pour s'abstenir d'étreindre;

Un temps pour gagner et un temps pour perdre; un temps pour garder et un temps pour rejeter;

Un temps pour déchirer et un temps pour coudre; un temps pour se taire et un temps pour parler;

Un temps pour aimer et un temps pour haïr; un temps pour la guerre et un temps pour la paix.

Encore et encore pour que les mots brûlent en moi; pour qu'ils brûlent les dernières traces de ce qui était en trop. Car c'était mon temps. Mon heure était venue.

Quelques pages plus loin seulement dans le même livre – c'était peut-être la dernière certitude que je réclamais encore? *Pour lui c'est en rejoignant les vivants qu'il y a de l'espoir.*

Derrière moi : une vie de flammes, comme un champ de blé dans lequel deux enfants heureux et insouciants ont lancé une cigale en feu. La seule différence est celle-ci : c'est que je dois revenir dans les flammes.

Je sais ce que j'ai à faire maintenant. Cela ne prendra pas beaucoup de temps. Ranger ce que j'ai et faire mes bagages. Je dois mettre à jour mes notes pour Paul, afin de les lui laisser. Il mérite au moins cela, même si toute explication est inutile. Ce ne sera pas facile; je sais que ma main tremblera sur le papier.

Je laisserai le carnet de notes au patron; avec une lettre.

Puis je dois régler l'hôtel : en espérant que Paul m'accordera cette dernière dépense sur la carte de crédit de la production du film. Je m'arrangerai pour qu'il soit remboursé plus tard; n'importe comment. Et je dois partir. C'est stupide, car il fait déjà sombre. Mais je n'ai pas besoin d'aller très loin ce soir. Peut-être à Eygalières – je pense que je peux enfin assumer ma responsabilité et affronter ce souvenir – et, très tôt le matin, je peux m'en aller. Mon temps est passé. Et le soir et le matin étaient le cinquième jour.

Et maintenant la lettre. J'espère qu'il comprendra. (*Quelqu'un doit comprendre !*) Nous envoyons tous nos lettres impuissantes et pleines d'espoir comme cela entre les barreaux de la fenêtre de notre cellule, dans une rue lointaine. Qui sait...?

... dans une rue lointaine. Je ne suis pas sûre que les autres comprendront jamais ce que je fais en ce moment. Je le vois, et je le fais. J'espère que tu ne le verras pas comme une sorte d'abnégation romantique : je ne suis plus assez jeune pour cela. Considère-le plutôt, si cela n'a pas l'air affecté, comme l'affirmation d'une responsabilité que j'ai trop longemps niée. De cette façon; on peut peut-être atteindre à une paix précaire. Et pourtant je ne pense pas que ce soit au nom de la paix que je fais ce choix.

Peut-on exiger quelque chose de plus difficile, de moins naturel à un être humain : choisir librement, en toute conscience, avec la connaissance insupportable de ce qui est en jeu, d'abandonner l'indifférence, de renoncer à sa propre sécurité, de tourner le dos au confort, et de choisir l'enfer parce que c'est le vôtre? Comprendras-tu ce choix?

Et cela te libérera-t-il, enfin, pour écrire ce que tu as voulu écrire depuis si longtemps, en te débarrassant de la peur qui t'a paralysé?

Tu as laissé la fin de ton histoire inachevée. Je sais que tu espérais que je t'offrirais une solution. Mais chacun ne peut vivre que son histoire, Paul. Chacun doit trouver sa propre conclusion. Tes personnages pris dans la peste : vont-ils vivre dans leur Schloss Judenau – soit dans des excès orgiaques ou dans une folie destructrice jusqu'à ce qu'il n'en reste plus un seul – ou vont-ils revenir vers le monde, qu'importe qu'il soit devenu désert et dangereux, incertain et imprévisible, simplement parce qu'ils ne peuvent vivre sans lui? Tu peux choisir, Paul.

Quand on plonge sous l'eau avec un masque, on découvre un monde magnifique et merveilleux, un rêve plus enchanteur que ce que peut produire l'imagination. Le seul bruit est celui de sa respiration (je suis en vie!); en dehors de cela, c'est le silence, tout est liquide, doux, glissant, incroyablement beau. Mais, tôt ou tard, on est obligé de revenir sur la terre ferme, cette terre à laquelle on appartient. On n'a pas de branchies mais un nez. On n'a pas un corps ovale et lisse de la tête aux pieds, en forme de pénis : mais quatre membres et une tête. On doit revenir. Et, tôt ou tard, si l'on ose assumer l'angoisse de voir clairement, on sait – douloureusement, mais avec certitude – que l'on veut y retourner.

C'est ce que j'ai fini par comprendre : difficilement avec hésitation, crûment, mais sans aucun doute. Mais toi, Paul? J'aurais aimé m'asseoir avec toi quelque part – à la terrasse d'un café, ou en haut des Baux au-dessus du val d'Enfer, ou dans le petit village de ta famille. La Motte-d'Aigues; peut-être à Murs, ou même à Avignon, là où tu aurais voulu – pour en parler longuement. Mais je sais qu'en fin de compte cela n'aurait fait que nous compliquer les choses, les rendre plus pénibles. Je ne t'évite pas pour te blesser, je sais bien que cela tu le comprendras. Ne pense pas un seul instant que je sous-estime ce que nous avions en commun. Je sais comme cela va me manquer dans la nuit qui m'attend; je sais que je me reprocherai d'avoir fait une chose aussi stupide, aussi insensée. Mais je le dois. Dans notre intérêt à tous les deux, il faut que ce soit une rupture franche. Je ne « disparais » pas seulement de ton univers. Je veux que tu voies mon départ comme un acte positif, lucide, définitif, même s'il est douloureux. C'est cela que je veux tellement que tu comprennes.

C'est pourquoi je te pose ces questions, Paul : non pas pour moi, mais pour toi.

Comprends-tu, comprends-tu vraiment pourquoi je vois aussi clair aujourd'hui?

Pourquoi j'ai reconnu ce vide de façon aussi infaillible au moment même où je l'ai rencontré?

Sais-tu d'où je tire cette connaissance – moins qu'une connaissance? ou plus? cette foi ardente, cette conscience profonde – d'être arrivée quelque part : non pas à une destination, mais à un moment de choix, de reconnaissance, de décision; peut-être la vérité; peut-être au seuil de moi-même?

La toute première nuit où nous nous sommes rencontrés, tu m'as demandé ce que je fuyais : connais-tu la réponse maintenant, comme moi je la connais? Et comprends-tu pourquoi je ne veux plus fuir? Peux-tu te rendre compte que ce que j'ai essayé de fuir est justement ce vers quoi je me suis toujours dirigée?

Sais-tu cela maintenant, Paul, aussi fatalement que moi?

Et sais-tu enfin pourquoi, à la fin de cette lettre, je n'écris pas Andrea, mais,

avec tout mon amour,

Nanna?

SECONDE PARTIE

Et maintenant
Nous devons depuis le commencement
justifier le fait que nous sommes
toujours en vie

Yannis Ritsos.

NON, Andrea, je ne comprends pas. Je ne comprends toujours pas; ou pas encore. Mais je vais essayer. Cela, au moins, je te le dois.

J'avais imaginé mon voyage dans le Midi d'une façon tout à fait différente. Chaque fois que j'en avais l'occasion, à Paris tout d'abord, puis à la conférence à Strasbourg, et de nouveau boulevard Malesherbes (ainsi que quelquefois, grâce à la clef que tu m'avais donnée, dans ton petit appartement de la rue Bonaparte, au-dessus de la cour pleine du bruit des pigeons et des moineaux qui nichaient dans le lierre sur les hauts murs), je m'imaginais notre rencontre. Peut-être à l'auberge d'Eygalières. C'est une conclusion qui aurait satisfait mon instinct d'écrivain, la sécurité du cercle. Car c'est là que je t'ai posé la question la première fois. Ou serait-ce à Avignon, la ville de la peste, peut-être sur la place devant le palais des Papes? De façon moins théâtrale, sur notre terrasse baignée de soleil – même si maintenant le soleil est plus rare et plus faible – du mas des Herbes blanches à Joucas? Ou devant le monument aux morts de La Motte-d'Aigues d'où viennent mes ancêtres huguenots? Ou tout simplement dans ta chambre d'hôtel à Saint-Rémy? – mais c'était difficile à imaginer, car je ne connaissais pas l'hôtel; et c'était très troublant, un obstacle chaque fois que je pensais à toi, de ne pouvoir imaginer le décor dans lequel tu étais. Cela avait-il toujours été une lacune dans l'expérience que j'avais de toi ? Même si je t'avais connue très intimement – la première nuit dans l'appartement de Frank, derrière le fauteuil de velours vert venant d'un train de la Belle Epoque, comme si dès le début nous nous étions préparés à un voyage; la terrasse du Mahieu ou un des cafés sur un boulevard près de l'Opéra; un large escalier dans le jardin du Luxembourg, entourés de statues, de pigeons et d'enfants qui jouaient; la cohue du dimanche au Louvre; ou dans un studio de cinéma sentant le renfermé, à une table de montage – ou n'importe où en Europe au cours d'une de nos nombreuses expéditions (le week-end inoubliable sur la Loire; la Provence en été), j'avais toujours su, de façon incontournable, que ton « propre » environnement était différent et lointain. Même quand je me rappelais Le Cap, un souvenir parfois si violent que je devais reprendre ma respiration, je ne pouvais pas t'y situer. Ainsi, il y a toujours eu en toi un territoire secret que je n'ai jamais pu atteindre – et à certains moments tu semblais tirer un curieux plaisir à me voir le chercher en vain. Ce qui expliquerait cette féroce indépendance (d'autant plus décevante que tu pouvais te dévouer entièrement à l'homme que tu aimais; une impression de dévouement absolu) qu'aucun homme avant moi n'avait pu apprivoiser; et, maintenant, je dois reconnaître aussi mon échec. Etait-ce la raison de mon interminable interrogation à ton sujet, mon besoin d'en savoir toujours plus sur toi, en essayant peut-être d'avoir une meilleure compréhension de toi ? Sans jamais soupçonner évidemment que cet ensemble de « faits » (dans quelle mesure vrais, dans quelle mesure inventés ?) serait tout ce qui me resterait au bout du compte.

Si je prononce ton nom, même sans bruit, « Andrea » (quels que soient les autres noms que tu choisis pour toi, c'est cela que tu es pour moi) qu'évoque-t-il ?

Ton corps d'amande amère (ton goût le plus profond toujours sur le bout de ma langue). Ta beauté ardente et maigre : la dureté souple et douce de tes membres, une pousse résistante d'olivier sauvage, suffisamment flexible pour se plier sans se briser. Ton visage étroit avec la plénitude inattendue de la bouche, les immenses yeux noirs, légèrement bridés; ta démarche fière et libre. Une vigueur animale. Cet air de détachement froid, avec cependant l'impression d'un feu qui couve en dedans : une indépendance agressive inspirée par la certitude de la force de ton esprit et la souplesse de ton corps.

Tout cela, je m'attendais à le retrouver lors de mon retour auprès de toi : tu m'attendrais avec toute la violente simplicité d'un *oui*. Je n'en ai pas douté un seul instant, même après notre dernière conversation téléphonique très tendue (même si en y repensant ces terribles mots auraient dû m'avertir : *Qui est à l'appareil?*); même pas quand tu ne m'as pas répondu hier matin.

Le télégramme était sibyllin.

Mandla mort. Je pars. Demande message à l'hôtel. Amour. Andrea.

Evidemment, j'ai téléphoné tout de suite, mais tu étais déjà partie. La veille au soir, a dit le directeur de l'hôtel. Quand j'ai dit mon nom, il l'a reconnu. « Monsieur Jaubert?

– Joubert.

– C'est ce que je veux dire. Voilà, elle a laissé un paquet pour vous. Elle a dit que vous viendriez le chercher.

– Je vais venir. S'il vous plaît, gardez-le-moi jusqu'à mon arrivée.

– D'où téléphonez-vous?

– De Paris.

– Mon Dieu! Mais...

– Je serai là cet après-midi. »

Huit heures d'autoroute en ne s'arrêtant que quand on ne peut faire autrement.

Je n'avais aucune idée de ce qui m'attendait. J'aurais peut-être dû insister auprès du patron pour avoir plus de détails : il avait l'air prêt à parler. Mais de façon un peu stupide peut-être, j'ai pensé que cela pouvait attendre que j'arrive à Saint-Rémy. Ce n'est qu'après avoir quitté Paris que je me suis rendu compte à quel point c'était angoissant de ne rien savoir, à part ces mots laconiques : *Mandla mort. Je pars.*

Pour quelle destination?

Je me demandais, inquiet, si nous n'allions pas nous croiser sur la route.

Et : mort? On ne meurt pas comme ça. Mandla était assez jeune pour être mon fils.

Je ne pouvais rien faire. Il fallait que je réprime mes pensées autant que je le pouvais et que je me concentre sur la route, sans même voir le paysage. Rien d'autre que l'autoroute noire, interrompue de temps en temps par un péage ou des stations-service, des restaurants, des boutiques qui sentaient le tabac froid et la vieille bière, et couvertes de mégots, de boîtes et de papiers; des taches poisseuses sur les tables et l'appui des fenêtres; des toilettes sales.

Peut-être, ai-je pensé dans un accès de désespoir, que les gens ne s'aiment que pour avoir quelqu'un près d'eux pour le blesser.

J'ai quitté l'autoroute à Cavaillon. Vingt minutes plus tard, j'étais à Saint-Rémy, la tête lourde, le cou raide, abruti par la conduite. Encore un quart d'heure pour trouver l'hôtel car j'avais oublié de demander les renseignements au téléphone. Le bruit des pneus sur le gravier m'a écorché les oreilles quand je suis entré dans la cour vers les parkings. Le soleil était déjà couché. Près de la piscine – bleu sombre, avec des feuilles mortes sur l'eau – une lampe était allumée en haut d'un réverbère. Puis une autre au-dessus de la porte d'entrée dans l'angle de l'hôtel en forme de L.

« Monsieur Joubert! » L'homme, avec une moustache, semblait à la fois heureux et soulagé d'entendre mon nom. « Vous arrivez vraiment de Paris? » Il a levé les deux bras. « Quelle histoire! Qui aurait cru qu'une chose comme ça allait se passer? Mais, je l'ai dit à ma femme la première fois que je les ai vus... » (Il a crié par-dessus son épaule en direction d'une vitre avec un rideau de dentelle derrière laquelle on pouvait voir trembler un écran de télévision.) « ... Lisette, viens voir, le monsieur de Paris est arrivé, celui qui vient pour le mort... Je lui ai dit qu'on ne pouvait pas se fier à ces gens-là. Je veux dire, je vis en paix avec tous le monde, monsieur, je ne fais de tort à personne, je ne suis pas raciste, mais je lui ai dit... Lisette, où est-ce que tu es?... On n'est jamais assez prudents de nos jours. Je dois dire que la jeune dame était très convenable...

– On voyait bien au premier coup d'œil qu'on ne pouvait pas lui faire confiance, a dit son épouse, comme si elle avait écouté à la porte en attendant le moment propice pour faire son entrée. Je connais ce genre-là. Elégante et tout, mais à côté d'elle un homme n'est pas en sécurité.

– Allons, Lisette, manifestement la jeune dame était – comment dire? – bien élevée et comme il faut. En réalité, elle était même très séduisante.

– Si c'est ça ton idée de la beauté! On n'a pas les mêmes goûts! » La femme, pâle, avec des cernes noirs sous les yeux, a poussé un soupir de dérision. « Mais bien sûr tu ne la quittais pas des yeux. Et avec ces jeans serrés...

– L'homme, c'était autre chose, a dit son mari en l'interrompant brusquement. Nous ne faisons pas de discrimination entre les clients, monsieur. Et il était très tard quand la demoiselle l'a amené, alors on ne pouvait pas... Mais j'ai toujours dit – c'est pas vrai, Lisette? – que quand un Noir a des cheveux comme ça... » – il a fait un geste – « ... alors on peut s'attendre à des problèmes. Tous les ennuis ont commencé quand de Gaulle a quitté l'Algérie. S'il avait écouté Salan le monde irait mieux aujourd'hui. Je pense que chacun a droit à une place au soleil. Mais son soleil est là-bas, en Afrique. Le mien est ici. Je savais qu'il y aurait des problèmes, mais pas jusqu'à affronter la dame...

– C'était aussi bien qu'il ait été là, a dit sa femme, sèchement. Au moins, elle était occupée. Sinon, le service n'aurait pas arrêté, jour et nuit.

– Monsieur, ai-je dit quand enfin j'ai pu parler. L'homme était un de mes plus proches amis. Je vous serais reconnaissant...

– Un de vos amis? » Il a changé immédiatement d'attitude. « Vous avez remarqué, je n'ai rien dit contre lui. C'est simplement que je ne savais pas à quoi m'attendre. On n'est jamais assez prudent. Mais je peux au moins dire ça : il ne nous a jamais causé d'ennuis. Ils étaient très bien élevés dans tout ce qu'ils faisaient. Ils étaient toujours ensemble. Etaient-ils... » Il a hésité. « ... Etaient-ils, vous savez, fiancés ou quelque chose comme ça?

– Mlle Malgas est ma fiancée.

– Oh! là, a dit la femme involontairement. Gaston, maintenant tu vas te taire avant d'avoir dit quelque chose qu'il vaut mieux pas dire.

– Je n'ai rien dit, n'est-ce pas? » Il s'est penché sur le comptoir et m'a posé la main sur le bras, dans un geste de camaraderie. « Vous savez comment sont les femmes, monsieur, on ne peut pas ouvrir la bouche... » Il s'est redressé. « Non, je demandais seulement, y a pas de mal à ça. Vous voyez, quand je lui ai demandé quelque chose sur son ami le premier matin qu'elle est descendue pour le petit déjeuner, elle m'a envoyé promener. Elle ne voulait pas entendre parler de lui. Mais après... » Il a fait un clin d'œil. « ... Ils disent que c'est une histoire de chimie. De mon temps, ça avait plus à voir avec la biologie.

– Gaston, pour l'amour de Dieu, ne te mêle pas de ça. Une fois que tu es dans une histoire sordide comme celle-là... Pense à la police et à tout ça... » Elle s'est tournée vers moi mais il était difficile de savoir si c'était pour me supplier ou me faire des reproches : « Nous avons un hôtel convenable, monsieur. Nous avons économisé pendant vingt ans. Nous ne le tenons que depuis deux ans. Nous commençons à peine à nous y retrouver. Et ce n'est pas facile, je peux vous le dire, avec la situation économique. Aussi, nous ne pouvons pas nous permettre d'avoir des ennuis.

– Ce n'est pas du tout votre faute, madame, ai-je dit.

– C'est ce que je n'arrête pas de dire à mon mari.

– Tout ce que je veux savoir, c'est ce qui s'est passé. J'ai reçu un télégramme de Mlle Malgas et c'est tout ce que je sais. Elle ne m'a donné aucun détail.

– Oui, j'ai vraiment eu des soupçons quand elle est partie si vite, a dit la patronne. Pourquoi est-ce qu'elle ne pouvait pas rester jusqu'à ce matin? Mais elle était à peine rentrée de la morgue et de la gendarmerie qu'elle a demandé sa note. Elle a dit qu'elle devait partir. Pas un mot pour dire pourquoi ni où. Elle avait manifestement quelque chose à cacher.

– Qu'est-ce qu'elle pouvait avoir à cacher, Lisette? a dit son mari, brusquement indigné. Elle était sous le choc, la pauvre fille.

– Tu te mets toujours avec les autres femmes contre moi. Pourquoi est-ce que tu ne te contentes pas de donner à monsieur le paquet qu'elle nous a laissé? Je pense toujours qu'on aurait dû le remettre directement à la police.

– Merci de me l'avoir gardé, ai-je dit avec empressement. Est-ce que je peux l'avoir? »

C'était un paquet d'une forme peu précise, maladroitement enveloppé dans un journal et attaché avec un cordon rouge sombre.

Toi, Andrea, dans ta robe de chambre trop grande.

Traversant ton appartement dans le vieil immeuble gris avec ses odeurs de chat et de nourriture; la ceinture défaite, les pans s'ouvrant quand tu tournes : la douceur d'une cuisse, l'ombre plus tendre et plus pâle d'un sein. Etais-tu consciente de la façon nonchalante, facile et absolue avec laquelle tu régnais sur ton petit espace?

« Si c'est possible, j'aimerais rester pour la nuit. »

J'étais pressé maintenant, haletant, anxieux d'échapper à leur conversation possessive; et je ressentais la fatigue du long voyage.

Elle a donné un coup de coude à son mari, mais je n'ai pas su si c'était pour le mettre en garde ou l'encourager.

« Bien sûr, a répondu le patron. Nous avons beaucoup de chambres. A cette époque de l'année, vous savez...

– Voici une fiche, a dit rapidement la femme en glissant la petite carte sur le comptoir, devant moi. Je pense que vous avez votre passeport?

– J'ai une carte d'identité.

– Je vois. Très bien, dans ce cas... » Elle a regardé son mari pour avoir son avis et a pris une décision. « Remplissez-la quand même. On ne sait jamais. Après ce qui s'est passé...

– Je ne sais toujours pas ce qui s'est passé, ai-je dit brusquement, en remplissant la fiche de façon machinale.

– Nous non plus. Enfin, pas tout. » Un haussement d'épaules. « Saura-t-on jamais...

– Comment est-il mort? ai-je demandé, presque désespéré.

– Pourquoi est-ce que vous n'allez pas à la gendarmerie, demain matin? a dit le patron à qui l'idée plaisait manifestement. Ils pourront tout vous raconter. Je veux dire que nous n'y connaissons rien...

– Personne n'y connaît rien quand il s'agit de la

mort, monsieur, ai-je dit plus sèchement que je ne le voulais.

– Ça c'est vrai. C'est très vrai. » Il a hoché plusieurs fois la tête, la lèvre inférieure avancée de façon expressive. Puis il a levé de nouveau les deux mains. « Mais, quelquefois, on est plus désorienté qu'à d'autres.

– Vous avez parlé de la morgue, ai-je insisté. Est-ce à Saint-Rémy?

– Non, non. A Tarascon. Quand on y pense, un homme en si bonne santé. Vous auriez dû le voir... » Il a plié les bras comme un culturiste, puis les a laissés retomber. « ... Mais vous le connaissiez bien. Le pauvre vieux.

– Un accident?

– Eh ben, ce que certains appellent un accident... » Il a secoué la tête.

« Comment être sûr? » a demandé la femme, comme si c'était à cause de moi qu'ils n'en savaient pas plus. « C'était si inattendu. Quand les gendarmes sont venus, ça m'a fait un choc. J'ai pensé que c'était une mauvaise nouvelle.

– Ça ne l'était pas?

– Je veux dire, en relation avec ma famille. On s'attend toujours au pire, n'est-ce pas?

– Le père de ma femme est mort en avril, monsieur, a essayé d'expliquer le patron. Ça lui a fait un choc terrible.

– Qu'est-ce que la police vous a dit au sujet de mon ami?

– Votre ami? Oh! oui, bien sûr, monsieur... Oh! Excusez-moi, je n'ai même pas essayé de prononcer son nom. Ces Africains...

– Mqayisa. Ce n'est pas un nom tellement compliqué.

– Oui, mais c'est... A chacun ses goûts, hein?

– Un accident de voiture?

– J'aimerais mieux ne rien dire, monsieur. Il semble

qu'il y avait une voiture. Par-derrière, si j'ai bien compris. Mais c'est tout ce que nous savons. D'après la police...

– Attention, Gaston. Tu peux avoir des ennuis avant de savoir ce qui t'arrive. Laisse monsieur aller à la gendarmerie. Nous, nous gardons les mains propres.

– Très bien, très bien, a-t-il soupiré. Mais vous savez comme ces gens sont insouciants... on dirait que toute la route est à eux. Ils ne s'occupent pas des autres. Et quand quelque chose arrive c'est la faute du pauvre conducteur... »

Encore un peu et je ne pouvais plus les supporter. J'ai rempli les formalités le plus rapidement possible, j'ai refusé son aide pour porter mon sac de voyage, et je suis monté seul jusqu'à la chambre 6 – sur leurs instructions. Je me suis arrêté brusquement à la porte : j'avais oublié de leur demander si c'était la chambre de Mandla ou la tienne. Mais renonçant à affronter un autre barrage de commentaires inutiles, j'ai décidé d'entrer plutôt que de redescendre et j'ai fermé la porte derrière moi. J'ai vite ouvert le paquet sur le lit. Si je m'étais attendu à quelque chose de particulier – une révélation, une explication, quelque chose d'intime –, j'aurais été déçu. Il y avait peu de chose en plus des livres et des papiers que je t'avais confiés, enveloppés dans un morceau de tissu tricolore. (Quelle sorte d'humour noir t'avait inspirée?)

En cherchant plus attentivement parmi les livres, j'ai trouvé le cahier vert comme ceux que tu utilisais toujours; les notes de ton voyage. Certaines pages étaient parfaitement remplies, comme si tu avais pris ton temps pour formuler tes pensées. Cependant, la majeure partie des notes étaient simplement griffonnées, parfois illisibles, dans un style télégraphique, pas très révélatrices à première vue. Mais il y avait aussi une lettre, écrite sur des pages déchirées à la fin du cahier, et portant mon nom; cinq pages de ton écriture pressée. Je les ai lues plusieurs fois, parce qu'au début cela ne semblait pas très clair – sinon que certaines de mes questions au sujet de Mandla trouvaient une réponse.

... et plus j'y pense et plus je suis certaine qu'il devait savoir. Pas seulement un vague pressentiment, mais une attente très précise. Il ne pouvait pas savoir comment ni où, mais il savait que cela approchait. Une sorte de pesanteur en lui, une mélancolie. Il ne m'en a jamais parlé, cependant nous en avons été très près ces derniers jours. J'attribuais cela au choc qu'il avait ressenti après ce qui s'était passé avec George à Paris, l'histoire que tu m'as racontée au téléphone et qui m'a rendue furieuse.

Hier nous sommes allés dans les montagnes entre Carpentras et Joucas. Le seul endroit où tu as toujours voulu aller et que, je ne sais pour quelle raison stupide, nous n'avons jamais visité ensemble. Le Mur de la Peste. Une sorte de consécration pour ton film. (Nous avons travaillé dur, tu vois!) Mais je ne veux rien te cacher. Tu dois le savoir : nous avons fait l'amour. J'ai trouvé une réponse à ta question et, pardonne-moi s'il te plaît, Paul, mais ce ne peut pas être oui. Avec Mandla, j'ai découvert pour la première fois que depuis trop longtemps j'avais essayé de vivre un mensonge. Même si cela doit être douloureux pour toi, tu dois m'accorder cette franchise. Parce que je t'aime, je ne peux te laisser avec des illusions. Ce que j'ai connu avec lui était nouveau et nécessaire. Son corps noir, insubordonné. Toute une vie en deux jours.

Le soir, au moment où nous allions nous coucher, le téléphone a sonné dans sa chambre. Un étranger qui voulait savoir s'il « passait un bon séjour » ou quelque chose comme ça. Ainsi, tu vois, ils ont dû être sur ses traces tout le temps. Je soupçonne qu'ils lui ont téléphoné à d'autres reprises, mais il ne m'en a pas parlé. Cela l'a tellement bouleversé qu'il n'a pas passé la nuit avec moi (si cela doit te consoler, mon cher Paul, si possessif et si jaloux!).

Aujourd'hui, nous étions fatigués. Nous sommes rentrés faire la sieste après le déjeuner, lui dans sa chambre, moi dans la mienne. J'ai encore entendu son téléphone sonner. Il est sorti tout de suite après. Je pense qu'ils lui ont donné rendez-vous quelque part, mais comment puis-je en être sûre? Il a laissé sa porte ouverte; il a même laissé son trompie, *il est donc évident qu'il pensait revenir quelques minutes plus tard.*

Puis il a été renversé par une voiture. Tué sur le coup, m'ont dit les gendarmes à la morgue de Tarascon. J'ai dû identifier le corps. Ils ont trouvé la clef de sa chambre sur lui, c'est pour cela qu'ils sont venus à l'hôtel si rapidement. C'était sur la route de Cavaillon, à environ un kilomètre en dehors de la ville. La voiture l'a heurté sur la droite, de face, ce qui renforce mes soupçons. C'était près d'une boutique au bord de la route, où l'on vend des objets en cuivre et des tissus. A une centaine de mètres du garage Avia. Apparemment, il n'y a pas eu de témoins. Quand les gens ont entendu le choc et sont sortis pour voir, c'était déjà fini. La voiture avait filé. Une des personnes du garage a dit que c'était une Peugeot bleu foncé.

Je ne peux pas pleurer, Paul. Il ne me reste plus de larmes. C'est comme une liberté terrible qui s'est brusquement ouverte devant moi. Comme cet espace terrifiant qui vous entoure au sommet du mont Ventoux. Il est inutile d'hésiter ou de tergiverser. Ma décision est prise : cela s'est peut-être passé bien avant que je m'en rende compte; peut-être même le tout premier soir où tu me l'as présenté chez toi. Comment aurions-nous pu savoir? C'était aussi impossible que de prévoir l'avenir, la première nuit, chez Frank. J'ai l'impression qu'on vit comme quand grand-mère tricotait, une maille après l'autre, et ce n'est qu'après un long temps qu'on se rend compte que c'est un chandail. Il est temps pour moi de mettre de l'ordre. Quand on a reculé si longtemps avant d'accepter ce qui va tellement de soi, on ressent une nouvelle urgence. Ce que j'ai à faire maintenant...

Tu as toujours été si consciencieuse pour mettre de l'ordre. Même quand nous rentrions tard, bien après minuit, fatigués ou un peu ivres, pressés d'aller au lit, tu n'étais pas satisfaite avant que tout fût rangé, que ce soit dans ton appartement ou dans le mien. « L'influence de grand-mère », disais-tu, tu t'en souviens? « Et si le Seigneur venait cette nuit et trouvait l'appartement dans cet état? » Tu le disais en plaisantant, mais je savais aussi que c'était sérieux. Même chez moi, où tu savais que ma femme de ménage espagnole (la vieille Pilar, vaillante et forte comme une mule, dont les mains pouvaient tout saisir) viendrait le lendemain matin à la première heure, on ne pouvait t'en empêcher. « Je range mon désordre. Personne ne le fera derrière moi. »

C'est pourquoi je trouvais troublant de me retrouver seul chez toi quand tu rentrais tard ou quand je préparais le repas : nulle part le moindre signe de mes prédécesseurs dans ta vie. (Pourquoi ne pas l'admettre maintenant? J'ai recherché leurs traces; je fourre mon nez partout, je suis écrivain, je ne laisse rien intact.) Avec les autres femmes il y a toujours quelque chose : une boîte ou un tiroir pleins de lettres; de vieux programmes de théâtre, des cartes d'anniversaire, un papier cadeau, un livre avec une dédicace, un pull-over d'homme, un bouton de veste ou de chemise, un paquet de cigarettes vide, un tube de crème à raser, des photos. Chez toi, rien. Comme si tu n'avais pas eu d'existence auparavant. C'est pour cela que je n'arrêtais jamais de te questionner : raconte-moi, raconte-moi. (Grâce à Dieu, je l'ai fait!) Je ne pouvais jamais pénétrer ta vie ou l'expliquer. L'avais-tu simplement interrompue? Etais-tu gênée ou effrayée ou mécontente de t'en souvenir? Je sais que Frank t'a donné quelques peintures quand tu vivais avec lui, et qu'un portrait te plaisait particulièrement; et il y avait un nu dont j'étais terriblement jaloux. Mais que sont devenues ces toiles? Quand tu étais avec Serge, tes murs étaient recouverts d'affiches et de photos. Pendant l'année où tu as été secrétaire, ta chambre était pleine de boîtes d'allumettes venant d'hôtels, de cafés et de restaurants de luxe. Tout a disparu. Chaque fois, un redémarrage vierge. As-tu enfin compris, ma chérie, que c'est impossible?

Je suis resté assis sur le lit avec ta lettre dans les mains, écrasé de douleur et de fatigue. J'avais faim aussi. Je pourrais peut-être penser plus clairement, plus méthodiquement quand j'aurais satisfait le plus terrestre des besoins du corps.

Rester sous la douche fut un pur soulagement; ainsi que de mettre des vêtements propres et partir à la recherche d'un restaurant. J'ai pris ma clef avec moi, en espérant que mes quelques possessions – les tiennes – seraient plus en sûreté. Alors que je passais devant la réception, la porte vitrée du séjour s'est ouverte et le patron est apparu sur le seuil, une robe de chambre par-dessus sa chemise et son pantalon. Mais, avant qu'il ait pu m'entraîner dans une conversation, je suis sorti en vitesse.

A ma grande surprise, j'ai passé plus de deux heures à dîner au Castelet des Alpilles; j'avais l'intention de revenir le plus vite possible dans ma chambre, mais, comme si souvent avec toi, l'ambiance était si reposante, qu'avec l'aide d'un peu plus d'une bouteille de Trévallon, j'ai traîné le plus longtemps possible, répugnant à rentrer dans cet hôtel lugubre. J'avais peur aussi. Les premières lectures de ta lettre avaient remué tant de choses. En silence, je trinquais avec Mandla, verre après verre. (Tu te souviens de ce que tu m'as raconté sur l'enterrement de ton père? Les toasts que je portais à Mandla étaient plus sobres et plus retenus, et bien sûr il n'y avait personne pour les partager avec moi; mais une étrange sensation de paix m'a envahi et le choc et la douleur se sont apaisés comme avec un bain chaud.) Par-dessus tout, cela m'empêchait de penser.

Dehors, quand j'ai réussi à retrouver ma voiture, il y avait une lune blanche et agressive dans un ciel noir comme la poix. Les étoiles dessinaient précisément leurs constellations, des points effrontés, comme par une nuit d'hiver. (L'envie soudaine et inexplicable de revoir la Croix du Sud! Et je me suis rappelé quelque chose sur Mandla, tard dans la nuit, quand nous revenions d'un repas chez des amis loin de Paris : il avait fait passer le temps en me posant des devinettes. J'en avais oublié la plupart. Mais il y avait celle-ci : « Devine : j'ai perdu mon troupeau et je ne peux pas le retrouver parce qu'il broute dans un pays lointain. – Qu'est-ce que c'est? – A ton avis? Les étoiles, vieux. »)

Je suis revenu dans la lumière triste de ma chambre d'hôtel, avec les livres et les papiers, le morceau de drapeau absurde, la ceinture rouge sombre, comme un cordon ombilical sur le bord du lit. J'étais fatigué mais je savais qu'il serait inutile d'essayer de dormir. Tard dans la nuit, j'ai lu ton journal fait de morceaux et de croquis. Une seule lecture ne prenait pas trop de temps – pas plus de cinquante ou soixante pages, avec beaucoup de blancs. Mais je l'ai relu plusieurs fois, en essayant de saisir, à travers tes phrases hachées, quelque chose de ce qui t'était arrivé depuis que tu étais partie. Il devait sûrement y avoir des indices. Pourvu qu'il y en ait! Mais comment les interpréter? Ces mots griffonnés jour après jour, des tentatives, des recherches, parfois confiants sur la journée qui venait de s'écouler, mais toujours hésitants à propos du lendemain. Des mots qui ne savaient pas encore dans quelle direction ils allaient : des mots innocents, grignotant lentement le fruit de la connaissance.

Andrea, toi : avec ton exaltation de la passion, n'importe quelle passion, pourvu qu'elle fût déraisonnable, violente, irrésistible : aussi longtemps qu'elle te gardait en contact avec ce que tu appelais la « vie ». Ai-je un ton trop protecteur? Peut-être suis-je simplement en train d'essayer d'exorciser le désespoir de tous mes efforts pour tenter de te comprendre, de te faire justice. Crée-t-on inévitablement la personne qu'on aime à sa propre image? Mais alors l'amour n'est qu'une autre forme d'impérialisme. Et cela serait indigne de toi. Dans tes dernières notes j'ai senti quelque chose de différent qui à la fois m'a effrayé (parce que cela m'excluait totalement) et m'a laissé avec un sentiment de crainte. Pourtant, je n'avais aucune certitude, pas vraiment, pas encore.

D'autre part, on ne peut pas tout saisir à une première lecture – même pas à la seconde ou à la troisième. Et ton écriture, pour ne pas dire plus, laisse à désirer, en particulier quand tu as envie de dormir, ou que tu es déçue, ou pressée. Et ce n'est que très tard dans la nuit que j'ai remarqué la référence à Eygalières. Immédiatement, je me suis souvenu du mas que nous étions allés voir, celui que la petite vieille de la boutique de poteries avait voulu nous louer, en pensant que nous étions jeunes mariés (et, ne voulant pas la décevoir, tu te souviens, nous n'avions rien dit); j'ai pensé à la nuit que nous avions passée à l'auberge, quand dans un moment d'exaltation je t'avais demandé de m'épouser. Pourquoi pas? Cela semblait si logique. Et pourtant, j'avais eu peur dès que je t'avais posé ma question. Je ne voulais pas que tu te doutes de mon appréhension; tu étais la proie d'une passion qui se bâtissait jusqu'à l'explosion et la joie allumée par ma question en faisait partie. Mais je suis resté éveillé pendant des heures ensuite, en me demandant ce que je voulais vraiment. Pourrais-je réellement en venir à bout? J'ai regardé ton visage endormi – la lumière de l'extérieur traversait le feuillage et je pouvais voir très clairement – et je n'ai pas ressenti seulement de l'incertitude, mais de l'angoisse, une terreur mortelle. Qu'allais-je faire si tu disais vraiment oui?

Bien sûr, au plus profond de moi quelque chose le désirait. Peut-être le besoin d'être obligé pour une fois d'accepter une conclusion prévue; être lié de façon irrévocable par une décision prise : s'éveiller un matin en sachant que c'était un fait et non plus une illusion. C'était ainsi et il n'y avait plus moyen de m'obliger à me mettre au travail? Jusqu'à ce que tu me le dises sans ménagements, je ne m'étais jamais rendu compte à quel point je renâclais devant le roman, tout en voulant également l'écrire. Trop de choses étaient en jeu, un écrivain d'un certain âge avec une réputation plus grande que son œuvre. La seule idée de l'échec avait fini par me faire peur; aussi il était plus sûr de me contenter de rêver de possibilités. L'apparence de la foi. Des contrefaçons de l'amour. *Verba, non res.* Dans mon cas même *verba* était devenu incertain. Toutes ces années d'écriture étaient restées endormies en moi comme une peste prête à sortir en taches noires sur le papier. La peur de la mort. La peur de la solitude. Des films et des femmes : des substituts. Et toi, qui as changé pour la première fois ma peur de mourir en rage de vivre. Tu as essayé de m'obliger. Tu as refusé de me laisser seul. Cela m'a encore plus effrayé. Echouer devant toi aurait été bien pire qu'une erreur ordinaire. Parce que tu commençais à dépendre de moi : je sais parfaitement que toi-même tu en avais peur, et ce que tu recherchais en moi. Est-ce qu'en fin de compte, véritablement, ironiquement, tout n'a pas bien tourné?

Donc : Eygalières. Ce n'est qu'après avoir déchiffré le nom que j'ai pensé que tu pouvais y être allée depuis Saint-Rémy. Ce n'était pas absurde. Ce n'était pas loin et il faisait nuit quand tu étais partie. J'étais déjà debout prêt à m'habiller et à partir quand j'ai vu qu'il n'était que trois heures du matin.

J'avais au moins commencé à trouver un endroit vers quoi me diriger au lieu de l'obscurité et de la confusion. J'ai attendu avec impatience que le jour se lève; et je me suis endormi d'épuisement, ne me réveillant pour mon plus grand mécontentement qu'après huit heures. De mauvaise humeur, je me suis soumis aux soins du patron pour le petit déjeuner; grâce à Dieu, il était moins bavard que la veille au soir. J'ai enfin été prêt à partir. Mais j'ai roulé trop vite, et j'ai raté le premier croisement – une petite route qui tourne à droite, avec un panneau à moitié caché par les herbes – et à cause de la circulation je n'ai pas pu freiner pour faire demi-tour. J'ai roulé plus lentement et j'ai vu le second croisement à temps. Dans les fermes de chaque côté de la route, les gens travaillaient déjà dans leurs serres de plastique pour les légumes d'hiver.

Mon instinct ne m'avait pas trompé; mais c'était trop tard. Tu avais effectivement passé la nuit précédente ici, a dit la patronne d'un ton chaleureux, mais tu étais partie très tôt ce matin.

« A-t-elle dit où elle allait? »

Elle a fait une grimace comme pour dire : *Peut-être que oui, peut-être que non : c'est un secret entre femmes.* Puis elle a changé d'avis alors que je m'en allais déjà, et elle a dit : « Elle a parlé de " rentrer chez elle ". Je ne lui ai pas demandé où c'était. Mais j'ai eu l'impression qu'elle partait pour un long voyage. »

Exactement ce que j'attendais. Et pourtant cela m'a fait quelque chose d'en entendre la confirmation.

En rentrant vers Saint-Rémy, j'ai roulé très lentement en m'abandonnant à mes pensées. *Ils finissent tous par rentrer. Il n'y a que moi qui reste. Pourquoi?*

J'avais déjà atteint l'entrée de la ville quand je me suis rendu compte de ce qui n'allait pas dans mon raisonnement. Ce n'est pas moi qui agissais de façon anormale en restant ici. C'était toi. Exactement comme Eva, il y avait si longtemps. Tu savais que je n'avais jamais compris ce qui l'avait poussée à ce qu'elle avait fait; c'est pour cela que je ne t'avais jamais raconté toute l'histoire. Maintenant, j'aurais aimé l'avoir fait.

Eva dans la cohue des réfugiés. Déprimée, ses grands yeux noirs – qui semblaient encore plus grands à cause de ses cheveux blonds – toujours obscurcis par une ombre sans expression. Souvent lointaine, absente, comme marchant dans son sommeil. Avec ces grands yeux noirs, elle regardait dans le vide, apparemment sans nous remarquer et en ne voyant que ce qui était au-delà. Car elle avait survécu à un monde entièrement détruit dont nous ne pouvons nous faire aucune idée. Il ne lui restait rien. Ses mouvements étaient aussi mécaniques que ceux d'une petite danseuse sur une boîte à musique. Quelque chose de servile en elle, comme un chien qui rampe, même quand j'ai eu chassé Brückner d'auprès d'elle. Elle tournait toujours autour de moi, apparemment effrayée qu'une telle chose se reproduise si elle s'en allait seule. Et cependant, pas servile non plus! Une sorte d'orgueil, si le mot convient bien. Non, quelque chose de distant plutôt, comme si elle s'était coupée en avance de tout (y compris du pire) ce qui pouvait lui arriver. Peut-être parce qu'il ne pouvait rien lui arriver de pire que ce qu'elle avait déjà vécu. La maison qui avait brûlé sur leurs têtes. Les Russes qui les repoussaient dans les flammes avec leurs fusils, parce qu'ils avaient découvert dans la cave quelques jeunes résistants. Finalement toute la famille avait réussi à franchir le cordon de soldats pour échapper à l'incendie. Ils avaient pris Eva et sa jeune sœur, et les avaient violées en se les repassant l'un à l'autre. Dans leur nez, l'odeur de leurs cheveux roussis. Le lendemain, elle s'était arrachée aux bras de son père et était revenue sur les ruines de sa maison. Pour voir si on pouvait sauver son piano. Par les trous noirs des fenêtres, elle avait regardé les décombres à l'intérieur, les plafonds effondrés. Les restes de la bibliothèque de son père. Des cendres grises, des reliures calcinées, ici et là des pages, où l'on pouvait encore lire le centre, avec les bords noircis. Au milieu, son grand piano, un monstre noir, un squelette avec des dents décolorées et grimaçantes. Puis la fuite vers la frontière autrichienne, qu'elle a réussi à traverser pendant que les autres se faisaient tuer.

Eva debout devant une fenêtre dans la tour ronde : dehors, les enfants sur la rivière gelée, patinant et chantant. Elle se met à pleurer, le corps crispé comme pour en faire sortir la vie. J'essaie de la consoler. Elle ne voit pas qui je suis et m'attaque avec ses petits poings. Quand elle se calme enfin, toujours secouée de sanglots, elle s'accroche à moi. Pendant quelques minutes seulement. Et nous entendons les autres qui reviennent (ils sont descendus chercher des colis de vêtements pour qu'on puisse les trier); le travail doit reprendre.

A l'extérieur, dans la neige éblouissante qui vient de tomber en abondance, juste avant Noël, le soleil vient de se lever, tout scintille, d'un blanc incroyable. Des corbeaux volent dans le ciel.

Je demande : « Pourquoi ne s'arrêtent-ils pas de croasser? »

Dans son allemand maladroit : « Ils sont trop noirs sur la neige. »

Dans l'immense réfectoire, le claquement de centaines de cuillers sur les assiettes à soupe. Brusquement, Eva repousse la sienne, le visage blême, les mains sur la gorge, prête à vomir. Elle secoue la tête violemment quand on s'approche d'elle. Jusqu'à ce qu'un de ses compatriotes – un vieil homme doux avec une crinière de cheveux blancs et d'épaisses lunettes, un professeur de linguistique – se mette à lui parler et nous traduise : « Elle dit qu'elle ne peut pas manger. Alors qu'elle est assise là, à table, les siens meurent de faim chez elle. Elle dit que ça n'a pas d'importance que nous soyons ici en sûreté : *ils* sont toujours là-bas. Ils vivent et meurent tout le temps. »

Le lendemain du Jour de l'An, elle est partie. A cause de ma réaction à son offre pathétique la nuit de Noël, ai-je pensé pendant toutes les années avec un sentiment romantique de culpabilité. Je crois que, dans un sens, c'était plus facile à supporter que de regarder la vérité en face : que les raisons de sa fuite étaient plus significatives que sa fuite elle-même. C'est-à-dire qu'elle avait choisi de repasser la frontière, de retourner en Hongrie, dans l'enfer, de retourner vers un piano brûlé, dans une maison brûlée, dans une ville brûlée. De sa propre volonté : cela surtout contre toute raison et toute logique. Parce qu'il n'y avait plus ni raison ni logique.

Fin janvier, peu de temps avant mon départ, une famille hongroise qui venait de franchir la frontière m'a donné de ses nouvelles. On l'avait arrêtée et jetée en prison. Juste avant, elle avait parlé du Schloss Judenau à ses amis et elle leur avait donné mon nom. S'ils arrivaient à passer, leur avait-elle dit, qu'ils essaient de me donner le message : je ne devais pas m'inquiéter pour elle, elle était revenue avec les siens.

C'est ce que, pendant toutes ces années, je n'ai pas pu comprendre. C'est ce que je n'ai pas pu partager avec toi, Andrea. Quel dommage!, je le comprends maintenant, trop tard; car je sais que tu l'aurais compris bien mieux que je ne le ferai jamais.

Ma dernière conversation au téléphone avec Mandla. D'après mes calculs, à peine une heure avant sa mort, ce mardi après-midi, quand j'avais appelé de Paris. Il était aussi surpris d'entendre ma voix que j'étais heureux d'avoir une réponse.

« Je ne veux pas te déranger, lui ai-je dit. En fait je voulais parler à Andrea. Mais quand j'ai voulu l'appeler ce matin, ça ne répondait pas.

– Je peux l'appeler si tu veux, mais je crois qu'elle fait la sieste.

– Il y a quelque chose qui ne va pas?

– Pourquoi demandes-tu ça?

– Tu as l'air bizarre. Différent. Enervé. Je t'ai réveillé? »

Au lieu de répondre, il m'a demandé : « C'est toi qui as téléphoné hier soir?

– Moi? Non, pourquoi?

– Il y a eu un appel pour moi, ici, dans ma chambre. Mais quand j'ai décroché, on n'a pas répondu. Et j'ai entendu qu'on raccrochait à l'autre bout.

– Ce devait être une erreur.

– Je suppose, oui.

– Mandla?

– Oui?

– Tout va bien? Pour toi? Pour Andrea?

– Pourquoi cela n'irait-il pas?

– Je suis un peu inquiet... »

Brusquement il est devenu agressif : « Paul, je t'avais pourtant dit de ne pas m'envoyer dans cet endroit de merde! » Puis après une petite pause : « Et elle non plus.

– Qu'est-ce que tu veux dire? » Un soupçon comme un poids sur l'estomac. « Quelque chose est arrivé? A vous deux?

– Qu'est-ce qu'elle a à faire avec un film sur cette merde de peste? Pourquoi est-ce que tu t'en sers pour faire tes sales boulots?

– Ce n'est pas un sale boulot. Depuis des années, elle me pousse à l'écrire. Andrea est la seule qui...

– Pourquoi tu te caches derrière elle? Tu l'emmerdes.

– Je ne comprends pas ce que tu essaies de dire. Est-elle malheureuse?

– Je n'ai pas dit qu'elle était malheureuse. J'ai dit que tu l'emmerdais. Et moi aussi. Je ne vais pas rester ici. Tu aurais dû le savoir.

– Je suis déjà en train d'organiser les choses pour toi. J'aimerais mieux ne pas en parler au téléphone. Mais donne-moi encore une semaine ou deux et tout sera au point.

– Tu ne peux pas venir tout de suite? Viens finir le travail du film toi-même s'il le faut. Mais laisse Andrea tranquille, tu es en train de la corrompre.

– Pourquoi t'inquiètes-tu brusquement pour Andrea? Ici, à Paris, vous étiez toujours comme chien et chat.

– Je ne m'inquiète pas pour elle. Je m'inquiète pour personne. Pourquoi ne m'as-tu pas laissé tranquille depuis le début?

– Si seulement tu me disais de quoi tu essaies de m'accuser!... »

Cela a semblé le calmer un peu; il était peut-être simplement très fatigué. « Je ne t'accuse de rien, Paul. Mais cela n'aurait pas dû arriver. C'est chacun pour soi. Un homme ne peut se permettre d'être infecté par les autres.

– Ecoute, Mandla...

– Si j'étais à ta place je viendrais immédiatement chercher Andrea. Je ne lui vaux rien.

– Il y a un moment tu me disais que je l'emmerdais. Maintenant c'est toi.

– Ni l'un ni l'autre ne valons quelque chose pour elle. »

Il a raccroché.

Cette « pesanteur », cette « mélancolie » dont tu parles dans ta lettre.

J'ai voulu le rappeler aussitôt. J'avais envie de te

parler. Mais il avait dit que tu faisais la sieste. Je sais comme tu peux être de mauvaise humeur quand on te dérange dans ton sommeil; et, après notre conversation de la veille, je ne voulais pas t'ennuyer de nouveau. Je devrais peut-être suivre le conseil de Mandla et descendre dans le Midi? Mais je n'ai pas pu me décider. Je me disais que si c'était si urgent, tu me le ferais savoir toi-même.

Cependant, j'étais très troublé. Je sais que j'ai pensé que j'étais comme le vieil Œdipe dans une ville ravagée par la peste, et tout le monde attendait que je trouve une solution. Le premier grand dialogue avec le prêtre :

– une marée de mort dont toute fuite est impossible –
La Mort dans la fertile floraison de la terre;
La Mort dans les champs; la Mort dans les entrailles [des femmes;
Et la Peste comme un démon ardent qui tient la ville [dans ses griffes...

Comment pourrais-je être tenu pour responsable?

Même après huit ans de pratique de la bureaucratie française, je n'ai toujours pas la force de caractère nécessaire pour accepter les formalités requises pour un simple renseignement à la gendarmerie. L'immeuble de deux étages boulevard Gambetta : les volets gris n'étaient ouverts qu'aux deux niveaux inférieurs. (Que se passait-il au dernier étage?) La petite cour goudronnée derrière les hautes grilles. L'intérieur ressemblait à un hôpital : gris clair; des plaques de lino vert foncé; un éclairage au néon; une grande carte de la région sur le mur.

Le prélude officieux : Qui étais-je? Quelles étaient mes relations avec le défunt? Pouvais-je le prouver? Comment est-ce que j'avais appris sa mort? Où est-ce que j'habitais? Comment et quand étais-je arrivé à Saint-Rémy? Est-ce que j'avais des éléments susceptibles d'éclairer l'affaire? (Si je n'en avais pas, pourquoi est-ce que je venais leur faire perdre leur temps?) S'il était vrai que Mlle Malgas m'avait informé, pourquoi n'était-elle pas venue avec moi? Où était-elle allée? – avec une infinité de variations tandis que je passais d'un bureau à l'autre (et des attentes décourageantes quand Untel n'était pas disponible), comme si chacun devait tout reprendre depuis le début. Si je n'étais pas parent, en quoi cela me concernait-il? Etais-je témoin oculaire, sinon qu'est-ce que je faisais là? Certains étaient secs, d'autres franchement brutaux, d'autres encore aimables mais intarissables, d'autres enfin rouspéteurs.

A la fin – c'était déjà l'après-midi –, j'ai atterri dans le petit bureau d'un officier ventripotent et entre deux âges : de nouveau le lino brillant, les tubes de néon, les classeurs gris. L'un d'eux était à moitié ouvert et laissait voir une rangée de dossiers orange à l'intérieur. Au mur, l'image encadrée d'un canard sauvage mort, pendu la tête en bas. (Dans une boucherie?) Au moins, il était disposé à fournir quelques informations sur Mandla (glanées sur une feuille de papier dans le dossier orange ouvert devant lui), en échange d'une récapitulation de tous les détails que j'avais donnés sur moi. Ce n'était pas grand-chose. D'après un témoin, Mandla s'était jeté sous la voiture. D'après un autre, la voiture, qui allait à une vitesse imprudente, avait fait un écart pour éviter un chat ou un chien errant et avait continué sans même ralentir après avoir heurté Mandla. Le chauffard classique.

« On n'a pas retrouvé le conducteur?

– Une voiture volée. Prise à Aix. Retrouvée à Nîmes ce matin. Ça ne nous mène pas loin.

– Cela a-t-il pu être volontaire?

– Ça a pu être n'importe quoi. Peut-être un simple voleur de voiture qui a pris peur et qui s'est sauvé pour ne pas se faire arrêter. » Ses yeux sombres à demi fermés sous ses lourds sourcils gris. « Pourquoi pensez-vous que ç'aurait pu être volontaire? Il avait des ennemis?

– Pas en France, autant que je sache. Mais il s'était enfui d'Afrique du Sud. Avez-vous contacté l'ambassade? »

Un geste qui pouvait signifier n'importe quoi. « Que pensez-vous de la possibilité d'un suicide, monsieur Joubert? »

J'ai répondu avec le même geste que lui.

(Parce qu'après la trahison de George, il ne pouvait pas faire face à un nouveau départ? Mais il avait survécu à des coups plus durs. Parce qu'il se sentait coupable envers moi? Ce n'était pas une raison pour se tuer. Parce que l'amour lui avait ôté toute possibilité d'agir en paralysant sa volonté? Mandla n'était pas aussi romanesque.)

« Que va-t-on faire du corps?

– Ça dépend. Si sa famille le veut... »

(Qu'en feraient-ils? Ils l'enterreraient quelque part dans l'Eastern Cape, sur une colline nue parmi des rangées d'autres, des tombes indiquées avec des branches ou des planches portant des noms écrits au stylo à bille; les plus petites n'étaient indiquées que par une poupée ou un biberon coincé entre les pierres?)

« Je peux payer les obsèques s'il est enterré ici.

– Vous n'êtes pas parent.

– Est-ce que c'est important?

– Qu'allons-nous mettre dans son dossier? Nous ne pouvons pas distribuer les corps à n'importe qui. » Une lueur d'intérêt. « A-t-il laissé un testament?

– Pas que je sache.

– Il semble que vous ne puissiez pas nous aider beaucoup, n'est-ce pas?

– J'espérais que vous, vous pourriez m'aider.

– Si vous le voulez, vous pouvez aller le voir à la morgue de Tarascon. Mais ce ne sera pas bien utile. »

Il n'a pas fait d'effort pour paraître plus compatissant. « Les morts sont morts, monsieur. Les vivants doivent s'occuper d'eux-mêmes. » Il s'est levé et m'a tendu la main. Il a fermé son dossier orange. C'était vraiment fini maintenant, en ce qui le concernait.

J'ai commandé un pastis à la terrasse d'un café. L'après-midi, sur le boulevard, la circulation allait par à-coups, mais je n'y faisais guère attention. J'avais du mal à mettre de l'ordre dans mes idées; il y avait trop de choses et elles étaient trop confuses pour que je sache par où commencer.

Etait-ce la fin? Qu'avais-je attendu d'autre?

Il était inutile d'attendre là où j'étais. Il me restait un dernier rendez-vous; je ne le savais que trop bien. Il n'y avait aucune raison logique pour que j'y aille : mais je savais que c'était inévitable. Je me suis décidé brusquement. J'ai avalé mon pastis, j'ai appelé le garçon et j'ai payé; puis je suis retourné près de ma voiture garée sur le boulevard.

Je ne me souviens absolument pas des quinze ou seize kilomètres jusqu'à Tarascon; j'ai conduit machinalement, sans penser à rien, j'ai trouvé une place sur le terrain en face du château et de là je suis allé au Syndicat d'initiative pour demander la direction. Des rues étroites qui sentaient le vieux fromage; de vieux immeubles délabrés. La dame m'a regardé d'un air méfiant : je pense qu'ils ne devaient pas avoir souvent de telles demandes. Elle m'a fait clairement comprendre que ça ne lui plaisait pas du tout de téléphoner d'abord à l'hôpital et ensuite à la morgue; quelqu'un a répondu au second numéro et sans cérémonie elle m'a mis le téléphone dans les mains et m'a regardé avec de grands yeux tandis que je parlais. Une voix de femme avec un fort accent du Midi m'a donné des indications compliquées : à cinq cents mètres en dehors de la ville sur la route de Mezoargues.

« Où est Mezoargues? Je n'en ai jamais entendu parler. »

Une longue explication tarabiscotée a suivi qui s'est achevée par une précision énergique : « Ce n'est pas une morgue comme partout, monsieur. Ce que nous avons, c'est un *athanée.* Nous ne gardons pas nos corps dans ces tiroirs, vous savez. Ils ont chacun une petite chambre dans laquelle ils peuvent recevoir des visiteurs. Qui avez-vous dit que vous vouliez voir? »

La question était si directe que pendant un moment j'ai été complètement perdu, en pensant : Mon Dieu, il est encore vivant!

« Mandla Mqayisa. » J'ai dû répéter le nom plusieurs fois.

« Oh! » Ai-je décelé une petite hésitation? Puis d'une voix très officielle elle a demandé : « A quelle heure doit-on vous attendre?

– Tout de suite. » J'ai dû me retenir pour ne pas dire : « Ce n'est pas la peine de le prévenir, il m'attend. Il y a longtemps que nous avons ce rendez-vous. »

Je ne sais pas si la dame du Syndicat d'initiative m'a donné délibérément de mauvais renseignements, mais je me suis perdu plusieurs fois avant de trouver la route de Mezoargues. Enfin, j'ai vu la petite villa que la femme avait décrite au téléphone. Je n'ai noté aucun détail. Ce matin, à la gendarmerie de Saint-Rémy rien ne m'avait échappé. J'avais voulu me graver chaque détail dans l'esprit, en attachant beaucoup d'importance aux choses les plus insignifiantes. Plus jamais. Je ne reconnaîtrais même pas celle qui m'a accueilli si je la rencontrais à nouveau.

Un bureau, un couloir, un petit salon à l'américaine. Et le corps de Mandla.

Cette mort totalement inutile. Ou était-ce, au contraire, la chose la plus inéluctable qui nous était arrivée?

J'ai regardé son visage sombre et immobile. Qu'est-ce que je faisais là? Qu'est-ce que j'avais pu espérer? Tout ce dont j'étais conscient, c'était la *distance*. Je pouvais le toucher, mais cela ne comblerait pas l'espace qui nous séparait. Lui, moi. Le Noir, le Blanc. L'homme et l'homme. Ce mur ultime qui sépare le vivant et le mort.

Mais aussi : l'incroyable dignité de sa mort. Invincible. Plus rien ne pouvait l'atteindre : la police, les cars, les bâtons, les planches garnies de clous, les mensonges, la haine, le soupçon. Rien.

Une de ses mains reposait ouverte à côté de lui, la paume vers le haut, les doigts écartés, comme s'il s'attendait à ce qu'on y mît quelque chose, quelque chose qui pourrait lui donner une dernière joie, une prise satisfaisante. Quel était ce mythe que j'avais lu sur un mort qui tendait la main comme ça? Des riches sont venus et l'ont remplie d'or, mais il a refusé de serrer les doigts; le conseil municipal lui a offert les clefs de la ville, mais il n'a pas voulu bouger; des femmes sont venues verser leurs larmes dans sa paume jusqu'à ce qu'elle soit pleine de leur chagrin, mais la main a refusé de se fermer; des vierges ont offert leurs baisers à ses doigts, mais sans réponse; jusqu'à ce qu'enfin un homme s'approche avec une poignée de terre et la mette dans la main de l'homme mort, et cela, il l'a serré et tenu. Mais je n'avais pas de motte de la terre rouge de son Azanie à lui offrir, et je savais que rien d'autre ne donnerait jamais le repos à sa main. J'étais à côté de lui, les mains vides, la tête penchée, les yeux fixes, ému.

Mandla, mon ami. Que maintenant je ne connaîtrais jamais.

Même là, tout près de lui, assez près pour le toucher – mais je ne l'ai pas fait –, je ne pouvais accepter sa mort; je ne pourrais même pas y croire.

(Ce corps avait aimé le tien!)

Ce n'était pas cette chose, ce cadavre, qui me concernait. Ce que j'essayais de faire, ce que j'aurais aimé faire, j'y pense maintenant, c'était de regarder à travers lui, tout ce qui était au-delà : comme un archéologue qui déterre les vestiges d'une cité au-dessus d'une autre, une en dessous de l'autre, couche après couche. Ou comme de peler un oignon jusqu'au rien qu'est le cœur.

Cet homme fort et solide qui, même assis, donnait l'impression d'une énergie enfermée en lui et n'attendant qu'un prétexte pour exploser. La mollesse trompeuse de ses mouvements : on savait que, si c'était nécessaire, il réagirait plus vite qu'un guépard s'abattant sur sa proie. La violence de son rire, quand on l'attendait le moins. La jeunesse de son corps de gladiateur; sa gravité qui aurait mieux convenu à un homme plus âgé. Mandla Mqayisa qui avait fait irruption dans ma vie quatre mois plus tôt, sans prévenir, et qui maintenant était parti pour de bon aussi brusquement. (Pour de bon? Non, je ne pense pas que je serai sans lui désormais.) Qui t'avait pris à moi aussi facilement, un preneur de rats te jetant un charme pour que tu suives sa musique et que tu me laisses sans rien.

Nos conversations sans fin, souvent pendant toute la nuit, surtout quand tu nous avais laissés et que tu étais rentrée chez toi mécontente. Invariablement, toujours le même point de départ :

« Tu as si peur d'aujourd'hui que tu te réfugies tout le temps dans l'histoire? Ton film imbécile...

– La peste est la meilleure image pour exprimer le seul moment de l'histoire qui m'ait touché profondément.

– Tu veux parler de la merde hongroise?

– Oui. Parce que j'y étais. J'ai regardé de près toute une nation être assiégée et conquise, jusqu'à ce qu'il ne reste plus aucune liberté.

– Est-ce que tu as dû attendre que la Russie envahisse la Hongrie pour comprendre ça? Dans ton propre pays, les gens vivent en état de siège permanent. Ou est-ce que tu t'es rangé du côté des Russes là-bas?

– Tu aurais dû lire! »

Etait-ce pour changer de sujet? « Tu sais, il y a un livre que tu as écrit il y a des années, je l'ai lu à Londres l'autre jour, quelqu'un me l'a conseillé. *Les Survivants.*

– Le seul qui soit encore réédité. Grâce au film.

– Les types qui survivent après que leur pays a été détruit. Il y en a un, un Blanc, qui s'enfuit parce qu'il n'en peut plus. Tout commence avec une petite chose, un jour sur la route, sa voiture est arrêtée par un troupeau. Tu te souviens? Evidemment, tu t'en souviens, c'est un livre de toi. Le vacher n'arrive pas à contrôler les animaux. Son patron arrive et lui tombe dessus avec un *sjambok.* Le type en voiture se précipite pour l'arrêter, pensant que c'est une bonne action. Plus tard, il apprend que le fermier a tué le vacher, sans doute pour se venger d'avoir été humilié par le voyageur. De là tu vas plus loin, pas à pas, au fur et à mesure que le voyageur entre dans la vie des autres personnes. La famille de l'homme assassiné. Celle du fermier. Tout ce putain de pays. Sa vie est menacée et à la fin il doit partir, simplement parce qu'un jour il a osé poser une question sur le système dans lequel il avait toujours vécu. Un peu simpliste, je pense. Un peu " Blanc ", si tu me pardonnes de dire ça. Mais tu avais là quelque chose qui était la putain de vérité toute nue. Pas des conneries avec l'Europe, la Hongrie, la peste. Pourquoi est-ce que tu n'as jamais écrit une chose comme ça de nouveau?

– C'était quelque chose que j'avais vu quand j'étais enfant. Seulement, contrairement au conducteur du livre, mon père est reparti. Il n'a pas essayé d'intervenir. Il était *dominee*, tu sais. Nous avions passé l'après-midi dans une ferme et il était très pressé de rentrer pour le service du soir. Le coffre était plein de citrouilles, de pommes de terre, de carottes, de betteraves, la moitié d'un mouton, et une cuvette de *wors*... » J'ai abandonné mon souvenir. « Je pense que dans ce livre, j'ai fait sortir tout le pays de mon système par l'écriture. Il fallait que je le fasse pour ma propre survie.

– Tu pensais pouvoir t'en débarrasser aussi facilement?

– Je vis en Europe maintenant, Mandla. Je vis un autre genre d'existence. »

Où le changement est-il intervenu dans notre conversation? Impossible de le savoir précisément maintenant; quand je m'en suis rendu compte l'inquisition avait déjà commencé – mais très calmement, presque fortuitement, comme si la dimension l'avait attiré dans son propre intérêt (et j'avais déjà découvert que ce pouvait être un formidable adversaire).

« Très bien, ainsi tu n'es pas un animal politique. Mais tu dois avoir certaines convictions.

– Naturellement.

– J'imagine que tu es contre les camisoles de force – politiquement parlant? Que tu n'approuves pas le pouvoir du gouvernement, le pouvoir institutionnel?

– Bien sûr. Mais que cherches-tu à prouver?

– Laisse-moi un peu de temps. Alors dis-moi : es-tu d'accord que le pouvoir institutionnel entraîne la violence institutionnelle?

– J'en ai peur, oui.

– C'est pour cela que tu défends la liberté de l'individu?

– Exactement. A condition que la liberté d'un individu ne menace pas celle d'un autre.

– D'accord. Ainsi tu es contre l'exploitation sous toutes ses formes?

– Absolument.

– Tu as douloureusement conscience que la grande majorité de la population du monde est exploitée, peu importe que ce soit sur la base de la race, de la religion, du sexe ou de n'importe quoi?

(Que pouvais-je croire d'autre après Eva?)

– J'ai toujours combattu l'exploitation dans mes œuvres, oui.

– Ainsi tu soutiens la cause des opprimés?

– Bien sûr. C'est une question de dignité humaine.

– Et tu crois qu'en Afrique du Sud l'exploitation raciale est une forme d'exploitation de classe? Que le système capitaliste, les mines, les industries, aident le gouvernement à maintenir le travailleur " à sa place "?

– C'est ainsi que ça se passe, oui. »

Il avait l'air satisfait. « Ainsi tu acceptes que cela fasse partie de la stratégie d'ensemble des dirigeants d'Afrique du Sud – depuis qu'ils ont plus de savoir-vivre et qu'ils ont commencé à habiller la domination pure en costume rayé – de créer une bourgeoisie noire? Et d'attirer les métis et les Indiens de leur côté?

– Sans aucun doute. De cette façon, les gouvernants se protègent doublement : ils utilisent les travailleurs pour faire leur travail et en même temps ils réussissent à les persuader que la propriété est la plus haute des vertus.

– D'accord. Ainsi toute la merde remonte à la propriété. En d'autres termes : faites sauter les mines, tuez les capitalistes, brûlez les usines et c'est le début de la libération.

– Je n'ai jamais dit ça. Je n'ai jamais fait preuve d'indulgence envers le terrorisme.

– Mais tu as admis que l'Etat dirigeait grâce à une violence institutionnelle et qu'il renforçait son pouvoir par l'exploitation de la majorité? Que la propriété est l'obstacle ultime? Si tu crois vraiment cela, comment peux-tu ne pas être d'accord qu'il faut extirper tout ça?

– Parce que je ne peux approuver qu'on s'oppose à la violence par la violence. Sinon tu as les mains aussi sales que celles de ton adversaire.

– Qui a parlé de mains propres, Paul? Je pensais que nous parlions du *monde*?
– Sans violence.
– Je vois. Tu veux un dialogue avec les patrons. Tu veux leur dire : Hé! Ce n'est pas bien d'exploiter les gens. Tu veux les persuader d'abandonner volontairement tout leur pouvoir et de partager leurs biens entre les pauvres pour que brusquement le monde devienne un endroit meilleur pour tous.
– Mandla, maintenant tu essaies de faire de moi un imbécile.
– J'essaie de te montrer que tu es déjà un foutu imbécile! Tu approuves tout ce qui est juste et bien, mais tu n'as pas assez confiance en ce qui est juste et bien pour faire quelque chose qui le rende possible. Tes jolis mots, mon pote, tu peux te les fourrer dans le cul. C'est ce que tu fais qui compte. Le reste, c'est de la merde.
– Mandla...
– Allez, dis-moi : qu'est-ce que tu vas *faire*? »
Je l'ai regardé, coincé, furieux, impuissant.
A ma plus grande stupéfaction, il a éclaté de rire. Je m'attendais à tout – de nouvelles invectives, une réplique féroce, ou même qu'il me crachât dessus ou qu'il me frappât – mais pas à son rire. Comme s'il n'avait jamais vu quelque chose d'aussi drôle que moi.
« Je n'attendais pas de réponse, Paul. Qu'importe ce que tu me dis à moi? C'est la réponse que tu te donnes à toi-même qui compte. Rien d'autre. »
J'aurais dû le savoir. Mais en le voyant apparemment cesser son attaque, j'ai essayé de compenser ma gêne.
« Quand j'écris un livre ou quand je fais un film, ai-je dit, cela aide les autres à voir ce qui se passe. Au moins c'est un commencement.
– Tu crois que tu peux dire à un Noir sud-africain ce que ça signifie être noir? » Et agressif : « Tu veux me le dire? » Puis de nouveau un changement brusque

et son rire : pas un rire amer et sombre, mais un hurlement libérateur, comme si cela lui paraissait absolument désopilant.

« Tu sais, il y a aussi les lecteurs blancs, ai-je dit après quelques instants. Des gens qui en toute sincérité n'ont pas conscience de ce qu'ils font.

– Et tu veux leur ouvrir les yeux afin qu'à l'avenir ils puissent corriger leurs erreurs les plus grossières?

– Non! quand une personne a pris conscience du mal, elle peut commencer à faire quelque chose. Et ça ne concerne pas que l'Afrique du Sud. Ça concerne le monde entier; partout où une classe en exploite une autre.

– Ne te raconte pas des histoires avec les classes. » Il m'a tendu son poing serré sous le nez. J'ai reculé mais il a refusé de me laisser aller. « Regarde ce poing, Paul. Il est noir. Ce n'est pas le poing d'un travailleur, c'est le poing d'un Noir. C'est avec cette peau que tout a commencé. Parce que c'est comme ça que je suis et pas autrement. Aussi quand je réagis c'est à partir de la couleur de ce poing. Pendant des années, les tiens ont essayé de me faire croire que c'était une honte d'être comme ça. Non pas parce que nous étions pauvres, mais parce que nous étions noirs. Mais ces jours sont terminés. Nous avons découvert qu'un homme pouvait aussi être fier d'être noir. Tu serais stupéfait de voir la différence.

– Pourquoi dis-tu " les tiens " quand tu me parles? » ai-je demandé.

Il m'a regardé en silence pendant une minute, puis il a enfoncé les mains dans les poches de son jean et s'est éloigné. Mais, sans aucun doute conscient de son effet théâtral – je comprenais pourquoi il avait si bien réussi dans les syndicats –, il s'est retourné près de la porte et a dit : « Excuse-moi. Bien sûr, tu ne vis plus là-bas. Tu es – comment dis-tu ça? – " engagé dans un autre genre d'existence ".

La chose la plus étonnante a été la façon dont ces

discussions violentes sont devenues la base de nos relations. Il pouvait s'emporter contre moi avec le langage le plus grossier à tel point que même la mer ne pourrait plus jamais me laver. Et, chaque fois qu'il avait recours à sa propre rhétorique – les slogans que j'entendais retentir depuis tant d'années dans toute l'Europe : Sartre et Marcuse et leurs disciples, les « penseurs », Fanon et Guevara et les autres pour les « hommes d'action » –, c'était mon tour de lui faire passer un mauvais quart d'heure. Cela nous permettait peut-être de rester vigilants. Ou était-ce cela, en tout cas pour moi, qui n'allait pas? – que cela reste toujours un peu un jeu, un exercice à bonne distance? Quand nous avons appris la trahison de son « camarade », me suis-je vraiment rendu compte combien c'était différent pour lui? Qu'au sens littéral sa vie en dépendait?

L'enthousiasme avec lequel je l'ai accepté comme protégé à Paris : j'ai pris des dispositions pour lui, je l'ai présenté à des gens, je lui ai offert un gîte, je lui ai donné de l'argent. Une façon de « m'engager », ou au moins de m'en donner l'illusion? Mais tellement en sécurité, par délégation, de seconde main.

Il était ici maintenant. Par sa mort, que ça me plaise ou non, il avait aussi changé les choses pour moi. (Comme cela l'aurait amusé de l'apprendre!) Je ne pouvais plus attendre. La réponse que j'avais été incapable de lui donner, je me la devais à moi-même : je ne pouvais plus reporter les choses. Par sa mort, j'étais impliqué.

« Si on ne peut rien faire d'autre, avait-il dit un jour, on peut au moins refuser de donner son consentement. Que ce soit dans une situation précise – quand un *boere* essaie de te mettre un sac humide sur la tête ou de t'étrangler; quand une usine essaie de t'obliger à accepter un salaire inhumain – ou dans un sens plus général. Un homme ne doit jamais se rendre coupable de donner son consentement, de collaborer, de pardonner. Quoi qu'il arrive, *ils* doivent prendre leurs responsabilités : il ne faut pas leur rendre les putains de choses plus faciles. »

J'avais tiré ma consolation, même bien maigre, de savoir que j'avais quitté le pays, que je n'étais plus là-bas. Cela aussi était, sans aucun doute, une façon de refuser son consentement.

Ou était-ce la dérobade ultime?

J'ai quitté l'horrible villa et je suis revenu dans le pâle soleil.

Mandla était mort. J'étais toujours vivant.

Les corbeaux croassent parce qu'ils sont trop noirs sur la neige, non?

Que m'avait apporté cette journée? La poursuite fébrile de souvenirs; des impasses; des éventualités troublantes; aucune réponse. Et trop de pastis. Car à mon retour de Tarascon, je suis de nouveau allé dans le café de Saint-Rémy. Je pense que, simplement, je n'avais pas très envie de revenir à l'hôtel, que je me sentais incapable d'affronter cette chambre déprimante. Mais qu'y avait-il d'autre à faire ici? Il n'était pas question de penser rentrer à Paris; de toute façon j'étais trop abattu pour prendre le risque de partir si tard. Machinalement, j'ai pensé à La Motte-d'Aigues. Pourrais-je trouver quelque consolation parmi les restes de mes ancêtres? Tu m'avais déjà dit que le vieux M. Jaubert était mort lui aussi. Mais peut-être que mes pensées agitées – une sorte d'aridité mentale – trouveraient là-bas un peu de paix?

Je suis rentré à l'hôtel, j'ai rangé mes affaires et je suis descendu pour payer. Le soleil était déjà couché.

Le patron n'était pas d'accord et indigné. « Je ne vous comprends pas, vous autres. Ce n'est pas le moment de partir; vous auriez dû prévenir avant midi. C'est écrit en toutes lettres sur la fiche derrière la porte.

– Je paierai la nuit supplémentaire. »

Cela a semblé l'apaiser, mais il a continué à marmonner pendant un moment. « Bon, très bien alors. Mais vous vous rendez compte de tous les soucis en plus. Si nous avions été prévenus plus tôt, nous aurions pu changer les draps ce matin. Mais très bien. C'est une sale affaire, n'est-ce pas? Vous avez eu des nouvelles de la demoiselle? » Comme si cela l'intéressait personnellement.

« Non.

– Vraiment, ces filles! »

Sans qu'on sache ce qu'il voulait dire.

Puis je suis parti. Mais tout de suite après Cavaillon, la nuit est tombée et je n'avais pas très envie de conduire dans les montagnes, à cette heure-là; j'ai tourné vers Gordes où j'ai pris une chambre pour la nuit. J'ai trop bu (de nouveau) et, pour arranger les choses, j'ai pris un somnifère. Evidemment, le lendemain matin, j'étais d'une humeur de chien et je voulais presque que la journée se transforme en catastrophe tant je me sentais misérable et triste : Mandla était mort, toi partie, et personne ne pensait à moi...!

La seule chose à laquelle je pouvais encore me raccrocher, c'était le film; mais même cela ne me consolait pas. Le scénario n'avait toujours pas de véritable fin. Ton départ avait été comme une marée qui se retire; ce qui restait sur mon étendue de sable et parmi les rochers n'était pas beau à voir. Décharné, laid, défraîchi. Des algues et des coquillages brisés, des cannes à pêche avec une odeur de pourri, des appâts, et peut-être le cadavre d'une mouette ou d'un fou; du bois flotté, du fil de nylon emmêlé, des sacs de plastique, des bouteilles et des boîtes rouillées, de vieilles chaussures...

A ma gauche, perché sur une colline, le hameau de Joucas. Je pouvais continuer sur Apt et La Motte-d'Aigues comme je l'avais prévu, ou tourner d'abord ici. Pourquoi pas? Pour un grand nombre de raisons banales et absolument pas convaincantes, je n'étais jamais allé voir le mur; en juillet, pendant les quelques jours que nous avions passés au magnifique mas des Herbes blanches, j'étais monté jusqu'à quelques kilomètres; mais pas plus près. Non, je pense, parce qu'il y avait un obstacle sur le chemin, mais parce que la seule idée du mur m'avait toujours semblé plus significative qu'une réalité qui aurait pu se révéler trompeuse ou décevante. Un mur littéraire; comme une peste littéraire. Le vrai modèle de ma vie? – sauf, toujours, cet épisode terrible qui pouvait avoir été la démonstration ultime de ma faiblesse devant le monde : l'impuissance de l'écrivain.

(D'où venait cet écho, de quelle lecture oubliée : *Le pire crime c'est de ne rien faire, de peur de ne pas faire assez*?)

D'accord, Andrea, ai-je décidé : je vais y aller, pour voir par moi-même, enfin. Dans tes pas.

J'ai monté dans la montagne, au-delà du hameau, vers Murs. Me souvenant des commentaires que tu faisais sur les habitants dans tes notes, j'ai décidé de tenter ma chance sans eux et j'ai pris le raccourci vers Sault, juste avant le village. A ma grande surprise, je l'ai trouvé sans problèmes. Je me suis arrêté, et je me suis avancé vers lui.

Bonjour, Mur. Ainsi, c'était pour ça qu'on avait fait toutes ces histoires, cette ligne de pierres éboulées dont on pouvait voir des morceaux sur les crêtes et dans les vallées et les gorges de ces grandes montagnes : un calme paysage – brumeux, mélancolique dans le changement rapide du temps – et je suivais des yeux des oiseaux qui volaient en triangle très haut dans le ciel, en se dirigeant résolument vers le sud. Des hirondelles? Ils avaient l'air plus gros. Des oies sauvages? Des cigognes? Ils étaient trop haut pour qu'on puisse savoir. Ils se dirigeaient vers un lointain été. J'ai continué à les regarder, la tête renversée, jusqu'à ce qu'ils disparaissent au-dessus du Luberon. Puis, un peu étourdi, je suis monté jusqu'au mur; j'ai passé la main sur les pierres, j'en ai pris une pour la soupeser, puis j'ai regardé autour de moi, désorienté.

Quelque chose me harcelait, un passage de Johnson que je n'arrivais pas à retrouver; par la suite, de retour à Paris, je l'ai recherché. Le voici, dans le style sérieux et involontairement comique du vieil homme. Il date de 1778, quand Boswell avait laissé entendre que ses enfants s'opposaient à son désir de visiter un jour la Grande Muraille de Chine :

Monsieur, en agissant ainsi, vous accompliriez ce qui est important dans l'éducation de vos enfants. L'éclat de votre esprit et de votre curiosité se refléterait sur eux. On les considérerait toujours comme les enfants de quelqu'un qui est allé voir la Muraille de Chine. Je parle sérieusement, monsieur.

Au moins, la Grande Muraille de Chine avait contenu ses ennemis. Ce mur n'avait eu aucune chance de contenir la peste. Pas étonnant que les habitants de Murs n'aiment pas s'en souvenir. Est-ce que tous nos efforts pour nous protéger de nos pestes, pour faire semblant qu'elles n'existent pas, n'auront un jour d'autre valeur que touristique?

Je me sentais mal à l'aise. Décontenancé, comme quand une femme ne vient pas à un rendez-vous qu'on n'a obtenu qu'après des efforts assidus. On ne cesse d'espérer qu'elle s'est seulement trompée de lieu ou d'heure, mais intimement, on sait que cela correspond à une insuffisance en soi.

J'ai essayé d'imaginer l'activité fébrile d'il y avait deux cent cinquante ans : des hommes jeunes et vieux, des soldats, des paysans, tous animés par la nécessité de finir en temps. Les affamés, les fuyards, les criminels, les notables : devant l'avance de la peste, il n'y avait plus de distinction entre les hommes. Et puis, tout cela en vain, trop tard. Il est facile de s'en amuser ensuite; de dire qu'ils auraient dû le savoir : comment un mur construit par les hommes aurait-il pu arrêter la

Peste noire? Ce qui fait de la peine, ce n'est pas la critique faite aux morts, mais aux vivants.

L'humidité commençait à pénétrer ma veste. Il fallait que je m'en aille. (Merci, mon Dieu, pour le prétexte.)

Cependant, je n'avais pas envie de partir comme ça. J'ai démarré et j'ai roulé très lentement. Au bout de quelque temps, le mur s'est éloigné de la route, jusqu'à ce qu'il disparaisse entièrement derrière les chênes. Tu avais dû tourner par ici. Tout près; tu donnais très peu de détails dans tes notes. Mais ce ne pouvait être loin : une clairière dans ces bois, un endroit désert d'où tu ne pouvais plus voir le mur.

Pour l'amoureux abandonné, le pire (j'allais écrire « le plus inhumain », mais je me suis rendu compte : le pire c'en était justement l'aspect humain, l'humanité toute nue) c'est d'imaginer celle qu'il aime dans les bras d'un autre homme; un homme plus jeune. *Son corps noir et libre.* Il y a eu un temps, tu te souviens, où c'était mon corps que tu disais « libre »! Rien ne confirme à l'avance, aussi profondément, le caractère inévitable de ma mort. (Même si c'est lui qui est mort et moi qui suis toujours en vie!) Ce qui avait été intimement en moi – chaque grain de ta peau, chaque variation dans ta respiration, chaque mot murmuré, chaque gémissement – faisait maintenant partie d'un autre « nous », et me rendait étranger, me remplaçait, m'excluait. Ou avais-je toujours été en dehors de ta vie? Cette pensée n'était pas plus agréable. S'il te plaît, ne pense pas qu'il s'agissait d'une chose aussi banale que la « jalousie », Andrea. Ce qui, de nouveau, est brusquement en jeu, c'est moi-même. Et toi pas moins que moi. Parce que le plus terrifiant de tout, je crois, c'est cela : je ne peux saisir ce qui est « à moi » si je n'ai pas d'abord résolu mes rapports avec *toi*. Une fois, tu as dit que c'est celle qu'il aime que l'amant connaît le moins bien, parce qu'il est aveuglé par l'image qu'il a d'elle. C'est cet aveuglement que je devrai affronter, si j'ai jamais quelque espoir de le dépasser.

Quand il est apparu que j'avais peu de chances de retrouver d'autres traces du mur, j'ai fait demi-tour et je suis revenu sur mes pas jusqu'à ce que je puisse le voir de nouveau, étincelant sous la bruine. J'ai arrêté la voiture et, au rythme monotone des essuie-glaces qui ronflaient de façon mécanique, je suis resté là, le regard fixe, pendant je ne sais combien de temps; j'hésitais à repartir; je sentais que ce serait comme de couper un cordon ombilical. Pendant combien d'années avais-je été nourri, inspiré, soutenu par la pensée de ce mur terne et peu engageant (un mur entre quoi et quoi)?

Les gens frappés de panique de ce siècle lointain, qui entassaient aveuglément leurs pierres, des pierres contre la Mort – une imitation vaine de la tour de Babel! – sans même saisir de quoi il s'agissait (ignorant même ce qu'était la peste!). Bien que nous soyons terriblement mortels, il reste impossible à l'individu de percevoir au-delà de sa propre fin, la fin du temps et de l'espace : la fin de son histoire, de n'importe quelle société ou nation dont il fait partie. L'individu peut mourir, le groupe doit rester : c'est l'illusion qui nous empêche de devenir fous. C'était ce dont les gens de Venasque avaient essayé de s'assurer avec leur mur qui, maintenant, comme tous les autres murs de notre histoire obscure, gisait éboulé sous les arbres, dans l'humidité des montagnes.

Quand j'étais allé au Schloss Judenau pour aider les réfugiés, les Hongrois – et nous aussi, qui venions porter secours (chacun exilé de sa propre vie quotidienne?) – avaient vu cela comme une tentative pour construire un mur contre le flot de l'histoire. Un effort pour « sauver » quelque chose, pour racheter quelque chose, pour accomplir quelque chose de durable. Cela m'avait tellement ébranlé que pendant un quart de siècle j'avais lutté en vain pour m'en sortir. Et, depuis lors, combien de fois, en combien de variations, le monde avait-il été témoin du même spectacle? – le Congo, le Biafra, le Bangladesh, le Vietnam, la Tchécoslavaquie, la Somalie, l'Ouganda, l'Iran, le Liban, l'Afghanistan? Et l'Afrique du Sud, un volcan endormi où tout nous rappelle la persistance de la Peste noire.

Mécontent, révolté, impuissant – de nouveau! –, j'ai pensé : comment puis-je lutter contre tant de violence et d'inhumanité? Quel est le poids d'un livre dans le tourbillon de l'histoire?

Je suis reparti. Impossible de rester là toute la journée à côté d'un tas de pierres. Il y avait beaucoup plus de pierres à enlever en moi.

Deaux : *C'est une tragédie de la Peste noire, et c'est une des tragédies du monde après Hiroshima, que les hommes ne changent pas, ne peuvent pas changer, brusquement et en masse, leur conception des choses. C'est un des triomphes de l'époque que, malgré cette impossibilité, la civilisation a persisté et que les hommes ont atteint un nouvel ordre... Malgré toute l'horreur qu'elle représentait pour ceux qui l'ont endurée, dans une vision à long terme, la Peste noire est un triomphe de la vie.*

Un peu en dessous de Joucas, au croisement avec la grande route, je me suis arrêté pour étaler la carte sur mes genoux, en hésitant sur les différentes possibilités. Allais-je continuer vers La Motte-d'Aigues comme j'en avais eu l'intention? Mais l'excursion m'avait énervé; que pouvais-je espérer trouver, surtout par ce mauvais temps, dans ce village éloigné avec lequel je n'avais plus d'attaches?

Devais-je revenir à Cavaillon prendre l'autoroute de Nice? Ma petite villa de Villefranche était disponible; à cette époque de l'année les touristes de l'été étaient partis depuis longtemps. Et la mer me redonnerait des forces. Pendant un instant, j'ai même eu l'idée exaltante que tu y étais peut-être pour prendre l'avion; et si l'on se rencontrait « par hasard »? Mais je savais que c'était un espoir vain. Même si la rencontre était possible, je devais te laisser la liberté que tu m'avais demandée avec tant d'insistance; la seule liberté concevable qui te restait. En un sens, c'était encore plus difficile à affronter que le retour d'Eva en Hongrie : il n'y avait absolument aucune possibilité de la suivre ou de la retrouver; même si c'était angoissant, je ne pouvais que me résigner. Toi, je pouvais te suivre, rentrer avec toi. Mais est-ce que cela résoudrait quelque chose? Peut-être que, quelque part, en cours de route, j'avais acquis un peu de respect pour la liberté des autres.

Une fois, une seule fois, tu t'en souviens, j'avais pensé rentrer; quand j'avais eu la possibilité de me joindre à Dirk et à Johan à Amsterdam. Je ne t'avais jamais raconté toute la vérité : ils n'étaient pas partis à Johannesburg sans moi parce que j'avais raté l'avion. J'aurais pu en prendre un autre. Mais, tout simplement, j'avais eu trop peur. Je savais que j'étais un lâche et je ne pouvais l'accepter. Et, quand devant le tribunal ils s'étaient effondrés, qu'ils avaient pleuré et supplié pour qu'on leur pardonne, je n'avais pas pu les mépriser. Je savais que la même chose aurait pu facilement m'arriver. Ç'est comme l'agonie avant la mort : ce n'est qu'en y entrant qu'on découvre comment on réagit. Pourtant, j'ai l'impression aujourd'hui que si cela devait m'arriver à nouveau, je trouverais le courage de partir. Cette fois, c'est par égard pour toi que je reste ici, cette fois, rester est plus dur que partir.

Mais si je restais, où devrais-je aller, que pourrais-je faire?

Toutes mes hésitations n'étaient qu'une façon de retarder ce qui était tout à fait évident. Après quelques minutes, j'ai tourné vers Cavaillon et j'ai pris l'autoroute, pour rentrer à Paris.

La nuit dans ton appartement. Tu dois me pardonner ce dernier détour romantique; mais après la fatigue du voyage j'étais incapable d'affronter le vide qui m'attendait chez moi. Un choc quand j'ai vu la petite Renault garée juste devant chez toi (un paquet de contraventions sur le pare-brise). J'ai eu le vertige en pensant qu'en fin de compte tu avais changé d'avis. J'aurais dû savoir, bien sûr! J'ai frappé et n'ai pas obtenu de réponse. Et, quand j'ai ouvert avec mon double de la clef, j'ai su immédiatement que l'appartement était vide.

Un autre coup au cœur quand j'ai vu la grande enveloppe à mon nom, sur la table du téléphone. Mais dedans tu n'avais mis que les papiers de la voiture; et la carte de crédit de la société de films, enveloppée dans une feuille de papier où tu avais seulement écrit : *merci*. Et le petit étui usé – quelques lettres d'*Amboise* résistaient courageusement sur l'enveloppe de cuir – avec les clefs de ton appartement et celles de la voiture. Toujours ton sens de l'ordre. Tu m'avais vraiment dit adieu dans ta lettre de Saint-Rémy : tu avais sans doute pensé que cette fin franche et nette ne s'effilocherait pas avec des post-scriptum. *(Dans notre intérêt à tous deux, ce doit être une rupture franche.)*

Dès que j'ai posé le pied dans le vide terrible de ce qui avait été ton appartement, j'ai su qu'il serait inutile de chercher d'autres signes ou d'autres indications. Tu avais *voulu* partir. Tu savais que j'irais là-bas, mais en même temps tu avais voulu que je me rende compte tout à fait et définitivement que pour moi ton existence signifiait l'absence. L'appartement vide disait que nous devions croire à la mort, car la mort est vraie : pure, innocente, douloureuse, lucide. Malgré cela, je n'ai pas pu me retenir. Tard dans la nuit, comme un détective privé, un cambrioleur, un homme de la police de sécurité, j'ai passé toutes tes affaires au crible. Tout m'était si intimement connu et pourtant, en ton absence, tout m'était si étranger, parce que tu n'étais pas là pour y donner son sens. La découverte sans doute la plus décourageante de toutes : dans l'appartement, tu avais effacé toute trace montrant que j'avais partagé ta vie. J'étais encore plus rejeté dans l'oubli que Brian, Frank, Serge et les autres. Tu m'avais prévenu, n'est-ce pas, que tu supprimerais même mon souvenir. Tout ce qui restait, c'était les signes de ta vie indépendante. Toi, Andrea Malgas.

La recherche était comme un voyage – un voyage de nuit sur une route comme celle qui va de Saint-Rémy à Eygalières – où des objets isolés, solitaires, apparaissaient soudain dans les phares (un tronc d'arbre, un rocher, une silhouette sur une bicyclette) puis disparaissaient soudain; et l'obscurité partout.

Exténué, j'ai fini par m'endormir dans ton lit.

Un rêve bref et troublant. J'étais revenu dans la gendarmerie de Saint-Rémy. Cette fois, après un interrogatoire interminable, ils m'ont emmené dans un long couloir, puis en bas d'un escalier dans une cellule où j'ai vu le corps de Mandla sur une table. Il y avait beaucoup de gens qui tournaient autour. Pour la plupart, je ne les connaissais pas et, quand ils ont parlé, c'était comme une langue étrangère. Tu étais là aussi. Ce qui me choquait, c'était que tu n'avais pas de vêtement sur toi. Tu m'as fait signe de m'approcher pour que je voie mieux. Je suis allé jusqu'à la table et brusquement nous étions seuls, lui et moi; tu étais partie, toi aussi. J'avais une peur atroce. Parce que des taches noires apparaissaient sur tout son corps. La gangrène ou quelque chose comme ça. Les bubons de la peste aux aisselles et aux aines. J'ai parcouru lentement des yeux toute la longueur de son corps, depuis les pieds, et plus mon regard montait, plus j'étais terrifié. Ce n'est que quand je suis arrivé à la tête que j'ai compris pourquoi j'avais eu si peur. Parce que ce n'était absolument pas Mandla. C'était moi.

Maintenant, je suis rentré chez moi. Je suis arrivé tôt ce matin. Je suis resté longtemps devant une des grandes fenêtres à regarder la circulation en bas, sur le boulevard Malesherbes. Les pneus crissaient sur la chaussée humide. A l'intérieur j'étais seul et bien; on avait déjà allumé le chauffage.

Je ne pouvais plus reculer.

Pendant des heures, j'ai relu les notes de ton voyage dans le Midi, j'ai analysé chaque phrase, j'ai cherché les sens cachés, les sous-entendus involontaires. Ta dernière lettre. Toutes les questions que tu as posées et qui ne me laisseront pas en paix tant que je n'aurai pas essayé d'y répondre.

Un tumulte m'avait entouré pendant toute ma vie et j'avais essayé de rester immobile au centre du tourbillon. Même mon amour pour toi, je crois, en faisait partie.

Maintenant tu n'es plus là. Tu as fait ton choix, pour le meilleur ou pour le pire. Je ne sais pas ce que tu deviendras. Tu peux choisir de te lancer dans une action romantique; ou il peut être suffisant d'*être là*, de faire à tout moment ce que tu crois devoir faire. Cela, en soi, exige une forme spéciale de courage.

(Mon seul souci, si j'ose l'exprimer : tu es partie pour prendre un nouveau départ. Ta lettre le laissait entendre; la mise en ordre parfaite de ton appartement le confirmait. La « rupture franche ». Mais tu dois bien savoir, toi plus que tous ceux que j'ai jamais rencontrés, que personne ne peut jamais prendre un nouveau départ. Nous traînons après nous, tristement et glorieusement, tous nos amours, nos échecs, nos bonheurs, nos souffrances. On ne peut jamais détruire les souvenirs, on ne peut même pas les refuser. Te souviens-tu de cette nuit dont tu m'as si souvent parlé, alors que toi et ton père vous étiez assis côte à côte, incapables de parler? – parce que pour lui, c'était toujours la dernière nuit, alors que pour toi c'était déjà le matin : c'est ainsi que nous nous trouvons tous deux aujourd'hui. Je vais devoir apprendre que demain a déjà commencé; tu vas devoir vivre en sachant que la dernière nuit peut ne jamais être finie. Tu es déjà en route : ta décision a été prise.)

Comme Œdipe dans sa cité ravagée, je dois prendre mes propres décisions sur-le-champ : où qu'elles peuvent me conduire.

Non, c'est vrai, Andrea, un livre ne pèse pas lourd devant la violence du monde. Il ne peut jamais devenir un substitut de la réalité. Cependant que serait devenu le monde sans le mot? Des bêtes brutes se tuant et s'estropiant les unes les autres? Œil pour œil, dent pour dent, du sang, du sang, du sang.

D'après une théorie, l'humanité est originaire de deux endroits dans le monde, elle a deux débuts, deux filiations essentielles. On prétend qu'un de ses berceaux fut les montagnes de l'Oural : la terre, le fumier, à quoi répond tout ce qui est physique et concret chez un être humain. Ce genre est le paysan. Mais une autre lignée remonte au Moyen-Orient, où le mot a commencé. Le *verbum*. La pensée. L'esprit. Le besoin d'inventer. Ainsi, si l'on veut susciter une réponse venant de l'humanité même d'une personne, il faut faire appel à l'un de ces deux instincts qui lui ont donné forme. On peut faire appel à l'instinct de chasse, à la violence latente, au besoin de changer et de détruire ce qui se met en travers de la route, de conquérir; ou à l'imagination, à la faculté de créer de l'être humain.

Si cela est vrai, je n'ai qu'un choix possible. Ma réponse à Eva. En dernière instance, Andrea, la réponse que je t'ai faite.

Pendant combien d'années m'as-tu importuné pour que je me débarrasse de ma peur, pour que je regarde le monde en face, pour que je risque tout, pour que j'écrive ce qui est en moi?

Je le ferai. Enfin.

L'hiver descend sur la vieille Europe. Mais j'écrirai.

La seule façon que j'ai de te rendre justice, c'est d'essayer d'imaginer à quoi ça ressemble d'être toi. Mais est-ce que cela prédestine aussi à l'échec? Comment pouvoir, comment oser prétendre te former de ma côte?

(« Comment pourras-tu jamais comprendre? Cet instant terrible où tu entres en moi – quelquefois j'aimerais que tu puisses être une femme pendant quelques secondes pour le vivre, quand tu t'enfonces en moi, quand tu jouis en moi : les muscles de mon estomac tressautent, un choc brutal, comme quand on reçoit un télégramme. Comment puis-je te faire comprendre? »)

Pour te rendre justice, une injustice essentielle est nécessaire. C'est le cœur de mon dilemme. Je ne serai jamais toi : cependant, afin d'être moi-même je dois imaginer ce que c'est que d'être toi.

Est-ce pour cela que tu as demandé dans ta lettre : *Comprends-tu Paul, comprends-tu vraiment, pourquoi je vois aussi clair aujourd'hui? Pourquoi j'ai reconnu ce vide de façon aussi infaillible au moment même où je l'ai rencontré? Sais-tu d'où je tire cette connaissance?*

Je me suis entouré avec toutes les piles de notes de toutes ces années, en essayant de trouver un point de départ dans les très nombreuses citations que j'avais pensé mettre en épigraphe à mon livre. Des vestiges et des reliques de mon livre non écrit sur la Peste noire, qui ne sont plus qu'un simple supplément à ce que j'ai écrit (ou est-ce l'inverse?). Boccace. Pétrarque. Guy de Chauliac. Defoe. Camus. Artaud. Mais comment pourrais-je me priver par avance de la liberté qu'un livre exige pour devenir lui-même? Je ne peux m'imposer des espérances; au plus je peux indiquer un monde dangereux, vaste, général, encore à découvrir, une dialectique provisoire riche de possibilités : quelque chose qui ne précède pas le texte mais qui en découle.

Ou dois-je me passer totalement d'épigraphe? Sauf peut-être, la devise terrible et attendrissante du XIVe siècle :

In peste Venus pestem provocat?

J'ai déchiré les premières pages qui étaient un essai. L'épigraphe peut attendre que j'aie vu ce qui suit.

Une dédicace. *Pour Andrea*? Pour un livre, c'est suffisant. Mais il n'y a pas qu'un livre en jeu : cela concerne une vie. Malgré tout : *Pour Andrea*? Ou quelque chose de plus intime? Mais cela aussi peut attendre. Quand je saurai où tout cela m'a emmené.

Une dédicace, des citations, cela appartient à la fin; cela ne peut pas être la porte d'entrée du début.

Essayer. Faire un commencement. N'importe quoi. Essayer.

J'ai mis une nouvelle feuille dans la machine à écrire et j'ai essayé de taper ce qui me venait à l'esprit : non pas sur la peste, mais sur toi.

De retour aux mêmes paysages, encore et encore...

Une nouvelle feuille, un nouveau départ :

« *J'étais ici.* » *Gravé dans le plâtre qui s'effrite, à travers la peinture, les tendons et les nerfs, dans l'esprit...*

Si seulement je pouvais trouver le bon début. Dans le début, tout le reste est contenu. L'œuf parfait. Dans chaque mot l'histoire d'une vie entière.

J'ai relu une nouvelle fois tes questions. La clarté douloureuse avec laquelle tu provoquais mon trouble. *Sais-tu...? Sais-tu vraiment...? Sais-tu...?*

Non, je ne sais pas encore, Andrea. Mais je vais essayer. Que Dieu me vienne en aide!

Parce que j'étais là-bas; j'avais été là-bas. (Tant de voyages dans un seul trajet.) Parce que j'avais connu auparavant la qualité de cette lumière qui de nouveau m'a frappé quand

Grahamstown-Eygalières, 1983.

Les citations sont extraites des ouvrages suivants :

René ALLAU (éd.), *Guide de la Provence mystérieuse*, Tchou, Paris.
Antonin ARTAUD, *Le Théâtre et son double* (in *Œuvres complètes*, IV), Gallimard, Paris, 1979.
René BRUNI, *Le Pays d'Apt malade de la peste*, Edisud, Aix-en-Provence, 1980.
George DEAUX, *The Black Death 1347*, Hamish Hamilton, Londres, 1969.
Johannes NOHL (traduction de C. H. Clarke), *The Black Death*, Unwin Books, Londres, 1961.
Barbara W. TUCHMAN, *A Distance Mirror*, Alfred A. Knopf, New York, 1978.
Philip ZIEGLER, *The Black Death*, Collins, Londres, 1969.

Autres ouvrages dont j'ai cité des extraits :

James BOSWELL, *The Life of Samuel Johnson*.
Guy de CHAULIAC, *La Grande Chirurgie*.
Daniel DEFOE, *A Journal of the Plague Year*.
Fiodor DOSTOIEVSKI, *Crime et Châtiment*.
J. J. JUSSERAND, *English Wayfaring in the Middle Ages*.

Johan Christian KUNDMANN, *Seltenheiten der Natur und Kunst.*

A. E. LEVETT, *The Black Death on the Estates of the See of Winchester.*

SOPHOCLE, *Œdipe roi.*

Table

DU MÊME AUTEUR

Aux Éditions Stock :

AU PLUS NOIR DE LA NUIT.
UN INSTANT DANS LE VENT.
UNE SAISON BLANCHE ET SÈCHE.
Prix Médicis Étranger, 1980.
UN TURBULENT SILENCE.
SUR UN BANC DU LUXEMBOURG.
LE MUR DE LA PESTE.
L'AMBASSADEUR.
ÉTATS D'URGENCE.

IMPRIMÉ EN FRANCE PAR BUSSIÈRE
18200 Saint-Amand-Montrond
LIBRAIRIE GÉNÉRALE FRANÇAISE - 6, rue Pierre-Sarrazin - 75006 Paris.
ISBN : 2 - 253 - 04065 - 7 30/6282/5